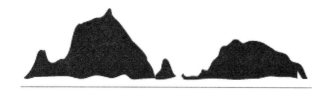

일본의 독도 영유권 날조의 본질

- 한국영토 독도의 진실 -

日本の独島領有権の捏造の本質

- 韓国領土独島の真実 -

최 장 근

崔 長 根

Publishing Company

추천사

▎『일본의 독도 영유권 날조의 본질』 책자 발간 기념

대한민국 땅! 독도수호에 많은 노력을 기울이시는 **최장근** 교수님의 『일본의 독도 영유권 날조의 본질』 책자 발간을 진심으로 축하드립니다.

독도에 대한 일본의 도발은 끈질기고 집요합니다. 그러나 독도는 역사적, 지리적, 국제법적으로 명백한 대한민국 영토입니다. 우리 선조들이 호국의지와 희생정신으로 지켜온 땅을 이제 우리 국민 모두가 이어받아 함께 지켜가야 하겠습니다.

경상북도는 독도를 문화와 예술이 살아 숨쉬는 평화의 섬으로 만들어갈 것입니다. 동해의 아름다운 섬, 독도에 대한 확고한 영토주권을 행사하고 독도에 대한 일본의 어떠한 도발에도 단호히 대응할 것이며, 독도가 대한민국 땅이라는 역사적 진실을 널리 알리는데 앞장서겠습니다.

그런 의미에서 이번에 발간된 교수님의 책자는 자랑스런 대한민국 땅, 독도의 수호 의지를 한층 더 높이는 계기가 되리라 생각됩니다. 그간 독

도 수호를 위해 묵묵히 걸어오신 교수님의 열정과 노고에 깊이 감사드립
니다.

　　다시 한번 **최장근** 교수님의 『**일본의 독도 영유권 날조의 본질**』 발간을
축하드리며 앞으로의 건승과 행운을 기원합니다.

2021. 6

경상북도지사 이 철 우

推薦の辞

▌『日本の独島領有権の捏造の本質』の発刊記念

　大韓民国の領土!独島守護に多くの努力を傾けている崔長根教授の著書『日本の独島領有権の捏造の本質』の発刊を心からおめでとうございます。

　独島に対する日本の挑発は、執拗です。しかし、独島は歴史的、地理的、国際法上に明白な大韓民国の領土です。我々の祖先が護国の意志と犠牲の精神を持って守ってきた領土を、これからは我々国民みんなが受け継ぎ、一緒に守っていかなければなりません。

　慶尚北道は、独島を文化と芸術が息づく平和の島で作っていきます。東海の美しい島、独島に対する確固とした領土主権を行使して独島に対する日本のいかなる挑発にも断固として対応するものであり、独島が大韓民国の領土という歴史的真実を広く知らせるのに先頭に立ちます。

　そのような意味で、今回に発刊された崔長根教授の冊子は誇らしい大韓民国の領土、独島の守護の意志をさらに高める契機になると思われます。これまで独島守護のために黙々と歩んできた崔長根教授の熱情と労苦に深く感謝致し

ます。

　もう一度崔長根教授の著書『日本の独島領有権の捏造の本質』の発刊をお祝い申し上げて今後のご健勝と幸運を祈ります。

2021. 6

慶尚北道知事　李哲禹

추천사

독도평화재단 이사장입니다.

독도도서『일본의 독도 영유권 날조의 본질』출간을 축하드립니다.

독도평화재단은 우리의 고유영토 독도를 자손만대에 물려주기 위해 매년 독도 영유권 연구와 독도 수호에 지극히 큰 공헌한 인재를 발굴하여 시상하고 있습니다.

저자인 대구대학교 일본어일본학과 최장근교수는 제7회 독도평화대상(서도상) 수상자입니다. 한국연구재단에 등재된 우수학술지에 100여 편의 논문을 저술하여 게재하였고, 독도연구서 15권를 발간하여 독도영유권을 정립하는데 공헌한 점을 인정하였습니다.

그리고 현재 독도의 영유권을 대중화하기 위해 1년 이상 지속적으로 〈일간 경북신문〉(주1회)과 〈대구한국일보〉(월1회) 칼럼을 쓰고 있습니다. 본 도서는 일반인들이 쉽게 읽을 수 있도록 지금까지 1년간 신문사에 기고해온 칼럼을 집대성한 독도연구서입니다.

독도연구는 지금까지 역사학, 국제법적 관점에서 많은 연구성과가 있지만, 아직 연구가 미진한 일본학적 관점에서 일본 외무성과 일본 시마네현이 독도의 영유권을 날조한 부분을 잘 지적하여 분석한 것이기 때문에 더욱 값진 연구라는 생각이 듭니다.

    본연구는『일본의 독도 영유권 날조의 본질』라는 제목에서도 알 수 있듯이 일본이 자신들의 영토가 아닌 한국의 고유영토에 대해 사실을 '날조'하고 있다는 것을 적나라하게 지적한 연구서인듯합니다.

    특히 본서는 일본어와 한국어로 작성되어 한국인과 일본인 모두가 읽을 수 있고, 특히 일본인들이 이 책을 읽고 많은 반성을 했으면 좋을 것 같습니다.

    독도 연구서를 저술한다고 수고가 많았고, 앞으로도 독도를 잘 지킬 수 있도록 더욱 훌륭한 연구를 기대합니다.

2021년 5월

재)독도 평화재단
이사장 이병석

推薦の辞

　独島平和財団理事長です。

　独島の図書『日本の独島領有権の捏造の本質』の発行をおめでとうございます。

　独島平和財団は韓国固有の領土独島を子々孫々に譲るため、毎年独島領有権の研究と独島守護に極めて大きな貢献した人材を発掘して授賞しています。

　著者である大邱大学の日本語日本学科、崔長根教授は第7回、独島平和大賞(西島賞)の受賞者です。崔教授は韓国研究財団に登載された優秀な学術誌に100本余りの論文を著述して掲載し、独島の研究書15冊を発刊して独島領有権を確立するのに貢献した点を認めました。

　そして現在独島の領有権を大衆化するため、1年以上持続的に「日刊紙、慶尚北道新聞」(週1回)と「大邱韓国日報」(月1回)コラムを書いています。本書は一般人たちが簡単に読むことができるよう、今まで1年間新聞社に寄稿してきたコラムを集大成した独島研究書です。

　独島研究は、これまで歴史学、国際法的観点から多くの研究成果があるが、まだ研究が不十分な日本学の観点から日本外務省と日本島根県が、独島の領有権を捏造した部分をよく指摘して分析したものであるので一層貴重な研究だと

思います。

　本書は『日本の独島領有権の捏造の本質』というタイトルで分かるように、日本が自国の領土ではなく、韓国の固有領土である事実を「捏造」しているところを赤裸々に指摘した研究書です。

　特に本書は日本語と韓国語の両方で書かれ、韓国人と日本人皆が読むことができ、特に日本人がこの本を読んで反省をすればいいと思います。

　独島研究書を著述することは、大変ご苦労だと思います。今後も独島を守れるように、より一層立派な研究を期待します。

2021年5月

財)独島平和財団

理事長 李秉錫

한국 외교부, 독도

韓国 外交部、独島

하늘에서 바라본 독도의 설경

空から眺めた独島の雪景色

(http://dokdo.mofa.go.kr/kor/)

독도에 대한 정부의 기본입장

独島に対する大韓民国政府の基本的立場

독도는 **역사적, 지리적, 국제법적**으로 명백한 우리 고유의 영토입니다.
독도에 대한 영유권 분쟁은 존재하지 않으며,
독도는 외교 교섭이나 사법적 해결의 대상이 될 수 없습니다.

独島は、歴史的にも、地理的にも、国際法上も明白な大韓民国固有の領土です。
独島をめぐる領有権紛争は存在せず、
独島は外交交渉及び司法的解決の対象になり得ません。

우리 정부는 독도에 대한 확고한 영토주권을 행사하고 있습니다.
우리 정부는 독도에 대한 어떠한 도발에도 단호하고 엄중하게 대응하고 있으며,
앞으로도 지속적으로 독도에 대한 우리의 주권을 수호해 나가겠습니다.

大韓民国政府は、独島に対し確固たる領土主権を行使しています。
大韓民国政府は、独島に対するいかなる挑発にも断固かつ厳重に対応しており、
今後も引き続き独島に対する大韓民国の主権を守っていきます。

독도에 관한 일문일답

独島に関する一問一答

Q.01 한국의 관찬 문헌은 독도에 관해 어떻게 기록하고 있나요?

韓国の官撰文献では、独島についてどのように記録していますか。

Q.02 독도에 관해 기술한 가장 오래된 일본 문헌의 하나인 『은주시청합기』
는 독도에 관해 어떻게 기술하고 있나요?

独島に関する最も古い日本の記録の一つである『隠州視聴合記』では、
独島はどのように記されていますか。

Q.03 일본의 고지도에는 독도가 어떻게 나타나고 있나요?

日本の古地図で、独島はどのように描かれていますか。

Q.04 한 · 일 간의 울릉도 영유권에 대한 분쟁(울릉도쟁계) 당시 독도가 일본
영토가 아니라는 것을 밝힌 「돗토리번 답변서」란 무엇인가요?

韓日間で起きた鬱陵島争界(＝竹島一件)当時、独島が日本の領土では
ないとした「鳥取藩の回答書」とはどのようなものですか。

Q.05 독도와 관련하여 안용복의 활동은 어떤 의미가 있나요?

独島と関連して、安龍福の活動にはどのような意味がありますか。

Q.06 조선 정부의 쇄환정책이란 무엇인가요?

朝鮮政府の刷還政策とは、どのようなものですか。

Q.07 일본 메이지 정부가 독도가 일본 영토가 아님을 공식 확인한 「태정관지령」 (1877년)이란 무엇인가요?

独島が日本の領土ではないということを明治政府が公式確認した『太政官指令』(1877年)とは、どのようなものですか。

Q.08 1900년 대한제국이 독도를 울릉도 관할로 명시한 「칙령 제41호」란 무엇인가요?

1900年、大韓帝国が独島を鬱陵島管轄として明示した「勅令第41号」とは、どのようなものですか。

Q.09 일본이 1905년 시마네현고시 제40호를 추진한 배경은 무엇이며, 이 고시는 국제법적 효력을 가질 수 있나요?

日本が1905年「島根県告示第40号」を推し進めた背景はどのようなもので、この告示は国際法上の効力を持てますか。

Q.10 1906년 울도(울릉도) 군수 심흥택이 독도에 관해 보고한 내용은 무엇인가요?

1906年、鬱島(鬱陵島)郡守 沈興澤が独島に関して報告した内容はどのようなものですか。

Q.11 1943년 연합국들이 제2차 세계대전 종전 이후, 일본 영토에 관한 기본 방침을 밝힌 카이로 선언의 내용은 무엇인가요?

1943年、終戦後の日本領土に対する連合国の基本方針を明らかにした カイロ宣言はどのような内容ですか。

Q.12 1945년 제2차 세계대전 종전 후 연합국 사령부는 독도를 어떻게 취급했나요?

1945年の終戦後、連合国総司令部は独島をどのように扱いましたか。

Q.13 1951년 샌프란시스코 강화조약은 독도에 관해 어떻게 규정하고 있나요?

1951年、サンフランシスコ平和条約は、独島についてどのように定めていますか。

Q.14 1954년 독도 문제를 국제사법재판소(ICJ)에 회부하자는 일본 정부의 주장에 우리 정부는 어떤 입장을 전달했나요?

1954年、独島問題の国際司法裁判所(ICJ)への付託を提案した日本政府に対して、大韓民国政府はどのような立場を伝えましたか。

Q.15 대한민국은 독도에 대해 어떻게 영토주권을 행사하고 있나요?

大韓民国は、独島に対してどのように領土主権を行使していますか。

독도에 관한 15가지 일문일답

15가지 일문일답을 통해서 독도가 역사적, 지리적, 국제법적으로 우리영토인 이유를 정확하고 체계적으로 이해할 수 있습니다.

独島に関する15の一問一答

15の一問一答を通じて、独島が歴史的にも、地理的にも、また国際法上も大韓民国の領土であることを正確かつ体系的に理解することができます。

Q.01

한국의 관찬 문헌은 독도에 관해 어떻게 기록하고 있나요?

韓国の官撰文献では、独島についてどのように記録していますか。

우리나라의 많은 관찬(官撰) 문헌이 독도에 관해 기록하고 있어, 우리나라가 옛날부터 독도를 우리 영토로 인식하고 통치해온 사실을 알 수 있습니다. 독도와 관련하여 우리나라의 관찬 문헌이 기록하고 있는 대표적인 내용은 아래와 같습니다.

韓国の多くの官撰文献に見える独島の記録からも、韓国が昔から独島を自国の領土として認識して治めてきた事実がわかります。韓国の官撰文献に残っている独島の代表的な記録は次の通りです。

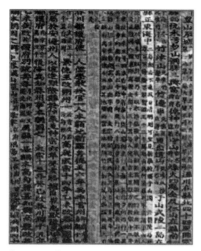

『세종실록』「지리지」(1454년)
『世宗實錄』「地理志」(1454年)

번역문 訳文

우산(于山)과 무릉(武陵) 두 섬이 현의 정동쪽 바다 가운데 있다. 두 섬은 서로 멀리 떨어져 있지 않아, 날씨가 맑으면 바라볼 수 있다. 신라 때에 우산국 또는 울릉도라 하였다.

于山と武陵の二島が県の真東の海の中に在る。二島は互いに遠く離れておらず、天気の良い日には眺めることができる。新羅の時代には、于山国または鬱陵島と称した。

원문 原文

于山武陵二島在縣正東海中

二島相去不遠 風日淸明 則可望見 新羅時 稱于山國 一云鬱陵島

『신증동국여지승람』(1531년)
『新增東國輿地勝覽』(1531年)

번역문 訳文

우산도 · 울릉도
무릉(武陵)이라고도 하고, 우릉(羽陵)이라고도 한다. 두 섬이 현(縣)의 정동쪽
바다 가운데 있다.
于山島 · 鬱陵島
武陵ともいい、羽陵ともいう 二島が県の真東の海の中に在る。

원문 原文

于山島 鬱陵島
一云武陵 一云羽陵 二島在縣正東海中

『동국문헌비고』(1770년)
『東國文獻備考』(1770年)

번역문 訳文

우산도 · 울릉도

두 섬으로 하나가 바로 우산이다. 여지지에 이르기를, 울릉과 우산은 모두
우산국의 땅인데, 우산은 일본이 말하는 송도(松島)라고 하였다.

于山島 · 鬱陵島

二島、その一つが即ち于山。興地志に云う、鬱陵と于山はみな于山国の地。
于山は倭の所謂松島なり。

원문 原文

于山島 鬱陵島..

二島一卽于山..

興地志云 鬱陵 · 于山皆于山國地 于山則倭所謂松島也

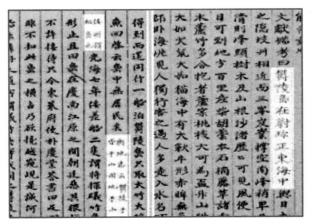

『만기요람』(1808년)
『萬機要覽』(1808年)

번역문 訳文

울릉도가 울진 정동쪽 바다 가운데 있다. 여지지에 이르기를, 울릉과 우산은
모두 우산국의 땅인데, 우산은 일본이 말하는 송도(松島)라고 하였다.
鬱陵島が蔚珍の真東の海の中に在る。興地志に云う、鬱陵と于山はみな于山
国の地。于山は倭の所謂松島なり。

원문 原文

鬱陵島在蔚珍正東海中..
興地志云 鬱陵于山皆于山國地 于山則倭所謂松島也

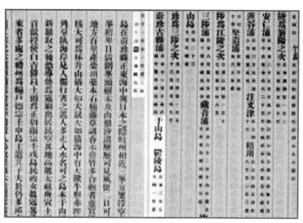

『증보문헌비고』(1908년)
『增補文獻備考』(1908年)

번역문 訳文

우산도 · 울릉도

두 섬으로 하나가 우산이다. 속(續 : 새로 추가한 내용) 지금은 울도군이 되었다.

于山島 · 鬱陵島

二島、その一つが即ち于山。続(新たに付け加えた内容)今は鬱島郡となっている。

원문 原文

于山島鬱陵島..

二島一卽芋山 續今爲鬱島郡

Q.02

독도에 관해 기술한 가장 오래된 일본 문헌의 하나인『은주시청합기』는 독도에 관해 어떻게 기술하고 있나요?

独島に関する最も古い日本の記録の一つである『隠州視聴合記』では、独島はどのように記されていますか。

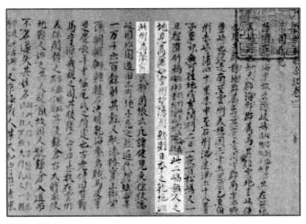

『은주시청합기』
『隠州視聴合記』

　독도(松島)에 관해 기술하고 있는 가장 오래된 일본 문헌의 하나인『은주시청합기(隠州視聴合記)』(1667년)는 일본의 이즈모(出雲 : 현재의 시마네현 동부) 지방 관료였던 사이토 도요노부(斎藤豊宣)가 저술한 책으로서, 독도에 관해 다음과 같이 기술하고 있습니다.

　独島に関する最も古い日本の記録の一つである『隠州視聴合記』(1667年)は、出雲松江藩士・斉藤豊宣が著わした書物で、独島について次のように記しています。

번역문 訳文

이 두 섬(울릉도, 독도)은 사람이 살지 않는 땅으로 고려를 보는 것이 운슈(雲州
-현재 시마네현의 동부)에서 온슈(隠州-오키섬)를 보는 것과 같다. 그러므로
일본의 서북쪽 경계는 이 주(此州-오키섬)를 한계로 한다.

この二島(鬱陵島、独島)は無人の地で、高麗を見るのが、恰も雲州(出雲)か
ら隠州(隠岐島)を望むが如くである。然らば即ち、日本の西北部は此の州(隠
岐島)を以って限界とする。

원문 原文

此二島 無人之地 見高麗 如自雲州望隠州 然則日本乾地
以此州爲限矣

　　이러한 기록을 통해 일본의 서북쪽 경계는 오키섬이며, 독도는 일본
의 영토에서 제외된다는 사실을 알 수 있습니다.

　　こうした記述から、日本の西北側の境界は隠岐島であり、独島は日本の領
土外であることが分かります。

Q.03

일본의 고지도에는 독도가 어떻게 나타나고 있나요?

日本の古地図で、独島はどのように描かれていますか。

개정일본여지로정전도(1791년 재판본)
『改定日本輿地路程全圖』(1791年 再版本)

막부의 명에 따라 제작된 에도시대의 대표적 실측 관찬 지도인 이노 다다타카(伊能忠敬)의 「대일본연해여지전도(大日本沿海輿地全圖)」(1821년)를 비롯한 일본의 관찬 지도들은 독도를 표시하고 있지 않습니다. 이러한 사실은 독도를 자국 영토로 보지 않았던 일본 정부의 인식이 지도들에 반영되었기 때문입니다. 한편, 일본 정부가 자국의 독도 영유권 근거로 제시하고 있는 에도시대 유학자인 나가쿠보 세키스이(長久保赤水)의 「개정일본여지로정전도(改正日本輿地路程全圖)」(1779년 초판)는 오히려 울릉도와 독도가 일본 영토가 아님을 보여주고 있습니다.

幕府の命によって製作された江戸時代の代表的な実測官撰地図である伊能忠敬の「大日本沿海輿地全図」(1821年)を始めとする日本の官撰地図には独島が描かれていません。 このことは、独島を自国の領土として認識していなかった当時の日本政府の考えが反映されているからです。 また、日本政府が自国の独島領有権の根拠として提示している江戸時代の儒学者、長久保赤水の「改正日本輿地路程全図」(1779年初版)は、むしろ鬱陵島と独島が日本の領土ではないということを示しています。

번역문 訳文

- 다케시마(울릉도) 일명 이소다케시마
- 마쓰시마(독도)
- 고려를 보는 것이 마치 운슈(현재의 시마네현 동부)에서 온슈(오키섬)를 보는 것과 같다.
- 竹島(鬱陵島) 磯竹島ともいう
- 松島(独島)
- 高麗(朝鮮)を見るのがまるで雲州(出雲)から隠州(隠岐島)を望むのと同じである。

원문 原文

- 竹島 一云磯竹島
- 松島
- 見高麗猶雲州望隠州

이 지도에 그려진 독도와 울릉도 옆에는 『은주시청합기(隱州視聽合記)』
에 나오는 문구가 쓰여 있어, 이 지도가 『은주시청합기』에 근거하여 "일본
의 서북쪽 경계의 한계는 오키섬"으로 나타내고 있다는 것을 알 수 있습니
다. 또한 1779년 초판을 비롯한 이 지도의 정식 판본에서는 울릉도와 독도
가 조선 본토와 같이 채색이 되어 있지 않고 경위도선 밖에 존재하는 등 일
본 영토와 다르게 취급되고 있다는 점에서도 이는 분명합니다.

この地図に描かれた独島と鬱陵島の隣に『隠州視聴合記』に登場する文言が
書かれていることから、この地図が『隠州視聴合記』に基づいて「日本の西北部
はこの州(隠岐島)を限界とする」ということを表していることがわかります。また、
1779年の初版を始めとするこの地図の正式版本には、鬱陵島と独島が朝鮮本土
と同じ彩色が施されておらず、経緯度線の外側に存在するなど、日本領とは異
なる扱い方をされていることからも独島が日本領ではないことは明らかです。

Q.04

한 · 일 간의 울릉도 영유권에 대한 분쟁(울릉도쟁계) 당시 독도가 일본 영토가
아니라는 것을 밝힌 「돗토리번 답변서」란 무엇인가요?

元禄年間、韓日間で起きた鬱陵島争界(＝竹島一件)当時、独島が日本の領土
ではないとした「鳥取藩の回答書」とはどのようなものですか。

1693년 일본 어민의 울릉도 도해를 둘러싸고 조선과의 외교분쟁(울릉
도쟁계)이 발생하자, 1695년 12월 24일 일본 에도 막부는 돗토리번(鳥取
藩)에 문서를 보내 울릉도가 돗토리번에 속하는지와 돗토리번에 속하는
다른 섬은 없는지 문의합니다.

　1693年、日本人による鬱陵島渡海をめぐって朝日両国間で外交紛争(鬱陵島争界＝竹島一件)が起こると、1695年12月24日、江戸幕府は鳥取藩に対して、鬱陵島が鳥取藩に付属するか、また鬱陵島の他に付属する島はないか問い合わせを行います。

번역문 訳文

1. 인슈(因州)와 하쿠슈(伯州)(이나바와 호키 : 현재의 돗토리현)에 속하는 다케시마(울릉도)는 언제쯤부터 양국(이나바와 호키)에 속하게 된 것인가?
1. 다케시마(울릉도) 외에 양국(이나바와 호키)에 속하는 섬이 있는가?
一. 因州と白州(因幡と白耆 : 現在の鳥取県)に付属する竹島(鬱陵島)はいつの頃から両国に付属したのか。
一. 竹島(鬱陵島)のほかに、両国に付属する島はあるか。

원문 原文

一. 因州伯州江付候竹島は、いつの頃より両国江附属候哉…
一. 竹島の外両国江附属の島有之候哉

　이에 대해 돗토리번은 다음 날인 12월 25일 "다케시마(울릉도)와 마쓰시마(독도) 및 그 외 양국(이나바와 호키 : 현재의 돗토리현)에 속하는 섬은 없습니다"라고 막부에 답변하여 울릉도와 독도가 일본(돗토리번)의 영토가 아님을 밝힙니다.

　この幕府の問い合わせに対して、鳥取藩が翌日の12月25日、「竹島(鬱陵島)・松島(独島)及びそのほか、両国(因幡と白耆 : 現在の鳥取県)に付属する島はありません」と答えたことで、鬱陵島 独島が鳥取藩(＝日本)の領土ではないこと

が明らかになります。

번역문 訳文

1. 다케시마(울릉도)는 이나바와 호키(현재의 돗토리현)에 속하는 섬이 아닙니다.
1. 다케시마(울릉도)와 마쓰시마(독도) 및 그 외 양국(이나바와 호키)에 속하는 섬은 없습니다.
一. 竹島(鬱陵島)は因幡と伯耆に付属するものではありません…
一. 竹島(鬱陵島)・松島(独島)そのほか、両国に付属する島はありません。

원문 原文

一. 竹島は因幡伯耆附属にては無御座候…
一. 竹島松島其外両国江附属の島無御座候事

일본 막부는 이와 같이 울릉도와 독도의 소속을 확인한 후, 1696년 1월 28일 소위 '다케시마(울릉도)도해면허'를 취소하고 도해를 금지했습니다.

日本幕府はこのように鬱陵島と独島の所属を確認した後、翌年(1696年)1月28日「竹島(鬱陵島)渡海免許」を取り消し、鬱陵島渡海を禁止しました。

Q.05

독도와 관련하여 안용복의 활동은 어떤 의미가 있나요?

独島と関連して、安龍福の活動にはどのような意味がありますか。

원록구병자년조선주착안일권지각서

『元禄九丙子年朝鮮舟着岸一巻の覚書』

　안용복은 조선 숙종 때의 인물로서, 1693년 울릉도에서 일본인들에 의해 피랍되는 등 두 차례에 걸쳐 일본으로 건너갔습니다. 1693년 안용복의 피랍은 한·일 간 울릉도의 소속에 관한 분쟁(울릉도쟁계)이 발생하는 계기가 되었고, 이 과정에서 울릉도와 독도의 소속이 밝혀지게 되었다는 점에서 의미가 있습니다.

　1696년 안용복의 두 번째 도일(渡日)과 관련하여 『숙종실록』은 안용복이 울릉도에서 마주친 일본 어민에게 "송도(松島)는 자산도(子山島, 독도)이며 우리나라 땅이다"라고 말하고, 일본으로 건너가서 우리나라 땅인 울릉도와 독도에 대한 일본의 침범에 항의하였다고 진술한 사실을 기록하고 있습니다. 안용복이 일본으로 건너갔던 사실은 우리나라 문헌뿐만 아니라 『죽도기사(竹嶋紀事)』, 『죽도도해유래기발서공(竹嶋渡海由來記拔書控)』, 『인부연표(因府年表)』, 『죽도고(竹島考)』 등의 일본 문헌도 전하고 있습니다. 특히 최근(2005년) 일본에서 새로이 발견된 사료인 「원록구병자년조선주착안일권지각서(元祿九丙子年朝鮮 舟着岸一卷之覺書)」(1696년 안용복이 오키섬에 도착하였을 때 오키섬의 관리가 안용복을 조사한 내용을 기록한 문서)는 안용복이 울릉도(竹島)와 독도(松島)가 강원도 소속이라고 진술하였다고 기록하고 있어, 『숙종실록』의 내용을 뒷받침하고 있습니다.

安龍福は朝鮮王朝第19代国王・肅宗時代(1661~1720)の人物で、1693年鬱陵島で日本人に拉致されるなどして2度にわたり渡日しました。 1693年の安龍福拉致事件は朝日間で鬱陵島の領有権をめぐる紛争(鬱陵島争界＝竹島一件)が起こるきっかけになり、その交渉過程で鬱陵島と独島の所属が明らかになったことに意味があります。

1696年の安龍福の2度目の渡日と関連して『肅宗実録』は、安龍福が鬱陵島で遭遇した日本の漁民に「松島は子山島(独島)であり、朝鮮の領土である」といい、日本に渡って朝鮮領である鬱陵島と独島への日本の侵犯に対して抗議したと供述したことを記録しています。 安龍福の渡日については、韓国の史料だけではなく、『竹嶋紀事』、『竹嶋渡海由来記抜書控』、『因府年表』、『竹島考』など日本側の資料も伝えています。 特に、2005年に日本で新たに発見された「元禄九丙子年朝鮮舟着岸一巻の覚書」(1696年安龍福が隠岐島に到着した際、隠岐島での取調べを記録した文書)は、安龍福が竹島(鬱陵島)と松島(独島)が江原道に付属すると述べたと記し、『肅宗実録』の記述を裏付けています。

번역문 訳文

이 도(道) 내에 다케시마(울릉도), 마쓰시마(독도)가 있다.
この道(江原道)の中に竹島(鬱陵島)と松島(独島)がある。

원문 原文

此道中 竹嶋松嶋有之

조선 정부의 쇄환정책이란 무엇인가요?

朝鮮政府の刷還政策とは、どのようなものですか。

조선 정부는 울릉도에 관리를 파견하여 울릉도 주민들을 본토로 데려와 살도록 하였는데, 이를 '쇄환(刷還)정책'이라고 합니다. 이 정책은 조선 정부가 왜구의 침입 등을 우려하여 채택한 도서정책의 하나로, 울릉도에 대한 영유권 포기를 의미한 것은 아니었습니다.

이 점은 조선 정부가 조선 초기부터 울릉도에 관리를 파견하여 울릉도에 대한 관할권을 지속적으로 행사한 것을 보아도 잘 알 수 있습니다. 즉, 조선 정부는 조선 초기부터 순심경차관(巡審敬差官)을 울릉도에 파견하였고, 숙종대 이래로는 정기적으로 울릉도 등지에 관리를 파견하는 수토(搜討) 제도를 실시했으며, 이는 1895년 동 제도가 폐기될 때까지 계속되었습니다.

朝鮮朝廷は鬱陵島に官吏を遣わして鬱陵島の住民たちを本土に連れ戻しましたが、これを「刷還政策」といいます。この政策は朝鮮朝廷が倭寇の侵入などを懸念して取り入れた島嶼政策の一つであり、鬱陵島領有権の放棄を意味したわけではありません。

このことは朝鮮朝廷が鬱陵島に官吏を遣わして鬱陵島に対する管轄権を行使

続けたことからもよく分かります。朝鮮時代初期から巡審敬差官を鬱陵島に派遣
し、肅宗時代(1661~1720)以降は定期的に鬱陵島などに官吏を派遣する搜討制
度を実施、1895年同制度が廃止されるまで続きました。

Q.07

**일본 메이지 정부가 독도가 일본 영토가 아님을 공식 확인한「태정관지령」
(1877년)이란 무엇인가요?**

独島が日本の領土ではないということを明治政府が公式確認した『太政官指令』
(1877年)とは、どのようなものですか。

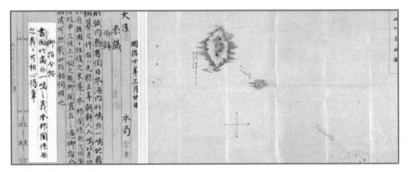

태정관지령/기죽도약도
『太政官指令』/『磯竹島略図』

　메이지 시기, 일본 내무성은 지적(地籍, 토지기록부) 편찬사업에 울릉도
와 독도를 포함시켜야 하는지에 관해「동해 내 다케시마(울릉도) 외 일도
(一島 : 독도)의 지적 편찬에 관한 질의(日本海內竹島外一島地籍編纂方伺)」
를 작성, 당시 일본의 최고 행정기관인 태정관(太政官)에 제출하였습니다.

　이에 대해 1877년 3월 태정관은 에도 막부와 조선 정부 간 교섭(울릉도 쟁계) 결과 울릉도와 독도가 일본 소속이 아님이 확인되었다고 판단하고, "다케시마(울릉도) 외 일도(一島 : 독도)의 건에 대해 본방(本邦, 일본)은 관계가 없다는 것을 명심할 것"이라는 지시를 내무성에 내렸는데, 이를 「태정관지령」이라 합니다.

　明治時代、日本の内務省は鬱陵島と独島を島根県の地籍に入れるべきかについて「日本海内竹島外一島地籍編纂方伺」を当時の最高行政機関である太政官に提出しました。

　これに対して1877年3月、太政官は元禄年間の朝鮮朝廷と江戸幕府間交渉(鬱陵島争界＝竹島一件)の結果、独島が日本に付属しないことが確認されたと判断、「竹島(鬱陵島)外一島(独島)の件は、本邦(日本)とは関係ないとのことを心得るべし」という指示を内務省に下しました。これを「太政官指令」といいます。

번역문 訳文

― 메이지 10년 3월 20일

별지로 내무성이 품의(稟議)한 동해 내 다케시마(울릉도) 외 일도(독도) 지적 편찬의 건 이는 겐로쿠 5년(1692)에 조선인이 섬(울릉도)에 들어온 이래 구 정부(에도 막부)와 조선국이 [문서를] 주고받은 결과 마침내 본방(本邦=일본)과는 관계가 없다고 들은 것을 [내무성이] 주장한 이상, [내무성의] 품의 취지를 들어 아래와 같이 지령을 내려도 되는지 품의 드립니다.

― 明治10年3月20日

別紙にて内務省が伺った「日本海内竹島外一島地籍編纂の件」これは元禄５年朝鮮人が入島して以来、旧政府(江戸幕府)と朝鮮国間で交渉が行われた結果、結局本邦(日本)とは関係ないことが確認されたようだと申し立てきた以上は、伺の趣旨を踏まえて次の通り指令を下しても宜しいでしょうか、このことを

お伺いいたします。

— 지령안(御指令按)
품의한 다케시마(울릉도) 외 일도(독도)의 건은 본방(本邦=일본)과는 관계가
없음을 명심할 것.
— ご指令按
お伺いの件、竹島(鬱陵島)ほか一島(独島)については本邦(日本)とは関係ない
ということを心得るべきこと。

원문 原文

— 明治十年三月廿日
別紙内務省伺日本海内竹嶋外一嶋地籍編纂之件
右ハ元禄五年朝鮮人入嶋以来旧政府該国ㅏ往復之末遂ニ本邦関係無之相聞候
段申立候上ハ同之趣御聞置左之通御指令相成可然哉此段相伺候也

— 御指令按
伺之趣竹島外一嶋之義本邦関係無之義ㅏ可相心得事

　위의 질의서에 첨부된 「기죽도약도(磯竹島略圖)」에 다케시마(울릉도)
와 마쓰시마(독도)가 그려진 점 등에서 「태정관지령」에서 언급된 "다케시
마(울릉도) 외 일도(一嶋)"의 "일도(一嶋)"가 독도임은 명백합니다.
　* 기죽도는 울릉도의 옛 일본 명칭
　「태정관지령」을 통해 일본 정부가 17세기에도 막부와 조선 정부 간 울
릉도쟁계 과정에서 울릉도와 독도의 소속이 확인되었음을 인식하고 있었
던 사실을 잘 알 수 있습니다. 한편, 「태정관지령」이 내려지기 몇 년 전인

1870년 외무성 관리인 사다 하쿠보(佐田白茅) 등이 조선을 시찰한 후 외무성에 제출한 보고서(『조선국교제시말내탐서(朝鮮國交際始末內探書)』)에도 "다케시마(울릉도)와 마쓰시마(독도)가 조선에 부속된 사정"이 언급되어 있어, 당시 일본 외무성이 두 섬을 조선 영토로 인식했음을 보여줍니다.

　上記の伺いに添付された「磯竹島略図」に竹島(鬱陵島)と松島(独島)が描かれていることなどから、「太政官指令」で言う"竹島(鬱陵島)他一島"の"一島"が独島であることは明らかです。

　* 磯竹島は鬱陵島の古い日本の名称

　「太政官指令」を通じて、日本政府が17世紀の朝日両国間における鬱陵島争界(竹島一件)の交渉過程で鬱陵島と独島の所属が確認されたことを認識していたことがよく分かります。また、「太政官指令」が出される数年前である1870年に外務省の佐田白茅らが朝鮮視察後に外務省に提出した報告書(『朝鮮国交際始末内探書』)にも、"竹島(鬱陵島)と松島(独島)が朝鮮付属になった始末"が書かれており、当時日本の外務省がこの二つの島を朝鮮領として認識していた事実がうかがえます。

Q.08

1900년 대한제국이 독도를 울릉도 관할로 명시한 「칙령 제41호」란 무엇인 가요?

1900年、大韓帝国が独島を鬱陵島管轄として明示した「勅令第41号」とは、どのようなものですか。

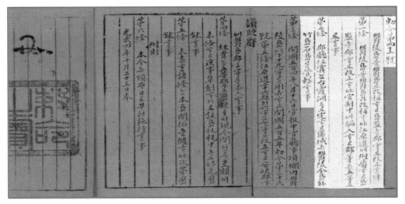

칙령 제41호
『勅令第41号』

19세기 말 일본인들이 울릉도에서 무단으로 목재를 벌채하는 등 각종 문제가 발생하자, 대한제국 정부는 일본 정부에 이들을 철수시킬 것을 요구하는 한편, 울릉도의 지방행정 법제를 강화하기로 결정하였습니다.

이에 따라 1900년 10월 24일 당시 대한제국 최고 행정기관이었던 의정부 회의에서 "울릉도(鬱陵島)를 울도(鬱島)로 개칭하고 도감(島監)을 군수(郡守)로 개정"하기로 결정하였고, 이러한 결정 내용은 1900년 10월 25일 고종황제의 재가를 받아 10월 27일 「칙령 제41호」로서 관보에 게재되었습니다. 「칙령 제41호」는 제2조에서 "…구역(區域)은 울릉전도(鬱陵全島)와 죽도(竹島)·석도(石島 : 독도)를 관할한다"라고 규정하여 독도가 울도군의 관할구역에 속함을 명시했습니다.

19世紀末、鬱陵島で日本人による無断伐採など様々な問題が起きた事を受け、大韓帝国政府は日本政府に撤退を要求する一方、鬱陵島の地方行政法制の強化を決めました。

そのため、1900年10月24日の議政府会議で鬱陵島を鬱島と改称し、島監を郡守に改正することが決まり、この決定内容は同年10月25日高宗皇帝の裁可を受けて同27日「勅令第41号」として官報に掲載されました。「勅令第41号」は、その第２条で「区域は鬱陵全島と竹島・石島(=独島)を管轄する」と規定することで鬱島郡の管轄区域に独島が含まれていることをはっきりと示しています。

번역문 訳文

(칙령 제41호) 울릉도를 울도로 개칭하고 도감을 군수로 개정한 건 제1조 → 울릉도를 울도라 개칭하여 강원도에 부속하고, 도감을 군수로 개정하여 관제 중에 편입하고, 군의 등급은 5등으로 할 일. 제2조 → 군청 위치는 태하동으로 정하고, 구역은 울릉전도와 죽도·석도를 관할할 일.

(勅令第41号)鬱陵島を鬱島に改称し、島監を郡守に改正する件 第一条 → 鬱陵島を鬱島と改称して、江原道に附属させ、島監を郡守に改正して官制中に編入し、郡の等級は5等にすること。 第二条 → 郡庁の位置は台霞洞に定め、区域は鬱陵全島と竹島・石島を管轄すること。

원문 原文

(勅令第四十一號) 鬱陵島를 鬱島로 改稱ㅎ고 島監을 郡守로 改正ㅎ는件 第一條 → 鬱陵島를 鬱島라 改稱ㅎ야 江原道에 附屬ㅎ고 島監을 郡守로 改正ㅎ야 官制中에 編入ㅎ고 郡等은 五等으로 홀 事 第二條 → 郡廳位寘는 台霞洞

으로 定ᄒ고 區域은 鬱陵全島와 竹島·石島롤 管轄ᄒᆯ 事

　이와 같이 「칙령 제41호」는 대한제국 정부가 울릉도의 일부로서 독도에 대해 주권을 행사해온 역사적 사실을 명확히 하고 있습니다.

　このように「勅令第41号」は、大韓帝国政府が鬱陵島の一部として独島に対する主権を行使してきた歴史的事実を明らかにしています。

Q.09

일본이 1905년 시마네현고시 제40호를 추진한 배경은 무엇이며, 이 고시는 국제법적 효력을 가질 수 있나요?

日本が1905年「島根県告示第40号」を推し進めた背景はどのようなもので、この告示は国際法上の効力を持てますか。

　일본이 1905년 시마네현고시 제40호를 통해 독도를 자국 영토로 삼고자 한 것은 1904년 이래 만주와 한반도에 대한 이권을 두고 러시아와 전쟁 중이던 상황에서 동해에서의 해전 수행을 위한 군사적 필요성을 고려한 것이었습니다.

　관련 일본 사료에는 당시 외무성 당국자가 "독도에 망루를 세워 무선 또는 해저전신을 설치하면 적함(敵艦)의 감시상 매우 유리"하다는 점을 들어 독도의 영토 편입을 추진한 사실이 기록되어 있습니다. 또한 독도의 영토 편입을 청원한 나카이 요자부로(中井養三郎)가 당초 독도가 한국 영토라고 인식하고 있었고, 일본 내무성 당국자가 "한국령으로 여겨지는 풀 한 포기 나지 않는 암초(독도)를 얻어… 일본이 한국을 집어 삼키려는 야심이 있다고 의심케 하는 것은 득보다 실이 많다."라고 언급하는 등 일본 정부가 독도를 한국 영토로 인식한 정황이 나타나 있습니다.

당시 일본은 1904년 2월 '한·일 의정서'를 통해 러·일 전쟁의 수행을 위해 자국이 필요로 하는 한국 영토를 자유롭게 사용할 수 있도록 하고, 1904년 8월 '제1차 한·일 협약'을 통해 한국 정부에 일본인 등 외국인 고문을 임명하도록 강요하는 등 한국에 대한 단계적 침탈을 진행해 나가고 있었는데, 독도가 그 첫 번째 희생물이 되었던 것입니다.

이와 같이 시마네현고시 제40호는 일본의 우리나라 국권에 대한 단계적 침탈 과정의 일환이었으며, 우리나라가 오랜 기간에 걸쳐 확고히 확립하여 온 독도 영유권을 침해한 불법행위이므로 국제법적 효력을 가질 수 없습니다.

日本が1905年、「島根県告示第40号」で独島を自国領土としようとしたのは、1904年から満州と韓半島における利権をめぐってロシアと戦争を行っていて、東海で起こる海戦に備えるという軍事的必要性を考慮したためでした。

日本の関連資料には、当時の外務省当局者が「独島に望楼を建てて無線または海底ケーブルを設置すれば、敵艦監視に非常に有利」として、独島の領土編入を推し進めたことが記されています。また、独島編入の請願書を書いた中井養三郎が当初独島を韓国の領土として認識していたことや、内務省の当局者が「韓国領地の疑いある莫荒たる一個不毛の岩礁を収めて、環視の諸外国に我が国が韓国併呑の野心あることの疑いを大ならしむるは、利益の極めて小なるに反して事体決して容易ならず」といったことなどからも、日本政府が独島を韓国領土として認識していた状況がうかがえます。

当時日本は、1904年2月の「韓日議定書」の締結でロシアとの戦争に必要な韓国の領土を自由に使えるようになり、また同年8月の「第1次韓日協約」を通じて

は韓国政府に日本人などの外国人顧問の任命を強要するなど、韓国に対する段階的侵略を進めていました。独島はその最初の犠牲となったのです。

　以上のように、「島根県告示第40号」は、韓国の主権に対する日本の段階的な侵略過程の一部であり、韓国が長きに渡って築いてきた確固たる独島領有権を侵害する違法行為であり、国際法上の効力を持つことは出来ません。

Q.10

1906년 울도(울릉도) 군수 심흥택이 독도에 관해 보고한 내용은 무엇인가요?

1906年、鬱島(鬱陵島)郡守・沈興澤が独島に関して報告した内容はどのようなものですか。

　1906년 3월 28일 울도(울릉도) 군수 심흥택은 울릉도를 방문한 일본 시마네현(島根縣) 관민 조사단으로부터 일본이 독도를 자국 영토에 편입했다는 소식을 듣고, 다음 날 강원도 관찰사 및 내부(內部 : 현재의 안전행정부에 해당)에 보고했습니다. 심흥택 군수의 보고를 받은 강원도 관찰사서리 춘천군수 이명래는 1906년 4월 29일 의정부에 이를 보고하였습니다.

　1906年3月28日、鬱島(鬱陵島)郡守の沈興澤は鬱陵島を訪問した島根県の視察団から日本が独島を自国領土に編入したということを聞き、翌日江原道の観察使などにこのことを報告しました。沈興澤郡守の報告を受けた江原道の観察使署理・春川郡守の李明来は、4月29日にこのことを当時の最高行政機関である議政府に伝えました。

보고서 호외(報告書號外)

『報告書号外』

번역문 訳文

울도 군수 심흥택의 보고서 내에, 본군(本郡 : 울도군) 소속 독도가 먼 바다 100여 리쯤에 있더니, 이달 4일(3월 28일) 진사(辰時 : 오전 7-9시)경 배 1척이 울도군 도동포(道洞浦)로 와서 정박하였는데, 일본 관리 일행이 군청으로 와서 스스로 말하기를, "독도가 이제 일본 영토가 되어 시찰차 섬을 방문하였다."라 고 하고, …먼저 가구 수, 인구, 토지 및 생산량을 묻고 다음으로 인원 및 경비가 얼마인지를 물으며 제반 사무를 조사할 양으로 기록하고 가기에 이에 보고하오니 형편을 살펴 아시기 바란다고 하는 까닭에 이와 같이 보고하오니 살펴 아시기 바랍니다.

鬱島郡守沈興澤の報告書に、本郡(鬱島郡)所属の独島が外洋の100里あま り離れた場所にありますが、3月28日午前7-9時頃、1隻の船が鬱島郡の浦にき て停泊し、日本の官吏一行が郡庁を訪れ自ら曰く、「独島が今や日本の領地 になった故、視察にやってきた」とし…まず、戸数、人口、土地、生産量につ

いて聞き、次に人員や経費がどれくらいかを聞いて諸般の事務を調査するとして記録して去ったので、これに報告しますので、状況をお尋ねになったためこのように報告する旨、ご検討されますようお願い申し上げます。

원문 原文

欝島郡守 沈興澤報告書內開에 本郡所屬獨島가 在於外洋百餘里 外 이삽더니 本月 初四日 辰時量에 輪船一雙이 來泊于郡內道洞浦 而日本官人 一行에 到于官舍ᄒ야 自云 獨島가 今爲日本領地 故로 視察次 來到이다 이온바…先問戶總・人口・土地・生産 多少ᄒ고 且問 人員 及經費 幾許 諸般事務을 以 調査樣으로 錄去이ᄋ기 玆에 報告ᄒ오니 照亮ᄒ시믈 伏望等 因으로 准此 報告ᄒ오니 照亮ᄒ시믈 伏望

이에 대해 대한제국의 최고 행정기관인 의정부는 같은 해 5월 10일 아래와 같은 지시를 내렸습니다(「지령 제3호」).
この報告に対して議政府は、同年5月10日次の指示を出します(指令第3号)。

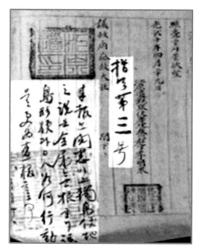

지령 제3호(指令第三號)
『指令第三號』

번역문 訳文

보내온 보고는 읽어 알고, 독도가 (일본) 영토가 되었다는 이야기는 전혀 근거가
없으니, 섬의 형편과 일본인이 어떻게 행동하였는지를 다시 조사 보고할 일
来た報告はすべて読んだ。 独島が(日本)領土になったとの説は全く根拠がな
く、島の状況と日本人がどのように行動したかを再び調査報告する事

원문 原文

來報는 閱悉이고 獨島領地之説은 全屬無根ᄒ니 該島 形便과 日人 如何 行動
을 更爲査報ᄒ 事

이를 통하여 1906년 울도(울릉도) 군수가 「칙령 제41호」(1900)에 근거
하여 독도를 계속 관할하고 있었다는 사실을 알 수 있습니다.

このことから、1906年鬱島(鬱陵島)郡守が1900年に頒布された「勅令第41号」の規定に基づいて、独島を引き継き管轄していたことが分かります。

1943년 연합국들이 제2차 세계대전 종전 이후, 일본 영토에 관한 기본 방침을 밝힌 카이로 선언의 내용은 무엇인가요?

1943年、終戦後の日本領土に対する連合国の基本方針を明らかにしたカイロ宣言はどのような内容ですか。

제2차 세계대전 종전 이후, 일본 영토에 관한 연합국의 기본 방침을 밝힌 카이로 선언(1943년 12월 1일)은 "일본은 폭력과 탐욕으로 탈취한 모든 지역에서 축출될 것"이라고 규정했습니다. 카이로 선언은 또한 "현재 한국민이 노예 상태 아래 놓여 있음에 유의하여 앞으로 한국은 자유독립국가임을 결의한다"라고 하여 한국의 독립을 보장하였습니다.

1943年12月1日、終戦後の日本の領土に関する連合国の基本方針を明らかにしたカイロ宣言は、「日本は暴力と貪欲によって奪い取ったすべての地域から追放される」と規定しています。カイロ宣言はまた、「現在韓国国民が奴隷状態に置かれていることに留意し、今後韓国は自由独立国家になることを決議する」とし、韓国の独立を保障しました。

- 카이로 선언의 관련 부분
- カイロ宣言の関連部分

Japan will also be expelled from all other territories which she has taken by violence and greed. The aforesaid three great powers, mindful of the enslavement of the people of Korea, are determined that in due course Korea shall become free and independent.

일본이 항복 조건으로 수락한 1945년 포츠담 선언도 카이로 선언의 이행을 규정하고 있습니다.

日本が降伏条件として受け入れたポツダム宣言もカイロ宣言の履行を規定しています。

Q.12

1945년 제2차 세계대전 종전 후 연합국 사령부는 독도를 어떻게 취급했나요?

1945年の終戦後、連合国総司令部は独島をどのように扱いましたか。

제2차 세계대전 종전 후 연합국 최고사령관 총사령부는 1946년 1월 29일 연합국최고사령관 각서(SCAPIN) 제677호를 통해 독도를 일본의 통치·행정 범위로부터 제외하였습니다. 동 각서는 제3항에서 일본이 통치권을 행사할 수 있는 지역은 "혼슈(本州), 큐슈(九州), 홋카이도(北海島), 시코쿠(四國) 등 4개 주요 도서와 약 1천 곳의 인접 소도서"라고 하고, 일본의 영역에서 "울릉도, 리앙쿠르암(독도)과 제주도는 제외된다."라고 규정하고 있습니다.

終戦後、連合国最高司令官総司令部は、1946年1月29日、連合国最高司令官覚書(SCAPIN)第677号を通じて独島を日本の統治・行政範囲から切り離しました。同覚書は、第3項で日本が統治権を行使できる地域は「本州、九州、北海道、四国の四つの主要島嶼と約1千の隣接する小島嶼」とし、日本の領域から「鬱陵島、リアンクール岩(独島)と済州島は除外される」と規定しています。

• SCAPIN 제677호(1946.1.29.)
• SCAPIN 第677號(1946.1.29.)

일본으로부터 일정 주변지역의 통치 및 행정상의 분리(Governmental and Administrative Separation of Certain Outlying Areas from Japan)에 관한 각서

一定の周辺地域の日本からの統治上及び行政上の分離(Governmental and Administrative Separation of Certain Outlying Areas from Japan)に関する覚書

3. For the purpose of this directive, Japan is defined to include⋯ excluding (a) Utsuryo (Ullung) island, Liancourt Rocks and Quelpart (Saishu or Cheju) island⋯

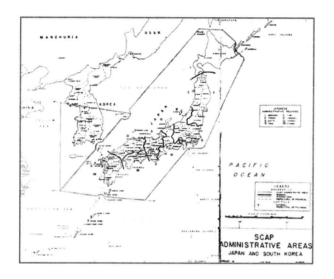

또한 연합국최고사령관 각서 제1033호도 일본의 선박 및 일본 국민의 독도 또는 독도 주변 12해리 이내 접근을 금지했습니다.

また、連合国最高司令官覚書(SCAPIN)第1033号も日本の船舶及び国民が独島あるいは独島周辺12海里以内に接近することを禁止しました。

- SCAPIN 제1033호(1946.6.22.)
- SCAPIN 第1033号(1946.6.22.)

일본의 어업 및 포경업 허가 구역(Area Authorized for Japanese Fishing and Whaling)에 관한 각서

日本の漁業及び捕鯨業に認可された区域(Area Authorized for Japanese Fishing and Whaling)に関する覚書

3. (b) Japanese vessels or personnel thereof will not approach closer than twelve (12) miles to Takeshima(37°15′ North Latitude, 131°53′ East Longitude) nor have any contact with said island.

Q.13

1951년 샌프란시스코 강화조약은 독도에 관해 어떻게 규정하고 있나요?

1951年、サンフランシスコ平和条約は、独島についてどのように定めていますか。

1951년 샌프란시스코 강화조약은 제2조(a)에서 "일본은 한국의 독립을 인정하고, 제주도, 거문도 및 울릉도를 포함한 한국에 대한 모든 권리, 권원 및 청구권을 포기한다."라고 규정하고 있습니다.

1951年のサンフランシスコ平和条約は、第2条(a)で「日本は韓国の独立を承認して、済州島、巨文島及び鬱陵島を含む韓国に対するすべての権利、権原及び請求権を放棄する」と規定しています。

- 샌프란시스코 강화조약의 관련부분
- サンフランシスコ平和条約の関連部分

Article 2

(a) Japan recognizing the independence of Korea, renounces all right, title and claim to Korea, including the islands of Quelpart, Port Hamilton and Dagelet.

동 조항은 한국의 3000여 개의 도서 가운데 제주도, 거문도 및 울릉도만을 예시적으로 열거하고 있으며, 동 조항에 독도가 직접적으로 명시되지 않았다고 하여 독도가 일본에서 분리되는 한국의 영토에 포함되지 않는다고 볼 수는 없습니다. 1943년 카이로 선언 및 1946년 연합국최고사령관 각서(SCAPIN) 제677호 등에 나타난 연합국들의 의사를 감안한다면, 동 조약에 따라 일본에서 분리되는 한국의 영토에는 당연히 독도가 포함된 것으로 보아야 할 것입니다.

同条項は、韓国の約3000の島嶼のうち、済州島、巨文島及び鬱陵島を例示的に並べているだけで、同条項に独島が直接明示されていないからといって、独島が日本から切り離される韓国の領土に含まれていないことを意味するわけではありません。1943年のカイロ宣言及び、1946年の連合国最高司令官覚書(SCAPIN)第677号などに示されている連合国の意思を踏まえると、同条約によって日本から切り離される韓国の領土には当然独島が含まれていると見るべきです。

Q.14

1954년 독도 문제를 국제사법재판소(ICJ)에 회부하자는 일본 정부의 주장에 우리 정부는 어떤 입장을 전달했나요?

1954年、独島問題の国際司法裁判所(ICJ)への付託を提案した日本政府に対して、大韓民国政府はどのような立場を伝えましたか。

1954년 독도 문제를 국제사법재판소(ICJ : International Court of Justice)에 회부하자는 일본 정부의 주장에 대해 우리 정부는 다음과 같은 요지의 입장을 전달하였습니다.

　1954年、独島問題を国際司法裁判所(ICJ)に付託することを提案した日本政府に対して、大韓民国政府は次のような要旨の立場を伝えました。

　• 일본 정부의 제의는 사법절차를 가장한 또 다른 허위의 시도에 불과하다. 한국은 독도에 대한 영유권을 갖고 있으며, 한국이 국제재판소에서 이 권리를 증명해야 할 하등의 이유가 없다.

　• 日本政府の提案は司法の手続きを装ったもう一つの虚偽の試みに過ぎない。大韓民国は独島に対する領有権を堅持しており、大韓民国が国際裁判所でこの権利を証明するいかなる理由も無い。

　• 일본 제국주의에 의한 한국의 주권 침탈은 1910년까지 단계적으로 이루어졌으며, 1904년 일본은 강압에 의해 체결한 '한·일 의정서'와 '제1차 한·일 협약'으로 한국에 대한 실질적인 통제권을 획득하였다.

　• 日本の帝国主義による大韓民国主権の侵奪は1910年のその完結まで段階的に行われたが、1904年の時点で既に日本は強制的に締結した「韓日議定書」と「第一次韓日協約」を通じて韓国に対する実質的な統制権を手に入れていた。

　• 독도는 일본의 한국 침략의 최초의 희생물이다. 독도에 대한 일본의 비합리적이고 끈질긴 주장은 한국 국민들로 하여금 일본이 다시 한국 침략을 시도하는 것은 아닌지 의심케 한다.

　• 独島は日本による大韓民国侵略の最初の犠牲となった。独島に対する日本の非合理的かつ執拗な主張は、大韓民国国民に日本が再び大韓民国侵略を試みようとしているのではないかとい疑念を抱かせる。

한국 국민들에게 있어 독도는 단순히 동해의 작은 섬이 아니라 한국 주권의 상징이다. 당시 우리 정부가 전달하였던 상기와 같은 입장은 지금도 변함이 없습니다.

大韓民国国民にとって独島は単なる東海上の小島ではなく、国の主権の象徴となっている。上記の大韓民国政府の立場は今も変わりません。

Q.15

대한민국은 독도에 대해 어떻게 영토주권을 행사하고 있나요?

大韓民国は、独島に対してどのように領土主権を行使していますか。

현재 대한민국은 독도에 대해서 입법・행정・사법적으로 확고한 영토주권을 행사하고 있습니다. 앞으로도 정부는 우리나라의 독도에 대한 영토주권을 지속적으로 수호해나가겠습니다.

現在、大韓民国は独島に対して立法的・行政的・司法的に確固たる領土主権を行使しています。これからも大韓民国政府は、自国の独島に対する領土主権を引き続き守っていきます。

첫째, 경찰이 상주하여 독도를 경비하고 있습니다.
第1、警察が常駐して独島を警備しています。

둘째, 우리 군이 독도 영해와 영공을 수호하고 있습니다.
第2、大韓民国軍が独島の領海と領空を守っています。

셋째, 독도 관련 각종 법령을 시행하고 있습니다.
第3、独島関連の各種法令を施行しています。

넷째, 등대 등 여러 가지 시설물을 설치·운영하고 있습니다.
第4、灯台など様々な施設を設置、運営してます。

다섯째, 우리 주민이 독도에 거주하고 있습니다.
第5、大韓民国国民が独島で暮らしています。

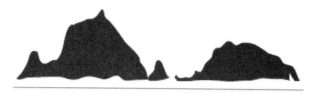

프롤로그

プロローグ

프롤로그

　본서는 한국의 고유영토인 독도에 대해 일본이 날조한 '다케시마(竹島)' 영유권 주장의 모순성을 철저하게 분석하여 오류를 바로 잡는 것이다. 또한 일본은 한국영토인 독도의 영유권을 부정하고 오히려 독도가 일본의 고유영토라고 대내외적으로 선동하여 국제사회의 여론을 조장하여 독도의 영토주권을 침탈하려는 것을 사전에 차단하는 것이 목적이다. 이처럼 일본이 도발적으로 독도의 영유권을 주장하지만, 다음과 같은 이유로 한국이 실효적으로 관할통치하고 있는 독도는 절대로 일본영토가 될 수 없다.

　일본 외무성은 독도가 역사적으로나 국제법적으로도 일본의 고유영토라고 주장하고 있지만, 실제로 독도가 일본영토라는 역사적 증거가 없다. 그래서 일본은 역사적 증거를 제시하지 못하고 마땅한 근거없이 17세기에 독도의 영토주권을 확립하여 일본의 고유영토가 되었다고 억지를 부리고 있다. 이러한 이유로 독도가 일본의 고유영토라는 주장이 설득력을 얻지 못하게 되자. 이번에는 1905년 '무주지 선점'에 의해 국제법적으로 독도가 일본영토의 신영토가 되었다고 하기도 하고, 또한 17세기에 영유권을 확립한 고유영토를 재확인하였다고 주장하기도 한다. 여기서 일본이 말하는 국제법적 지위는 1905년 '주인이 없는 섬'을 '무주지 선점'으로 영토를 취득하여 '다케시마'(일본의 독도 명칭)가 일본영토가 되었다는 주장한다. 그런데 일본이 영토로서 편입 조치할 때 독도가 '주인이 없는 섬'이었다고 우기지만, 실제로 일제 36년간의 불법 강점기를 제외하고, 독도는 고대시대부터 지금까지 한국의 고유영토로서 관리되어온 영토였다는 사실을 외면해서는 안 된다.

그 증거로서 한일 양국의 고문헌에는 독도가 역사적으로나 국제법적으로 한국의 고유영토였다는 사실을 수많은 증거자료가 증명하고 있다.

이처럼 풍부한 역사적 증거자료가 한국이 독도를 고유영토로서 관리해왔다는 것을 입증하는 것이고, 또한 풍부한 역사적 증거자료가 바로 국제법적으로도 독도가 한국영토임을 입증하고 있다. 그래서 오늘날 한국이 독도를 실효적으로 관할 통치하고 있는 것이다. 그럼에도 불구하고 일본은 1905년 독도가 무주지였기 때문에 선점하여 일본영토가 되었다는 주장하지만, 그것은 이미 그 이전부터 한국이 독도를 관할 통치해왔기 때문에 일본의 주장은 엄청난 논리적 모순이고 허구이다.

다시 말하면 독도는 역사적으로 일본영토로서의 영토적 권원이 없고, 국제법적으로도 독도가 무주지가 아니었기 때문에 일본이 무주지 선점으로 새로운 영토를 취득했다고 주장하는 것은 성립되지 않는다. 그리고 일본은 대일평화조약에서 미국이 독도를 일본영토라고 인정해주었기 때문에 오늘날 독도가 일본영토라고 주장한다. 사실상, 대일평화조약에 서명한 국가가는 48개국이다. 미국은 대일평화조약을 주도한 국가이지만, 조약에 서명한 48개국 중의 1개국에 불과하다. 대일평화조약은 미국과 영국이 초안을 작성한 것을 가지고극동위원회소속11개국(미국, 영국, 프랑스, 소련, 중국, 인도, 호주, 뉴질랜드, 네덜란드, 필리핀, 캐나다)이 의견을 조정했다. 미국이 독단적으로 일본으로부터 독립한 제3국인 한국의 영토주권을 함부로 재단하는 그런 불법적인 조약이 아니었다.

영토 주권의 본질은 역사적 권원을 바탕으로 관계당사국의 정치적 합의를 거쳐 국제법적으로 그 지위가 결정된다. 독도는 일본영토로서의 역사적 권원이 존재하지 않을뿐만 아니라, 관계당사자인 한국과 단 한 번도 합의를 이룬 적이 없기 때문에 국제법적으로 독도가 일본영토가 될 수 없었다. 그런데 미국이 정치적 의미로 독도가 일본영토라고 인정해주었기 때문에 일본영토가 되었다고 주장하는 일본의 논리는 그 자체가 모순인 동시에 허구다.

일본이 제2차 세계대전에서 패한 후, 연합국은 일본의 식민지 치하에 있던 한국을 독립시키고 제주도, 울릉도와 더불어 독도를 한국영토에 귀속시켜 한국이 실효적 지배를 하게 되었다. 최종적으로 독도는 대일평화조약에서 한국영토로서 확정될 것을 예정이었으나, 미국이 일본의 입장을 두둔하는 것에 대항적으로 영국과 호주, 뉴질랜드 등의 영연방국가함으로가 독도가 한국영토라는 입장으로 대립하게 되어 최종적으로 영토분쟁지역으로 보이는 무인도에 대해서는 영토적 지위를 결정하지 않았다는 방침을 정했다. 이로 인해 일본이 미국을 이용하여 독도의 영토를 침탈하려했지만, 그 의도는 달성되지 못했다. 결국 독도는 역사적으로나 국제법적으로 한국의 고유영토로서의 지위를 그대로 유지되었던 것이다.

그래서 일본은 미국이 독도를 일본영토로서 인정해주었기 때문에 일본영토가 되었다고 주장하는 논리는 설득력이 없다. 독도의 영토문제는 역사적 권원을 바탕으로 관계당사자 간의 합의에 의해 국제법적으로 그 지위가 결정되는 것이다. 독도는 역사적으로 한국이 영토적 권원을 갖고 있고, 관계 당사자인 한국이 독도가 한국영토가 아니고 일본영토라는 어떠한 동의도 하지 않았기 때문에 독도는 국제법적으로 한국영토가 되었던 것이다. 따라서 오늘날 한국이 독도를 실효적으로 지배하고 있는 것은 합법적인 경과를 거쳐서 이루어진 것이다.

일본은 독도가 한국영토의 고유영토임에도 불구하고, 오늘날까지도 독도의 영유권을 계속적으로 주장하고 있다. 일본이 주장하는 독도의 영유권 논리는 비과학적인 날조이다. 그런데 일본은 독도의 본질을 잘 알지 못하는 국제사회의 여론을 선동하고, 공교육을 통해 선량한 일본국민들에게 날조된 독도 영유권의 논리를 주입시키고 있다. 하지만, 일본은 자유민주주의 국가이기 때문에 일본정부가 아무리 주입식 교육으로 날조된 독도 영유권 논리를 강요한다고 해도 학문적 자유를 추구하는 일본국민들은 독도가 한국의 고유영토라는 올바른 정보를 접하게 되면 일본정부에 의한 주입식 교육이 오류임을 자각하여 스스로 독도가 한국영토임을 인정할 것임을 분명하다. 이상과 같은 문제 인식으로 본서는 한일의 양 국민을 향한 계몽서로서 역할을 할 수 있도록 한국어와 일본어로 구성한 대역판으로 출간하였다.

오늘날 일본의 독도 영유권 날조는 1998년 신 한일어업협정이 체결된 이후 두드러지게 나타났고, 그것을 주도한 선구적인 인물이 시모조 마사오이다. 시모조는 시마네현과 현의회를 움직여 '죽도의 날'의 조례를 제정하도록 선동했고, 또한 시마네현으로부터 재정지원을 받아 죽도문제연구회를 발족하여 주도적으로 독도의 영유권을 날조하였다. 더 나아가 시모조가 영토 주권회복을 소홀히 한다고 중앙정부를 공격하여 외무성과 내각관방부의 영토대책기획실이 시모조가 날조한 독도 영유권 논리에 편승하여 적극적으로 독도 영유권을 주장하게 되었다. 본서는 일본이 날조한 영유권 논리의 모순성을 규명한다고 하는 목적을 달성하기 위해 제5장으로 구성하였다. 즉 "제1장 독도 영유권의 진실, 제2장 전근대 일본의 독도 영유권의 날조, 제3장 근대 일본의 독도 영유권의 날조, 제4장 현대 일본의 독도 영유권의 날조, 제5장 향후 한국정부의 대응과 과제"에 관해 다루었다. 본서를 통해 영유권의 방어적 측면에서 일본이 더 이상 독도 영유권을 날조하지 못하도록 하고, 동시에 영토의 관리적 측면에서 독도의 영유권을 갖고 있는 한국이 실효적 지배를 지속적으로 이행하도록 하는 것이다.

만일 독도의 영유권을 날조하여 독도가 일본영토라고 주장하는 일본의 도발을 묵인하게 된다면, 독도 영유권에 대한 일본의 욕망은 날로 커져 급기야는 도발적으로 국제사회를 선동한 후 자위대를 동원하여 독도를 점령하는 상황이 절대로 오지 않는다고 단정할 수 없다.

필자는 본서를 집필한 후에도 지속적으로 일본의 독도의 영유권을 날조하는 실태를 감시하고 파악하여 모순성을 지적할 것이다. 이를 통해 독도가 한국영토로서 영원히 보전될 수 있도록 미력하나마 작은 힘을 보태려고 한다.

2021년 3월 31일
저자 최장근 씀

プロローグ

　本書は韓国の固有領土である独島に対して、日本が捏造した「竹島」領有権主張の矛盾性を徹底的に分析して誤りを正すことだ。また、日本は韓国領土である独島の領有権を否定し、むしろ、独島が日本の固有の領土と対内外的に扇動し、国際社会の世論を助長し、独島の領土主権を侵奪しようとすることを事前に遮断することが目的だ。このように日本が挑発的に独島の領有権を主張するが、次のような理由で韓国が実効的に管轄統治している独島は絶対に日本領土にはなれない。

　日本外務省は、独島が歴史的にも国際法的にも日本の固有領土だと主張しているが、実際に独島が日本領土という歴史的証拠がない。それで日本は歴史的証拠を提示できずに検証できる適切な根拠もなしに17世紀に独島の領土主権を確立して日本の固有の領土となったと横車をおしている。このような理由で独島が日本の固有領土だという主張は説得力を得られなくなる。今回は1905年、無主地先取り'によって国際法上独島が新しい日本の領土になったと主張したり、また、17世紀に領有権を確立した固有の領土を再確認したと主張したりもする。ここで日本の主張である国際法的地位は1905年、無主地の先取り'で領土を取得し

て「竹島」(独島)が日本領土になったという主張する。ところで日本は、領土として編入措置を取る際、独島が無主地であったと主張するが、実際に日帝36年間の不法強制占領期を除いて、独島は古代時代から今まで韓国の固有の領土として管理されてきたものだったという事実を無視してはならない。

　その証拠として韓日両国の古文献には、独島が歴史的にも国際法的に韓国固有の領土だったという事実を多くの証拠資料が証明している。

　このように豊かな歴史的証拠資料から韓国が独島を固有の領土として管理していたということを立証している。また、豊富な歴史的証拠資料が国際法的にも独島が韓国領土であることを立証している。それで今日韓国が独島を実効的に管轄統治しているのだ。それにもかかわらず、日本は1905年に独島が無主地だったため、先取りして、日本の領土になったと主張するが、それは、すでにその以前から韓国が独島を管轄統治してきたために、大きな論理的矛盾であり、虚構だ。

　言い換えれば、独島は歴史的に日本領土としての領土的権原はなく、国際法的にも独島が無主地でないため、日本が無主地の先取りで新たな領土を取得したと主張するのは成り立たない。そして、日本は対日平和条約で米国が独島を日本領土と認めてくれたから、今日の独島が日本領土だと主張している。事実上、対日平和条約に署名した国家は48カ国である。アメリカは対日平和条約を主導した国であるが、条約に署名した48ヶ国の中の1ヶ国に過ぎない。対日平和条約は、アメリカとイギリスが草案を作成したことをもって、極東委員会所属の11カ国(アメリカ、イギリス、フランス、ソ連、中国、インド、オーストラリア、ニュージーランド、オランダ、フィリピン、カナダ)が意見調整を行った。対日平和条約は、米国が独断で日本から独立した第3国である韓国の領土主権を勝手に裁断する不法条約ではなかった。

　領土主権の本質は、歴史的権原に基づき、関係当事国の政治的合意を経

て、国際法的にその地位が決定される。独島は日本領土としての歴史的権原が存在しないだけでなく、関係当事者である韓国と一度も合意を成し遂げたことがないため国際法上に独島が日本領土になり得なかった。しかし米国が政治的意味で、独島が日本領土と認めてくれたから日本の領土となったと主張する日本の論理は、それ自体が矛盾であると同時に虚構だ。

日本が第2次世界大戦で敗れた後、連合国は日本の植民地支配下にあった韓国を独立させて済州島、欝陵島とともに、独島を韓国の領土に帰属させて韓国が実効的支配をすることになった。最終的に独島は対日平和条約で韓国領土として確定されることを予定していたが、米国が日本の立場をかばうことに対抗的にイギリスとオーストラリア、ニュージーランドなどの英連邦国家らからが独島が韓国領土だという立場と対立した。このようになって最終的に領土紛争地域として見られる無人島については領土的地位を決めないという方針を決めた。これによって日本が米国を利用して独島の領土を侵奪しようとしたが、その意図は達成されなかった。結局、独島は歴史的にも国際法的に韓国固有の領土としての地位がそのまま維持されたのだ。

それで日本は米国が独島を日本領土と認めてくれたから日本の領土となったと主張する論理は説得力がない。独島の領土問題は歴史的権原を土台に関係当事者間の合意によって国際法的にその地位が決定されるのだ。歴史的に独島の領土的権原を持っている関係当事者である韓国が韓国領土ではなく、日本領土であると同意もしていないため、独島は、国際法的に韓国領土なのだ。したがって今日韓国が独島を実効支配しているのは、合法的な経過を経て行われたものである。

独島が韓国の固有領土であるにもかかわらず、日本が今日でも、独島の領有権を継続的に主張している。日本の主張する独島の領有権論理は非科学的な捏造だ。しかし、日本は独島の本質をよく知らない国際社会の世論を扇動して、ま

た学校の公教育を通じて善良な日本国民に捏造された独島領有権の論理を注入
させている。しかし、日本は自由民主主義国家であるため、日本政府がいくら詰
め込み主義教育と捏造された独島領有権論理を強要しても、学問の自由を追求
する日本国民たちは、独島が韓国固有の領土であるという正しい情報を接するよ
うになると、日本政府による注入式の教育が間違いであることを自覚して自ら独島
が韓国領土であることを認めることが明らかだ。以上のような問題認識により、本
書は日韓の両国民への啓蒙書としての役割を果たすため、韓国語と日本語で構
成された対訳版で出版した。

　今日の日本の独島の領有権の捏造は、1998年、韓日漁業協定が締結された
後、顕著に現れていて、それを主導した先駆的な人物が下条正男である。下条
は島根県と県議を動かして「竹島の日」の条例を制定するように扇動し、さらに、
島根県から財政支援を受け、竹島問題研究会を発足し、主導的に独島の領有
権を捏造した。さらに、下条は領土主権の回復をおろそかにしていると中央政府
を攻撃して、外務省と内閣官房部の領土対策企画室が下条が捏造した独島の領
有権の論理に便乗して積極的に独島の領有権を主張するようになった。

　本書は、日本が捏造した領有権論理の矛盾を究明するという目的を達成する
ため、第1章ー第5章をもって構成した。「第1章 独島領有権の真実、第2章 前
近代日本の独島領有権の捏造、第3章 近代日本の独島領有権の捏造、第4章
現代日本の独島領有権の捏造、第5章 今後韓国政府の対応と課題」という主題
で扱った。本書を通して領有権の防御的側面から日本がこれ以上独島の領有権
を捏造しないようにし、また、領土の管理的側面から独島の領有権を持っている
韓国が実効的支配を持続的に履行するようにすることだ。

　もし、独島の領有権を捏造し、独島が日本領土だと主張する日本の挑発を黙
認するようになると、独島の領有権に対する日本の欲望はますます大きくなってと
うとう挑発的に国際社会を扇動した後、自衛隊を動員して独島を占領する状況が

絶対来ないと断定できない。

　筆者は本書を執筆した後も継続的に日本の独島の領有権を捏造する実態を監視してその矛盾性を指摘するのだ。これを通じて、独島が韓国領土として永遠に守護できるのに小さな力になりたい。

2021年3月31日

著者　崔長根

第1章　独島領有権の真実

제2장 전근대 일본의 독도 영유권의 날조

第2章 前近代日本の独島領有権の捏造

제3장 근대 일본의 독도 영유권의 날조

第3章 近代日本の独島領有権の捏造

제4장 현대 일본의 독도 영유권의 날조

第4章 現代日本の独島領有権の捏造

제5장 향후 한국정부의 대응과 과제

第5章 今後韓国政府の対応と課題

제1장
독도 영유권의 진실
第1章
独島領有権の真実

『신찬팔도지리지』는 독도가 한국의 고유영토 증명하는 최초의 관찬문헌이다

일본외무성 홈페이지에는 "현재의 다케시마(독도)는 일본에서 일찍 (1667년)이 '마쓰시마(松島)'로 불렸으며, 반대로 울릉도가 '다케시마(竹島)' 또는 '이소 다케시마(磯竹島)'로 불렸습니다. 다케시마 또는 울릉도의 명칭에 대해서는 유럽의 탐험가 등에 의한 울릉도 측위(測位)의 잘못에 따라 일시적인 혼란이 있었지만, 일본국이 '다케시마'와 '마쓰시마'의 존재를 옛날부터 인지하고 있었던 것은 각종 지도나 문헌에서도 확인할 수 있습니다." 한편 "한국측은 조선의 고문헌에 나오는 기술을 바탕으로 '울릉도'와 '우산도'라는 두 개의 섬을 예로부터 인지하고 있었으며, 그 '우산도'가 바로 현재의 다케시마(독도)라고 주장하고 있습니다. 그러나 조선의 고문헌에서 우산도가 현재의 다케시마(독도)라는 한국의 주장을 뒷받침할 증거는 발견되지 않았습니다."라고 하여 일본정부는 조선시대의 관찬문헌에는 '울릉도는 있어도 독도가 없다'라고 사실을 날조하여 한국의 독도 영유권을 부정한다.

독도가 한국의 고유영토임을 증명하는 최초의 문헌적 증거는『신찬팔도지리지』(1425~1432년)이다. 독도가 한국의 고유영토라고 함은 고대시대부터 지금까지 한 번도 타국의 영토가 된 적이 없고 원래부터 한국영토라는 말한다. 지리적으로 두 눈으로 바라볼 수 있는 가시거리는 대략 100km까지이다. 독도는 한국 사람이 사는 울릉도에서 동남쪽으로 87.4km 떨어진 거리에 위치하여 바람이 불고 날씨가 맑으면 바라볼 수 있기 때문에 과거부터 울릉도 거주민들은 항상 독도의 존재를 알고 있었다.

그러나 일본사람이 사는 오키섬에서는 157.5km 떨어진 거리에 위치하여 보이지 않기 때문에 독도의 존재를 알지 못했다. 독도는 수풀이 없는 두 개의 큰 암초로 이루어져 원래 사람의 거주가 불가능하여 특별한 가치가 없는 섬이었기 때문에 섬의 위치나 크기, 형상에 대해서는 고문헌 기록에 거의 남아있지 않다.

그럼에도 불구하고, 조선 조정은 독도를 특별히 관찬문헌에 명확히 기록하여 고유영토로서 관리해왔다. 최초의 관찬문헌인『신찬팔도지리지』에서 당시 과학문명이 발달하지 않았고, 가치면에서 보더라도 우산도(독도)는 공해(空海)상이나 다름이 없었기 때문에 조선의 팔도 중에 "울진현 바로 동쪽 앞바다에 위치한 우산도와 울릉도 두 섬이 날씨가 맑으면 서로 바라볼 수 있다."라고 하여 현재적 관점처럼 울릉도 동남쪽이라는 정확한 섬 위치나 크기, 형상 등을 기록하지 않았다.

그 이후 조선조정에서는『고려사』(지리지)(1392~1451년),『세종실록』(지리지)(1452~1454년),『신증동국여지승람』(1481~1530년),『동국문헌비고』(1769~1770년) 등 지리지를 집필할 때마다『신찬팔도지리지』를 표본으로 울릉도와 독도를 한국영토로 기록하였다. 일본 측에서도『신찬팔도지리지』보다 235년 후인 1667년에 집필된『은주시청합기(隱州視聽合記)』에서 "일본의 서북 경계는 오키섬이고", "울릉도와 독도에서는 고려를 바라볼 수 있다."라고 하여 최초로 독도의 존재를 기록하였다.

그 이후에도 지도를 제작할 때 이를 표본으로 하여 하야시 시헤이(林子平)의 「삼국접양지도」(1785년), 울릉도와 독도에 경위도선이 없는 나가쿠보 세키스이(長久保赤水; 1717~1801년)의 「개정일본여지노정전도」(1781년 제작 관허, 1844년 제작은 울릉도 독도에 경위도선이 있고, 관허 없음) 등에서도 울릉도와 독도를 조선영토로 기록하였다. 이처럼 한일 양국의 고문헌 기록을 보더라도 독도가 한국의 고유영토임이 증명된다.

그런데 『신찬팔도지리지』가 현존하지 않는다는 이유로 독도가 한국의 고유영토라는 증거자료로서 나열하지 않는 경향이 있다. 그것은 잘못이다. 『세종실록』의 부록에 『신찬팔도지리지』를 게재하고, 이것이 『세종실록』(지리지)이 되었다고 하는 분명한 기록이 있다. 그렇다면 『세종실록』(지리지)과 『신찬팔도지리지』가 내용적으로 동일한가에 대한 의문이 생긴다.

독도가 한국의 고유영토가 되려면 조선조정이 고대시대 이후 시대별로 언제 어떻게 독도를 영토로서 관리하고 인식해왔는가를 확인하는 것이 중요하다. 『신찬팔도지리지』는 『세종실록』(지리지)보다 22년 먼저 저술되었다. 울릉도에는 일찍부터 고대의 우산국, 고려시대의 우릉성(羽陵城) 백성들이 거주했다.

독도는 울릉도에서 바라보이는 거리에 위치하기 때문에 예로부터 울릉도 거주민의 생활터전이었다. 그런데 조선조정은 왜적들의 도둑질(1379년, 1417년)과 울릉도로 도망가는 남녀 피역(避役)자(1425년)들을 막기 위해 1403년부터 거주민을 쇄환하고 섬을 비웠기 때문에 독도에 대한 새로운 정보를 알 수 있는 기회가 차단되었다. 그렇지만, 『신찬팔도지리지』는 울릉도의 거주민 쇄환이 시작되는 1403년부터 『신찬팔도지리지』가 편찬되었던 1432년까지 불과 29년밖에 경과되지 않은 시기에 집필되었기 때문에 독도에 대한 조선조정의 기존 정보를 바탕으로 기록된 최초의 관찬 지리지이기 때문에 더욱 중요하다.

여기서 『신찬팔도지리지』가 『세종실록』(지리지)과 동일한 내용인가에 대해서는 의문을 가질 수 있다. 『세종실록』(지리지)는 먼저 편찬된 최초의 관찬 지리지인 『신찬팔도지리지』를 표본으로 편찬된 것이기 때문에 동일한 내용임에 분명하다. 그러나 그 이후에 편찬된 관찬문헌인 『고려사』(지리지), 『신증동국여지승람』, 『동국문헌비고』 등은 내용적으로 '울릉도 우산도'라는 '2도' 인식에 대해 약간씩 차이를 보이고 있다.

『신찬팔도지리지』는 당시 조선조정이 우산도(독도)를 육안으로 바라볼 수 있었던 울릉도 거주민들의 인식을 바탕으로 집필된 것이기 때문에 '우산도와 울릉도' '2도'가 존재한다고 명확히 기록하였다. 『세종실록』(지리지)은 『세종실록』의 부록에 『신찬팔도지리지』를 그대로 전재하여 발행되었기 때문에 '우산도, 울릉도 2도' 인식을 명확히 갖고 있었다. 그러나 동시대에 발간된 『고려사』(지리지)에는 "울진현 바로 동쪽 앞바다에 울릉도가 있다." "일설에 의하면, 우산도와 울릉도는 2도"라고 하여 울릉도를 위주로 기술하고, '일설에 의하면'이라고 하여 문서기록을 바탕으로 울릉도의 부속도서로서 우산도를 추가하여 '우산도, 울릉도 2도'의 존재 가능성을 추측성으로 기록하였다.

그러나 『신증동국여지승람』은 『신찬팔도지리지』, 『세종실록』(지리지), 『고려사』(지리지)를 표본으로 본론에서는 '우산도와 울릉도 2도'라고 전제하면서도 '일설에 의하면 1도'라고 하여 실제로 육안으로 확인할 수 없었던 우산도에 대해서는 존재 가능성을 의심하였다.

『동국문헌비고』는 그 이전에 편찬된 『신찬팔도지리지』, 『세종실록』(지리지), 『고려사』(지리지), 『신증동국여지승람』 등을 표본으로 하고, 동시에 안용복 사건(1693~1696년)으로 인해 실제로 울릉도와 우산도(독도)의 존재와 위치가 명확히 확인되었기 때문에 '울릉도, 우산도 2도'의 존재인식은 물론이고, 구체적으로 우산도가 일본 명칭의 '송도(松島)'라고 하여 우산도(독도)의 존재를 명확히 했다.

그리고 섬의 위치에 대해서도 기존의 관찬문헌에서 '우산도-울릉도' 순으로 나열하였던 것을 '울릉도-우산도' 순으로 나열하여 우산도가 울릉도 동쪽에 있다고 수정하였다.

여기서 거의 동시대에 발행된 『세종실록』(지리지)과 『고려사』(지리지) 중에 어느 쪽이 집필상의 표본이 되었는가에 대해서는 내용적으로 볼 때 『세종실록』(지리지)가 최초의 관찬지리지인 『신찬팔도지리지』와 동일하기 때문에 이들이 『고려사』(지리지)의 표본이 되었다고 할 수 있다. 따라서 『세종실록』(지리지)은 그 이전에 편찬된 유일한 최초의 관찬문헌인 『신찬팔도지리지』를 그대로 전재하여 "우산도, 울릉도 두 섬은 울진현 바로 동쪽 앞바다에 위치하여 두 섬은 날씨가 맑고 바람이 부는 날 서로 바라볼 수 있다"라는 인식이었다. 그런데 『고려사』(지리지)와 『신증동국여지승람』에서는 '일설에 의하면'이라는 단서로 '울릉도, 우산도 2도'의 존재에 대해 명확하게 단정하지 못했다.

그것은 당시 조선조정이 울릉도에 대해서는 거주민을 쇄환하였기에 그 존재를 분명히 확인했지만, 우산도에 대해서는 확인하지 못했던 것이다. 그래서 조선조정은 세종 때는 요도(蓼島)라는 이름으로 4차례(1430년, 1438년, 1441년, 1445년)이상, 성종 때는 10년 이상 매년처럼 삼봉도(1470~1481년) 등 영토로서 소문으로 떠돌던 무인도를 찾기 위해 노력했다.

요컨대 『신찬팔도지리지』는 현존하지 않지만, 고대, 고려시대에 울릉도에 거주민이 살았고, 울릉도에서 바라보이는 우산도(독도)가 울릉도 거주민의 삶의 터전이었다고 하는 인식을 바탕으로 집필된 최초의 관찬 지리지이다.

『세종실록』(지리지)은 '우산도, 울릉도 2도'의 존재를 명확히 하여 독도가 한국의 고유영토임을 증명하는 현존하는 가장 오래된 관찬문헌이다. 『신찬팔도지리지』는 조선조정의 최초의 관찬 지리지로서, 현존하는 최초의 관한지리지인 『세종실록』(지리지)의 표본이 되었기 때문에 독도가 한국의 고유영토임을 증명하는 무엇보다도 귀중한 자료가 아닐 수 없다.

▎『新撰八道地誌』は、独島が韓国の固有領土であることを証明する最初の官撰文献だ

日本外務省ホームページには「現在の竹島(独島)は、日本で早く(1667年)から独島が「松島」と呼ばれており、反対に欝陵島が「竹島」または「磯竹島(磯竹島)」と呼ばれました。竹島(独島)または欝陵島の名称については、欧州の探検家などによる欝陵島測位の過ちによって一時的な混乱があったけれど、日本国が「竹島」と「松島」の存在を昔から認知していたのは、さまざまな地図や文献でも確認できます。」一方、「韓国側は朝鮮の古文献に登場する記述を基に「欝陵島」と「于山島」という二つの島を古くから認知しており、その「于山島」がまさに現在の竹島(独島)だと主張しています。しかし、朝鮮の古文献で于山島が現在の竹島(独島)という韓国の主張を裏付ける証拠は発見されていません。」とし、日本政府は朝鮮時代の官撰の文献には「欝陵島はあっても、独島がない」と事実を捏造して韓国の独島の領有権を否定する。独島が韓国の固有領土であることを証明する最初の文献的な証拠は「新撰八道地誌」(1425年~1432年)だ。独島が韓国の固有の領土だというのは古代時代から今まで一度も他国の領土になったことがなく、もともと韓国領土であるからだ。

地理的に目で眺められる可視距離はおよそ100kmまでだ。独島は韓国人が住んでいる欝陵島から東南方向へ87.4km離れた距離に位置して風が吹いて天気が晴れると眺めることができるために過去から、欝陵島の居住民はいつも独島の存在を知っていた。しかし、日本人が住む隠岐島からは157.5km離れた距離に位置して見えないため、独島の存在を知らなかった。独島は草木のない二つの大きな暗礁でできて元々、人の居住が不可能であるので特別な価値のない島だったため、島の位置や大きさ、形状については古文献記録にほとんど残っていない。にもかかわらず、朝鮮の朝廷は、独島を特に官撰の文献に明確に記

録して固有の領土として管理してきた。

　最初の官撰文献が『新撰八道地誌』で、当時の科学文明が発達せず、価値の面で見ても、于山島(独島)は、公海とほとんど変わりがなかったために、朝鮮の八道のうちに「蔚珍県のすぐ東沖合いに位置した于山島と蔚陵島の二つの島が、天気がよければお互いに眺めることができる。」として、現在的観点のように蔚陵島の東南方という正確な島の位置や大きさ、形状などを記録しなかった。その後朝鮮の朝廷では『高麗史』(地理誌)(1392~1451年)、『世宗実録』(地理誌)(1452~1454年)、『増補東国輿地勝覧』(1481~1530年)、『東国文献備考』(1769~1770年)などの地理誌を執筆する時ごとに『新撰八道地誌』を標本として、蔚陵島と于山島(独島)を韓国領土として記録した。日本側でも『新撰八道地誌』より235年後の1667年に執筆された『隠州視聴合記』に「日本の北西境界は隠岐島だ」、「竹島(蔚陵島)と松島(独島)から高麗を眺めることができる。」として初めて独島の存在を記録した。その後も地図を制作する際、これを標本として林子平の「三国接壌地図」(1785年)、蔚陵島と独島のところはだけ経緯度線のない長久保赤水(717~1801年)の『改正日本輿地路程全図』(1781年製作・官許、1844年製作蔚陵島・独島に経緯導線があり・官許なし)などでも蔚陵島と独島を朝鮮領土として記録した。

　このように韓日両国の古文献記録を見ても、独島が韓国の固有領土であることが証明される。ところで『新撰八道地誌』が現存しないという理由で独島が韓国の固有の領土という証拠資料として取り上げない傾向がある。それは間違いだ。

　『世宗実録』の付録に『新撰八道地理誌』を掲載し、これが『世宗実録』になったという明らかな記録がある。

　そうすると、『世宗実録』(地理誌)と『新撰八道地理誌』が内容的に同一なのか疑問になる。独島が韓国の固有領土になるためには、朝鮮の朝廷が古代以降の時代ごとにいつどのように、独島を領土として管理し認識してきたのかを確認す

ることが重要である。『新撰八道地理誌』は『世宗実録』(地理誌)より22年先に著された。

轡陵島には早くから古代の于山国、高麗時代の羽陵城の民たちが住んでいた。独島は轡陵島から見える距離に位置するために昔から轡陵島居住民の生活基盤だった。

ところが、朝鮮王朝は、倭人らの盗み取り(1379年、1417年)と轡陵島に逃げられた男女の避役者(1425年)を防ぐため、1403年から居住民を連れ帰って島を空けたため、独島に関する新たな情報を知ることができる機会が遮断された。しかしながら、『新撰八道地理誌』は轡陵島の居住民を連れ帰りだした1403年から『新撰八道地理誌』が編纂された1432年まで、わずか29年しか経過していない時期に執筆されたため、独島について朝鮮王朝の成立以前の情報をもとに記録された最初の官撰地誌であるため、何より重要だ。

ここで『新撰八道地理誌』が『世宗実録』と同一内容なのかについても疑問を持つ。『世宗実録』(地理誌)は、先に編纂された最初の官撰地理誌である『新撰八道地理誌』を標本に編纂されたものであるため、同じ内容であることは明らかである。

しかし、それ以降に編纂された官撰文献である『高麗史』(地理誌)、『新増東国輿地勝覧』、『東国文献備考』などは、内容的に「轡陵島・于山島」という「2島」の認識に若干の違いを見せている。『新撰八道地理誌』は当時、朝鮮の朝廷が于山島(独島)を肉眼で眺めることができた轡陵島の居住民の認識をもとに執筆されたものであるため、「于山国轡陵島」の「2島」が存在すると明確に記録した。

『世宗実録』(地理誌)は『世宗実録』の付録に『新撰八道地理誌』をそのまま転載して発行されたので、「于山島、轡陵島の2つの島」の認識を明確にしていた。しかし、同時代に発刊された『高麗史』(地理誌)には「轡珍県のすぐ東の沖合いに轡陵島がある。」「一説によると、于山島と轡陵島は2島」とし、轡陵島を中

心に記述し、「一説によると」とし、文書記録に基づき、欝陵島の付属島嶼として于山島を加え、「于山島、欝陵島2島」の存在の可能性が推測的に記録されている。しかし、『新増東国輿地勝覧』は『新撰八道地理誌』、『世宗実録』(地理誌)、『高麗史』(地理誌)を標本に、本論に「于山島と欝陵島2島」と前提しながらも「一説によると1島」とし、実際に肉眼で確認できなかった于山島については存在の可能性が疑った。『東国文献備考』はそれ以前に編纂された『新撰八道地理誌』、『世宗実録』(地理誌)、『高麗史』(地理誌)、『新増東国輿地勝覧』などを標本として、同時に、安竜福事件(1693~1696年)によって実際に欝陵島と于山島(独島)の存在と位置が明確に確認されたため、「欝陵島、于山島の2島」の存在認識はもちろん、具体的に于山島が日本名の「松島」(独島)として于山島(独島)の存在を明確にした。そして島の位置についても従来の官撰文献において「于山島~欝陵島」の順に羅列していたものを「欝陵島~于山島」の順に羅列し、于山島が欝陵島の東にあると修正した。

ここでほぼ同時代に発行された『世宗実録』(地理誌)と『高麗史』(地理誌)のどちらが執筆上の標本になったかについては、内容的に見て『世宗実録』(地理誌)が最初の官撰地理誌である『新撰八道地理誌』と同一であるため、これらが『高麗史』(地理誌)の標本になったといえる。

したがって、『世宗実録』(地理誌)はそれ以前に編纂された唯一の官撰文献である『新撰八道地理誌』がそのまま転載され、「于山島、欝陵島の両島は蔚珍県のすぐ東の沖合に位置し、両島は天気が晴れて風が吹く日に眺めることができる」という認識であった。

ところが、『高麗史』(地理誌)と『新増東国輿地勝覧』では「一説によると」という手がかりで「欝陵島、于山島の2島」の存在について明確に断定することができなかった。当時、朝鮮の朝廷が欝陵島については居住民を刷還したのでその存在をはっきりと確認していたが、于山島については確認できなかったのである。した

がって朝鮮朝廷は世宗の時は耀島(ヨド)という名を持った島を4回(1430年、1438年、1441年、1445年)以上、成宗の時は10年以上毎年のように三峰島(1470~1481年)という名を持った、領土としてうわさされていた無人島を探すために努めた。

　要するに『新撰八道地理誌』は現存しないが、古代、高麗時代に欝陵島に居住民が暮らし、欝陵島から眺められた于山島(独島)が欝陵島居住民の生活の場だったという認識をもとに執筆された最初の官撰地誌だ。『世宗実録』(地理誌)は「于山島、欝陵島の2島」の存在を明確にし、独島が韓国の固有領土であることを証明する現存する最古の官撰文献だ。『新撰八道地理誌』は、朝鮮王朝の成立後の最初の官撰地誌として、現存する最初の地理誌であり、『世宗実録』(地理誌)の標本になったため、独島が韓国の固有領土であることを証明する何よりも貴重な資料である。

| 안용복의 1차 도일은 막부로부터 울릉도, 독도의 영유권을 확인. 2차 도일로 대마도의 영유권 주장 포기를 받아 냈다(상)

한일 간에 독도 영유권을 둘러싼 외교논쟁은 역사적으로 3번 있었다.

첫 번째는, 1693~1696년 안용복 월경사건으로 1차도일로 1696년 막부가 스스로 울릉도와 독도를 한국영토로 인정하도록 했고, 2차도일로 1697년 정식 외교 루터로 대마도가 영유권 주장을 포기하도록 한 것이다.

두 번째는, 일본이 러시아를 침략하여 전쟁을 일으키고 1905년 전쟁 중에 국제법을 가장하여 독도를 몰래 침탈하기 위해 함부로 무주지라고 하여 지방정부인 시마네현에 편입하였다, 한국정부가 이 사실을 알고 1900년 칙령41호로 울도(鬱島)군을 설치하여 행정적으로 독도를 관할 통치했다는 사실을 제시하여 통감부에 강력히 항의했고 동시에 독도 편입을 인정하지 않았던 일이다.

세 번째는, 일제 36년간의 불법 식민지 통치를 거쳐 일본이 제2차대전에서 패전하여 1951년 대일평화조약을 체결하는 과정에서 친일파 미 국문성 정치고문 윌리엄 시볼드를 이용하여 독도를 탈취하려고 했다, 이때에 영국, 호주, 뉴질랜드의 영연방국가의 반대로 독도 영유권이 일본에 넘어가지 못했다.

그것은 독도의 영유권은 1696년 안용복 월경사건 때 일본이 독도를 한국영토임을 인정한 사실, 1877년 메이지정부가 이를 계승하여 태정관지령으로 독도가 한국영토임을 스스로 인정한 사실, 1946년 1월 연합국군최고사령부 사령관이 SCAPIN 677호로 독도를 한국영토로 인정한 사실이 있었기 때문이다. 그럼에도 불구하고 미국무성의 정치고문인 시볼드의 친일적인 정치적 행위 때문에 영미중심의 연합국은 독도 영유권을 명확히 처리하지 않았다.

이승만 대통령이 연합국의 조치에 대항하여 독도 영유권의 본질을 바탕으로 평화선 선언을 강행하였다. 이러한 과정을 통해 오늘날 한국이 독도를 실효적으로 관할 통치하게 되었다.

그런데 오늘날 일본정부는 안용복 월경사건으로 막부가 독도를 한국영토로 인정한 독도 영유권의 본질을 무시하고, 1905년 독도를 도취하려고 했던 시마네현고시 40호의 침략행위를 영토취득 행위라고 사실을 왜곡한 친일파 시볼드의 정치적 행위를 바탕으로 1965년 한일협정 때도 그랬고, 지금까지도 독도의 영유권을 주장하고 있다.

그렇다면 안용복 월경사건의 본질에 대해 언급하면 다음과 같다.

즉, 고대의 신라, 고려시대에는 울릉도에 사람이 살았고, 조선시대에는 쇄환정책으로 울릉도를 비웠다. 이때까지의 독도는 울릉도와 더불어 평온한 한국의 고유영토였다. 그런데 임진왜란을 계기로 일본사람들이 울릉도가 비워진 사실을 알고 대나무가 많은 섬이라고 하여 '이소다케시마(磯竹島), 다케시마(竹島)'라고 불렀고, 급기야 1614년 대마도주(対馬島主)가 동래부에 사신을 보내어, "경상도와 강원도 중간 해상에 있는 울릉도는 일본영토 같으므로 조사하겠다."라고 일본영토라고 주장했다. 이에 대해 조선조정은 "울릉도에 불법 침입하면 적으로 단정하여 쫓아내겠다."고 경고한 후, 대마도의 울릉도 영유권 주장은 잠잠했다.

다른 한편으로 호키주(伯耆州) 출신 오야(大谷), 무라카와(村川) 두 가문의 어부는 조선조정 몰래 막부로부터 도해면허를 취득하여 1625년부터 70여 년간 독도를 거쳐 울릉도에 왕래하고 있었다. 그러다가 1693년 봄 울릉도에서 안용복 일행과 조우하여 어부들 간에 영유권 다툼이 발생하고 급기야 양국 간의 외교분쟁으로 확대되었다. 일본측 고문헌에 의하면 1692년 일본어부들이 울릉도에서 조선인들을 만났다는 기록이 있고, 이듬에 1693년 일본어부(大谷家)들이 총을 구입하여 울릉도 도항했는데, 그때 안용복 일행을 만났다.

안용복 일행은 4척의 배로 40여명이 울릉도에 들어왔다. 무리들 중에 안용복과 박어둔 두 사람은 술로 일본인들에게 유인당하여 총칼의 위협으로 일본의 오키섬에 납치당했다. 안용복은 오키섬에서 울릉도와 독도의 영유권을 주장하여 호키주 태수에게 인도되었다. 호키주 태수는 울릉도 독도의 영유권을 주장하는 안용복 일행의 도일 사실을 막부에 보고하였다. 1695년 12월 막부는 돗토리번(鳥取藩)으로부터 보고받은 '돗토리번 답변서'를 통해 울릉도와 독도가 조선영토임을 확인하고 일본인들의 울릉도 독도 도해를 금지시켰다. 당시 조선과 일본 사이의 정식 외교루트는 대마도였다. 그래서 안용복은 막부의 지시에 따라 울릉도와 독도가 한국영토라는 호키주 태수의 서계를 받아들고 일본측의 극진한 대우를 받으면서 동래로의 귀환을 위해 대마도에 도착했다.

이처럼 안용복의 제1차 도일은 비정식 외교루트를 통해 막부로부터 울릉도와 독도가 한국영토임을 인정받았다. 그런데, 조선과 정식외교를 담당하고 있던 대마도는 여전히 울릉도에 대한 탐욕을 포기하지 못하고 있었기 때문에 오히려 이 기회를 이용하여 울릉도를 갈취하기 위해 비정식 외교루터로 울릉도 독도 영유권을 인정받은 안용복이 지참한 막부의 지시에 의한 호키주 태수의 서계를 빼앗고 대마도에 억류시켰다.

대마도는 조선조정에 대해 안용복을 볼모로 일본령 '다케시마(竹島)' 표류자를 송환한다고 하여 '다케시마(울릉도의 일본명칭)'의 영유권을 주장하였다. 이에 대응하여 조선조정은 한일 간의 외교적 분쟁을 피하면서 울릉도의 영토문제를 해결하기 위해 일본령은 '다케시마'이지만, 안용복은 조선령 울릉도에 표류한 것이라고 했다.

대마도는 울릉도가 바로 일본령 '다케시마'라고 하여 조선조정이 울릉도 영유권을 포기할 것을 강요했다. 대마도가 울릉도의 영유권을 주장함으로서 조선조정과 대마도 사이에 영유권 논란은 좀처럼 해결될 가능성이 보이지 않았다.

안용복은 대마도 억류 9개월 만에 동래로 귀국 조치되었다. 안용복은 비변사의 조사를 받고 불법 월경죄로 2년간 옥살이를 했다. 안용복은 정식외교 루터인 대마도가 여전히 울릉도의 영유권을 주장하고 있다는 사실을 확인하고, 울릉도와 독도의 영유권을 주장하는 대마도의 행태를 막부에 고발하기 위해 1696년 6월 안용복은 관복을 입고 '조울양도감세장신안동지기(朝欝兩島監稅将臣安同知騎)'라는 직함을 단 깃발을 달고 뇌헌 등 5명의 승려, 글을 잘하는 이인성과 함께 11명이 울릉도에 들어가 일본인들을 조우하고, 다음날 독도에서도 이들을 만났다. 안용복은 일본인들이 '송도(松島)'가 일본영토라는 주장에 대해 조선의 '자산도(子山島)'라고 꾸짖고 이들을 뒤따라 일본으로 건너갔다.

安竜福の1次目の渡日では幕府から欝陵島、独島の領有権を確認し、2次目の渡日で対馬の領有権主張を放棄させた(上)

　韓日間に独島の領有権をめぐる外交論争は歴史的に3度あった。最初の紛争は、1693~1696年に安竜福(アン・ヨンボク)越境事件で、2度にわたって渡日したが、1次目の渡日は、1696年幕府が自ら欝陵島と独島を韓国領土に認めるようにし、2次目の渡日は、1697年に正式外交ルートであった対馬が領有権主張を放棄するようにした。二つ目の紛争は、日本がロシアを侵略して戦争を起こし、1905年戦争中に、国際法を装って、独島を密かに侵奪するため、むやみに無主地として地方政府である島根県に編入した。韓国政府がこの事実を知って、1900年の勅令41号をもって欝島郡を設置し行政的に独島を管轄統治した事実を提示して、統監府に強く抗議し、同時に日本の独島編入を認めなかったことだ。三つ目の紛争は、日帝36年間の不法植民地統治を経て、日本が第2次世界大戦で敗戦して1951年対日平和条約を締結する過程で親日的な米国務省の政治顧問ウィリアム・シボルドを利用して独島を奪取しようとした。この時に、英国、オーストラリア、ニュージーランドの英連邦国家の反対に独島領有権が日本に奪われなかった。それは独島の領有権は1696年の安竜福越境事件の時、日本が独島を韓国領土であることを認めた事実、1877年の明治政府がこれを継承して太政官指令で独島が韓国領土であることを自ら認めた事実、1946年1月連合軍の最高司令部司令官がSCAPIN677号で独島を韓国領土に認めていた事実があったからだ。それにもかかわらず米国務省の政治顧問であるシボルドの親日的な政治的行為のために英米中心の連合国は、独島領有権を明確に処理しなかった。李承晩大統領が連合国の措置に対抗して独島領有権の本質をもとに、李承晩ラインの宣言を強行した。

　このような過程を通じて今日韓国が独島を実効的に管轄統治することになった。

　しかし、今日の日本政府は、安竜福越境事件で幕府が独島を韓国領土に認めていた独島領有権の本質を無視して、1905年に独島を盗み取ろうとした島根県告示40号の侵略行為を領土取得行為だと事実を歪曲した。親日派シボルドも日本政府と同様な認識をもって対日平和条約で日本の立場を支持した。日本政府は、このような政治的行為をもとに1965年の日韓協定でも、今までも独島の領有権を主張している。

　それでは安竜福越境事件の本質について言及すると、次のようになる。つまり古代の新羅、高麗時代には欝陵島に人が住んでいた。しかし、朝鮮時代には民を保護し、治めるために刷還政策により欝陵島を空けた。この時までの独島は欝陵島とともに平穏な韓国の固有領土だった。

　ところが、文禄・慶長の役をきっかけに日本人が欝陵島が空いている事実を知って竹が多くの島という意味で「磯竹島、竹島」と呼び、ついに1614年対馬島主が東萊府に使者を送って、「慶尚道と江原道の中間の海上にある欝陵島は日本の領土なので、調査する」とし、日本領土だと主張した。これに対し、朝鮮の朝廷は「欝陵島に不法侵入すれば敵と断定して追い出す」と警告してから対馬は欝陵島の領有権を主張しないようになった。一方で伯耆州出身の大谷家と村川家の漁師は、朝鮮の朝廷に知らせないで密かに幕府から渡海免許を取得して1625年から70年間、独島を経て欝陵島に往来していた。

　そして1693年春、欝陵島において安竜福一行と遭遇し、漁師の間で領有権争いが発生し、両国の外交紛争にまで発展した。

　日本側の古文献によると、1692年に日本人の漁師たちが欝陵島で朝鮮人に会ったという記録があり、この頃1693年に日本人の漁師たちが銃を購入し欝陵島に渡航したが、その時、安竜福の一行に会った。安竜福の一行は4隻の船で約

40人が欝陵島に入ってきた。

仲間の中で、安竜福と打ち込んだ二人は、酒で日本人に誘引され、銃刀の脅威で日本の隠岐島に拉致された。

安竜福は隠岐島で欝陵島と独島の領有権を主張して伯耆州太守に引き渡された。伯耆州太守は欝陵島・独島の領有権を主張する安竜福一行の渡日の事実を幕府に報告した。

1695年12月、幕府は鳥取藩から報告を受けた「鳥取藩の答弁書」を通じ、欝陵島と独島が朝鮮領土であることを確認して日本人の欝陵島・独島渡海を禁じた。当時、朝鮮と日本の間の正式な外交ルートは対馬島だった。

それで安竜福は幕府の指示によって欝陵島と独島が韓国領土であるという伯耆州太守からの書契をもらって日本側の手厚い待遇を受けながら、東莱への帰還に向けて対馬に到着した。このように、安竜福の第1回目の渡日では、非公式外交ルートをもって幕府から欝陵島と独島が韓国領土であることを認められた。ところで、朝鮮と正式な外交を担当していた対馬は、依然として欝陵島に対する貪欲を放棄しないでいた。そのためにむしろこの機会を利用して非公式外交ルートで欝陵島・独島の領有権を認められて安竜福が持参した幕府の指示による伯耆州太守の書契を奪って対馬に抑留させた。対馬は朝鮮の朝廷に対して、安竜福を人質にして、日本領である「竹島」漂流者を送還しようとするとして「竹島(欝陵島の日本名)」の領有権を主張した。これに対応して朝鮮王朝は、韓日間の外交的紛争を避けながら、欝陵島の領土問題を解決するために、日本領土は「竹島」だが、安竜福は朝鮮領の欝陵島に漂流したものだと語った。対馬は欝陵島が正に日本領の「竹島」だとして朝鮮の朝廷が欝陵島の領有権を放棄することを強要した。

対馬島が欝陵島の領有権を主張したことで、朝鮮の朝廷と対馬の間で領有権をめぐる議論はなかなか解決される可能性が見えなかった。

安竜福は対馬島に抑留されて9ヶ月目にして東莱に帰国した。

安竜福は、朝鮮の備邊司の取調べを受け、不法越境罪で2年間、刑務所暮らしをした。安竜福は正式外交ルートの対馬が依然として欝陵島の領有権を主張しているという事実を確認した。欝陵島と独島の領有権を主張する対馬の行動を幕府に告発するため、1696年6月、安竜福は、官服を着て"朝鮮の欝陵島の2つの島の税金を監督する将軍である安同知騎(朝欝両島監税将臣安同知騎)"という肩書の旗をつけて雷憲を含む5人の僧侶、文章に優れた李仁成とともに11人が欝陵島に入り日本人たちに遭遇して日本人を追い払った。翌日独島でも彼らを会った。安竜福は日本人が「松島(独島)」が日本領土であるという主張に対して「松島(独島)」は朝鮮の「子山島」だと叱咤し、彼らの後について日本に渡った。

▎ 안용복의 1차 도일은 막부로부터 울릉도, 독도의 영유권을 확인. 2차 도일로 대마도의 영유권 주장 포기를 받아냈다(하)

원래 안용복은 어부이었지만, 왜관을 드나드는 통역관으로서 일본어에 능하였고, 전선(戰船)에서 노를 젓는 일을 맡은 경상좌수영 소속 능로군이었다. 흥국사 주지 뇌헌은 전라좌수영 소속의 승장이었고, 나머지 4명의 승려들도 모두 의승수군이었다. 이처럼 안용복은 국가를 위해 비장한 각오로 사전에 치밀한 계획과 준비로 도일하여 호키주 태수를 통해 막부에 대마도에 서계를 빼앗긴 사실과 울릉도와 독도의 영유권 주장 사실을 고발하기 위해 비정식 외교루터로 일본행을 감행했던 것이다.

안용복 일행은 호키주 태수를 만나 '울릉도와 독도가 조선의 강원도 소속'이라고 하는 '조선팔도지도(朝鮮八道之図)'라는 지도를 보여주며 영유권을 주장하였다. 이에 대해 호키주 태수는 이미 막부가 1696년 1월 정식으로 울릉도를 조선영토로 인정하고 일본인들의 울릉도도항을 금지시킨 사실을 언급하여 울릉도와 독도가 조선영토라는 확인서를 주었다.

안용복은 2차도일에서 대마도주의 행태를 막부에 고발하였고 막부도 울릉도와 독도의 영유권이 한국에 있다는 사실을 대마도에 알렸다. 그렇지만 대마도는 그 사실을 조선에 알리지 않았다. 사실상 대마도를 중재로 정식외교루터를 통한 조선조정과 막부간의 울릉도 영유권 담판도 이미 끝난 상태나 마찬가지였다.

안용복 일행은 막부의 지시에 따라 호키주 태수로 부터 대마도를 거쳐 정식외교루터로 귀국을 요청받았지만, 그것을 정중히 사양하고 1696년 8월 비정식 외교루터로 강원도 양양으로 귀향하였다. 1696년 9월 안용복은 비변사로부터 조사를 받았다. 사헌부는 월경죄와 관직 사칭죄로 처형을 요청했다.1697년 2월에 대마도가 "울릉도를 조선 땅으로 확인한다."고 하는 에도막부의 결정을 받았다. 영의정 유상운이 울릉도와 독도 영유권을 해결한 공적을 인정하여 처형을 반대해서 1697년 3월 안용복의 죄는 감형되어 유배형을 받고 1697년 4월 유배를 떠났다. 조선과 막부 사이에 정식 외교 루터로 울릉도 독도 영유권 문제가 완전히 해결된 것은 1699년의 일이었다.

안용복의 1차도일은 막부가 울릉도와 독도가 조선영토임을 확인시키는데 기여하였고, 안용복의 2차도일(1696년 5월~8월)은 막부를 통해 정식외교 루터인 대마도가 울릉도 영유권 주장을 포기하도록 하는데 크게 기여하였다. 그럼에도 불구하고 안용복은 1차도일 때는 일본에 건너간 불법 월경죄로 곤장 100대, 박어둔은 곤장 80대를 맞고 2년간의 옥살이를 당했다. 2차도일 때는 불법 월경죄와 관직 사칭죄에 의해 처형당할 위기에 놓여있었으나 영유권과 어업권을 확보한 공로자로 인정받아 유배형으로 감형되었던 것이다.

이처럼 숙종실록 등 조선왕조의 관찬문헌에 기록된 안용복 진술은 문화적 차이로 미세한 부분에 있어서 다소 오류가 존재할지는 몰라도 대체적으로 사실과 일치한다. 왕조시대에 죽을죄를 지은 죄인이 거짓말로 잘못을 숨기고 목숨을 부지할 수 있는 시대는 아니다.

그런데 오늘날 일본정부는 안용복 월경사건에서 막부가 울릉도와 독도가 한국영토임을 인정하였고, 대마도가 울릉도 독도의 영유권 주장을 포기한 성과를 애써 부정하고 있다. 만일 이를 부정하지 않으면 1905년 독도가 무주지이기 때문에 '다케시마'라는 이름으로 일본영토에 편입했다는 일본의 주장이 성립되지 않기 때문이다. 그래서 일본 내각관방부의 영토주권대책기획조정실의 홈페이지에 안용복의 공적에 대해 "조선조정과 막부 간의 교섭은 합의에 이르지 못하고 결렬되었다." 그러나 "1696년 1월에 막부(幕府)가 도해금지를 결정한 이유는 이웃나라와 우의를 잃는 것은 득책이 아니기 때문이다."라고 하여 우호관계를 배려하여 영유권을 포기했다는 주장한다.

또한 막부의 "도해금지는 울릉도에 한한 것이고, 다케시마(竹島, 독도) 도항은 금지하지 않았다."라고 주장한다. 그리고 "안용복은 조선국의 대표도 아니고, 안용복의 언동, 행동은 사적인 것일 뿐이다. 당시 조선국은 안용복의 언행에 대해 조정(王朝)과 관계가 없다고 하여 추인을 하지 않았다." "안용복이 조선에 귀국하여 왕조의 관리에 대해 행한 진술내용은 사실과 다른 점이 많고 신빙성이 결여되어있다."라고 하여 안용복이 공적을 모두 부정하고 있다.

이러한 일본정부의 주장은 억지 주장에 불과하고 전혀 설득력이 없음을 알 수 있다.

첫째, "1696년1월에 막부(幕府)가 도해금지를 결정한 이유는 이웃나라와 우의를 잃는 것은 득책이 아니기 때문이다."라고 주장한다. 즉 자국의 영토인 울릉도를 우호관계를 위해 조선의영토로 인정하였다는 주장은 논리적 모순이다. '돗토리번답변서'를 통해 울릉도와 독도가 일본영토가 아니라는 사실을 확인하였기 때문에 한국영토로 인정했던 것이다.

둘째, "조선조정과 막부 간의 양국 교섭은 합의에 이르지 못하고 결렬되었다."고 주장한다. 안용복의 1차도일로 1696년 막부는 영유권을 조사한 후 스스로 조선영토임을 인정하였고, 안용복의 2차도일로 1697년 대마도가 막부의 지시에 따라 정식외교 루터로 조선에 통보하여 울릉도와 독도가 조선영토임을 인정하였던 것이다.

셋째, 막부의 "도해금지는 울릉도에 한한 것이고, 다케시마(竹島, 1905년 이후의 독도)도항은 금지하지 않았다."라고 주장한다. 막부는 안용복의 주장을 확인하기 위해 돗토리번에 울릉도와 독도의 영유권을 조사하도록

하였고, '돗토리번답변서'를 통해 울릉도와 독도가 일본영토가 아님을 확인했다.

넷째, "안용복은 조선국의 대표도 아니고, 안용복의 언사와 행동은 사적인 것일 뿐이다."라고 주장한다. 즉 안용복의 월경사건으로 양국 간의 외교문제로 비화되어 막부가 '돗토리번답변서'를 통해 소속을 확인하고 스스로 울릉도와 독도를 조선영토임을 인정했던 것이다.

다섯째, "안용복이 조선에 귀국하여 왕조의 관리에 대해 행한 진술내용은 사실과 다른 점이 많고 신빙성이 결여되어있다."라고 주장한다.

즉 안용복의 1차도일 때에 서계를 받았고 대마도에 빼앗겼다고 하는 진술내용은 막부가 울릉도와 독도를 한국영토로 인정한 것으로 사실임이 확인되었고, 2차도일로 대마도가 울릉도와 독도의 영유권 주장을 포기한 것으로 볼 때 안용복의 진술이 대부분 사실임이 밝혀졌다.

安竜福の1次目の渡日では幕府から欝陵島、独島の領有権を確認し、2次目の渡日で対馬の領有権主張を放棄させた(下)

元々、安竜福は漁師だったが、倭館を出入りする通訳官として日本語が上手で、戦船で櫓を漕ぐ仕事を引き受けた慶尚左水営所属の綾路軍だった。

興国寺住職の雷軒は全羅左水営所属の僧将で、残り4人の僧侶も全員義勝水軍だった。このように、安竜福は、国のために、悲壮な覚悟で、事前に緻密な計画と準備で渡日して伯耆州太守を通じて幕府に対馬に書契を奪われた事実と欝陵島と独島の領有権主張の事実を告発するため、非公式外交ルートで日本行きを断行したのだ。安竜福一行は伯耆州太守に会って「欝陵島と独島が朝鮮の江原道の所属である」という「朝鮮八道之図」の地図を持って領有権を主張した。

これに対して伯耆州太守はすでに幕府が1696年1月、正式に欝陵島を朝鮮領土だと認めて日本人らの欝陵島渡航を禁止させた事実を言及し、安竜福に欝陵島と独島が朝鮮の領土であるという確認書を与えてくれた。安竜福は2回次目の渡海で対馬藩の行動を幕府に告発し、幕府も、欝陵島と独島の領有権が韓国にあるという事実を対馬に知らせた。

しかし、対馬島はその事実を朝鮮に知らせなかった。事実上、対馬の仲裁で正式の外交ルートを通じて朝鮮朝廷と幕府間の欝陵島の領有権の談判もすでに終わったもの同然だった。安竜福一行は幕府の指示により、伯耆州太守から対馬を経て正式に外交ルートとして帰国の要請を受けたが、それを丁重に断り、1696年8月、非公式外交ルートとして江原道の襄陽に帰郷した。1696年9月、安竜福は備辺司から事情聴取を受けた。

司憲府は越境罪と官職詐称罪で処刑を要請した。1697年2月、対馬が「欝陵島を朝鮮の地と確認する」という江戸幕府の決定を受けた。領議政柳尚運(1636

年~1707年)が欝陵島と独島の領有権を解決した功績を認めて処刑に反対して1697年3月安竜福の罪は減刑されて流刑を受けて1697年4月、身を寄せた。

　朝鮮と幕府の間に正式外交ルートで欝陵島・独島の領有権問題が完全に解決されたのは1699年のことだった。安竜福の1次目の渡海は幕府が欝陵島と独島が朝鮮領土であることを確認させるのに寄与し、安竜福の2次目の渡海(1696年5月~8月)は幕府を通じて正式の外交ルートである対馬が欝陵島の領有権主張を放棄することに大きく貢献した。

　にもかかわらず、安竜福は1次目の時は日本に渡った不法越境罪で棍杖100回、朴於屯は棍杖80回を受け、2年間の獄中生活を受けた。

　2次目の時は不法越境罪と官職詐称罪によって処刑される危機に置かれていたが、領有権と漁業権を確保した功労者と認められ島流しに減刑されたのである。このように粛宗実録など朝鮮王朝の官撰文献に記録された安竜福の陳述は、日本と朝鮮との間の文化的違いがあって微細な部分において多少間違いが存在するかも知れないが、大体事実と一致する。

　王朝時代に死罪を犯した罪人が、嘘で過ちを隠して命を維持できる時代ではない。しかし、今日の日本政府は、安竜福越境事件で幕府は欝陵島と独島が朝鮮領土であることを認めており、対馬が欝陵島・独島の領有権主張を放棄した成果を努めて否定している。もしこれを否定しない限り、1905年独島が無住地であるために「竹島」という名前で日本の領土として編入したという日本の主張が成立されないためだ。

　したがって、日本の内閣官房の「領土主権対策企画調整室」のホームページに、安竜福の功績について「朝鮮朝廷と幕府間の交渉は合意に至らず、決裂した。」しかし「1696年1月に幕府が渡海禁止を決めた理由は隣国との友誼を失うことは得策ではないからだ」として友好関係を配慮し領有権を放棄したと主張している。また、幕府の「渡海禁止は欝陵島に限ったもので、竹島(独島)渡航は禁止

しなかった」と主張する。

そして「安竜福は朝鮮国の代表でもなく、安竜福の言動、行動は私的なものにすぎない。当時、朝鮮国は安竜福の言行に対し、朝廷と関係がないとして追認しなかった」。

「安竜福が朝鮮に帰国し、王朝の管理について行った陳述内容は事実と異なる点が多く、信憑性に欠けている」とし、安竜福の功績をすべて否定している。こうした日本政府の主張は強引な主張にすぎず、全く説得力がないことが分かる。

まず、1696年1月に幕府が渡海禁止を決めた理由は隣国との友誼を失うのは得策ではないからだ」と主張する。すなわち、自国の領土である欝陵島を友好関係のために朝鮮の領土と認めたという主張は論理的矛盾である。「鳥取藩の答弁書」を通じ、欝陵島と独島が日本領土ではないという事実を確認したために韓国領土に認めていたのだ。

第二に、「朝鮮の朝廷と幕府の間の両国の交渉は合意に至らず、決裂した」と主張する。安竜福の1次目の時では、1696年幕府は領有権を調査した後自ら朝鮮の領土であることを認めており、安竜福の2回目の時では、1697年対馬が幕府の指示によって正式外交ルートで朝鮮に通報して欝陵島と独島が朝鮮領土であることを認めたのだ。

第三に、幕府の「渡海禁止は欝陵島に限ったもので、竹島(欝陵島、1905年以降は独島の名称)渡航は禁止しなかった」と主張する。幕府は安竜福の主張を確認するため、鳥取藩に欝陵島と独島の領有権を調査するようにしており、「鳥取藩の答弁書」を通じ、欝陵島と独島が日本の領土ではないことを確認した。

第四に、「安竜福は朝鮮の代表でもなく、安竜福の言動は私的なものにすぎない」と主張する。すなわち、安竜福の越境事件で両国間の外交問題に飛び火して幕府が「鳥取藩の答弁書」を通じて所属を確認して、自ら欝陵島と独島を朝

鮮領土であることを認めたのだ。

　第五に、「安竜福が朝鮮に帰国し、王朝の管理について行った陳述内容は事実と異なる点が多く、信憑性に欠けている」と主張する。すなわち、安竜福の1次目の渡日の時に書契を受け、対馬に奪われたという陳述内容は幕府が欝陵島と独島を朝鮮領土と認めたと事実であることが確認され、2次目の時では対馬が欝陵島と独島の領有権主張を放棄したことから、安竜福の供述のほとんどが事実であることが分かった。

▎한일간의 독도 영유권 논쟁 마지막 과제, 완벽히 확증됐다(上)
─칙령 41호의 '석도=독도', 대일평화조약의 '독도' 명칭 누락의 진위─

독도는 타국의 영토가 된 적이 없는 합법적인 대한민국의 고유영토이다. 그런데 현재 일본은 과거 일본제국주의가 침탈을 음모했던 독도에 대해 영유권을 주장하고 있다. 일본의 주장은 2가지이다.

첫째, 일본은 1905년 2월 22일 '시마네현 고시40호'로 공시하여 어느 나라도 점유한 적이 없는 무주지(주인이 없는 섬)의 선점이라는 국제법의 영토취득 방법으로 독도를 일본의 새로운 영토로 취득하였다는 주장이다. 그러나 유감스럽게도 독도는 무주지가 아니고 이미 대한제국의 영토였다. 대한제국은 유사이래의 역사적 권원을 바탕으로 1900년 10월 25일 칙령41호로 울도군을 설치하고 관할구역으로서 '울릉전도와 죽도 석도'를 지정하여 행정적으로 관할하였던 것이다.

그런데 일본은 칙령보다 5년 늦게 독도를 편입조치를 취하였지만, 자신들의 주장을 정당화하기 위해 칙령41호 울도군의 관할구역인 '울릉전도와 죽도 석도'에서 '석도'는 지금의 독도가 아니라고 사실을 날조한다. 그렇다면 '석도'가 명쾌하게 독도라는 것이 증명되면 일본은 더 이상 깔끔하게 독도에 대한 집착을 버려야할 것이다.

둘째는 일본은 패전 후 연합국이 SCAPIN 677호로 일본을 침략한 영토에서 완전히 축출한다고 결정한 '포츠담선언'(1945년)으로 독도를 침략한 영토로 분류하여 일본의 관할권과 통치권을 중지한 것은 잘못이라는 주장이다. 독도는 일본이 불법 침략한 한일합병과 무관하게 이미 그 이전 1905년 국제법에 의거하여 정식적으로 영토로서 취득했다는 것이다. 그래서 일본은 독도를 일본영토로서 회복하기 위해 주일미국집정대사 윌리엄 시볼드에 접근하여 독도가 일본영토라고 그 정당성을 주장했다.

도쿄대학에서 법학 석사와 박사를 취득한 친일적인 윌리엄 시볼드는 미 국무성을 움직여 일본의 입장에 동조하여 대일평화조약의 미국 6차초안에서 독도가 한국영토라고 하던 기존의 입장을 바꾸어 독도를 일본영토라고 했다. 그러나 결과적으로 보면, 독도는 칙령41호로 보더라도 한국의 고유영토임에 한 치의 의심도 없다. 그럼에도 불구하고 주일미국집정대사 윌리엄 시볼드가 일방적인 일본의 왜곡된 주장만을 믿고 대일평화조약에서 독도를 일본영토로 결정하려고 했던 것은 사실과 다른 오류였음이 확인된다.

미국이 대일평화조약에서 독도의 본질을 제대로 알지 못하여 정책적으로 실수한 것을 시인하고 독도 영유권이 한국에 있다고 인정하면 독도문제는 해결된다. 그렇다면 '시마네현 고시40호'가 정당하다, 대일평화조약에서 독도가 일본영토로 결정되었다고 하는 일본의 주장이 허구임을 논증한다.

첫째, 먼저 '시마네현 고시40호'의 허구성이다. 메이지정부는 1905년 1월 28일 각의결정에서 "우리는 내무성 비서가 신청한 사람이 살지 않는 섬의 건과 또 다른 문서를 검토한 결과, 오키 섬 서북쪽 85해리 지점에 사람이 살지 않는 위도 37도 9분 30초, 동경 131도 55분의 섬이 다른 나라에 의해 점유된 적이 없음을 알게 됐다. 일본인 나카이 요사부로라는 사람이 2년 전, 강치잡이를 요청한 적이 있고, 그 후 그가 어로활동을 위한 막사를 짓고 노동자를 이주시켜 필요한 어업도구를 갖추었다. 그가 섬의 편입과 임대를 요청한 바, 관리들이 그 섬이 어느 현에 속하는지 그리고 섬의 명칭을 분명히 할 필요가 있었다. 그래서 Takeshima(竹島)라고 명명하고, 지금부터 시마네현 오키섬 지방정부의 관할로 둘 것을 요청했다. 그래서 우리는 이 건을 조사하고, 그 섬에는 1903년부터 나카이 요사부로가 이 섬에 이주하여 어업에 종사하고 있다는 사실과 관련된 명확한 문서를 가지고, 국제법에 따라 점유하고 있음을 알게 됐다. 그래서 우리는 5월에 그 섬이 일본에 속하는 것으로 생각하고, 시마네현 오키섬의 지방법원 관할로 둔다. 따라서 내각회의에서 청원을 허가하는 결정을 한다."라고 했다.

즉, 일본정부는 일본어부가 주인이 없는 섬에 이주하여 2년간 어로에 종사하였다는 것이 증명되고, 또한 편입과 대여원을 제출하였기 때문에 일본영토로서 취득하기로 결정했다는 것이다. 그리고 '1905년 2월 22일' 자로 '시마네현지사 마츠나가 다케요시의 명의로' "북위 37도 9분 30초 동경 131도 55분 오키도(隱岐島)에서 서북으로 85해리 거리에 있는 섬을 다케시마(竹島)라고 칭하고 지금 이후부터는 본 현(시마네현) 소속의 오키도사의 소관으로 정한다."고 하는 '시마네현고시 40호'를 고시하였다는 것이다. 그리고 고시한 내용은 1905년 2월 24일 지방지인 산음신문에 "오키섬 북서쪽 85해리, 북위37도 9분 30초, 그리고 동경 131도 55분의 섬은 다케시마로 부른다. 현지사는 이 섬을 오키주의 재판소 관할로 둔다고 발표하였다. 섬은 두 개의 바위섬로 되어있다. 여기에는 주변에 몇 몇 돌섬이 있고, 그리고 그 섬 사이에는 배를 정박할 수 있는 통로가 있다. 그들은 거기에 비록 풀은 자라지만, 나무는 없다."라고 작게 보도했다.

이상과 같이 일본정부가 독도를 합법적으로 편입하여 일본영토가 되었다고 주장하지만, 사실과 다른 날조한 내용들이 많다.

즉, ① 실제로 나카이는 독도가 한국영토임을 알고 한국정부로부터 어로독점권을 취득하기 위해 일본정부에 문의한 것인데, 일본정부가 신청서를 날조하여 마치 나카이가 스스로 '편입 및 대여원'을 신청한 것처럼 거짓을 꾸몄다.

② 독도는 신라 우산국 시절부터 조선시대에 편찬된 『신찬팔도지리지』, 『세종실록』(지리지), 『신증동국여지승람』, 『동국문헌비고』 등에서 증명

하듯이 역사적 권원에 의거하여 1900년 칙령 41호로 울도군의 관할구역에 포함되어 대한제국이 관할통치하는 영토였다. 그런데 1905년 일본정부가 독도가 무주지였기에 선점하여 영토로서 취득하였다고 주장하는 것은 침략행위로서 국제법상 무효이다.

③ 영토의 취득은 국가가 주체가 되어서 일본정부가 관보 등에 영토편입을 고시해서 관련 국가들이 확인해야만이 최종적으로 일본영토로서 공인되는 것이다. 그런데 국가가 아니고 지방정부의 시마네현이 고시하였기 때문에 한국 등 관련 국가에서 편입사실을 알 수가 없었다. 그래서 편입 당시에 한국정부는 아무런 항의도 하지 못했다.

④ 일본은 불법적인 영토침략 사실을 숨기고, 국제법의 영토취득을 위장하여 중앙정부가 각의결정하고 지방정부가 고시하고 지방지에 보도하는 형식을 취했다. 이것은 은밀히 대한제국의 고유영토인 독도를 도취하려고 했던 불법적 영토 침략 행위이다.

둘째, 독도는 역사적 영토권원에 의거한 한국의 고유영토이기 때문에 근대적 행정조치로서 칙령41호로 울도군을 설치하여 대한제국 영토로서 석도(독도)를 관할 통치하였다. 근대국제법적 조치만 보더라도 1900년의 칙령41호는 일본이 독도를 침탈하려고 했던 '시마네현 고시40호'보다 5년이나 앞선 조치이다. 고종황제는 '칙령 41호'로 '제1조 울릉도(欝陵島)를 울도(欝島)라 개칭하여 강원도에 소속하고, 도감을 군수로 개정하여 관제 중에 편입하고 관등은 5등으로 할 것, 제2조 군청위치는 태하동으로 정하고 구역은 울릉전도와 죽도, 석도를 관할할 것'이라고 하여 '울릉도' 대신에 '울도군'을 설치하고 '도감' 대신에 '군수'를 두어 행정관할 구역을 지정했다.

칙령41호에서 울릉도를 울도군으로 수정하고, 관할구역을 '울릉전도, 죽도, 석도'로 지정한 것은 매우 과학적인 조치였다.

즉, ① 울릉도를 울도군으로 수정한 것은 울도군 내에는 울릉도뿐만 아니라 또 다른 섬인즉, 죽도, 석도도 관할구역에 포함하기 위한 것이었다.

② 관할구역으로 '울릉전도, 죽도, 석도'로 정한 것은 울릉본섬 주변에 흙과 풀이 나있는 섬은 죽도(죽서도), 관음도 단 2개이고, 나머지는 몇몇 작은 바위들뿐이었기 때문이다. 단순한 암석은 행정관할 구역에 포함하지 않는다. 행정 관할구역에 포함되려면, 행정적으로 관할해야할 충분한 이유가 있어야 한다.

③ '죽도'는 울릉본섬에서 2km정도 떨어져 있고, 실제로 가옥을 짓고 농사를 할 수 있는 넓은 평야가 있어서 반드시 행정적 관할이 필요한 곳이다.

④ 관음도는 현재 현수교로 울릉본섬과 연결되어 걸어서 섬으로 들어갈 수 있을 정도의 거리적으로 울릉본섬과 가깝고 일체화될 수 있기 때문에 '울릉전도' 속에 울릉본섬과 함께 포함시켜서 행정적으로 관할하였다.

울릉도 주변 암석들은 단지 바다 수면에 떠있는 아무런 쓸모가 없기 때문에 행정적 관리가 필요 없다.

▎韓日間の独島領有権論争の最後の課題、完璧に立証された(上)

―勅令41号の「石島=独島」と対日平和条約で「独島」名称の漏れの真相―

独島は他国の領土になったことがない合法的な大韓民国の固有領土である。

ところが、現在日本は過去日本帝国主義が侵奪を陰謀していた独島について領有権を主張している。

日本の主張は2つある。まず、日本は1905年2月22日「島根県告示第40号」で公示し、どの国も占有したことがない、無主地(所有者がいない島)の先取りという国際法の領土取得方法で独島を日本の新しい領土として取得したという主張だ。しかし、残念にも独島は、無主地ではなく、すでに大韓帝国の領土だった。

大韓帝国は、有史以来の歴史的権原をもとに1900年10月25日勅令41号で欝島郡を設置して管轄区域として「欝陵全島と竹島、石島」を指定し、行政的に管轄したのだ。しかし、日本は勅令41号より5年も遅れでそれも不法で独島を編入する措置を取ったが、自分たちの主張を正当化するため、勅令41号の欝島郡の管轄区域である「欝陵全島と竹島、石島」のなかで「石島」は現在の独島ではないと事実を捏造している。それなら「石島」が明快に独島であると証明されれば日本はこれ以上、独島に対する執着を捨てなければならないだろう。第二は、敗戦後、連合国は、「ポツダム宣言」(1945年)で独島を侵略した領土に分類して、SCAPIN677号で日本を侵略した領土から完全に追放すると決定した。しかし、日本は、独島を日本の管轄権と統治権を中止したのは誤りだと主張した。独島は、日本が不法侵略した韓日合併とは関係なく、それ以前にすでに1905年国際法に基づいて正式的に領土として取得したということだ。

それで日本は独島を日本領土として回復するため、駐日米国執政大使、ウィ

リアム・シボルドに接近し、独島が日本領土であるとその正当性を主張した。東京大学で法学の修士と博士を取得した親日的なウィリアム・シボルドは、米国務省を動かして日本の立場に同調して対日平和条約の米国6次草案で、独島が韓国領土だとしていた従来の立場を変え、独島を日本領土とした。しかし、結果的に見ると、独島は勅令41号で見ても、韓国の固有領土であることは一つの疑いもない。

それにもかかわらず、駐日米国執政大使、ウィリアム・シボルドが一方的な日本によって歪曲された主張だけを信じて対日平和条約で、独島を日本の領土と決定しようとしていたのは、本来の領土的権原と異なるミスだったことが確認される。米国が対日平和条約で、独島の本質をしっかり分からないて政策的にミスしたことを是認し、独島の領有権が韓国にあると認めれば、独島問題は解決される。それなら「島根県告示第40号」が正当だ、対日平和条約で独島が日本の領土と決定されたという日本の主張が虚構であることを論証した。まず「島根県告示40号」の虚構性だ。

明治政府は1905年1月28日の閣議決定において、「我々は内務省の秘書が申請した人の住んでいない島の件ともう一つの文書を検討した結果、隠岐島の西北85海里地点に人の住んでいない緯度37°9′30′、東経131°55′の島が他国により占有されていないことがわかった。日本人の中井養三郎が2年前、海驢漁を要請したことがあり、その後、彼が漁労活動のためのバラックを建て、労働者を移住させ、必要な漁業道具をそろえた。彼がその島の編入を要請したところ，役人たちはその島がどの県に属しているか島名を明確にする必要があった．

それで竹島と命名して、これから島根県隠岐島地方政府の管轄に置くことを要請した。そこで、私たちはこの件を調査し、その島には1903年から中井養三郎がこの島に移住して漁業に従事しているという事実に関連する明確な文書を持ち、国際法によって占有していることを知った。それでわれわれは、五月にその

島が日本に属するものと考え、島根県隠岐島の地方裁判所の管轄とする。

したがって、閣議で請願を許可する決定をする。」とした。つまり、日本政府は、日本の漁師が主人のいない島に移住し、2年間漁労に従事したことが証明され、また編入と貸与を提出したため、日本領土として取得することを決定したということである。そして「1905年2月22日」「島根県知事松永家吉田の名義で」「北緯37度9分30秒東経131度55分大木戸(隠岐島)から西北に85海里の距離にある島を竹島と称して今以降からは本県(島根県)所属の沖土佐の所管で定める。」とする「島根県告示40号」を告示したということだ。そして、告示した内容は1905年2月24日、地方紙の山陰新聞に「隠岐島北西85海里、北緯37度9分30秒、そして東京131度55分の島は竹島と呼ぶ。県知事はこの島を沖洲の裁判所管轄に置くと発表した。島は二つの岩の島からなっている。ここには周辺にいくつかの石島があり、そしてその島の間には船を停泊できる通路がある。彼らはそこに草は育つが、木はない」と小さく報じた。

以上のように、日本政府が独島を合法的に編入して日本の領土となったと主張するが、事実と異なる捏造した内容が多い。つまり、①実際に中井は、独島が韓国領土であることを知って韓国政府から漁労独占権を取得するため、日本政府に問い合わせたものだが、日本政府が申込書を捏造し、まるで中井が自ら「編入及び貸出願」を申請したように嘘を作った。②独島は新羅の于山国時代から朝鮮時代に編纂された新撰八道地理誌、世宗実録地理誌、新増東国輿地勝覧、東国文献備考などから証明できるように歴史的権原に基づいて1900年勅令41号で欝島郡の管轄区域に含まれ、大韓帝国が管轄統治する領土だった。ところが1905年、日本政府が独島が無主地だったため、国際法の先取り方法で領土として取得したと主張するが、それは侵略行為で国際法上無効である。③領土取得は、国家が主体となって日本政府が官報などに領土編入を告示し、関連国家が確認できてこそ最終的に日本領土として公認される。ところで国家ではなく

地方政府である島根県が告示したので韓国などの関連国家は編入事実を知ることができなかったため、編入当時、韓国政府は何の抗議もできなかった。④日本は不法な領土侵略の事実を隠し、国際法の領土取得を偽装して中央政府が閣議決定し、地方政府が告示して地方紙に報道する形式を取った。これは密かに大韓帝国の固有領土である独島を盗みとろうとした違法的領土侵略行為だ。

　第二に、独島は歴史的な領土権原をもった韓国の固有領土であるため、近代的な行政措置として勅令41号で欝島郡を設置して大韓帝国の領土として「石島」(独島)を管轄統治した。この近代国際法的措置だけを見ても、1900年の勅令41号は、日本が独島を侵奪しようとした「島根県告示第40号」より5年も前の措置だ。高宗皇帝は「勅令41号」の中で「第1条、欝陵島を欝島と改称して江原道に所属して、島監を郡守と改正して、管制中に編入し、官等は5位にすること、第2条郡庁の位置は泰夏洞に決め、区域は「欝陵全島と竹島、石島を管轄する」として「欝陵島」の代わりに「欝島郡」を設置して「島監」の代わりに「郡守」を置いて行政管轄区域を指定した。勅令41号で欝陵島を欝島郡に修正して、管轄区域を「欝陵全島、竹島、石島」に指定したのは非常に科学的な措置だった。つまり、①欝陵島を欝島郡に修正したのは欝島郡の中に欝陵島だけでなく、また新しい島として「竹島、石島」も管轄区域に含めるためのものだった。②管轄区域として「欝陵全島、竹島、石島」で決めたのは、欝陵本島周辺に土が覆われている島は竹島(竹嶼島)と観音島の2島だけで、残りはいくつかの小さな岩石だけであったからだ。

　単なる岩は行政管轄区域に含まない。行政管轄区域に含まれるには、行政的に管轄すべき十分な理由がなければならない。③「竹島」は、欝陵本島から2kmほど離れていて、実際に家屋を建て農業ができる広い平野があって必ず行政的管轄が必要なところだ。④観音島は現在懸垂橋で欝陵本島と繋がっており、歩いて島に入れるほどの距離的に欝陵本島に近く一体化できるため、「欝陵

全島」の中に欝陵本島とともに含めて行政的に管轄した。欝陵島周辺にあるいく
つかの岩石はただ海の水面に浮かんでいるだけで何の役にも立たないため、行
政的な管理が必要でない。

┃한일간의 독도 영유권 논쟁 마지막 과제, 완벽히 확증됐다(下)
―칙령 41호의 '석도=독도', 대일평화조약의 '독도' 명칭 누락의 진위―

⑤ 독도는 울릉본섬에서 날씨가 맑고 바람이 불면 서로 바라볼 수 있는 섬이기 때문에 울릉도 거주민들은 모두 독도의 존재를 알고 있었다. 따라서 독도는 당연히 울도군의 행정적 관리 대상이 되어야한다. 조선시대의 관찬문헌에서도 울릉도와 우산도를 영토로서 표기해왔고, 특히 안용복 사건 때 조선조정이 우산도(독도)가 울릉도 동남쪽에 존재한다는 사실을 명확히 확인했다.

⑥ 일반적으로 동해에 '울릉도, 독도' 두 개의 섬이 존재한다고 말하는 것은 자연스럽지만, 독도를 제외하고 울릉도에는 '울릉도, 죽도, 관음도' 3개의 섬이 존재한다고 말하는 것보다는, 울릉도에는 울릉본섬, 죽도, 관음도가 있다고 하는 것이 자연스럽다. 그런데 현재의 '울릉군'의 경우는 울릉도에 독도를 포함해서 '울릉본섬, 관음도, 죽도, 독도'가 있다고 하는 것이 옳고, 칙령 41호의 울도군의 경우는 '울릉전도, 죽도, 석도(독도)'가 있다고 하는 것이 가장 정확한 표현이다. 그래서 '울릉도'를 '울릉'군으로 개칭하지 하지 않고 '울도'군으로 개칭했던 것이다. 이렇게 볼 때, 칙령41호의 관할구역에 포한된 지명들은 아주 과학적으로 작명됐다고 하겠다.

⑧ '울릉전도(全島)'라는 말은 복수의 의미를 갖기 때문에 "울릉전도(울릉본섬과 관음도), 죽도, 석도(독도)"라고 구분하여 동해의 모든 섬을 관할한다고 명확히 표기했던 것이다.

⑨ 칙령41호에서의 '석도'가 오늘날의 독도임에 분명하다. 그럼에도 불구하고 독도=일본영토론자들은 칙령41호를 부정하기 위해 아무리 석도는 지금의 독도가 아니라고 부정하려고 해도, 이미 선행연구에서 상당부

분 규명됐기 때문에 불가능하다.

즉, ① 개척당시 거주민의 80%를 차지했던 전라도 출신의 거주민들이 사투리(속칭)로 돌섬을 '독섬'이라고 불렀고, 공문서인 칙령41호에서는 돌섬의 한지표기로 '석도'라고 표기했다.

② 박병섭씨는 최근 연구에서 『일본수로부 조선수로지』제2개판(1907) 및 『일본수로지』제6권(1911)에서 당시 한국 각지에 있는 석도(石島)의 호칭을 조사하여 7개의 석도를 조사했다. 충청남도 비인만의 2개는 '도루소무'와 '마쿠소무', 경기도 한강구에는 '도루소무', 황해북도 대동만에는 '도리소무', 전라남도 소안군도에는 '도토쿠소무'라고 표기되어 있었다. 이처럼 한국에서는 일반적으로 돌섬 혹은 독섬을 한자 표기로 '석도(石島)'라고 했다. 이런 관행에 따라 주로 울릉거주민의 다수를 차지한 전라도 사람들이 사투리로 '독섬'이라고 하여 칙령 제41호에서는 '석도(石島)'라고 표기됐던 것이다.

③ 일본 외무성 자료 '다케시마 어업의 변천'에 기록된 오쿠무라 료(奧村亮)의 증언에 따르면, "조선인은 랑코도(竹島)를 독섬(独島, 도쿠손)라고 말하고 있었으나, 내지인(일본인)과 대화할 때는 '랑코도'라고 말했다"고 한다.

④ 대다수의 전라도 출신인 울릉도 거주민에 의해 공문서에서 '독도(独島)'라고 표기가 됐다. 1904년 일본 군함 니이타카(新高)호가 울릉도를 조사했을 때 '행동일지(行動日誌)'에 '독도(独島)'라고 기록한다고 했다.

⑤ 1906년 울도군수 심흥택(沈興沢) 보고서, 이때의 참정대신 박제순의 지령3호에서도 '독도(独島)'라고 했다.

⑥ 1906년 3월 시마네현 관리들이 울릉도를 방문하여 심흥택 군수에게 울릉도의 부속도서인 독도가 일본의 새로운 영토로서 편입됐다는 사실을 알렸다. 심 군수는 긴급으로 바로 다음날 강원도 관찰사를 통해 '본군소속

독도(独島)'가 일본에 의해 침탈당한 사실을 중앙정부에 보고했다. 이때에 을사늑약으로 외부(외무부)는 강제로 일본에 편입되어 없어졌고, 내부(내무부)가 일본의 침략행위에 대해 '본군(울도군)소속 독도'가 1900년 '칙령41호'로 대한제국이 관할통치하는 섬이라고 하여 통감부에 항의했다. 심흥택 군수가 '본군 소속'이라고 했기 때문에 '울릉전도, 죽도, 석도'가 칙령41호의 관할 구역으로서, '석도=독도'라는 사실이 아주 분명하다.

셋째, 대일평화조약을 체결하는 과정에 48개국의 연합국 중에 유일하게 미국이 '독도가 일본영토'라고 일본의 입장을 지지한다고 선회했는데, 미국의 잘못을 논증한다.

위에서 논증했듯이, 1900년 칙령41호에 의해 독도가 한국영토로서 관할 통치되고 있었다. 그럼에도 불구하고 일본정부가 독도를 침탈하기 위해 은밀히 각의결정으로 칙령41호(1900년)보다 5년 후인 1905년에 무주지(주인이 없는 섬)를 선점하여 일본영토가 됐다는 것이다. 그때 시마네현의 지방정부가 '시마네현 고시40호'로 국내적 조치를 취했기 때문에 독도와 관련되는 국가에 통고되지 않아 편입 사실을 국제적으로 어느 국가도 알지 못했다. 국제법상의 영토취득 조치는 국가가 주체가 되어 관련국가에 통고해야만이 성립된다. 통고를 하지 않으면, 일방적 조치가 되어 불법침략행위이다. 예를 들면, 황당한 이야기이지만, 한국정부가 일본정부에 알리지도 않고 일본의 수도인 '도쿄(東京)'를 한국영토로서 편입 조치한 것과 무엇이 다를까. 일본은 처음부터 독도가 한국영토인줄 알면서 영토 침탈을 목적으로 러일전쟁 중에 몰래 편입조치를 취했다.

그런데 일본의 패전으로 한국이 독립될 때 연합국측에서 SCAPIN 677호로 '제주도와 울릉도, 독도'를 한국영토로 처리하여 한국이 관할 통치했다. 일본은 대일평화조약에서 일본에 호의적인 미국을 이용하여 한국영토로서의 법적 조치인 칙령41호(1900년)를 부정하고 '시마네현 고시40호'

가 국제법적으로 타당하다고 하여 독도 탈취를 시도했다. 당시 주일 미국 집정대사 윌리엄 시볼드는 독도가 본질적으로 한국의 고유영토임에도 불구하고, 사실관계를 제대로 알지 못하고 일방적으로 일본의 입장만 듣고 설득당하여 일본의 입장에 동조했다.

당시 시볼드는 도쿄대학에서 법학 석사와 박사학위를 취득했는데, 박사학위 취득은 미국 6차 초안에서 독도를 일본영토라고 변경했던 시점과 일치한다. 확인이 필요하지만, 아마도 시볼드는 독도가 일본영토라는 일본의 날조된 논리로 박사학위를 취득했을 가능성이 매우 크다. 영유권 문제는 원래 본질적으로 해결되어야 한다. 그럼에도 불구하고 대일평화조약을 체결하는 과정에서 제국주의국가 일본이 독도를 침탈하기 위해 거짓논리로 미국에 접근하여 독도 영유권을 주장했다. 주일 미국 집정대사 시볼드는 일본제국주의의 영토침략행위였던 '시마네현 고시40호'에 의해 편입조치의 정당성을 인정해주는 형식으로 일본의 주장에 적극적으로 동조했고. 급기야 미 국무성의 입장이 됐다.

미국이 일본에 적극적으로 동조함으로써 독도 영유권문제는 강대국의 개입으로 정치적 문제가 되고 말았다. 강대국인 미국은 공산주의와 자유주의 국가가 대립하는 냉전체제에서 우위를 점하기 위해 대일평화조약을 체결하는 과정에 독도 영유권문제 조차도 본질을 무시하고 정치적으로 일본의 입장을 두둔했다. 그러나 영연방국가(영국, 호주, 뉴질랜드)들은 이러한 미국의 입장에 반대했기 때문에 일본의 독도침탈 시도는 실패하고 말았다.

미국과 영연방국가는 "영토분쟁지역인 유인도는 신탁통치하고, 무인도는 영유권 결정을 하지 않는다."라는 방침을 정함으로써, 독도의 영유권은 결정되지 못했다. 대일평화조약에서 독도는 영토적 권원에 따라 한국영토로 결정되어야 마땅했다. 그럼에도 불구하고 시볼드가 일본영토라는 입장을 취했기 때문에 한국영토로서 최종적으로 결정되지 못했다.

미국이 독도 영유권 문제를 야기한 장본인으로서 대일평화조약에서 일본의 입장을 지지했던 잘못된 시인하고 독도가 한국영토임을 인정해야할 것이다. 이처럼 현재의 독도 영유권문제는 영토적 권원에 의거해 해결될 수 없는 정치적 문제가 됐다.

첫 번째는 1905년 일본이 정치적으로 무주지 선점으로 독도 편입을 시도했고, 두 번째는 대일평화조약에서 미국이 독도 영유권의 본질을 무시하고 정치적으로 일본의 입장을 지지했다. 이제 정치화된 독도 영유권 문제는 정치행위로 해결할 수밖에 없다. 1952년 1월 이승만 대통령이 그해 4월 대일평화조약이 발효되기 직전에 SCAPIN 677호와 SCAPIN 1033호 등을 바탕으로 평화선을 선언했지만, 일방적으로 조치한 정치적 행위였던 것이다.

┃ 韓日間の独島領有権論争の最後の課題、完璧に立証された(下)

―勅令41号の「石島=独島」と対日平和条約で「独島」名称の漏れの真相―

⑤独島は、欝陵本島から天気が晴れて風が吹けばお互いに眺めることができる島であるため、欝陵島の居住民のすべてが独島の存在を知っていた。

したがって、独島は当然欝島郡の行政的な管理対象にならなければならない。朝鮮時代の官撰文献にも欝陵島と于山島(独島)の２つの島を領土として表記されており、特に安竜福事件の時(1693―696)、朝鮮の朝廷が于山島(独島)が欝陵島の東南側に存在するという事実を明確に確認した。⑥一般的に朝鮮東海に「欝陵島、独島」の二つの島が存在するというのは自然だが、独島を除いて欝陵島には「欝陵島、竹島、観音島」の3つの島が存在するというよりは、欝陵島には「欝陵本島、竹島、観音島」があるというのが自然だ。ところが、現在の「欝島郡」の場合は欝陵島に独島を含めて「欝陵本島、観音島、竹島、独島」があるということが正しい。勅令41号の「欝島郡」の場合は「欝陵全島、竹島、石島(独島)」があるということが最も正確な表現だ。そのため、「欝陵島」を「欝陵」郡に改称せず「欝島」郡に改称した。

このように考えると、勅令41号の管轄区域に含まれる地名は、非常に科学的に名づけられたといえる。⑧「欝陵全島」という言葉は複数の島の意味を持っているために「欝陵全島(欝陵本島と観音島を含む)、竹島、石島(独島)」と区分して朝鮮東海の全ての島々を管轄すると明確に表記したのだ。⑨したがって、勅令41号での「石島」が今日の独島であるに間違いない。

それにもかかわらず現在「竹島(独島)=日本領」という論者らは、勅令41号の「石島(＝独島)」を否定するため、いくら石島は現在の独島ではないと否定しようとしても、すでに先行研究でかなりの部分が解明されたために不可能だ。つま

り、①開拓当時居住民の80%を占めていた全羅道出身の居住民が方言(俗称)での石の島を「ドクソム(石の島の意味)」と呼び、公文書である勅令41号では「石」の「島」を漢字で表記して「石島」と表記した。②朴炳燮氏は最近の研究で「日本水路部」が編纂した『朝鮮水路誌』第2版(1907)および『日本水路誌』第6巻(1911)において当時の韓国各地にある「石の島」の呼称を調査し、7つの「石の島」を調査した。その結果、忠清南道の庇仁湾の2つは「ドルソム」と「マクソム」、京畿道の漢江区には「ドルソム」、黄海北道の台洞湾には「ドリソム」、全羅南道の所安群島には「ドトクソム」と表記されていたという。

　このように韓国では一般的にドルソム(石島)またはドクソム(独島)を漢字表記で「石島(ソクド)」と呼んでいる。このような慣行により、主に欝陵島の居住民の多数を占める全羅道の人々は方言で「トクソム(独島)」といい、勅令第41号では「石島」と表記された。③日本外務省資料「竹島漁業の変遷」に記録された奥村亮の証言によると、「朝鮮人はランコド(竹島)をドクソム(独島、ドクソン)と述べていたが、日本人と対話する時は、「ランコド」と話した」という。

　④大多数の全羅道出身であった欝陵島の居住民が呼称した「ドクソム」という名称を公文書に漢字で表記して「独島」と表記された。

　1904年日本の軍艦新高号が欝陵島を調査したとき、「行動日誌」に「独島」と記録するとした。⑤1906年、欝島郡守沈興沢報告書で、その際に参政大臣朴斉純「指令3号」でも「独島」とした。⑥1906年3月、島根県官吏が欝陵島を訪問して沈興沢郡守に欝陵島の付属島嶼である独島が日本の新しい領土として編入されたという事実を知らせた。沈郡守は緊急に翌日江原道観察使を通じて「本郡所属の独島」(日本名:竹島)が日本に奪われた事実を中央政府に報告した。この時に第二次韓日協約で、外部(外務部)は強制的に日本に編入されてなくなり、内部(内務部)が日本の侵略行為について「本郡(欝島郡)所属の独島」が1900年「勅令41号」で大韓帝国が管轄統治する島といい、統監府に抗議した。沈興沢

郡守が「本郡所属」としたために「欝陵全島、竹島、石島」が勅令41号の管轄区域として、「石島＝独島」という事実が顕然としている。

第三に、対日平和条約を締結する過程に48カ国の連合国の中で唯一米国が「独島が日本領土である」と日本の立場を支持した。米国の過ちを論証した。上で論証したように、1900年の勅令41号によって独島が韓国領土として管轄統治されていた。

それにもかかわらず、日本政府が独島を侵奪するため、密か勅令41号(1900年)より5年後の1905年に閣議決定で無主地(所有者がいない島)を先取りして国際法上日本領土になったということだ。その時、島根県の地方政府が」島根県「告示第40号」という国内的な措置を取ったため、独島と関連する国に通告をしなかったので編入事実を国際的にどの国家も知らなかった。

国際法上の領土取得措置は、国家が主体となって関連国家に通告しなければならない。

通告をしなければ、一方的措置となって不法侵略行為である。例えば、韓国政府が日本政府に知らせず、日本の首都である「東京」を韓国領土として編入措置をとって領有権を主張するのと何の違いもない。

日本は最初から独島が韓国領土であると知りながら領土侵略を目的とし日露戦争中に密かに編入の措置を取った。ところで、日本の敗戦によって韓国が独立される時、連合国側でSCAPIN677号で「済州島と欝陵島、独島」を韓国領土として処理して韓国が管轄統治することになった。

日本は対日平和条約で、日本に好意的な米国を利用して韓国領土としての法的地位をもっている「勅令41号」(1900年)を否定して「島根県告示第40号」が国際法的に妥当だとして独島の奪取を試みた。

当時駐日米国執政大使、ウィリアム・シボルドは、独島が本質的に韓国固有の領土であるにもかかわらず、事実関係をしっかり分からないで一方的に日本の

立場だけを聞いて説得されて日本の立場に同調した。当時、シボルドは東京大学で法学の修士と博士を取得したが、博士学位取得は、米国の6次草案で独島を日本領土に変更した時点と一致する。確認が必要ですが、おそらくシボルドは、独島が日本領土だという日本の捏造された論理で博士号を取得した可能性が非常に高い。

領有権問題は本質的に解決されなければならない。それにもかかわらず、対日平和条約を締結する過程で帝国主義の国家日本が独島を侵奪するため、偽りの論理で米国にアプローチして竹島(独島の日本名称)の領有権を主張した。

駐日米国執政大使シーボルドは、日本帝国主義の領土侵略行為であった「島根県告示第40号」による編入措置の正当性を認める形で日本の主張に積極的に同調した。ついにそれが米国務省の立場になった。米国が日本に積極的に同調することにより、独島の領有権問題は、強大国の介入で政治的問題になってしまった。

強大国であった米国は、共産主義と自由主義が対立する冷戦体制で優位を占めるために、対日平和条約を締結する過程で独島の領有権問題さえも本質を無視して政治的に日本の立場をかばった。しかし、英連邦国家(英国、豪州、ニュージーランド)たちはこのような米国の立場に反対したために日本の独島侵奪の試みは失敗してしまった。最終的に米国と英連邦国家は「領土紛争地域の有人島は信託統治して、無人島は領有権決定をしない」という方針を定めることにより、独島の領有権については判断されなかった。対日平和条約で、独島は領土的権原によって韓国の領土と決定されるべきだった。にもかかわらずシーボルドが日本領土を支持する立場を取ったため、韓国領土としての最終的決定はなされなかった。米国が独島の領有権問題を引き起こした張本人だ。対日平和条約で日本の立場を支持する誤った判断のせいで独島が韓国領土であることを認められないのだ。このように現在の独島の領有権問題は領土的権原に基づいて解決

できない政治的問題となった。最初に政治的問題となったのは、1905年日本が政治的に、無主地の先取りという国際法上の方法で独島の編入を試みた。二番目の政治化したのは、対日平和条約で米国が独島の領有権の本質を無視して政治的に日本の立場を支持した。もう政治化された独島の領有権問題は政治行為で解決するしかない。

1952年1月、李承晩大統領が同年4月、対日平和条約の発効直前にSCAPIN677号やSCAPIN1033号などを基に平和ラインを宣言して、独島の実効支配確固たるものにした。これも韓国政府が一方的にとった措置であるので政治的行為であった。

| 독도는 한국의 고유영토, '칙령41호'가 그 증거다

고대 우산국의 영토였던 독도는 우산국이 신라에 편입된 이후 고려, 조선, 대한제국을 거쳐 계승되어온 우리의 고유영토이다. 독도가 일본영토였다는 증거는 단 한점도 없다. 그런데 오늘날 일본이 영유권을 주장하는 근거는 1905년 2월 22일 '시마네현고시 40호'로 무주지(無主地)였던 섬(독도)을 '다케시마(竹島)'라는 이름으로 시마네현에 편입했다는 것이다. 그것은 거짓이다. 당시 일본이 조선을 침략하기 위해 러일전쟁을 일으키고 선생 중의 혼란한 틈을 타 편입하는 형태로 독도를 몰래 도취하려고 했다. 일본은 이런 편입 사실을 한국에 알리지 못하고 있다가 전쟁이 끝난 1년 후 1906년 3월 한성(서울)에 조선 통치기구인 통감부를 설치한 후 시마네현 관리를 울릉도에 파견하여 은밀히 군수에게 알렸다. 이 소식을 듣고 경악한 심흥택 군수는 즉시 '본군 소속 독도(独島)'가 일본에 의해 탈취당했다고 중앙정부에 보고했고, 중앙정부는 통감부에 항의하여 독도 편취행위를 인정하지 않았다.

일본이 독도를 편입 조치했다고 하는 1905년의 '시마네현고시 40호'는 섬(독도)이 무주지였기 때문에 편입했다는 것이다. 그렇다면 1905년 이전에 독도가 무주지가 아니고 한국영토였다면 일본은 '시마네현 고시40호'가 불법적인 것임을 인정하고 독도의 영유권 주장을 완전히 취하해야 할 것이다.

1900년 대한제국(고종황제)은 칙령41호로 '울도군'을 설치하여 '울릉전도(欝陵全島)와 죽도(竹島) 석도(石島)'를 관할구역으로 확정했다. 왜 이런 행정조치를 취했을까? 일본이 강화도조약을 강제하여 부산(1876), 원산(1880), 인천(1883)항을 개항시키고 1899년 당시 일본인 수백 명이 불법적으로 울릉도에 들어와 촌락을 이루고 경제를 수탈했다. 이 사실을 알게 된 고종 황제는 일본의 영토침략을 막기 위해 동해의 여러 섬에 대해 영토범위를 확정하는 조치를 취했다.

고종황제가 내린 '칙령 제41호'는 '울릉도를 울도(欝島)로 개칭하고 도감(島監)을 군수로 개정한 건'이라는 제목이었다. 그 내용은 '제1조 울릉도를 울도라 개칭하여, 강원도에 부속하고 도감을 군수로 개정하여 관제 중에 편입하고 군등(郡等)은 5등으로 할 것'이라고 하여 강원도 소속의 '울도군'을 설치했다. '제2조 군청위치는 태하동(台霞洞)으로 정하고 구역은 울릉전도와 죽도, 석도를 관할할 것'이라고 하여 관할구역으로 '울릉 전도와 죽도, 석도(독도)'로 정했다. 여기서 '울릉전도'는 '죽도'와 '석도'(독도)를 제외한 주변의 섬과 암초들이다. '죽도'는 울릉도 본섬에서 2km 지점에 위치하여 주변에서 유일하게 사람이 거주할 수 있는 섬이다. '석도'는 바로 '울릉전도'와 '죽도'를 제외한 섬 독도이다. '제3조 개국 504년 8월 16일자 관보 중 관청사무 란에 울릉도 이하 19자를 지우고, 개국 505년 칙령 제306호 제5조 강원도 26군의 6자는 7자로 개정하고, 안협군(安峽郡) 아래 울도군(欝島郡) 3자를 첨입할 것'이라고 하여 관보와 칙령을 개정하여 기존의 '울릉도'를 '울도군'으로 고쳐 강원도 26군을 27군으로 확대했다. 여기서 '관보'는 행정부 및 국회, 관청의 결정사항을 공시하는 정부 고시문으로 외국 공관에도 배포되었다. '칙령'은 전제군주국가였던 대한제국의 주권자 황제의 명령서였다. '제4조 경비는 5등군으로 마련하되 현재 관리가 많지 않으므로 개척사업비는 섬의 세수에서 우선 마련할 것'이라고 하여 '울도군' 자체의 세금으로 경비를 마련하도록 했다. '제5조 미진한 제 조항은 이 섬을 개척하면서 차제에 마련할 것'이라고 하여 향후 울도군을 적극적으로 개척하여 필요한 제 규정을 마련한다는 것이다. '부칙'으로 '제6조 본 명령은 반포일로부터 시행할 것'이라고 하여 반포일이었던 '광무4년(1900) 10월 25일'부터 시행되었다. '칙령41호'의 발행인은 '어압(御押) 어새(御璽) 봉(奉)' '칙(勅)의정부 의정 임시서리 찬정(贊政) 내부대신 이건하'라고 되어 고종황제의 어새가 찍힌 것으로 황제 명령으로 내부대신이 발행하였다.

이와 같이 일본이 1905년 "섬(독도)이 무주지였기 때문에 편입 조치했다."고 하는 것보다 5년 빠른 1900년 고종 황제가 독도에 대해 '칙령41호'로 영토조치의 일환으로 근대적 방식으로 행정조치를 취했다. 그런데 오늘날 일본은 '칙령41호'의 '석도'는 독도가 아니고, 지금의 '관음도'라고 우기면서 칙령41호는 독도와 무관하다고 사실을 날조하고 있다.

'울릉도'라는 지명은 고대 우산국 시대부터 존재했고, '죽도'라는 지명은 1882년 이규원 검찰사의 조사보고서 '울릉외도'에 나타나 있고, '석도'는 당시 울릉도 주민들이 돌섬을 속칭으로 '독도(独島)'라고 불렀는데, 이를 공문서용의 한자표기로 '석도'라고 했던 것이다.

▎独島は韓国の固有領土、「勅令41号」がその証拠だ

　古代の于山国の領土だった独島は于山国が新羅に編入された後、高麗、朝鮮、大韓帝国を経て継承されてきた韓国固有の領土である。

　独島が日本領土だったという証拠は一点もない。しかし、今日の日本が領有権を主張する根拠は1905年2月22日「島根県告示40号」で、無主地だった島(独島)を「竹島」という名前で島根県に編入したということだ。

　それは嘘だ。当時、日本が朝鮮を侵略するため、日露戦争を起こし、戦争中の混乱した隙を狙って編入する形で独島を密かに盗みとろうとした。

　日本は、このような編入の事実を韓国に知らせず、戦争が終わった1年後の1906年3月、漢城(ソウル)に朝鮮統治機構である統監府を設置し、島根県の官吏を欝陵島に派遣し、密かに郡守に知らせた。

　この知らせを聞いて驚愕した沈興沢郡守は、直ちに「本郡所属の独島」が日本により奪取されたと中央政府に報告し、中央政府は統監府に抗議して独島の詐取行為を認めなかった。しかし日本は、島(独島)が無主地だったから編入したということだ。

　それなら1905年以前に独島が無主地ではなくて韓国領土だったならば、日本は「島根県告示第40号」が不法なものであることを認めて、独島の領有権の主張を完全に取り下げるべきことだ。

　1900年、大韓帝国(高宗皇帝)は勅令41号で「欝島郡」を設置して「欝陵全島と竹島、石島」を管轄区域に確定した。

　なぜ、このような行政措置を取ったのか？日本が江華島条約を強制して釜山(1876)、元山(1880)、仁川(1883)の３つの港を開港させて1899年、当時の日本人数百人が不法に欝陵島に入って村落を成し遂げ、経済を収奪した。

　この事実を知った高宗皇帝は、日本の領土侵略を防ぐため、朝鮮東海の幾

つかの島に対して、領土範囲を確定する措置を取った。

高宗皇帝が下した「勅令第41号」は、「欝陵島を欝島に改称し、都監を郡守に改正した件」というタイトルだった。

その内容は「第1条欝陵島を欝島と改称し、江原道に付属し島監を郡守に改定し官制中に編入し、郡等は5位にする」とし、江原道所属の「欝島郡」を設置した。

「第2条、郡庁位置は台霞洞と決め、区域は欝陵全島と竹島、石島を管轄する」として管轄区域に「欝陵全島と竹島、石島(独島)」に決めた。

ここで「欝陵全島」は「竹島」と「石島」(独島)を除いた周辺の島と暗礁だ。「竹島」は欝陵島本島から2km地点に位置し、周辺で唯一人が住める島だ。「石島」はすぐ「欝陵全島」と「竹島」を除いた島、独島だけだ。

「第3条開国504年8月16日付官報のうち官庁事務欄に欝陵島以下19字を消し、開国505年勅令第306号第5条江原道26郡の6字は7字に改正し、安峡郡の下に欝島郡3字を添入すること」として官報と勅令を改正し、従来の「欝陵島」を「欝陵島郡27」に拡大した。

ここで「官報」は行政府及び国会、官庁の決定事項を公示する政府告示文で、外国公館にも配布された。

「勅令」は、専制君主国家であった大韓帝国の主権者皇帝の命令書であった。

「第4条経費は5等郡で賄うが、現在管理が多くないため開拓事業費は島の税収から優先的に賄う」とし、「欝島郡」自体の税金で経費を賄うようにした。

「第5条の不十分な条項は、この島を開拓する際に設ける」とし、今後、欝島郡を積極的に開拓し、必要な規定を設けるということである。

「附則」として「第6条この命令は，頒布の日から施行する」とし，頒布の日であった「光武4年(1900)10月25日」から施行された。

「勅令41号」の発行人は、「御差押御璽奉」「勅議政府議政臨時代理撰政内部大臣李建下」となり高宗皇帝の御璽が押されたものであり、皇帝命令で内部大臣が発行した。

このように、日本が1905年「島(独島)が、無主地だったため、編入の措置した」ということより5年早い1900年高宗皇帝が独島について「勅令41号」で領土の措置の一環として近代的なやり方で行政措置を取った。

しかし、今日の日本は「勅令41号」の「石島」は、独島がなく、今の「観音道」と言い張り、勅令41号は、独島と無関係と事実を捏造している。「欝陵島」という地名は、古代の于山国時代から存在し、「竹島」という地名は1882年李奎遠検察使の調査報告書「欝陵外図」に表れており、「石島」は当時、欝陵島住民たちが石島を俗称で「独島」(日本名:竹島)と呼びましたが、これを、公文書用の漢字表記で「石島」としたのだ。

| 대한제국 1900년 '석도(石島)', 일본제국 1909년 '죽도 (竹島)'에 대한 행정조치

최근 일본정부 내각관방부의 영토주권 대책기획조정실이 공개한 자료에 일본제국이 1909년 '칙령 54호'로 독도를 시마네현 관할구역으로 지정한 사실이 확인되었다. 이것은 대한제국이 1900년 '칙령41호' 독도를 울도군 관할구역으로 행정 조치한 것보다 9년이나 뒤진다.

대한제국은 '1900년 10월 25일' 칙령41호로 '울도군'을 증설하여 '울릉전도, 죽도, 석도(독도)'를 관할구역으로 지징하였다. 즉, '제1조 : 울릉도(鬱陵島)를 울도(鬱島)로 개칭하여 강원도에 부속하고 도감(島監)을 군수(郡守)로 개정하여 관제중(官制中)에 편입하고 군등(郡等)은 5등으로 할 것. 제2조 : 군청(郡庁) 위치는 태하동(台霞洞)으로 정하고 구역은 울릉전도(鬱陵全島)와 죽도(竹島) 석도(石島)를 관할할 것' '어압(御押) 어새(御璽) 봉(奉)'으로 '의정부 의정임시서리 찬정내부대신 이건하'가 '칙령'으로 강원도 26군을 27군으로 증설하여 관보에 게재했다.

여기서 제1조에서 "울릉도(鬱陵島)를 울도(鬱島)로 개칭"하여 '울도군'을 두었다. 왜 '울릉군'으로 하지 않고 '울도군'으로 하였을까? 의미적으로 보면, 울릉군은 분명히 독도를 제외한 울릉도 주변의 모든 섬에 국한되지만, '울도군'이 되면 울릉도 주변뿐이 아닌 독도까지도 의미적으로 포함시킬 수 있기 때문이다. 제2조에서 관할구역으로 지정된 '울릉전도(鬱陵全島)와 죽도, 석도'에 대해 일본은 아무런 근거 없이 한국의 독도 영유권을 부정하기 위해 '석도'가 지금의 관음도이라고 우긴다. 울도군의 관할 섬들을 논증해보면, '죽도'는 의심의 여지없이 1882년 이규원 검찰사가 조사한 '울릉외도'에 표기된 현재의 '죽도'이다. '울릉전도(鬱陵全島)'란 '죽도'를 제외한 울릉도 주변의 '모든 섬(관음도 포함)'이다. 그렇다면 동해의 울릉도 주변 섬과 독도 중에서 죽도와 관음도를 제외하면 독도뿐이다. 따라서 '석도(石島)'는 지금의 독도임에 의심의 여지가 없다. 또한 울릉도 주변의 섬들과 독도 중에서 '석도(돌섬)'의 의미를 가진 섬은 지금의 독도밖에 없다. 독도는 울릉도에 이주해온 전라도 사람들이 방언으로 '돌섬'을 '독섬'으로 불렀고 '독도(独島)'라고 표기했다는 사실도 의심의 여지가 없다. 또한 1904년 일본군함 니이타카(新高)호가 지금의 울릉도와 독도를 조사하고 군함일지에 울릉도 사람들은 '독도(独島)'라고 표기한다고 기록을 남겼다.

그럼에도 불구하고, 일본정부가 1877년 태정관지령으로 울릉도와 독도를 한국영토로 인정해놓고, 1905년 1월 18일 은밀히 각료회의를 열어 독도를 시마네현 관할로 한다고 결정하고, 시마네현은 2월 22일 '현고시 40호'로 '다케시마(竹島)'라는 명칭으로 지방신문에 살짝 고시했다. 그 1년 후 일제가 1906년 2월 서울에 통감부를 설치하고 한국의 국내외 정치를 장악한 후, 그해 3월 28일 시마네현 관리들이 울릉도를 방문하여 뻔뻔스럽게 독도 탈취사실을 울도군수에게 살짝 알렸다. 이때 심흥택 군수는 바로 다음 날인 1906년 3월 29일 '외양(外洋) 100리'에 위치한 '본군 소속 독도(独島)'가 일제에 의해 탈취당한 사실을 긴급으로 중앙정부에 보고했다. 대한제국은 1905년 11월 일본에 외교권을 강탈당하여 외무담당 부처가 없어지고 통감부의 내정간섭을 받고 있었다. 대한제국의 내부(內部)가 1900년의 칙령 41호로 '울도군'을 설치하여 '울릉전도, 죽도, 석도'를 행정구역으로 하여 이미 독도가 한국영토임을 통감부에 강력하게 항의했다. 당시 대한제국 정부가 1900년 칙령의 '석도'가 1906년 당시 독도(独島)임을 통감부에 항의했기 때문에 통감부가 '석도'가 지금의 독도임을 명확히 확인했다.

그런데, 일본제국 정부는 '1909년 3월 29일' '칙령 54호'로 "짐(천황)은 다케시마(竹島)의 관할 도청(島庁) 지정의 건을 재가하고 이에 이를 공포한다.(어명어새[御名御璽])" '칙령 제54호' "다케시마(竹島)의 관할 도청(島庁)을 아래와 같이 지정한다." "시마네현(島根県) 오키도청(隠岐島庁)"이라고 하여 독도(일본명칭 '竹島')의 관할구역을 칙령으로 지정하였다.

일본정부는 '다케시마(竹島)'를 왜 1909년 3월 29일에 '칙령 54호'로 '시마네현 오키도청'의 관할구역으로 천황의 재가를 받았을까? 이는 1900년의 대한제국 칙령41호보다 8년 후의 일이다. 이미 일본은 1905년 1월 18일 각의결정으로 독도(일본명 다케시마[竹島])를 '시마네현 고시40호'로 편입조치를 취한 바 있다. 그것은 일본정부가 스스로 1905년의 편입조치가 '지방정부의 고시'에 의한 것으로 국제법상 효력 문제가 있다고 판단하여 법적 보강조치를 위한 것이었다. 이미 대한제국이 1900년의 칙령 41호로 독도를 울도군의 행정관할 구역으로 지정하였고, 1906년 통감부에 강력히 항의를 하여 일본의 독도 편입 조치를 인정하지 않았다는 사실도 알고 있었다. 이처럼 일제의 중앙정부가 '칙령 54호'로 독도를 시마네현 관할구역으로 정한 것은 1910년 한국을 병합하기 1년5개월 전이었다. 그 시기는 일본이 곧 한국을 병합할 것이라는 열강들의 묵인이 있어서 칙령54호에 의한 일제의 독도 침탈 사실이 대외적으로 알려진다고 하더라도 열강들로부터 간섭받을 가능성이 거의 없다고 판단했기 때문이다.

요컨대 대한제국이 1900년 울도군을 증설하여 독도를 한국영토로서 관할하고 있었음에도 불구하고, 일본제국이 1909년 칙령54호로 한국영토인 독도를 시마네현의 관할구역으로 정한 것은 한국영토 독도에 대한 침략행위임에 분명하다. 따라서 일제가 1909년 한국영토 독도를 침탈하려고 했다는 사실임이 입증되었으므로 독도는 국제법적으로 한국영토임에 분명하다.

▎大韓帝国の1900年「石島」、大日本帝国の1909年「竹島」に対する行政措置

最近、日本政府の内閣官房の領土・主権対策企画調整室が公開した資料に日本帝国が1909年「勅令54号」で独島を島根県の管轄区域に指定した事実が確認された。

これは、大韓帝国が1900年「勅令41号」で独島を欝島郡の管轄区域に決める行政措置を取ったことより9年も及ばない。

大韓帝国は「1900年10月25日」勅令41号に「欝島郡」を増設して「欝陵全島、竹島、石島(独島)」を管轄区域に指定した。

すなわち、「第1条:欝陵島を欝島と改称し、江原道に付属し、島監を郡守に改め、官制中に編入し、郡等は5等にする。

第2条:郡(郡庁)の位置は台霞洞と決め、区域は欝陵全島と竹島石島を管轄する」「(御押)御璽峰(奉)」で「議政府議員、臨時代理、撰定内部大臣の「李乾夏」が「勅令」で、江原道26軍を27軍に中説明して官報に掲載した。

ここに、第1条が、「欝陵島を欝島と改めた」として、「欝島郡」と呼んだ。

なんで「欝陵郡」にしないで「欝島郡」にしたんだろう？ 意味的に見ると、欝陵郡は、明確に独島を除いた欝陵島周辺の全ての島々に限定されるが、「欝島郡」は、欝陵島周辺の島だけではなく、独島までも意味的に含ませることだ。

第2条で管轄区域に指定された「欝陵全島と竹島、石島」について日本は何の根拠もなしに韓国の独島領有権を否定するため、「石島」が今の観音島だと言い張っている。

欝島郡の管轄の島々を論証して見ると、「竹島」は、疑いの余地なく1882年李奎遠検察使が調査した「欝陵外図」に表記された現在の「竹島」(日本の竹島ではない)だ。

「欝陵全島」という「竹島」を除いた欝陵島周辺の「全ての島々(観音も含む)」だ。

それならば、東海の欝陵島周辺の島と独島の中で竹島と観音島を除けば、独島だけが残るのだ。

したがって、「石島」は現在の独島であることに疑いの余地がない。

また、欝陵島周辺の島々と独島の中で「石島」の意味を持つ島は現在の独島しかない。

独島は欝陵島に移住してきた全羅道出身の人たちが方言で「石島」を「ドクソム」と呼び、「独島」と表記したという事実も疑いの余地がない。

また、1904年日本の軍艦新高号が今の欝陵島と独島を調査して軍艦日記に欝陵島の人々は「独島」と表記すると記録を残した。

にもかかわらず、日本政府が1877年、太政官の指令で、欝陵島と独島を韓国領土に認めており、1905年1月18日密かに閣僚会議を開き、独島を島根県管轄とすると決定して、島根県は2月22日「県告示40号」で「竹島」という名称で地方新聞にひそかに告示した。

その1年後、日本が1906年2月、ソウルに統監府を設置して韓国の国内外の政治を掌握した後、同年3月28日、島根県官吏が欝陵島を訪問して、図々しくも独島の奪取の事実を欝郡島守にこっそり知らせた。

この時沈興沢郡守は翌日の1906年3月29日「外洋100里」に位置した「本郡所属の独島」(日本名:竹島)が、日本によって奪取された事実を緊急で中央政府に報告した。

大韓帝国は1905年11月、日本に外交権を強奪され、外務担当省庁が失われ、統監府の内政干渉を受けていた。

大韓帝国の内部(内務部)が1900年の勅令41号で「欝島郡」を設置して「欝陵全島、竹島、石島」を行政区域としてすでに独島が韓国領土であることを統監府

に強力に抗議した。

　当時の大韓帝国政府が1900年勅令の「石島」が1906年当時、独島であることを統監府に抗議したために統監府が「石島」が現在の独島であることを明確に確認した。

　しかし、日本帝国政府は「1909年3月29日」「勅令54号」で「朕(天皇)は竹島の管轄島庁指定の件を裁可し、これにこれを公布する。(御名御璽)」「勅令第54号」「竹島の管轄島庁を下記のように指定する。」「島根県(隠岐島庁)」として独島(日本名「竹島」)の管轄区域を勅令に指定した。

　日本政府は「竹島」をなぜ「1909年3月29日」に「勅令54号」で「島根県隠岐島庁」の管轄区域に天皇の裁可を受けただろうか? これは1900年の大韓帝国勅令41号より8年後のことだ。

　すでに日本は1905年1月18日閣議決定で独島(日本名「竹島」)を「島根県告示第40号」で編入措置を取った経緯がある。

　それは、日本政府が自ら1905年の編入措置が「地方政府の告示」によるものであり、国際法上の効力の問題があると判断し、法的補強措置のためのものであった。

　すでに大韓帝国が1900年の勅令41号で独島を欝島郡の行政管轄区域に指定しており、1906年、統監府に強く抗議をして日本の「竹島」(独島)編入の措置を認めなかったという事実も知っていた。

　このように日帝の中央政府が「勅令54号」で独島を島根県の管轄区域に入れることを決めたのは、1910年韓国を併合すること、1年5か月前だった。

　その時期は、日本がすぐ韓国を併合するということが列強からの黙認があったので、勅令54号による日本の独島の侵奪事実が対外的に知られたとしても、列強から干渉を受ける可能性がほとんどないと判断したためだ。

　要するに、大韓帝国が1900年欝島郡を増設し、独島を韓国領土として管轄し

ていたにもかかわらず、 日本帝国が1909年勅令54号で韓国領土である独島を島根県の管轄区域に決めたのは、 韓国の領土であった独島に対する侵略行為であることは間違いない。

　このため、大日本帝国が1909年韓国領土であった独島を侵奪しようとした事実が立証されたので、独島は国際法上韓国の固有領土であることに違いない。

┃ 대일본제국의 불법 지방 행정조치 '시마네현 고시40호'는 대한제국의 중앙 행정조치인 '칙령41호'를 이길 수 없다

일본은 "근대 국제법에 의거하여 1905년 '시마네현 고시40호'로 '무주지(주인이 없는 섬)'를 선점하여 '다케시마'(竹島, 독도)가 일본영토가 되었다."고 영유권을 날조하고 있다. 한편 일본은 "역사적으로 볼 때 17세기에 '다케시마'의 영유권을 확립하였다."고 주장한다.

여기서 일본이 '17세기에 독도의 영유권을 확립했다'면, '무주지'를 편입하여 새로운 영토가 되었다는 주장은 논리적 모순이다. 17세기에 일본이 독도의 영유권을 확립한 적은 없다. 이처럼 일본의 영유권 주장은 모두 비논리적인 억지뿐이다. 한국은 고대시대 신라가 울릉도에 있는 우산국을 정복했고, 지리적으로 울릉도와 독도는 날씨가 맑을 때 서로 바라다 보이는 섬이다.

고려시대의 『고려사』(지리지)와 조선시대의 『세종실록』(지리지), 『동국여지승람』, 『동국문헌비고』 등에서 독도가 역사적으로 한국영토임을 명확히 기록하고 있다. 대한제국시대에는 1900년 근대 국제법에 의거하여 '칙령 41호'로 '울도군'을 설치하여 '울릉전도, 죽도, 석도(石島=독도)'를 관할구역으로 정하고 관보에 게재하여 독도가 한국영토로서 행정 조치되었음을 국내외에 통고했다. 그런데 대한제국 칙령41호의 '울릉전도, 죽도(竹島), 석도(石島)'에서 '석도'가 지금의 독도라는 합당한 논리적 증거가 있다고 하더라도, 일본이 1905년 '무주지'을 선점하여 일본영토가 되었다고 했기 때문에 이를 무조건적으로 부정해야만했다.

그럼, 칙령41호의 석도가 오늘날의 독도라는 논리적 증거를 나열해보기로 한다.

첫째, 전라도방언으로 '돌로 된 섬'을 '독도(独島)'라고 호칭하고 표기한다. 전라도에는 실제로 '독도(独島)'라는 섬이 존재하고, 고인돌을 '고인독'이라고 부른다. 1884년 울릉도 개척령 당시 이주민 중의 80%가 전라도출신이었다.

둘째, 1900년 칙령41호로 설치된 '울도군'의 행정관할 구역인 '울릉전도, 죽도, 석도'라는 명칭은 모두 섬의 자연 형상으로 만들어졌다. '울릉(欝陵)전도(全島)'는 '울창한 구릉'의 '모든 섬'이라는 의미이고, '죽도(竹島)'는 대나무섬이고, '석도(石島)'는 돌섬이다. 여기서 '울릉전도'라는 의미는 '복수의 섬'을 말한다. 울릉도 주변바다에 수풀이 나있는 섬은 '울릉도 본섬'과 '관음도' 뿐이다. 따라서 울릉전도는 울릉 본섬과 관음도를 말한다.

셋째, 1904년 러일전쟁 중에 해군수로부가 망루를 설치하기 위해 군함니이타카(新高)호로 울릉도와 독도를 조사했다. 이때의 군함일지에 울릉도사람들은 '독도(独島)라고 기록한다'라는 것을 남겼다. 이는 당시 울도군청에서 '독도(独島)'를 관할하는 공문서를 확인했다는 의미이다.

넷째, 1906년 심흥택 울도군수가 울릉도를 방문한 시마네현 독도 조사단으로부터 독도가 일본의 신영토가 되었다는 말을 듣고, 바로 이튿날 '본군 소속 독도(独島)' '외양(外洋) 백여 리 밖에 있다'라는 형식으로 중앙정부에 보고했다. 이것은 울릉도민들이 1904년 이전부터 '독도'라는 명칭으로 울도군 소속임을 인식했고, 당시의 거리감각으로 외양(태평양쪽 바다) 100여리(40km)에 위치했다는 섬은 독도임에 분명하다.

다섯째, 대한제국이 1905년 일본에 외교권을 강제당하고 '외부'(외교부)가 폐지되어 통감부의 감독을 받고 있었기 때문에 내부(내무부)가 1900년 칙령41호로 '울릉전도, 죽도, 석도'를 한국이 행정적으로 관할하였기 때문에 독도가 한국영토라는 사실을 통감부에 강경하게 항의했다. 이때에 통감부는 칙령41호의 '석도'가 지금의 '독도'임을 명확히 확인했다.

여섯째, 『고려사』(지리지), 『세종실록』(지리지), 『동국여지승람』, 『동국문헌비고』 등에는 지금의 독도를 '우산도'라고 호칭했다. 그렇다면 왜 칙령41호에서 지금의 독도를 '우산도'라고 하지 않고 '석도'라고 했을까? 우선 그것은 1884년 울릉도 개척령 이후 울릉도민들이 '돌섬'이라는 의미로 '독도(独島)'라고 호칭했기 때문이다. 또한 '울릉전도, 죽도, 석도'라는 명칭은 섬의 형상을 따서 만들었는데, '우산도'라는 명칭은 그것과 무관하다. 사실 '우산도'라는 명칭은 1417년 조선 태종 때 동해 두 섬에 대한 정보가 부족하여 울릉도와 함께 두 섬 모두 사람이 거주할 수 있는 비슷한 크기의 섬으로 인식하여 고대의 '우산국' 명칭을 빌려 처음으로 사용되었다. 세종 때 1425년 김인우를 '우산 무릉 등처 안무사'로 파견했을 때 지금의 독도가 우산도라는 명칭으로 본격적으로 사용되었다.

그런데 1693년 안용복 사건이 발생하였을 때, 안용복은 우산도가 사람이 살수 없는 울릉도 동남쪽에 위치한 무인도라는 사실을 확인하고, 울릉도를 모도(母島)로 하여 우산도를 자도(子島)라는 의미로 '자산도'라고 불렀다. 안용복은 1693년과 1696년 두 차례에 걸쳐 직접 일본에 건너가 울릉도(일본명 다케시마)와 우산도(일본명 마쓰시마)가 한국영토임을 주장하여 일본의 중앙정부로부터 확인받았다.

그런데 안용복 사건 이후에도 조선조정이 울릉도를 비워서 관리했고, 2년에 한 번씩 울릉도와 우산도 관리하는 수토사를 파견했다. 수토사들은 울릉도에 도착하여 지금의 독도를 발견하지 못하고 지금의 '죽도'에다 '소위 우산도' 또는 '우산도'라고 표기하여 보고서를 조정에 제출했다. 특히 1711년 수토사 박석창은 '울릉도도형'이라는 잘못된 보고서를 제출하여 후세 지도제작자이 이를 무비판적으로 수용함으로써 해동지도, 광여도, 여지도, 청구도 등의 잘못된 지도들이 그려졌다. 그래서 1900년 칙령41호로 울도군을 설치한 이유가 바로 호칭의 혼란 때문에 울릉도와 독도가 일본에 침략당하는 것을 사전에 차단하기 위해서였다.

독도에 대해서는 원래의 명칭이었던 '우산도'를 대신에 당시 울릉도사람들이 널리 호칭했던 '돌섬'의 의미로 속칭인 '독도(独島)'를 공문서식인 한자로 표기하여 '석도(石島)'라고 했던 것이다.

일곱째, 섬의 위치와 섬의 특성상으로 보더라도 '울릉전도(울릉본섬, 관음도), 죽도, 석도(독도)' 순이 가장 자연스럽다. 특히 독도는 울릉전도(본섬과 관음도)와 죽도에서 84km나 멀리 떨어진 섬이기 때문에 '석도(독도), 울릉전도, 죽도'라든가 '울릉전도, 석도(독도), 죽도'라는 순서는 적절치 않다. 이처럼 칙령41호의 '석도'가 지금의 독도임에 분명하다. 그런데 일본은 아무런 논리적 증거를 제시하지 못한 채 우기는 형식으로 석도가 관음도라고 하여 한국의 독도 영유권을 부정한다.

일본이 독도의 영유권을 부정하는 방식은 오직 억지주장으로 사실을 날조하는 것뿐이다.

▍大日本帝国の不法的な地方行政措置の「島根県告示40号」は、大韓帝国の中央行政措置である「勅令41号」に勝つことはできない

日本は「近代国際法に基づいて1905年「島根県告示第40号」で「無主地(所有者がいない島)」を先取りして「竹島」(独島)が日本領土となった」と領有権を捏造している。

一方、日本は「歴史的に見ると、17世紀に竹島の領有権を確立した」と主張する。ここで日本が「17世紀に独島の領有権を確立した」としたり、無主地を編入して新しい領土になった」という主張は論理的矛盾だ。17世紀に日本が独島の領有権を確立したことはない。

このように日本の領有権主張はすべて非論理的なこじつけにすぎない。

韓国は古代時代新羅が欝陵島にある于山国を征服し、地理的に欝陵島と独島は天気が晴れるときにお互いに見える島だ。高麗時代の『高麗史』(地理誌)と朝鮮時代の『世宗実録』(地理誌)、『東国輿地勝覧』、『東国文献備考』などで、独島が歴史的に韓国領土であることを明確に記録している。大韓帝国時代には1900年近代国際法に基づいて「勅令41号」で「欝島郡」を設置して「欝陵全島、竹島、石島(=独島)」を管轄区域として官報に掲載し、独島が韓国領土として行政措置されたことを国内外に通告した。しかし、大韓帝国の勅令41号での「欝陵全島、竹島、石島」で「石島」が現在の独島であるという論理的な証拠があるとしても、日本が1905年「無主地」を先取りして、日本の領土となったとしたため、それを無条件的に否定しなければならなかった。それでは、勅令41号の石島が今日の独島という論理的証拠を並べてみることにしている。第一、全羅道方言で「石でできた島」を「独島(日本名:竹島)」と呼称して表記する。

全羅道には実際に「独島」という島が存在して、支石墓を「コインドク」と呼ぶ。

　1884年、欝陵島開拓領の当時、移住民の80%が全羅道出身だった。

　第二に、1900年勅令41号で設置された「欝島郡」の行政管轄区域である「欝陵全島、竹島、石島」という名称は、全て島の自然の形で作られた。

　「欝陵全島」は欝陵島の「全ての島々」という意味で、「竹島」は竹の島であり、「石島」は石の島だ。ここで「欝陵全島」という意味は「複数の島」を意味する。

　欝陵島周辺の海に茂みが生えている島は「欝陵本島」と「観音島」だけだ。したがって欝陵全島は欝陵本島と観音島をいう。

　第三に、1904年日露戦争中に海軍水路部が、見張り小屋を設置するため、軍艦新高号で欝陵島と独島を調査した。この時の軍艦日記に欝陵島の人々は「独島と記録する」というものを残した。

　これは当時、欝島郡庁で「独島」を管轄する公文書を確認したという意味だ。

　第四に、1906年沈興沢欝島郡守が欝陵島を訪問した島根県、独島調査団から独島が日本の新しい領土となったという話を聞いて、翌日「本郡所属の独島」「外洋百余里の果てにある」という形式で、中央政府に報告した。これは欝陵島民たちが1904年以前から「独島」という名称で欝島郡所属であることを認識し、当時の距離の感覚で外洋(太平洋の海)100余里(40km)に位置したという島は、独島に間違いない。

　第五に、大韓帝国が1905年日本に外交権を強制されて「外部」(外交部)が廃止され、統監府の監督を受けていたために内部(内務部)が1900年勅令41号で「欝陵全島、竹島、石島」を韓国が行政的に管轄したため、独島が韓国領土という事実を統監府に強硬に抗議した。

　この時、統監府は勅令41号の「石島」が今の「独島」であることを明確に確認した。

　第六に、高麗史、地理誌、世宗実録(地理誌)、東国輿地勝覧、東国文献備考などでは現在の独島を「于山島」と呼称した。それなら、なぜ勅令41号で現

在の独島を「于山島」としないで「石島」にしたのだろうか？まず、それは1884年、欝陵島の開拓令以降、欝陵島民たちが「石島」という意味で「独島」と呼称したためだ。また、「欝陵全島、竹島、石島」という名称は、島の形状を取って作ったが、「于山島」という名称はそれとは無縁だ。

　事実「于山島」という名称は1417年、朝鮮太宗のとき、東海の二つの島に対する情報が不足して、欝陵島とともに二つの島すべて人が居住できる似た大きさの島と認識して古代の「于山国」名称を借りて初めて使われた。世宗の時1425年金麟雨を「于山武陵等処管理使」として派遣した時、今の独島が于山という名称で本格的に使用された。ところが1693年に安竜福事件が発生した際、安竜福は于山島が人の住めない欝陵島の東南に位置する無人島であることを確認し、欝陵島を母島とし于山島を子島という意味で「子山島」と呼んだ。安竜福は1693年と1696年二回にわたって直接日本に渡り、欝陵島(当時の日本名・竹島)と于山島(当時の日本名・松島)が韓国領土であることを主張したので、日本の中央政府がそれを認めた。しかし、安竜福事件後も、朝鮮朝廷が欝陵島を空けて管理し、2年に1度くらい欝陵島と于山島も管理する捜討使を派遣した。

　捜討使は、欝陵島に到着して現在の独島が発見できず、今の「竹島(竹嶼)」に「いわゆる于山島」または「于山島」と表記して報告書を朝廷に提出した。特に1711年、捜討使朴石昌は「欝陵島図形」という誤った報告書を提出し、後世の地図製作者がこれを無批判的に受け入れたことで、海東地図、広興島、興地図、青丘図などの間違った地図が描かれた。それで1900年勅令41号で欝島郡を設置した理由がまさに呼称の混乱のために欝陵島と独島が日本に侵略されることを事前に遮断するためだった。独島に対しては、元の名称だった「于山島」を代わりに当時、欝陵島の人々が広く呼称した「石島」の意味をもった俗称である「独島」を公文書式である漢字で表記して「石島」としたのだ。

　第七に、島の位置と島の特性からみても、「欝陵本島、観音島、竹島、石

島(独島)」順で並べることが一番自然だ。

　特に、独島は、欝陵全島(本島と観音島)と竹島から87.4kmも遠く離れた島であるため、「石島(独島)、欝陵全島、竹島」とか「欝陵全島、石島(独島)、竹島」という手順は適切ではない。

　このように勅令41号の「石島」が現在の独島に間違いない。しかし、日本は何の論理的な証拠を提示しないまま、主張することで、石島が観音島として韓国の独島領有権を否定する。日本が独島の領有権を否定する方式は、強引な主張で事実を捏造することだけだ。

▎러일전쟁 중, 국제법 악용한 일본정부의 은밀한 독도 도취 시도, 결국은 대한제국 정부에 발각되어 실패로 끝나다

근대 국제법에서 영토취득 방법은 정복(전쟁), 시효(장기간 점유), 선점(무주지), 첨부(자연지형), 할양(매입)등 5종류가 있다. 1905년 일본은 독도가 '무주지'였기 때문에 '선점'으로 일본의 새로운 영토가 되었다고 주장한다. 독도는 울릉도와 함께 고대 신라 우산국시대 이래, 고려, 조선, 대한제국 시대를 거쳐 일제강점기를 제외하고 한국이 관할 통치해온 고유영토이다. 조선조정이 1403부터 1881년까지 섬과 백성을 보호하기 위해 쇄환정책으로 울릉도를 비워서 관리했다.

그 틈을 타서 17세기 일본의 두 가문 어부가 매년 번갈아 70여 년(1625년~1693년) 동안 울릉도에 들어와 고기잡이를 했다. 부산 어부 안용복 일행이 몰래 울릉도에 들어갔다가 이들을 조우하여 한일 양 국가 간에 영유권 분쟁으로 확대되었다. 최종적으로 1696년 일본 막부는 울릉도와 독도가 일본영토가 아니라고 하는 지방정부인 돗토리번의 보고서를 받고 일본어부들의 울릉도 독도 도해를 금지하였다. 근대시대에 들어와서 1876년 일본이 강화도조약을 강요하여 조선의 문호를 개방한 시점, 1877년 일본정부가 일본 전국의 지적편찬사업을 시행하면서 태정관지령으로 울릉도와 독도가 조선영토임을 인정하였다.

실제로 대한제국은 1900년 '칙령41호'로 "울릉도(欝陵島)를 울도(欝島)라 개칭하여 강원도에 부속하고,(제1조)" "구역은 울릉전도(欝陵全島)와 죽도(竹島)·석도(石島)를 관할할 것(제2조)"이라고 하여 울도군을 설치하여 관할 통치하고 있었다. 그런데 1903년 시마네현 어부 나카이 요사부로(中井養三郎)라는 자가 독도가 한국영토임을 알고 조선으로부터 강치잡이의 독점권을 취득하기 위해 일본정부에 문의하였다.

그런데 1869년 일본정부가 외무성 관료로 하여금 조선을 밀탐하게 하고 '조선국교제시말내탐서'를 보고받았다. 이때에 외무성 관료는 "울릉도는 조선영토로서 공문서상의 명확한 기록이 있으나, 독도에 대한 기록이 없다"라고 사실과 다른 잘못된 정보를 보고했다.

그것을 빌미로 일본정부는 때마침 러일전쟁 중의 혼란한 시기를 이용하여 울릉도와 독도가 조선영토임을 알고 있었음에도 불구하고, 외무성이 주도하여 국제법의 무주지 선점 이론을 악용하여 몰래 영토를 편입하는 방식으로 독도 탈취를 시도했다. 우선 일본정부는 나카이를 이용하여 독도를 무주지(無住地)로 간주하고 '영토 편입과 대여 신청원'을 제출하도록 요구했다.

일본정부는 각료회의에서 무주지로서 영토편입을 결정하고 중앙정부가 고시하는 것을 피하여 지방정부가 고시하는 것으로 결정하였다.

그 이유는 중앙정부가 관보를 통해 고시하게 되면 도쿄(東京) 주재영사관을 통해 열강들이 일본의 조선침략을 비난하는 것을 회피하기 위해서였다. 그래서 일본정부는 관련국가인 조선은 물론이고 열강에게 알리지 않고, 몰래 시마네현 고시40호로 지방정부에 고시하고, 지방신문에 게재하여 영토취득 사실을 대외적으로 공개해야할 원칙을 어기고 국제법의 구색 갖추기로 사실을 날조했다. 독도는 사실상 이미 영토로서 관리해온 한국의 고유영토였기 때문에 한국정부의 승인 없이는 일본의 새로운 영토가 될 수 없었다.

그래서 일본은 1905년 9월 러일전쟁에서 승리하고 러시아로부터 한국에 대한 '정치적, 군사적, 경제적 우월권'을 인정받아 러시아의 묵인아래, 그해 11월 17일 고종황제와 총리대신의 반대에도 불구하고 을사5적(학부대신 이완용, 군부대신 이근택, 내부대신 이지용, 외부대신 박제순, 농상공부대신 권중현)을 강압하여 '과반수이상 찬성'이라는 해괴한 논리로 한국의 외교권을 강탈했다.

이듬해 1906년 2월 일본정부는 서울에 일제의 한국 통치기구인 통감부를 설치하였다. 이런 상황에서 시마네현은 독도의 영토편입에 의한 영토 취득을 기정사실화하기 위해, 1906년 3월 28일 행정 관할기관의 책임자인 오키도사(隱岐島司)를 포함하여 시마네현 관리들이 울릉도를 방문하여 독도가 일본의 신영토가 되었다고 사후 보고 형식으로 심흥택 울도군수에게 구두로 전달했다.

울도군수 심흥택은 '울릉전도(欎陵全島), 죽도(竹島), 석도(石島; 독도)'를 행정담당구역으로써 관할해오던 '석도'(독도)가 일본에 침탈당했다는 사실을 처음으로 알게 되었다. 심 군수는 긴급으로 바로 다음날인 1906년 3월 29일 '울도군수(欎島郡守) 심흥택 보고서' "본군(本郡) 소속 독도(独島)가 외양(外洋) 100여리 밖에 있는데, 본월 초4일 진시(辰時, 오전7시~9시) 가량에 윤선(輪船) 1척이 군내 도동포(道洞浦)에 정박하였다. 일본(시마네현) 관리 일행이 군청에 와서 스스로 독도(独島)가 이제 일본영토가 되었다고 말했다."라는 사실을 울진현 관찰사(현 도지사)를 거쳐 대한제국 정부에 보고했다. 1906년 4월 29일 의정부 참정대신은 '지령 제3호'로 울도군수에게 "독도 영지 운운하는 설(일본 주장)은 전혀 그 근거가 없으니, 섬의 형편과 일본인의 동향을 다시조사해 보고하라."라고 하여 영토관리를 철저히 할 것을 명했다. 또한 1906년 7월 13일 '황성신문'의 '울도군의 배치전말'에 의하면, 대한제국정부는 '칙령41호'로 독도가 행정적으로 관할 조치한 한국영토임을 통감부에 항의하였다. 이에 대해 "통감부는 내부(대한제국)에 알리어, 강원도 삼척군 관하 소재의 울릉도에 부속하는 도서(島嶼)와 군청이 처음 설치된 연월을 자세히 알리라 하였다."

대한제국정부는 "이에 회답하여 1898년 5월 20일 울릉도감으로 설립하였다가, 1900년 10월 25일 정부 회의를 거쳐 군수를 배치하였고, 군청은 태하동에 두고 이 군이 관할하는 섬은 죽도와 석도이고, 동서가 60리이고, 남북이 40리이고, 합 200여리이라고 하였다." 즉 통감부가 칙령41호의 존재를 확인하기 위해 공문서를 가지고 답변을 요구하여 대한제국이 독도를 행정관할 구역에 포함시켜 관리하였다는 사실을 통감부에 확인시켰다.

여기서 칙령41호의 관할구역은 '울릉전도, 죽도, 석도'로서, 울도군 소재지가 있는 '울릉전도(全島)'는 "동서가 60리요 남북이 40리니 합 200여리이고, 울도군이 관할하는 섬은 죽도와 석도"라는 것이다.

울릉도 본섬 주변에 섬에 흙이 있어 나무가 자라나는 곳은 '죽도와 관음도' 2섬뿐이다. 여기서 울릉전도(全島)는 복수의 섬(울릉본섬과 관음도)이라는 의미로서, 관음도는 현재 현수교로 연결되어 울릉도 본섬에서 걸어서 갈수 있을 정도로 가장 근접한 섬이기 때문에 울릉본섬과 함께 '둘레 200여리'에 포함되는 섬이다.

고문헌 기록에 울릉전도(全島)에 대해『조선지지(朝鮮地誌)』(1895년)에 "울릉도는 울진에 있으니, 둘레가 2백여리이고, 동서가 60여리, 남북이 40여리다", 또한 '대동여지도'(1861년)와 '대동방여도'에는 '동서60여리, 남북40여리, 둘레 200여리'라고 하여 울릉도 지도에는 관음도를 포함하고 있고, 죽도와 석도(독도)는 울릉전도(울릉본섬과 관음도)와 별개의 섬으로 취급하여 제외되었다.

그런데 칙령41호의 '석도'가 독도가 아니라는 일본영토론자들은 최고의 권위를 갖고 있는 김정호의 '대동여지도'에 "울릉도는 울진에 있으니, 둘레가 2백여리니 동서가 60여리오, 남북이 40여리라"라는 것처럼 독도가 없다고 하여 울도군에는 독도가 포함되어 있지 않다고 억지를 부린다. 일본의 이러한 날조된 논리는 칙령41호에 독도가 없다고 하여 한국의 독도 영유권을 부정하기 위한 것이다.

이처럼, 근대 국제법에서 '무주지(無主地) 선점' 이론으로 영토를 취득하려면 관련국가에 통고해야하는 의무가 있다. 그런데 일본정부가 이러한 통고의무를 이행하지 않았기 때문에 당시 대한제국정부가 일본의 독도침탈 사실을 알지 못했다. 만일 일본정부가 통고의무를 이행했더라면 독도가 칙령41호에 의해 한국이 관할 통치하고 있었다는 사실을 확인하게 되었을 것이다. 그런데 일본정부가 조선영토 침략이라는 열강의 비난을 피하기 위해 사후적 조치로 그 1년 후에 몰래 울도군수에게 구두로 알림으로써 칙령41호에 의한 한국의 행정적 관할조치를 뒤늦게 확인하게 된 것이다.

결론적으로 독도는 '시마네현 고시40호'로 일본이 무주지 선점으로 영토편입 조치를 취하기 이전에 이미 한국이 '칙령 41호'로 독도를 행정적으로 관할 통치하고 있었기 때문에 국제법에 의한 일본의 독도 영토조치는 성립되지 못했다. 그런데 현재 일본정부는 1905년 각의결정과 내무대신의 훈령으로 시행된 '시마네현 고시40호'가 합법적인 영토취득 조치이기 때문에 '다케시마(竹島)'가 일본영토라고 주장한다. 또한 위에서도 논증했듯이 칙령41호의 울도군 관할구역인 '울릉전도, 죽도, 석도' 중에서 '석도'가 독도라는 사실은 너무나 명백하다. 그럼에도 불구하고 일본은 비과학적인 다양한 방식으로 석도는 독도가 아니라고 사실을 날조하고 있다. 그 이유는 석도가 독도라고 인정하는 그 순간부터 독도가 한국영토라는 사실이 인정되기 때문이다.

日露戦争中、国際法を悪用した日本政府の隠密な独島の盗み取りの試み、結局は大韓帝国政府に発覚され失敗で終わる

近代国際法における領土取得方法は、征服(戦争)、時効(長期間占有)、先占(無主地)、添付(自然地形)、割譲(買い入れ)の5種類がある。

1905年、日本は独島が「、無主地」だったため、「先取り」で日本の新しい領土になったと主張する。

独島は、欝陵島とともに古代新羅の于山国時代以来、高麗、朝鮮、大韓帝国時代を経て、日本植民地時代を除くと韓国が管轄統治してきた固有領土である。

朝鮮朝廷が1403年から1881年まで、島と民を保護するために刷還政策で欝陵島を空けて管理した。その隙を狙って17世紀、日本の2つの家門の漁師が毎年交互に70年余り(1625年~1693年)間、欝陵島に入って漁をした。

釜山の漁師・安竜福一行が密かに欝陵島に入り、彼らに遭遇して韓日両国間の領有権紛争へと拡大した。

最終的に1696年日本幕府は、欝陵島と独島が日本領土ではないとする地方政府である鳥取藩の報告書を受け、日本人の欝陵島・独島渡海を禁止した。

近代時代に入って、1876年日本が江華島条約を強要して朝鮮の門戸を開放した時点、1877年に日本政府が日本全国の地籍の編纂事業を施行し、太政官指令で、欝陵島と独島が朝鮮領土であることを認めた。実際、大韓帝国は1900年「勅令41号」で「欝陵島を欝島と改称して江原道に付属させて、(第1条)」「区域は欝陵全島と竹島・石島を管轄する(第2条)」とし、欝島郡を設置して管轄統治をしていた。

ところが、1903年島根県の漁師中井養三郎という者が、独島が韓国領土であ

ることを知って朝鮮からアシカ漁の独占権を取得するため、日本政府に問い合わせた。ところが、1869年日本政府が外務省官僚に朝鮮を密探させ、「朝鮮国交際始末内探書」の報告を受けた。

　この時に外務省官僚は「欝陵島が朝鮮領土として公文書上の明確な記録がありますが、独島に関する記録がない」と事実とは誤った情報を報告した。それを口実に日本政府は、折しも日露戦争中の混乱した時期を利用して欝陵島と独島が朝鮮領土であることを知っていたにもかかわらず、外務省が主導して国際法の無主地の先取り理論を悪用して、密かに領土を編入する方式で独島の奪取を試みた。

　まず、日本政府は中井を利用して独島を、無主地と見なして「領土編入と貸出申請員」を提出するよう求めた。日本政府は閣議において無主地として領土編入を決定し、中央政府が告示することを避け、地方政府が告示することを決定した。その理由は中央政府が官報を通じて告示すれば東京駐在領事館を通じて列強が日本の朝鮮侵略を非難することを回避するためだった。

　それで日本政府は関連国家である朝鮮はもちろん、列強に知らせず、密かに島根県告示40号で地方政府に告示し、地方新聞に掲載して領土取得事実を対外的に公開しなければならない原則を破って国際法を取り揃えることで事実を捏造した。

　独島は事実上、既に領土として管理してきた韓国の固有領土だったため、韓国政府の承認なしには、日本の新しい領土になり得なかった。したがって、日本は1905年9月に日露戦争で勝利し、ロシアから韓国に対する「政治的、軍事的、経済的な優越権」を認められ、ロシアの黙認の下、同年11月17日には高宗皇帝と総理大臣の反対にもかかわらず、後に統監となった伊藤博文が乙巳5敵（学部大臣・李完用、軍部大臣・李根沢、内部大臣・李之用、外部大臣朴済順、農商工部大臣・権重顕）を強圧し、「過半数以上賛成」という奇怪な論を唱え

た。翌年の1906年2月、日本政府はソウルに日帝の韓国統治機構である統監府を設置した。

このような状況で、島根県は独島の領土編入による領土取得を既成事実化するため、1906年3月28日、行政管轄機関の責任者である隠岐島司を含めて島根県官吏が欝陵島を訪問して独島が日本の新しい領土になったと事後報告形式で沈興沢欝島郡守に口頭で伝達した。

欝島郡守沈興沢は「欝陵全島、竹島、石島(独島)」を行政担当区域で管轄してきたにもかかわらず、「石島」(独島)が日本に侵奪されたという事実を初めて知るようになった。

沈郡守は緊急にすぐ翌日の1906年3月29日「欝島郡守沈興沢報告書」「本郡所属の独島が外洋100余里の果てにあるが、本月初め4日辰(辰時、午前7時~9時)ぐらいで輪船1隻が郡内の道洞浦に停泊した。

日本(島根県)官吏一行が郡庁に来て自ら独島が日本領土となったと話した。」という事実を蔚珍県の観察使(現道知事)を経て、大韓帝国政府に報告した。

1906年4月29日、議政府参政大臣は「指令の第3号」で欝島(ウルド・郡守に「独島領地を云々する旧正月(日本の主張)は全然その根拠がないので、島の都合と日本人の動向を再び調査して報告せよ。」として領土管理を徹底的に行うことを命じた。

また、1906年7月13日「皇城新聞」の「欝島郡の配置顛末」によると、大韓帝国政府は「勅令41号」で独島が行政的に管轄の措置を取った韓国領土であることを統監府に抗議した。

これについて「統監府は内部(大韓帝国)に知らせ、江原道・三陟郡・官下所在の欝陵島に付属する島嶼と郡庁が初めて設置された年月を詳しく知らせるよう指示した。」大韓帝国政府は「これに回答して1898年5月20日、欝陵島監を設けていたが、1900年10月25日、政府会議を経て、郡守を配置し、郡庁は台霞洞に

置いてこの郡が管轄する島は竹島と石島で、東西が60里であり、南北が40里であり、合計200余り里とした。」つまり、統監府が勅令41号の存在を確認するため、公文書を持って答弁を要求して大韓帝国が独島を行政管轄区域に含ませて管理したという事実を統監府に確認させた。ここで勅令41号の管轄区域は「欝陵全島、竹島、石島」として、欝島郡の所在地がある「欝陵全島」は「東西が60里で、南北が40里、合計200余里」であり、欝島郡が管轄する島は「竹島と石島」ということだ。欝陵島本島の周辺に島に土があり木が育つところは「竹島と観音島」2つの島だけだ。

ここで欝陵全島は、複数の島(欝陵本島と観音島)という意味であり、観音島は、現在吊り橋で結ばれて欝陵島本島から歩いて行けるほど最も近い島であるため、欝陵本島とともに「周囲200里」に含まれる。

古文献記録に欝陵全島について「朝鮮地誌」(1895年)に「欝陵島は、欝珍にあるので、周囲が2百余里であり、東西が60余里、南北が40余里」、また「大東興地図(1861年)」と「大同部屋も」には「東西60余里、南北40余里、周囲200余里」とし、欝陵島地図には観音島を含めていて、竹島と石島(独島)は、欝陵全島(欝陵本島と観音島)とは別の島として取り扱って除外された。

ところが、勅令41号の「石島」が独島ではないという日本領土を主張する論者らは最高の権威を持っている金正浩の「大東興地図」に「欝陵島は、欝珍にあるので、周囲が2百余里、東西が60余里、南北が40余里」ということから独島がないとし、欝島郡には、独島が含まれていないと言い張っている。

このような日本の捏造された論理は、勅令41号に独島がないとして韓国の独島領有権を否定するためのものだ。このように、近代国際法における「無主地の先取り」理論で領土を取得するためには、関連国家に通告しなければならない義務がある。

ところで、日本政府がこのような通告義務を履行しなかったために、当時の大

韓帝国政府は、日本の独島侵奪の事実を認識できなかった。

　もし日本政府が通告義務を履行していたら、独島が勅令41号によって韓国が管轄統治していた事実を確認するようになったのだ。

　ところが、日本政府が朝鮮領土侵略という列強の非難を避けるため、事後措置としてその1年後に密かに欝島郡守に口頭で知らせた。しかし韓国は勅令41号で日本より5年も先に行政的な管轄措置をとっていたのだ。

　結論的に独島は「島根県告示第40号」で日本が「無主地の先取り」方式で領土編入措置を取ること以前にすでに韓国が「勅令41号」で独島を行政的に管轄統治していたために国際法による日本の独島領土の措置は成立しなかった。

　ところが、現在日本政府は1905年閣議決定と内務大臣の訓令で施行された「島根県告示第40号」が合法的な領土取得の措置であるため、「竹島」が日本領土だと主張する。

　また、上にも論証したように、勅令41号の欝島郡管轄区域の「欝陵全島、竹島、石島」の中で「石島」が独島である事実はあまりにも明白だ。

　それにもかかわらず、日本は非科学的な多様な方式で、石島は独島がないと事実を捏造している。その理由は、「石島」が独島であることを認める瞬間から、独島が韓国領土である事実を認めたことになるためだ。

| 독도에 사람이 살게 된 이유

섬의 주인은 어느 나라 사람이 과거에 살았고 현재 살고 있느냐에 따라 결정된다. 독도는 한국 사람이 사는 울릉도에서 87km 떨어져 있어 육안으로 보이는 무인암초로, 경제활동을 할 수 없기에 사람이 살 수 없는 섬이었다. 그런데 오늘날처럼 한국 사람이 살기 시작한 것은 1945년 해방 이후이다. 그 경위는 이러하다.

첫째, 패전 후 일본을 점령 통치한 연합국 최고사령부는 한국을 일본에서 분리 독립시키기 위해 영토적 권원을 조사하여 1946년 1월 SCAPIN(연합군 최고사령관 훈령) 677호로 한반도의 '제주도, 울릉도, 독도'까지를 한국영토로 인정하였고, 6월 SCAPIN 1033호로 맥아더 라인을 설정하여 독도기점 12해리까지 일본어선의 접근을 금지했다. 그래서 독도에 한국어민들이 상륙하기 시작했고, 한국산악회가 1947년 8월 과도정부의 독도조사단과 함께 울릉도와 독도에 대한 종합학술조사를 실시했다. 1948년 6월 주일 미공군이 독도를 폭격연습장으로 사용하여 오폭 사고로 한국어민 30명이 희생되었고, 이에 대해 미국이 한국에 사과하고 배상했다. 훗날 1951년 6월 독도에 이때 희생된 조난어민의 위령비가 건립되었다. 1948년 8월 수립된 대한민국 정부는 독도를 '경상북도 울릉군 남면도동 1번지'로 행정조치를 취했다. 이를 계기로 패전한 일본은 은밀히 1905년 러일전쟁 중에 불법으로 독도를 도취하기 위해 편입 조치한 '시마네고시 40호'를 근거로 독도 탈취를 음모했다.

둘째, 대일평화조약을 체결하는 과정에 일본은 미국에 접근하여 독도 영유권을 주장했다. 결국 1951년 대일평화조약에서 조약체결의 중심적 국가였던 영미 양국은 분쟁지역으로서의 유인도는 신탁 통치하고, 무인도는 법적 지위를 다루지 않는다는 방침을 정했다. 즉 일본영토는 한반도의 '제주도, 울릉도, 거문도'를 제외한 지역이라고 하여 연합국최고사령부의 결정으로 한국이 실효적으로 관할 통치하고 있던 독도의 명칭을 누락시켰다. 일본정부는 이를 제멋대로 해석하여 대일평화조약에서 독도가 일본영토로 조치되었다고 거짓으로 일본국민을 속였다. 1952년 1월 18일 이승만 대통령은 이러한 일본의 독도 침탈을 우려하여 한일 양국의 평화를 위한 '인접해양에 대한 주권에 관한 선언'(평화선)을 공표했다. 이에 1월 28일 일본정부는 즉각적으로 한국의 독도 영유권을 부정하는 외교문건을 보내어 항의함으로써 독도문제가 대두되기 시작했다. 한일 양국은 각각 독도가 자국의 영토라는 근거자료를 가지고 일본 측이 총 4회, 한국 측이 총 3회 외교문건을 교환했다. 일본정부는 독도가 일본영토라는 엉터리 증거자료를 가지고 한국정부에 항의했고, 한국정부는 일본의 주장이 엉터리임을 증명하면서 한국영토라는 명확한 증거자료들을 제시했다. 그러나 일본은 독도 영유권 주장을 포기하지 않았다.

셋째, 일본정부는 이승만 대통령이 선언한 평화선을 무력화하기 위해 주일미군을 설득하여 1952년 7월 독도를 미공군 폭격훈련장으로 지정하도록 했고, 9월 2차 폭격훈련을 감행하여 한국의 실효적 독도 통치를 방해하려 했다. 제2차 울릉도 독도 학술조사단이 독도가 미공군의 폭격훈련장으로 지정된 사실을 알고 한국정부가 미국정부에 항의하여 독도를 한국영토로 인정받았고, 1953년 2월 미국은 공군 폭격훈련장 지정을 철회했다. 1953년 한국정부는 독도에 한국영토의 표지판을 세웠고, 울릉도 청년들이 1953년 4월부터 간헐적으로 독도 경비를 실시했다. 그해 7월 한국국회는 독도에 경비대 상주를 결의하였고, 1954년 4월 33명의 의용수비대가 결성되어 독도에 상주하면서 여러 차례에 걸친 일본의 독도탈취를 위한 상륙을 막아냈다.

넷째, 1953년 7월 27일 한국전쟁이 휴전되었다. 일본은 이처럼 한국의 국난기에 독도침탈을 위한 도발은 계속했다. 1953년에 시마네현 소속어선과 일본 해상보안청 소속 순시선이 6회 독도에 상륙했고, 1954년에는 일본 해상보안청 순시선이 7회 독도에 상륙하거나 접근했다. 5월 28일 제1차 때는 시마네현 어업시험장의 시마네호가 독도에 상륙하여 30명의 한국어민과 조우했다. 6월 25일 제2차 때는 미국 성조기를 달고 일본 수산시험청 선박의 승무원 9명이 독도에 상륙하여 한국인 6명과 조우했고, 6월 27일 제3차 때는 미국 성조기를 달고 일본선박의 일본인 8명이 독도에 상륙했다. 6월 28일 제4차 때는 오키호와 구주류호 두 척의 순시선으로 30여 명의 일본 관리와 경찰관이 독도에 상륙하여 '시마네현 죽도(竹島)'라는 2개의 경계표와 '일본정부의 허가없이 출입 금지'라는 2개의 게시판을 설치하고 체류 중인 한국인 어부 6명에게 권총으로 퇴거하라고 위협했다. 7월 12일 제5차 때는 일본선박의 관리 30명이 독도에 상륙했고, 9월 17일 제6차 때는 일본 수산시험청 선박의 어업시험관등의 일본 관리들이 독도에 상륙했다. 1954년 5월 23일 제7차 때와 6월 16일 제8차 때는 츠루가호, 7월 28일 제9차 때는 나가라호와 쿠주류호가 독도에 상륙했다. 8월 23일 제10차 때는 오키호가 독도에 접근하다가 의용수비대로부터 600발의 경고사격을 받았다. 8월 24일 제11차 때는 오키호가 독도 주위를 선회했고, 10월 2일 제12차 때는 오키호와 나가라호가 독도에 접근하다가 의용수비대원 7명의 사격태세를 확인한 후 철수했다. 11월 21일 제13차 때는 오키호와 헤쿠라호가 의용수비대로부터 5발의 포탄 경고사격을 받고 퇴각했다. 이처럼 한국전쟁과 그 직후의 국난기에는 일본정부의 독도 탈취를 위한 도발로부터 의용수비대가 독도를 수호했다.

| 独島に人が住むようになった理由

島の主は、どの国の人が過去から現在まで住んでいるのかによって決められる。独島は韓国人が住んでいる欝陵島から87km離れており、肉眼で見える無人岩礁でできた島なので、経済活動ができないので人の住めない島だった。

ところが今日のように韓国人が住み始めたのは1945年の日本の植民地からの解放以降である。そのいきさつは次のようだ。

第一に、敗戦後、日本を占領統治した連合国軍最高司令部は韓国を日本から分離独立させるために領土的権原を調査して1946年1月SCAPIN(連合軍最高司令官訓令)677号で韓半島の「済州島、欝陵島、独島」までを韓国領土と認め、6月SCAPIN1033号でマッカーサーラインを設定し、独島の起点12海里まで日本漁船の接近を禁止した。

それで独島に韓国の漁民たちが上陸し始め、1947年8月、韓国山岳会が暫定政府の独島調査団とともに欝陵島と独島に対する総合学術調査を実施した。

1948年6月、駐日米空軍が独島を爆撃練習場に使用して誤爆事故で韓国漁民30人が犠牲となり、これについて、米国が韓国に謝罪して賠償した。

後日、1951年6月、独島にこの時犠牲された遭難漁民の慰霊碑が建立された。

1948年8月に樹立された大韓民国政府は、独島を「慶尚北道欝陵郡南面、道東1番地」として行政措置を取った。

これを機に敗戦した日本は、密かに1905年日露戦争中に不法で独島を盗み取るため、編入措置を取った「島根告示40号」を根拠に独島の奪取を陰謀した。

第二に、対日平和条約を締結する過程で日本は米国にアプローチして独島の領有権を主張した。

結局、1951年の対日平和条約で条約締結の中心的国家だった「英米両国

は、紛争地域としての有人島は信託統治し、無人島は法的地位を扱わない」という方針を決めた。

つまり、日本領土は韓半島の「済州島、欝陵島、巨文島」を除いた地域とし、連合国軍最高司令部の決定で、韓国が実効的に管轄統治していた独島の名称を外した。

日本政府は、これを自分勝手に解釈して対日平和条約で、独島が日本領土として措置されたと偽りで日本国民を欺いた。

1952年1月18日、李承晩大統領は、こうした日本の独島侵奪を懸念し、韓日両国の平和のための「隣接海洋に対する主権に関する宣言」(李承晩ライン)を公表した。

これに1月28日、日本政府はすぐさま韓国の独島領有権を否定する外交文書を送って抗議することにより、独島問題が台頭し始めた。

韓日両国は、それぞれ独島が自国の領土という根拠資料を持って日本側が総4回、韓国側が総3回外交文書を交換した。

日本政府は、独島が日本領土というでたらめな証拠資料を持って韓国政府に抗議し、韓国政府は日本の主張がでたらめであることを証明しながら韓国領土である明確な証拠資料を提示した。しかし、日本は独島の領有権主張を放棄しなかった。

第三に、日本政府は、李承晩大統領が宣言した李承晩ラインを無力化するため、在日米軍を説得して1952年7月に独島を米空軍爆撃訓練場に指定するようにしており、9月2次爆撃訓練を強行して韓国の実効的な独島統治を妨害しようとした。

第2回目の欝陵島・独島学術調査団は、独島が米空軍の爆撃訓練場に指定された事実を知って韓国政府が米国政府に抗議し、独島が韓国の領土でことを認められており、1953年2月、米国は空軍爆撃訓練場の指定を撤回した。

1953年に韓国政府は、独島に韓国領土の表示板を立て、欝陵島の青年たちが1953年4月から間欠的に独島警備を実施した。

同年7月韓国国会は、独島に警備隊の常駐を決議し、1954年4月33人の義勇守備隊が結成され、独島に常駐し、数回にわたる日本の独島の奪取を向けた上陸を封じ込めた。

第四に、1953年7月27日に朝鮮戦争が休戦となった。日本は、このように韓国の国難期に独島侵奪のための挑発は続けた。

1953年に島根県所属の漁船と日本海上保安庁所属の巡視船が6回、独島に上陸し、1954年には日本の海上保安庁の巡視船が7回、独島に上陸したり、接近した。

5月28日、第1回目のときは、島根県漁業試験場の島根号が独島に上陸し、30人の韓国の漁民と遭遇した。

6月25日、第2回目のときは、米国の星条旗をつけて日本水産試験船の乗組員9人が、独島に上陸し、韓国人6人と遭遇し、6月27日、第3回目の時は、米国の星条旗をつけて日本の船舶の日本人8人が独島に上陸した。

6月28日、第4回目の時は、「隠岐号」と「へくら号」の二隻の巡視船であり、30人余りの日本官吏と警察官が独島に上陸し、「島根県竹島」という2つの界標と「日本政府の許可なしに出入り禁止」という2つの掲示板を設置して滞在中の韓国人漁師6人に拳銃に退去せよと警告した。

7月12日、第5回目の時は、日本の船舶の官吏30人が独島に上陸し、9月17日、第6回目の時は、日本水産試験船の漁業試験官などの日本の官吏たちが独島に上陸した。

1954年5月23日第7回目と、6月16日第8回目の時は、鶴加号、7月28日、第9回目は「ながら号」と「くじゅりゅ号」が独島に上陸した。

8月23日、第10回目の時は、隠岐号が独島に接近し、義勇守備隊から600

発の警告射撃を受けた。

8月24日、第11回目の時は、隠岐号が、独島周辺を旋回し、10月2日、第12回目の時は、「隠岐号」と「へくら号」が独島に接近し、義勇守備隊員7人の射撃態勢を確認した後撤退した。

11月21日の第13回目では、「隠岐号」と「へくら号」が義勇守備隊から5発の砲弾警告射撃を受けて退却した。

このように朝鮮戦争とその直後の国難期には、日本政府の独島の奪取を向けた挑発から義勇守備隊が独島守護した。

▎독도문제 야기한 주일 미대사관 집정대사 '친일파' 윌리엄 시볼드

윌리엄 시볼드(William Joseph Sebald, 1901년 11월 5일~1980년 8월 10일)는 생애에 미국의 군인, 법조인, 외교관, 정치가, 대학교수로 살았다. 그는 법조인 경력을 바탕으로 외교관, 정치가 신분으로 독도영유권을 왜곡한 장본인이다.

윌리엄 시볼드는 대일평화조약 미국 6차 초안 작성과정에 1949년 11월 14일 버디워스(Walton Butterworth) 미 국무부 극동담당 차관보에게 '리앙쿠르암(다케시마)에 대한 일본의 주장은 오래되고 타당성이 있는 것으로 사료된다. 이 섬에 기상관측소와 레이다기지를 설치하는 안보적 고려가 바람직할 것'이라고 보고했다 1949년 11월 19일 국무장관에게 "한국과 관련해 이전에 일본이 소유했던 섬들의 처리에 대해 리앙쿠르섬은 초안 제3조에 일본령으로 넣을 것"을 건의한다. "이 섬에 대한 일본의 주장은 오래됐고, 타당한 것으로 보이며, 이 섬을 한국 근해의 섬으로 간주하기는 어렵다"고 보고했다. 그 결과, 독도의 역사적 권원과 무관하게 안보적 필요성에 따라 1949년 12월 29일 미 국무부는 제6차 초안에서 기존 1-5차초안에서 독도가 한국영토였던 것을, 정치적으로 '독도(다케시마·리앙쿠르섬)'를 일본영토로 변경했다.

당시 독도 영유권의 본질은 한국의 고유영토였다. 에도막부시대 독도는 17세기 안용복 사건으로 한일 간에 울릉도와 독도를 둘러싼 영유권 분쟁이 발생했다. 당시 일본의 중앙정부에 해당하는 막부는 울릉도와 독도에 지리적으로 근접한 돗토리번에 두 섬의 소속을 확인한 후 울릉도와 독도를 한국영토로 인정했다.

그리고 근대에 들어와서 지적편찬을 위해 소속을 확인하는 과정에 시마네현이 독도의 소속에 대해 중앙정부에 문의했다. 이때 중앙정부는 막부시대의 돗토리번 답변서를 근거로 울릉도와 독도가 일본영토가 아님을 명확히 했다. 그런데 1904년 나카이 요사부로(中井養三郎)라는 시마네현 어부가 한국정부로부터 독도에서의 강치잡이 독점권을 확보하기 위해 일본정부에 문의하였다. 이때 일본정부는 1905년 1월 28일 러일전쟁 중에 각의결정을 거쳐 '시마네현 고시40호'로 편입 조치하였다.

이때에 일본정부는 각료회의에서 "북위37도 9분 30초에 있는 무인도(無人島)는 타국에서 이를 점령했다고 할 수 있는 형적이 없고... 1903년부터 나카이 요사부로라는 자가 이 섬에 이주해서 종사하고 있다는 것은 관련서류에 의해 명확하다. 그렇다면 국제법상(国際法上) 점령(占領)사실이 있는 곳으로 인정되어 이것을 본방(일본)의 소속으로 편입한다"라고 결정하였다. 이 섬은 무주지(無主地)도 아니고 일본어부가 살 수 있는 섬도 아니었고 점령한 사실도 없다. 그런데 일본이 한국의 고유영토에 대해 일방적으로 편입조치를 취한 것은 영토침략 행위이다.

전후 일본은 독도에 대해 1905년 도취행위를 정당화하기 위해 국제법의 무주지 선점이론으로 새롭게 취득한 영토라고 하여 1910년 한일늑약으로 불법 취득한 반환해야할 영토와는 무관하다고 주장했다.

윌리엄 시볼드는 도쿄대학교에서 법학석사와 법학박사 학위를 취득하였기 때문에 독도 영유권에 대한 인식은 일본정부와 동일하였다. 게다가 윌리엄 시볼드의 친일적인 경력은 막장드라마와 같다.

그는 1901년 미국메릴랜드주 볼티모어에서 출생하여 1922년 미국 해군사관학교(문학사)를 졸업한 후, 1923년 미국 미주리 종합군사학원을 졸업했다. 그 후 1925년 일본 주재 미국 대사관에 무관으로 배속되면서 일본과의 관계를 시작했다. 1925년~1928년 일본 가루이자와역에서 미해군 일본어코스 교습과정을 마쳤고, 1927년 변호사직 영국인 아버지와 화가인 일본인 어머니 사이에서 태어난 일본인 2세 여성과 결혼했다.

그는 귀국하여 1929년 미국 볼티모어 폴리테크닉대학교 기계공학학사를 취득했으나, 변호사였던 아버지의 영향으로 1933년 미국 메릴랜드 주립대학교법학과에서다시 법학학사를 취득하여 1933년~1941년 일본고베에서 변호사생활을 했다. 1942년 일본 주재 미국 대사관에 다시 무관으로 임명되었고, 1945년 일본 도쿄대학교대학원에서 법학석사를 취득하면서 친일적인 역사인식을 갖게 되었다. 1945년 일본주재미국대사관 대사로 임명되었고, 1945년 연합군최고사령부(SCAP=GHQ) 임시 일본 주재 미국 정치고문실(POLAD-Japan) 참모 겸 연합군 외교보조단 특별보좌역을 맡았다. 1946년~1952년 일본주재미국대사관 집정대사(최고권력자)로 근무했다. 1947년에는 일본 도쿄 주재 연합군 외교보조단 외교관과 정치고문단 참사관, 대일이사회 위원 겸 의장이 되었다. 1948년 주일미대사관 대사 겸 공사, 1949년 주일 미대사관의 정치고문 대리가 되었다. 그 사이에 박사학위논문을 집필하여 1949년일본 도쿄대학교대학원에서 법학박사를 취득했다.

윌리엄 시볼드는 박사학위 취득을 전후하여 미 대사관의 정치고문 대리로서 미국무성에 대해 제6차 초안에 독도가 일본영토로 변경되도록 요구했다. 그리고 1950년 5월 주일미대사관 1급 외교관, 1950년 10월 대사급 도쿄주재연합군최고사령부미 정치고문이 되었다.

그는 1925년부터 1928년까지 주일미대사관 무관으로 4년간 근무했고, 그 사이에 일본인 2세 여성과 결혼을 하였고, 9년간 변호사생활을 했고, 그리고 주일미대사관에서 무관, 대사, 집정대사 등 11년을 포함하여 총 24년 동안 일본에서 근무했다. 도쿄대학에서 석사, 박사학위를 취득했고, 연합국군 최고사령부에서 미국 정치고문실(POLAD-Japan) 참모 겸 연합군 외교보조단 특별보좌역, 외교보조단 외교관, 정치고문단 참사관, 대일이사회 위원 겸 의장, 미 정치고문으로 근무했다. 특히 제6차 초안을 작성하던 1949년은 일본주재미국대사관 집정대사로 근무했기 때문에 미국무성에 대해 절대적인 영향력을 미칠 수 있었다.

그리고 1946년~1952년 더글러스 맥아더(Douglas MacArthur ; 1945~1946)의 후임으로 주일 미대사관 집정대사로서 6년간 일본의 실권자로서 점령통치(일본의 섭정)를 집행했다. 그는 "태평양 전쟁의 책임은 일본의 정치 경제 사상의 구조적 문제가 아니라, 극소수 '군국주의자'들에 의해 행해진 것"이라고 할 정도로, 반공주의자로서 일본의 공산주의화를 막기 위해 철저히 일본의 입장을 대변했다.

독島問題を引き起こした駐日米大使館の執政大使の「親日派」ウィリアム・シボルド

ウィリアム・シーボルド(William Joseph Sebald、1901年11月5日~1980年8月10日)は生涯、アメリカの軍人、法曹人、外交官、政治家、大学教授として生きた。

彼は、法曹人経歴を土台に、外交官、政治家の身分で独島領有権を歪曲した張本人だ。ウィリアム・シーボルドは対日平和条約の米国6次草案の作成過程で1949年11月14日、バターワース米国務次官補(極東担当)に対し「リアンクル岩に対する日本の主張は古く妥当性があると考えられる。この島に気象観測所とレーダー基地を設置する安保的考慮が望ましい」と報告した。

1949年11月19日国務長官に「韓国に関連して以前に日本が所有していた島々の処理について、リアンクル島は草案第3条に日本領として入れること」を建議する。

「この島に対する日本の主張は古く、妥当なものとみられ、この島を韓国近海の島と見なすことは難しい」と報告した。

その結果、独島の歴史的権原とは関係なく、安保的必要性によって1949年12月29日、米国務省は第6次草案で従来の1-5次草案で、独島が韓国領土だったことを、政治的な判断で「独島(竹島、リアンクル島)」を日本領土に変更した。当時、独島領有権の本質は韓国の固有領土だった。

江戸幕府時代、独島は17世紀、安竜福事件で韓日間に欝陵島と独島をめぐる領有権紛争が発生した。

当時、日本の中央政府に該当する幕府は欝陵島と独島に地理的に近接した鳥取藩に二つの島の所属を確認した後、欝陵島と独島を韓国領土に認めていた。そして近代に入って地籍の編纂を向けて所属を確認する過程で島根県が独

島の所属について、中央政府に問い合わせた。

この時、中央政府は幕府時代の鳥取藩の答弁書を根拠に、欝陵島と独島が日本領土ではないことを明確にした。

ところが、1904年中井養三郎という島根県の漁師が韓国政府から独島でのアシカ漁の独占権を確保するため、日本政府に問い合わせた。

その際、日本政府は1905年1月28日日露戦争中に閣議決定を経て「島根県告示40号」で編入措置した。このとき日本政府は閣議で「北緯37度9分30秒にある無人島は他国でこれを占領したとは言えない…。1903年から中井与三郎という者がこの島に移り住んでいることは関連書類によって明らかである。そうすることで国際法上占領事実を有する場所として認められ、これを本邦に編入する」と決定した。

この島は無主地でもなく、日本人が住んだこともなったし、占領した事実もない。

ところが、日本が韓国の固有領土を一方的に編入措置を取ったことは領土侵略行為である。戦後日本は、独島に対して1905年盗み取った行為を正当化するために、国際法の「無主地先取り」方式で新たに取得したものだ。それゆえ、「竹島」は、1910年の韓日併合条約で不法に取得したものではないと主張した。ウィリアム・シボルドは、独島を日本領土に変更した米国の第6次草案を作成した同じ時期に、東京大学で法学博士号を取得したため、独島領有権に対する認識は、日本政府と同一であった。それ以前に法学修士も東京大学で取得した。

そのうえ、ウィリアム・シーボルドの親日的な経歴は独島領有権を決定するに当って非倫理的な政治的判断で日本を支持した。彼は1901年アメリカメリーランド州ボルチモアで生まれ、1922年アメリカ海軍士官学校(文学史)を卒業、1923年アメリカミズーリ総合軍事学院を卒業した。

その後、1925年に日本駐在米国大使館に武官として配属され、日本との関

係を始めた。

1925年-1928年、日本軽井沢駅で米海軍日本語コースの教習課程を終え、1927年、弁護士の英国人の父親と画家の日本人の母親との間に生まれた日本人2世の女性と結婚した。彼は帰国し、1929年に米国ボルチモア・ポリテクニック大学機械工学の学士号を取得したが、弁護士だった父の影響により1933年に米国メリーランド州立大学法学科で法学の学士号を取得、1933年-1941年に神戸で弁護士生活を送った。

1942年、日本駐在アメリカ大使館に再び武官として任命され、1945年、東京大学大学院で法学修士を取得し親日的な歴史認識を持つようになった。

1945年日本駐在米国大使館大使に任命され、1945年連合軍最高司令部(SCAP=GHQ)の臨時日本駐在米国政治顧問室(POLAD-Japan)で参謀兼連合軍外交補助団の特別補佐役を務めた。

1946年-1952年、在日本米国大使館の執政大使(最高権力者)を務めた。

1947年には、在東京連合軍外交補助団の外交官と政治顧問団の参事官、対日理事会の委員兼議長となった。

1948年駐日米大使館の大使兼公使、1949年駐日米大使館の政治顧問代理となった。

その間に博士学位論文を執筆し、1949年に日本の東京大学大学院で法学博士を取得した。ウィリアム・シボルドゥは、博士号取得を前後して、米大使館の政治顧問代理として米国務省に対して第6次草案で独島が日本領土に変更されるように要求した。

そして1950年5月、在日米大使館の1級外交官、1950年10月、大使級東京駐在連合軍の最高司令部の米政治顧問となった。彼は1925年から1928年まで在日米大使館で武官として4年間勤め、その間に日本人2世の女性と結婚、9年間弁護士生活をし、そして在日米大使館で武官、大使、執政大使など11年間

を含む計24年間日本で勤務した。

　東京大学で修士、博士号を取得し、連合国軍最高司令部で米国政治顧問室(POLAD-Japan)参謀兼連合軍の外交補助団の特別補佐役、外交補助団の外交官、政治顧問団の参事官、対日理事会の委員兼議長、米政治顧問として勤めた。

　特に第6次草案を作成した1949年は、在日本米国大使館執政大使を務めたため、米国務省に対して絶対的な影響力を及ぼすことができた。1946年-1952年 ダグラス・マッカーサー(1945-46)の後任として駐日米大使館の執政大使として6年間日本の実権者として占領統治(日本の摂政)を執行した。

　彼は「太平洋戦争の責任は、日本の政治・経済思想の構造的問題ではなく、ごく少数の軍国主義者たちによって行われたものだというほど、反共産主義者として日本の共産主義化を防ぐため徹底的に日本の立場を代弁したものであった。

┃ 전후 일본의 '정령(政令) 성령(省令) 고시(告示)'에 의하면 일본에는 독도의 영유권도 행정권도 없었다

현재 독도 영유권에 대한 일본의 인식은 이렇다. 즉 1905년 무주지였던 섬(독도)을 국제법으로 새롭게 편입하여 일본영토가 되었고, 전후 처리로 1951년 대일평화조약에서 일본영토에 제외되는 지역으로 '제주도, 거문도, 울릉도'가 규정되었지만 '독도'는 포함되지 않았기 때문에 일본영토로서 지위가 결정되었다.

1910년 일본이 한국을 병합하여 36년간 통치했지만, 제2차 세계대진의 패전으로 포츠담선언에 의해 불법으로 간주되어 한국이 독립되었다.

하지만 독도는 1905년 편입된 일본의 신 영토이기 때문에 1910년 한국 병합과는 무관하다. 그런데 1952년 1월 한국의 이승만 대통령이 불법적으로 평화선을 선언하여 일본영토인 '다케시마'(독도)를 점령하였고. 국제법에 반하여 일본어선에 대해 총격을 가하여 독도를 무력으로 점령하고 있다는 것이다.

그러나 이런 일본의 주장은 사실이 아니다. 1905년 이전의 독도는 한국이 관할 통치했던 한국의 고유영토로서 무주지가 아니었고, 사실상 독도는 1910년 한국병합과 더불어 일본의 통치를 받게 된 것이고, 대일평화조약에서는 일본이 한국의 고유영토인 독도에 대해 영유권을 주장함으로써 마치 분쟁지역으로 비추어졌고, 영미중심의 연합국은 "분쟁지역 중에 무인도는 지위 결정을 유보하고, 유인도는 신탁 통치한다."라는 방침을 결정하여 독도의 소속을 결정하지 않았다.

결국 SCAPIN 677호에 의해 이미 한국이 독도를 관할 통치권하고 있었기 때문에 한국의 실효적 지배가 계속되었다. 연합국 최고사령부(GHQ)는 1945년 9월 2일 일본의 항복문서에 조인한 후, 1946년 1월 29일 SCAPIN

677호 각서로 '일본국은 일본열도를 구성하는 4개의 주요 섬(혼슈, 규슈, 시코쿠, 홋카이도)과 쓰시마, (쿠치노시마를 제외한) 북위 30도 이북에 있는 류큐제도 등을 포함한 1000여개의 부속 도서만을 보유한다.

울릉도·리앙쿠르암(Liancourt Rocks ; 독도, 다케시마)·제주도 등등을 제외〉라고 하여 독도를 한국영토로 인정하였다. 그런데, 1951년 대일평화조약에서 독도의 소속이 별도로 변경되지 않았기 때문에 독도는 SCAPIN 677호에 따라 한국이 계속적으로 관할통치하게 되었다.

최근에 이를 뒷받침하는 일본정부의 법령들이 속속히 발굴되었다. 최봉태 변호사의 소송으로 2008년 한일회담관련 일본측 문건이 공개되면서 총리부령 24호, 대장성령 4호에서 확인되었고, 2009년 미국 주재 법률사무소 최재원 선임연구원이 일본법령 테이터베이스인 '웨스트로 저팬'(www.westlawjapan.com)에서 1960년 시행된 '대장성령 제43호'와 1968년 시행된 '대장성령 제37호'에서도 확인되었다.

2015년 김신 동해학술원장에 따르면, 연합국의 일본 통치 시기(1945~1952)와 샌프란시스코 강화조약(1951)을 전후해 28개의 법령이 '총리부, 법무부, 외무성, 대장성, 문부성, 후생성, 농림성, 통상산업성, 우정성 등이 정령(政令), 성령(省令), 고시(告示)' 형식으로 일본 구법(旧法) 또는 현행 법령에서 독도가 일본 땅이 아니라고 명시했다. 그 중의 5개는 독도를 '외국'으로 적시했고, 23개 법령은 독도를 일본의 부속 섬에서 '제외'한다고 명시했다. 이 중 25개는 개정 또는 폐지됐으나, 『현행일본법규』(법무성, 2015)에 ① 사법성령 제77호(1946년 8월27일 제정). ② 대장성령 제4호(1951년 2월 13일 제정, 1968년 대장성령 37호로 개정) ③ 총리부령 제24호(1951년 6월 6일 공포, 1960년 7월8일 대장성령 43호로 개정) 등 3개의 법령이 실려있다.

이들 법령들은 효력을 갖고 있는 현행 법령으로서 SCAPIN 677호와 동일하게 일본의 부속 섬에서 독도를 제외시켰다. 첫째, 사법성령 제77호는 1946년 8월 27일 제정된 현행 일본 법규로서, 독도가 일본의 부속도서에서 제외되어있다. 둘째, 일본의 '대장성령 4호'는 1951년 2월 13일 공포된 것으로, 공제조합 등에서 연금을 받는 자를 위한 특별조치법(4조3항)이다. 여기서 '울릉도, 독도 및 제주도'를 일본의 부속 도서에서 제외하여 연금을 받을 수 없는 지역으로 분류하였다. 즉 다시 말하면 한국영토임에 명백한 '울릉도와 제주도'와 같이 분류하였다는 것은 '독도'가 한국영토라는 것을 의미한다. '대장성령 4호'는 1968년 6월 26일 최종적으로 개정되어 대장성령 제37호가 되었다.

1968년에 개정되어 그 이후에도 연금 지급 대상지역에서 한국영토인 '울릉도, 다케시마(독도), 제주도'를 제외하였다는 것은 '울릉도와 제주도'와 더불어 '다케시마(독도)'를 한국영토로서 구 일본 식민지지역으로 간주하였던 것이다. 이것은 오늘날 독도가 일본영토가 아니라는 것을 의미한다. 셋째, 일본의 '총리부령 24호'는 1951년 6월 6일 시행된 것으로, 구 조선총독부 교통국 공제조합이 본방(일본) 내에 있는 재산정리에 관한 정령의 시행에 관한 것이다.

제2조에 정령(政令) 291호(2조 1항 2호) 규정에 '과거 식민지였던 섬'과 '현재 일본의 섬'을 구분하여 본방(일본)에 대해 '혼슈(本州), 홋카이도(北海道), 시코쿠(四国), 규슈(九州)와 주무성령(主務省令)이 정한 부속 도서'라고 하여 '울릉도, 독도 및 제주도'를 일본영토에서 제외했다.

'정령 291호'의 본방의 개념은 1949년일본 내각이제정한 것으로 '구 일본 점령지역에 본점을 둔 회사가 소유한 일본 안에 있는 재산 정리에 관한 정령'이다. 일본의 '총리부령 24호'는 1960년 개정되어 대장성령 43호 법령이 되었다.

일본의 법령 중에 독도가 외국령이나 일본의 부속도서에서 제외되었다가 소멸된 법령이 25개나 있었다. 그 중에도 대장성고시 654호는 1946년 8월 15일, 대장성이 전후 일본 기업의 채무 해결을 위해 '회사경리응급조치법' 시행령을 제정하여 일본이 점령했던 영토 중 독도를 외국으로 분류하였다.

대장성령 99호는·1952년 8월 5일에 시행되었는데 독도를 일본의 부속섬에서 제외시켰다. 이 법령은 대일평화조약 직후에 제정된 것이기 때문에 독도가 대일평화조약에서 일본영토로 결정되지 않았다고 하는 증거가 된다. 이처럼 일본은 대일평화조약을 체결하는 과정(초안)에 미국에 로비하여 한국의 고유영토인 독도를 일본영토로 변경하려고 시도했지만, 최종적으로 일본영토로 변경하지 못했다. 그래서 일본정부는 대일평화조약 체결 이후에도 여러 법령에서 독도를 한국영토로 간주했다.

이처럼 전후 일본정부가 한국정부에 대해 외교적으로 독도의 영유권을 주장한 것은 정치적 구호에 불과했던 것이고, 실질적으로는 일본정부의 법령에서 독도를 일본영토로 취급하지 않고 한국영토로 취급했다.

그런데 일본이 대일평화조약에서 독도가 일본영토로 결정되었다고 주장하는 것은 독도의 영유권을 날조하는 행위이다.

戦後日本の「政令、省令、告示」によると日本には独島の領有権も行政権もなかった

現在、独島領有権に対する日本の認識はつぎのようである。1905年、無主地だった島(独島)を国際法で新たに編入し、日本領土となり、戦後処理は、1951年対日平和条約で、日本領土に除外される地域に「済州島、巨文島、欝陵島」が規定されたが、「独島」は含まれなかったために日本領土としての地位が決定された。1910年、日本が韓国を併合し36年間統治したが、第2次世界大戦の敗戦でポツダム宣言により不法とみなされ、韓国が独立した。しかし、独島は1905年に編入された日本の新領土なので、1910年の韓国併合とは無縁である。

ところが1952年1月、韓国の李承晩大統領が不法に李承晩ラインを宣言して日本領土である「竹島」(独島)を占領し、国際法に反して日本漁船に対して銃撃を加えて独島を武力で占領しているということだ。しかし、このような日本の主張は事実ではない。

1905年以前の独島は韓国が管轄統治した韓国の固有の領土で、無主地ではなかった。事実上、独島は、1910年の韓国併合とともに、日本の統治を受けることになったのであり、対日平和条約では日本が韓国固有の領土である独島について領有権を主張することで、まるで紛争地域に見なされ、英米中心の連合国は「紛争地域のうちで無人島は地位の決定を留保して、有人島は信託統治する」という方針を決めて独島の所属は決定されなかった。結局、韓国がSCAPIN677号によってすでに独島を管轄統治権を有していたために韓国の実効的支配が継続された。

連合国最高司令部(GHQ)は、1945年9月2日日本の降伏文書に調印した後、1946年1月29日SCAPIN677号覚書で「日本国は、日本列島を構成する4つ

の主要島(本州、九州、四国、北海道)と対馬、(口之島を除く)北緯30度以北にある琉球諸島等を含む約1000の付属図書のみを有する。欝陵島、・リアンクール岩礁(Liancourt Rocks;独島、竹島)・済州島などを除く」とし、独島を韓国領土と認めていた。ところで、1951年対日平和条約で、独島の所属について別途に変更する決定をしなかったため、独島はSCAPIN677号によって、韓国が継続的に管轄統治することになった。最近、これを裏付ける日本政府の法令が続々と発掘されている。

崔鳳泰弁護士の訴訟により、2008年韓日会談関連の日本側文書が公開され、総理府令24号、大蔵省令4号で確認される。また、2009年米国駐在法律事務所の崔再源先任研究員が、日本法令のデータベースである「ウェストロジャパン」(www.westlawjapan.com)で1960年施行の「大蔵省令第43号」と1968年施行の「大蔵省令第37号」でも確認された。2015年、金信東海学術院長によると、連合国の日本統治時期(1945~1952)とサンフランシスコ講和条約(1951)を前後して28つの法令、すなわち、「総理府、法務部、外務省、大蔵省、文部省、厚生省、農林省、通商産業省、郵政省などが「政令、省令、告示(告示)」の形で、日本旧法または、現行法令で独島が日本土地ではないと明示した。

そのうちの5つの法令は、独島を「外国」と示し、23の法令は、独島を日本の付属島に「除外」すると明示した。このうち、25は改正または廃止されたが、『現行の日本法規』(法務省、2015)における①司法省令第77号(1946年8月27日制定)②大蔵省令第4号(1951年2月13日制定、1968年大蔵省令37号に改正)③総理府第24号(1951年6月6日公布、1960年7月8日大蔵省令43号に改正)の3つの法令が盛り込まれている。これらの法令は効力を持っている現行法令としてSCAPIN677号と同様に日本の付属島に独島を除外した。

第一に、司法省令第77号は、1946年8月27日に制定された現行日本法規で、独島が日本の付属島嶼から除外されている。

第二に、日本の「大蔵省令四号」は、昭和二十六年二月十三日公布のもので、共済組合等において年金を受ける者のための特別措置法(四条三項)である。

ここで「欝陵島、独島及び済州島(チェジュド)」を日本の付属島嶼から除外して年金を受けることができない地域に分類した。

つまり、「独島」について、韓国領土であることに明白な「欝陵島と済州道」と一緒に分類したということは韓国領土であるという意味だ。

「大蔵省令4号」は、昭和43年6月26日「最終的な改正が行われ、大蔵省令第37号となった。1968年に改正され、その後も年金支給対象地域として韓国領土である「欝陵島、竹島(独島)、済州島」を除外したというのは「欝陵島と済州道」とともに「竹島(独島)」を韓国領土として旧日本植民地地域とみなしていたのだ。これは、今日の独島が日本領土ではないということを意味する。

第三に、日本の「総理府令24号」は、昭和二十六年六月六日に施行されたもので、旧朝鮮総督府交通局共済組合が本邦(日本)内にある財産整理に関する政令の施行に関するものである。第2条に「政令291号(2条1項2号)の規定」に過去の植民地だった島と、現在日本の島を区分して本邦(日本)について「本州、北海道、四国、九州と主務省令が定めた付属島嶼」として欝陵島、独島及び済州島」を日本領土から除外した。「政令291号」の本邦の概念は、昭和24年日本国内閣が制定したもので「旧日本占領地域に本店を置く会社が所有する日本国内にある財産整理に関する政令」である。

日本の「総理府令24号」は、昭和35年に改正され、大蔵省令43号法令となった。日本の法令の中に独島が外国領や日本の付属島嶼から除外され、消滅した法令が25ヵ所もあった。

その中でも、大蔵省告示654号は1946年8月15日、大蔵省が戦後の日本企業の債務解決に向けて」会社経理応急措置法」施行令を制定して日本が占領し

た領土のうち、独島を外国に分類した。大蔵省令99号は、1952年8月5日に施行されたが、独島を日本の付属島嶼から除外させた。

　この法令は対日平和条約の直後に制定されたものであるため、独島が対日平和条約で日本の領土と決定されなかったとする証拠となる。

　このように日本は、対日平和条約を締結する過程(草案)を米国に働きかけて韓国固有の領土である独島を日本領土に変更しようと試みたが、最終的に日本領土として変更できなかった。それで日本政府は、対日平和条約締結後にも様々な法令で、独島を韓国領土と見なした。このように戦後日本政府が韓国の政府に対して外交的に独島の領有権を主張したのは、政治的スローガンに過ぎなかったものであった。なぜならば、実質的に日本政府の法令で、独島を日本領土として扱わず、韓国領土として扱わしたからである。それゆえ、日本が対日平和条約で、独島が日本の領土と決定されたと主張するのは独島の領有権を捏造する行為である。

| 일본의 고문헌들, 한 목소리로 '독도는 한국 땅'

지금 일본이 독도의 영유권을 주장하는 것은 과거 일본제국주의가 침략한 영토를 포기하지 못하고 있기 때문이다.

일본의 고문헌 속에는 독도가 일본영토라는 증거는 단 한군데도 없다. 역사적으로 보면 동해의 섬에 대한 일본의 관심은 공임집(公任集)에 드러나 있다. 책에는 "신라 우루마도 사람이 이르렀다. 우루마도는 곧 芋陵島(울릉도)이다", "1108년 일본사 고려전(日本史 高麗伝)에 우릉도인(芋陵島人)이 이나바(因幡)에 표류하여 비용과 식량을 공급해주고 본국으로 돌려보냈다" 등의 기록이 실려 있다. 또한 1425년(세종7) "우산(독도), 무릉 등처 안무사 김인우 일행 46명이 파견되었다가 36명이 익사하고 10명은 일본 이와미주(石見洲)에 표류되었다가 귀향했다"라는 기록으로 보아 이때도 일본이 울릉도가 조선의 영토임을 알게 되었다. 그러나 일본은 작은 암초로 된 무인고도(孤島) 독도에 대해서는 관심이 없었다.

일본의 오야, 무라카와 두 가문이 1620년부터 1693년 안용복 사건이 발발하게 전까지 막부로부터 도해면허증을 받아서 격년제로 번갈아 울릉도에 70여 년간 도항하여 어패류, 인삼 등 섬의 산물을 수탈해갔다. 울릉도는 당시 1403년부터 쇄환정책으로 섬이 비어 있었다. 그 시대에는 일본도 쇄국상황이었기 때문에 막부가 도해허가증을 발급했다. 도해면허는 울릉도가 조선의 영토라는 사실을 인지했다는 것을 증거한다. 이때에 독도는 일본의 오키섬에서 157km, 울릉도에서 87km 위치에 있었기 때문에 조선국 울릉도의 속도로서 울릉도 도항의 이정표로 삼았다. 이 사실에 대해 1667년 돗토리번주(도지사격)의 명령으로 번사(공무원) 사이토 호센이 기술한 『은주시청합기』에 "일본의 서북경계는 오키섬이고, 그 서북지역에 울릉도(竹島)와 독도(松島)가 존재한다"라고 했다. 이들이 70여 년간 왕래하면서 울릉도는 대나무가 많다고 하여 '죽도(竹島)'라고 했고, 길운을 상징하는 '송죽(松竹)'의 의미에서 독도는 송도(松島)라고 호칭했다.

1693년 부산 출신 어부 안용복이 몰래 울릉도에 도항하였는데, 이때 독도를 경유하여 울릉도에 들어와 있던 일본인들과 조우하였다. 안용복은 울릉도와 독도를 조선영토라고 주장했고, 일본인들은 70여 년간 자신들의 소유처럼 도항해왔기 때문에 양자 간에 두 섬에 대한 영유권 시비가 생겼다. 이때에 안용복 일행이 수적으로 열세하여 일본에 납치되었다. 안용복 일행은 일본에서도 울릉도와 독도가 조선영토임을 주장하여 막부로부터 조선영토임을 인정하는 서계(확인서)를 받았다. 대마도를 경유하여 귀환하는 과정에 대마도주가 서계를 빼앗고 울릉도가 자신의 영토라고 주장했다. 결국 일본의 막부와 조선 조정 사이에 울릉도와 독도를 둘러싼 영유권 분쟁이 발생하였다. 1695년 막부는 돗토리번으로부터 울릉도와 독도가 일본의 소유가 아니라는 보고를 받았고, 더불어 안용복이 2차로 도일하여 영유권을 주장한 결과, 일본인의 울릉도 도해금지령을 내리고 오키섬 이북지역으로 도해를 금지했다.

이런 사실은 1836년 하치에몽이라는 자가 불법으로 독도를 경유하여 울릉도에 도항했다가 발각되어 막부에 의해 사형을 당하고 이듬해 재차 도해금지령을 내렸던 것으로도 알 수 있다. 이처럼 에도시대에 오키섬 이북 지역인 울릉도와 독도는 조선영토로서 일본의 도해가 금지된 구역이었다.

1868년 봉건국가였던 막부가 멸망하고 새롭게 성립된 중앙집권 국가인 메이지 정부도 1869년 조선국과의 국경을 명확히 하려고 '울릉도와 독도가 조선 영토가 된 경위'를 파악하기 위해 밀탐하였다. 이때 '조선국과의 교제시말 내탐서'를 작성하여 울릉도는 조선의 영토이고, 독도는 조선의 문헌기록에 없다고 정확하지 않은 정보를 보고했다. 그후 1877년 지적을 편찬하면서 1696년의 막부 도해금지령을 토대로 '태정관지령'에 '울릉도와 독도가 일본 영토가 아니다'라고 조선영토임을 명확히 했다.

그런데 일본이 1876년 조일수호조규를 강제한 이후 일본어민들의 조선 연안 출몰이 빈번해지면서 1903년 나카이 요사부로라는 자가 독도에서 강치를 포획하다가 이를 독점하기 위해 1904년 독도가 조선영토임을 알고 일본정부를 통해 조선정부에 섬의 대여원을 제출하려고 했다. 이때에 일본군함 니이타카호가 독도의 소속을 조사하여 울릉도에서 '독도(独島)'라고 표기하는 조선영토임을 확인했다. 그럼에도 불구하고 일본정부는 러일전쟁 중인 1905년 1월 내무 외무 농상무성의 주축으로 각료회의에서 무인도를 '죽도(竹島)'라는 명칭으로 편입시키기로 결정하고, 2월 22일 '시마네현고시 40호'로 대한제국영토인 독도를 강탈해갔다.

이 사실은 1906년 2월 시마네현 관리가 울릉도를 방문하여 간접적으로 전하여 알게 된 심흥택 군수가 '본군 소속 독도(独島)가 일본에 강탈당했다'고 바로 중앙정부에 보고했고, 내부대신은 '1900년 칙령41호로 울도군을 설치'하여 '울릉전도, 죽도, 석도(독도)'를 관할하는 법령을 시행하여 관할통치하고 있는 섬이라고 일제 통감부에 항의했다. 1945년 일본의 패전까지 36년간 일제의 식민지 지배를 받았지만, 연합국최고사령관 명령서 SCAPIN 677호로 '제주도, 울릉도, 독도'를 관할 통치하는 국경선을 인정받아 오늘에 이르렀다. 이처럼 독도는 러일전쟁 중에 일본이 몰래 불법적으로 강탈하려 한 적은 있었지만 유사 이래 일본 영토가 되었던 적은 없었다.

┃日本の古文献、一様に「独島は韓国の領土」

今日本が独島の領有権を主張するのは、過去に日本帝国主義が侵略した領土を放棄していないからだ。

日本の古文献の中には、独島が日本領土という証拠は一つもない。歴史的に見れば、東海の島に対する日本の関心は「公任集」に表れている。文献では「新羅のうるまも人が書いた。うるまとは、すなわち、欝陵島である」、「1108年、日本史高麗伝に、于陵島人が因幡に漂流し、費用や食糧を供給し、本国に送り返した」などの記録が記されている。また、1425年(世宗7)「于山(独島)、武陵等処安撫使金麟雨一行46人が派遣されたが、36人が溺死し、10人は石見洲に漂流された後、帰郷した」という記録から見て、この時も日本が欝陵島が朝鮮の領土であることを知った。

しかし、日本は、小さな岩礁の無人孤島である独島については関心がなかった。日本の大屋、村川両家が1620年から1693年に安竜福事件が勃発するまで、幕府から渡海免許証を受け取り、隔年制で交互に欝陵島に約70年間渡航し、魚介類、高麗人参などの島の産物を収奪した。

欝陵島は当時、1403年から刷還政策で島が空いていた。その時代には日本も鎖国の状況であったため、幕府が渡海許可証を発行した。渡海免許は欝陵島が朝鮮の領土であることを認知したことを証拠している。この時に独島は日本の隠岐島から157km、欝陵島で87km位置にいたため、朝鮮の欝陵島の属島として欝陵島渡航の道しるべにした。

この事実について、1667年鳥取藩主の命令で藩士(公務員)斎藤豊仙が記述した「隠州視聴合紀」に「日本の北西境界は隠岐島であり、その北西部に欝陵島(竹島)と独島(松島)が存在する」とした。

彼らが70年間、往来し、欝陵島は竹が多いから「竹島」とし、吉運を象徴する

「松竹」の意味で、独島は(松島)と呼称した。

　1693年釜山出身の漁師、安竜福が密かに欝陵島に渡航したが、この時、独島を経由して欝陵島に入っていた日本人と遭遇した。安竜福は欝陵島と独島を朝鮮の領土だと主張し、日本人は70年余りの間、自分たちの所有のように渡航してきたため、両者の間に二つの島に対する領有権問題が生じた。

　この時、安竜福一行が数的に劣勢になり、日本に拉致された。安竜福一行は日本でも欝陵島と独島が朝鮮領土であることを主張し、幕府から朝鮮の領土であることを認める書契(確認書)を受けた。対馬島を経由して帰還する過程で対馬島主が書契を奪い欝陵島が自分の領土だと主張した。結局、日本の幕府と朝鮮の朝廷の間に欝陵島と独島をめぐる領有権紛争が発生した。

　1695年幕府は、鳥取藩から欝陵島と独島が日本の所有ではないという報告を受けた。安竜福が2次も渡日して領有権を主張した結果、日本人の欝陵島の渡海禁止令を下し、隠岐島以北地域に渡海を禁止した。

　このような事実は1836年八右衛門という者が不法で独島を経由して欝陵島に渡航したことが発覚された。幕府は八右衛門を死刑に処し、翌年再び渡海禁止令を下していたのだ。

　このように江戸時代に隠岐島以北の地域である欝陵島と独島は、朝鮮領土として日本人の渡海が禁止された区域だった。

　1868年の封建国家だった幕府が滅亡して新たに成立した中央集権国家である明治政府も、1869年朝鮮国との国境を明確にするため、「欝陵島と独島が朝鮮領土になった経緯」を調査した。この時「朝鮮国との交際始末内探書」を作成し、「欝陵島は朝鮮の領土であり、独島は朝鮮の文献記録にない」と正確ではない情報を報告した。

　その後1877年、地籍を編纂し、1696年の幕府渡海禁止令をもとに「太政官指令」に「欝陵島と独島が日本領土ではない」とし、独島が朝鮮領土であることを明

確にした。

　ところで、日本が1876年日朝修好条規を強制した後、日本の漁民の朝鮮沿岸出没が頻繁に起こり、1903年中井養三郎という者が独島でアシカを捕獲したが、これを独占するために1904年に独島が朝鮮領土であることを知り、日本政府を通じ、朝鮮政府に島の「貸与願」を提出しようとした。

　この時に日本の軍艦「新高」号が独島の所属を調査して欝陵島で「独島」と表記する」とし、独島が朝鮮の領土であることを確認した。

　それにもかかわらず、日本政府は、韓国の固有領土であった独島に対して、日露戦争中の1905年1月内務・外務・農相が閣僚会議で、無主島と見なして「竹島」という名称で編入することを決定して、2月22日「島根県告示40号」で強奪した。

　この事実について、1906年2月、島根県官吏が欝陵島を訪問して間接的に伝えて沈興沢郡守が知るようになった。沈興沢郡守は、「本郡所属の独島が日本に強奪された」とし、すぐ中央政府に報告した。大韓帝国の内部大臣は「1900年勅令41号で欝島郡を設置」して「欝陵全島、竹島、石島(独島)」を管轄する法令を施行して、独島は、韓国が管轄統治する島であると大日本帝国の統監府に抗議した。

　韓国は、日本の敗戦まで36年間日本の植民地支配を受けたが、1945年、連合国軍最高司令官の命令書SCAPIN677号で「済州島、欝陵島、独島」を管轄統治するという国境線を認められて今日に至った。このように独島は日露戦争中に日本が密かに不法に強奪しようとしたことはあったが、不法な植民地36年を除外すると、有史以来日本領土になったことはなかった。

| 일본정부는 '1877년 태정관 지령'으로 독도가 한국영토임을 명확히 했다

지금까지 독도가 일본영토라는 증거는 한 점도 없다. 한국측과 일본측 고문헌에서 모두 독도를 한국영토라고 했다.

1987년 호리 가즈오(堀和生) 일본 교토(京都)대 교수가 '1877년 제작된 태정관(太政官)지령'이라는 일본측 고문서을 공개했다. 이 자료가 왜 이제 세상 밖으로 나왔을까?

일본정부기 불리한 자료를 공개할 리가 없기 때문에 고의로 숨겼을 가능이 크다. 이 문서에는 ① 1877년 당시 일본정부의 최고기관인 태정관이 시마네현에 '죽도(竹島 ; 울릉도)와 독도(外一島)는 일본과 관계가 없다는 점(本邦関係無)을 명심할 것(可相心得事)'이라고 지시했다. ②『태정류전(太政類典)』에도 '일본해(日本海) 내의 죽도(竹島 ; 울릉도) 외 1도(外一島)를 영토 밖(版図外)으로 정한다'라고 했다. 더불어 ③ '일본해(日本海) 내의 죽도(竹島 ; 울릉도) 외일도(外一島 : 독도) 지적편찬 문의(地籍編纂方伺)'에 첨부된 '기죽도략도(磯竹島略図)'에 '죽도(울릉도) 외 1도'가 울릉도와 독도임을 명확히 했다.

그럼에도 불구하고 일본정부는 '외일도(外一島)가 독도가 아니다'라고 우기고 있다. 태정관(太政官)은 1868년 메이지정부가 조직하여 1885년 폐지하고 일본 내각으로 변경했을 때까지 국정의 최고기관이었다. 따라서 일본정부는 1877년을 전후하여 울릉도와 독도를 한국영토로 인정하였다는 사실이 밝혀진 것이다. 이때 메이지정부가 태정관지령으로 울릉도와 독도를 한국영토로 인정한 근거는 17세기 안용복 사건 때 1695년 막부의 요청으로 제출한 돗토리번의 답변서였다.

막부는 1696년 돗토리번 답변서를 근거로 울릉도와 독도가 일본영토가 아님을 확인하고 죽도(울릉도) 도해 금지령을 내렸던 것이다. 따라서 태정관지령의 죽도는 울릉도이고, 그 외 1도는 독도임에 분명하다. 오늘날과 같이 헌법에 입각한 근대국민국가가 된 일본정부가 너무나 분명하게 울릉도와 독도가 한국영토임을 인정한 것이다. 그런데 최근에 와서 일본 영토론자들은 태정관지령에 대해 "독도가 일본영토가 아니라고 했을 뿐이고, 독도를 한국영토라고 인정한 적이 없다"고 하여 독도가 한국영토라는 증거가 아니라고 우긴다.

독도의 영유권을 날조하는 일본의 논리가 아주 교묘하고 혼돈스럽기 때문에 자칫하면 휘말리기 쉽다. 동해에 위치한 울릉도와 독도를 둘러싸고 있는 국가는 한국과 일본 두 나라뿐이다. 독도에 대해 일본이 자신의 영토가 아니라고 했다면, 그것은 당연히 한국영토라는 의미이다. 1987년 태정과지령이 처음 공개되었을 때, 일본 외무성은 공식적인 답변을 오랫동안 거부했다. 이에 대해 시마네현의 죽도문제연구회가 철면피를 쓰고 독도가 일본영토라는 황당한 논리를 노골적으로 날조했다.

즉 일본의 태정관(太政官)지령에 있는 '죽도(竹島) 외 1도(外一島)'는 당시 섬 명칭이 확실하지 않았던 섬이다. 에도시대 말기 당시 죽도(竹島 ; 울릉도)나 송도(松島 ; 죽도, 독도)의 위치를 잘못 기록한 경위도를 넣은 유럽지도가 일본에 들어왔다. 그 지도에는 실제로 존재하지 않는 위치에 「Takasima」라는 섬을 그렸고, 현재의 울릉도 위치에 'Matsusima', 현재의 죽도(竹島 ; 독도) 위치에 'Liancourt Rocks'이라고 표기되었다. 그래서 메이지(明治) 초기의 일본지도들이 이를 모방하였다. 태정관지령도 그 중의 하나로서, '죽도(竹島 ; 울릉도) 외 1도(外一島)'는 실제로 존재하지 않는 위치에 '죽도(竹島)', 원래의 울릉도 위치에 '외 1도'라고 표기하여 이것을 영토 밖(版図外)이라고 했다. "본래의 송도(松島; 독도)와의 오해를 피하기 위해 송도(松島)의 명칭을 사용하지 않고 '죽도(竹島 ; 울릉도) 외1도

(外一島)'라고 표기했다"라고 날조했다.

원래 일본의 에도시대 내내 울릉도를 죽도(竹島), 독도를 송도(松島)라고 해왔다. 한편 1840년 독일인 시볼트가 '일본지도'를 잘못 그려 일본이 악용하고 있는 것처럼 실제로 존재하지 않는 위치에 죽도, 울릉도의 위치에 송도라고 사실과 다르게 잘못 표기했다.

그런데 19세기 후반 일본인들 중에 울릉도를 송도라고 부르는 자가 있었는데, 시볼트가 그린 일본지도의 영향을 받았다고 하는 증거는 어디에도 없다. 일본 영토론자들은 너무나 완벽하게 독도가 한국영토임을 입증하는 태정관지령을 부정하기 위해 무턱대고 시볼트가 만든 잘못된 일본지도의 영향에 의한 것이라고 우긴다. 태정관지령의 설명서에는 울릉도와 독도를 조선영토로 인정한 경위에 대해 막부가 돗토리번 답변서에 의거해 '죽도(울릉도) 도해 금지령'을 내린 결정에 따른 것이라고 명확히 기록하고 있다. 이렇게 볼 때 독도 영유권을 부정하는 일본의 날조행위가 얼마나 터무니없는 가를 알 수 있다.

日本政府は「1877年、太政官指令」で、独島が韓国領土であることを明確にした

今まで独島が日本領土という証拠は一片もない。

韓国側と日本側の古文献ですべてが独島を韓国領土だとした。1987年、堀和生京都大学教授が1877年制作の「太政官指令」という日本側の古文書を公開した。

この資料はなぜ今、世の中に出てきたのだろうか？ 日本政府が不利な資料を公開するはずがないため、故意に隠した可能性が高い。

この文書には①1877年、当時の日本政府の最高機関である太政官が島根県に「竹島(欝陵島)と独島(外一島)は、日本と関係がないという点(本邦関係無)を心がける(可相心得事)」と指示した。

②『太政類典』にも「日本海の内の竹島(欝陵島)のほか1島(外一島)を領土の外(版図外)で定める」とした。ともに、③「日本海の内の竹島(欝陵島)と「外一島」(独島)地籍の編纂のお問い合わせ(地籍編纂方伺)」に添付された「磯竹島略図」に「竹島(欝陵島)のほか1島」が欝陵島と独島であることを明確にした。それにもかかわらず、日本政府は「外一島は独島がない」と言い張っている。

太政官は、1868年明治政府が組織して1885年に廃止して日本の内閣に変更するまで国政の最高機関であった。したがって、日本政府は1877年を前後して欝陵島と独島を韓国領土と認めたという事実が明らかになったのだ。

この時の明治政府が太政官指令で、欝陵島と独島を韓国領土に認めていた根拠は、17世紀安竜福事件の時、1695年幕府の要請で提出した鳥取藩の答弁書だった。幕府は1696年鳥取藩の答弁書を根拠に、欝陵島と独島が日本領土ではないことを確認して竹島(欝陵島)渡海禁止令を下していたのだ。

したがって、太政官指令の竹島は欝陵島であり、その「他の1島」は独島に間

違いない。

　今日のように憲法に立脚した近代国民国家になった日本政府があまりにも明確に欝陵島と独島が韓国領土であることを認めたのだ。ところが、最近に来て日本領土論者たちは太政官指令について「独島が日本領土でないとしただけで、独島を韓国領土と認めたことがない」とし、独島が韓国領土だという証拠がないと言い張る。独島の領有権を捏造する日本の論理がとても巧みで混乱しているためにややもすれば、巻き込まれやすい。

　東海に位置した欝陵島と独島をめぐって領有権を主張する国は韓国と日本の両国だけだ。独島に対して、日本が自分の領土でないとしたなら、それは当然韓国領土という意味だ。1987年、太政官指令が初めて公開された時、日本の外務省は公式回答を長い間拒否した。

　これに対して島根県の竹島問題研究会が鉄面皮を書いて独島が日本領土という荒唐無稽な論理を露骨に捏造した。つまり「日本の太政官指令にある「竹島」と「外一島」は当時、島の名称がはっきりしていなかった島だ。

　江戸時代末期当時、竹島(欝陵島)や松島(独島)の位置を誤って記録した経緯度を入れたヨーロッパの地図が日本に入ってきた。その地図には実際に存在しない位置に「Takasima」という島を描いて、現在の欝陵島の位置に「Matsusima」、現在の日本でいう竹島(独島)の位置に「Liancourt Rocks」と表記された。そのため明治初期の日本地図がこれを模倣した。

　太政官指令もその中の一つとして、「竹島(欝陵島)」と「外一島」は、実際に存在しない位置に「竹島」、元の欝陵島の位置に「外一島」と表記されてこれを領土の外(版図外)とした。」「本来の松島(独島)との誤解を避けるために、松島の名称を使用せず、「竹島(欝陵島)」と「外一島」と表記した」と捏造した。本来日本の江戸時代はずっと欝陵島を竹島、独島を松島としてきた。

　一方、1840年ドイツ人のシーボルトが「日本地図」を誤って描いて日本が悪用

しているように、実際に存在しない位置に竹島、欝陵島の位置に松島と事実と異なることを誤って表記した。ところが19世紀後半、日本人の中に欝陵島を松島と呼ぶ者がいたが、シーボルトが描いた「日本地図」の影響を受けたという証拠はどこにもない。

独島の日本領土論者たちはあまりにも完璧に独島が韓国領土であることを立証する太政官指令を否定するため、むやみにシーボルトが作った誤った「日本地図」の影響によるものだと言い張っているだけだ。

太政官指令の説明書では、欝陵島と独島を朝鮮領土と認めた経緯について幕府が鳥取藩の答弁書に基づいて「竹島(欝陵島)渡海禁止令」を下した決定によるものだと明確に記録している。

こう見ると、独島の領有権を否定する日本の捏造行為がどれほど矛盾なのかを知ることができる。

┃ '독도' 영유권 명확히 하기 위해 '칙령41호'로 '울도군' 설치

1900년 10월 25일 대한제국의 고종황제는 일제의 동해 도서 침략에 막기 위해 칙령41호로 '울릉전도, 죽도, 석도(독도)'를 범위로 '울도군'을 설치하여 '독도'의 관할통치를 명확히 하였다. 왜 '독도'를 위해 '울도군'을 설치했어야 했을까?

과거 일본은 울릉도와 독도에 대해 한국의 고유영토임을 인정했다. 1693년 안용복 사건에 의해 처음으로 울릉도 독도에 대해 한일 양국 간에 영유권 논란이 생겼을 때, 1696년 돗토리번 답변서를 통해 울릉도와 독도가 한국영토임을 인정하여 막부가 1625년 허가한 준 울릉도도해면허를 취소하고 울릉도 도해를 금지시켰다. 즉, 1693년 부산 어부 안용복은 쇄환정책으로 비워져 있던 울릉도에 밀항하였는데, 그곳에서 고기잡이를 하는 일본인을 조우했다. 안용복과 그들 사이에 울릉도와 독도를 둘러싼 영유권 분쟁이 발생했다. 일본어부들은 1925년부터 막부로부터 도해면허를 취득하여 울릉도에 왕래했던 것이다. 급기야 그것은 양국 간의 외교문제로 비화되어 최종적으로 일본 막부가 울릉도와 독도를 한국영토임을 인정했다. 19세기 일본의 메이지정부도 '울릉도와 독도가 한국영토가 된 시말'을 조사하여 막부의 영토인식을 바탕으로 1870년 한국영토임을 재확인했고, 1877년 '태정관지령'으로 울릉도와 독도가 한국영토임을 공식적으로 인정했다. 메이지시대 이전, 독도는 울릉도와 달리 일본어부들이 울릉도 도항 때 기항지로서 2개의 작은 암초로 된 울릉도 부속 섬 무인도였기 때문에 공식적으로 영유권 논란의 대상이 된 적이 없었다.

그런데 1905년 러일전쟁 중에 일제가 대륙침략의 일환으로 울릉도와 달리 직접적으로 영유권 논란이 없었던 무인도 독도에 대해 영토편입 형식으로 탈취를 시도했던 것이다. 이러한 독도에 대해 오늘날 일본정부가 영유권을 주장하는 것은 일본의 패전으로 포츠담선언을 무조건적으로 수락함으로써 이미 불법이 된 일제가 침략한 영토에 대한 영유권 주장에 불과하다. 그런데 역사적으로 보면, 고대 신라와 고려시대에 울릉도에 우산국 사람들이 살았기 때문에 『세종실록』(지리지)에 '우산도(조선시대의 독도 명칭)와 울릉도 두 섬은 날씨가 맑은 날에 서로 바라볼 수 있다'고 하여 영유권이 조선에 있음을 분명히 했다. 그런데 조선정부가 1403년부터 쇄환정책으로 울릉도에 사람의 거주를 막았기 때문에 독도의 위치를 확인할 기회가 없었다. 그래서 『신증동국여지승람』의 '팔도총도'에는 울릉도 동남쪽에 있는 우산도(독도)를 울릉도의 서쪽에 표기하고 섬의 크기도 울릉도와 비슷하게 그리는 오류를 범했다. 1693년 안용복 사건 이후 울릉도에 파견된 수토사 박석창은 조사보고서에 울릉도 동남쪽에 있는 독도를 찾지 않고 죽도(댓섬) 위치에 '소위 우산도(독도)'이라고 독도의 위치를 잘못 표시했다. 박석창의 오류는 후임 수토사들도 그대로 모방했고, 지도 제작자들도 그대로 모방하여 '청구도' '광여도'에서 죽도(댓섬) 위치에 '우산도(독도)'라고 표기하는 오류를 범했다. 이런 오류는 『동국문헌비고』 와 『만기요람』에서 '울릉도와 우산도는 고대 우산국의 영토로서 우산도는 일본이 말하는 '송도(松島)'라고 하여 우산도(독도)가 한국영토임을 분명히 했다. 일본의 에도시대에는 울릉도를 '죽도', 독도를 '송도'라고 명칭했다.

일본인들이 1876년 강화도조약 이후 빈번히 독도를 거쳐 울릉도에 내왕하는 것을 확인하고 대한제국의 고종황제는 동해의 섬을 관리하기 위해 검찰사 이규원을 울릉도에 파견하여 조사하도록 했다. 그는 귀국 보고서에서 '울릉외도'를 그려 '울릉도, 죽도, 도항도(관음도)'라는 명칭으로 상황을 보고했으나 독도에 대해서는 전언으로 독도의 존재를 확인했으면서도 직접 조사하지 않았다. 조선의 고문헌에 울릉도와 죽도(소위 우산도)는 조선영토임에을 명확했고, 도항도(관음도)는 논란의 여지가 없는 울릉도의 일부였다.

1905년 이전에 일본에서는 중앙정부인 막부에 의해 울릉도와 독도가 한국영토로 인정되었지만, 한국에서는『세종실록』(지리지) 이후 1900년 칙령41호까지 독도의 존재가 울릉도에서 날씨가 맑은 날만 보였기 때문에 1403년 이후 울릉도를 비워서 관리함으로써 그 위치에 대해 많은 논란이 있었다. 1900년 고종황제가 '칙령 41호'로 영유권을 명확히 하고 싶었던 것은 논란의 여지가 없었던 '울릉도와 죽도(댓섬)'가 아니라 위치가 분명하지 않았던 '우산도(독도)'였다. 칙령 41호의 행정관할 구역이 '울릉전도, 죽도, 석도'가 일본이 말하는 것처럼 '울릉전도, 죽도, 관음도'이었다면 모두 울릉도 주변에 위치하므로 '울릉군'으로도 충분했다. 그런데 '울릉전도, 죽도, 석도'를 행정범위로 '울도군'이라고 명명한 것은 독도를 포함시키기 위해서였다. 지금의 '관음도'는 역사적으로 논란이 된 적이 없기 때문에 '울릉전도'에 포함시켜 동해의 모든 섬을 관할한다는 것이었다.

그래서 '석도'는 바로 독도이다. 이때에 독도의 명칭을 '우산도'라고 하지 않고 '석도'라고 했을까? 그것은 과거 지도제작자들이 죽도(댓섬)에다 '우산도'라고 표기하는 오류를 범했기 때문에 명칭의 혼란을 피하기 위해서였다. 당시 울릉도민들이 '돌섬' '독도'라고 호칭하였기 때문에 이를 공문서 표기인 한자표기로 '석도'라고 했다. 1904년 일본군함 니이타카(新高)호도 군함일기에 울릉도를 조사하여 울릉도민들은 '독도(独島)'라고 표기한다고 기록했고, 1906년 울도군수 심흥택은 울도군이 '울릉전도, 죽도, 석도'를 관할하고 있었기 때문에 '독도(独島)가 본군 소속'이라고 명확히 했다.『조선어사전』(조선어사전편찬회, 1938)에도 돌섬(암초)을 '독도(独島)'라고 호칭한다고 표기되었다.

그런데 『위키피디아백과』에서 일본측 주장은 황당하기 그지없다. 즉, ① 대한제국 칙령의 '석도(石島)'가 현재의 독도라는 증거가 없다. ② 돌섬을 발음으로 '독도'라는 명칭으로 변경되었다는 것은 상상에 불과하다. ③ '석도'는 '독도(独島)'의 한자표기라는 문서는 발견되지 않았다. ④ 대한제국 칙령의 '울릉전도와 죽도, 석도'에서 조선시대의 고지도를 봐도 '석도'는 2번째 큰 섬인 현재의 관음도(観音島)일 가능성이 크다. ⑤ 관음도는 다른 명칭도 있기 때문에 명칭이 확정되지 않았다. ⑥ 이 칙령은 울도군(欝島郡)의 행정범위를 나타난 것으로 대한제국의 관제인 지방제를 제정한 것으로 영토편입과 무관하다.

일본이 독도의 한국영토론을 부정하는 ①, ②, ③은 이미 합리적인 논리임이 입증되었다. ④, ⑤, ⑥은 일본이 객관적인 논증 없이 독도 영유권을 날조한 황당한 논리에 불과하다.

▎「独島」の領有権を明確にするために「勅令41号」で「欝島郡」設置

1900年10月25日、大韓帝国の高宗皇帝は、日帝の東海島嶼の侵略に防ぐため、勅令41号で「欝陵全島、竹島、石島(独島)」を範囲とする「欝島郡」を設置して「独島」の管轄統治を明確にした。

なぜ「独島」の領有権を明確にするため「欝島郡」を設置しなければならなかったのだろうか。過去17世紀に日本は欝陵島と独島について、韓国の固有領土であることを認めた。

1693年に安竜福事件によって初めて欝陵島・独島について、韓日両国間に領有権をめぐる論争が生じた際、1696年鳥取藩の答弁書を通じ、欝陵島と独島が韓国領土であることを認めて幕府が1625年に許可した日本の漁師に与えた欝陵島渡海免許を取り消して欝陵島渡海を禁じた。

つまり、1693年、釜山の漁師・安竜福は刷還政策により留守になっていた欝陵島に密航したが、そこで漁をしていた日本人に遭遇した。安竜福と彼らの間に欝陵島と独島をめぐる領有権紛争が発生した。日本の漁師は1925年から幕府から渡海免許を取得し、欝陵島を往来したのである。ついにそれは、両国間の外交問題に飛び火され、最終的に日本の幕府は欝陵島と独島を朝鮮領土であることを認めた。

19世紀、日本の明治政府も「欝陵島と独島が韓国領土になった始末」を調査して幕府の領土認識をもとに1870年韓国領土であることを再確認しており、1877年「太政官指令」で、欝陵島と独島が韓国領土であることを公式的に認めた。

明治時代以前、独島は欝陵島とは違って、日本の漁師が欝陵島の渡航の際、寄港地として2つの小さな岩礁でできた欝陵島付属島の無人島だったため、公式的に領有権をめぐる論争の対象になったことがなかった。ところが1905年日

露戦争中に、日帝が大陸侵略の一環で、欝陵島とは違って、直接領有権をめぐる論争がなかった無人島の独島に対して、領土編入の形で奪取を試みたものだ。

こうした独島に対して今日、日本政府が領有権を主張するのは、日本の敗戦でポツダム宣言を無条件的に受諾することによって既に不法になった日帝が侵略した領土に対する領有権の主張に過ぎない。ところで歴史的に見ると、古代新羅と高麗時代に欝陵島に于山国の人々が住んでいた。「世宗実録」(地理誌)に「于山島(朝鮮時代の独島)と欝陵島の二つの島は天気が晴れた日にお互いに眺めることができる」として領有権が朝鮮にあることを明確にした。

ところで、朝鮮政府が1403年から連れ帰る政策で、欝陵島に人の居住を阻止したために独島の位置を確認する機会がなかった。それで「新増東国輿地勝覧」の「八道総図」には欝陵島の東南方にあった于山島(独島)を欝陵島の西側に表記して島の大きさも欝陵島とほとんど同様に描く誤りを犯したのだ。

1693年に安竜福事件後、欝陵島に派遣された捜討使朴錫昌は調査報告書で欝陵島の東南側にある独島を探さず、竹島(竹嶼)の位置に「いわゆる于山島(独島)」と独島の位置を誤って表示した。

この際の朴錫昌の間違いは、後任の捜討使たちもそのまま踏襲し、地図製作者もそのまま踏襲して「青丘図」、「広輿図」(19世紀初)で竹島(島嶼)の位置に「于山島(独島)」と表記する過ちを犯した。

このような誤りは「東国文献備考」、「万機要覧」で「欝陵島と于山島は古代于山国の領土で、于山国は日本でいう松島」とし、于山島(独島)が韓国領土であることを明確にした。

日本の江戸時代には欝陵島を「竹島」、独島を「松島」と名称した。日本人たちが1876年、江華島条約以降、頻繁に独島を経て、欝陵島に往来することを確認し、大韓帝国の高宗皇帝は、東海の島を管理するため、検察使李奎遠を

欝陵島に派遣して調査するようにした。

　彼は帰国報告書で「欝陵外図」を描いて「欝陵島、竹島、島項島(観音道)」という名称で状況を報告したが、独島については伝言で独島の存在を確認しながらも直接調査しなかった。

　朝鮮の古文献に、欝陵島と竹島(いわゆる于山島)は朝鮮の領土であうことを確し、島項島(観音道)は議論の余地がない欝陵島の一部だった。

　1905年以前に日本では中央政府である幕府によって欝陵島と独島が韓国領土であると認められたが、韓国では「世宗実録」(地理誌)以降、1900年「勅令41号」まで独島の存在が欝陵島から天気が晴れた日だけ眺めることができるから、1403年以降、欝陵島を空けて管理したのでその位置について多くの論難があった。

　1900年高宗皇帝が「勅令41号」で領有権を明確にしたかったのは、議論の余地がなかった「欝陵島と竹島」ではなく、位置がはっきり確定できなかった「于山島(独島)」の存在だった。

　勅令41号の行政管轄区域が「欝陵全島、竹島、石島」が日本領土論者の中には「欝陵全島、竹島、観音島」であるというが、これらの島はいずれも欝陵島の周辺に位置するため、「欝島郡」と替えなくて「欝陵郡」で十分だったはずだ。ところで「欝陵全島、竹島、石島(独島)」を行政範囲にしたため、「欝島郡」と命名して独島を含ませたのだ。

　今の「観音道」は歴史的に論議されたことがないため、「欝陵全島」に含めることで、充分に東海の全ての島々を管轄することができた。それで「石島」は独島であるにまちがいない。

　この時に独島の名称を「于山島」とせず、「石島」とした理由は、過去の地図製作者たちが竹島(竹嶼)に「于山島」と表記する過ちを犯したために名称の混乱を避けるためだった。

　当時、欝陵島民たちが「トルソム(石島の訓読)」「独島」と呼称したため、これ

を公文書用の表記である漢字表記で「石島」となった。

　1904年日本の軍艦新高丸の軍艦日記に欝陵島を調査して欝陵島民たちは「独島」と表記すると記録し、1906年、欝島郡守沈興沢は欝島郡が「欝陵全島、竹島、石島」を管轄していたために「本郡所属独島」と明確にした。

　「朝鮮語辞典」(朝鮮語辞典編纂会、1938)にも「石の島」を「独島」と呼称すると表記された。ところが、「ウィキペディア」における日本側の主張は呆れるばかりだ。すなわち、① 大韓帝国の勅令41号での「石島」が現在の独島だという証拠がない。②「石の島」を発音で「独島」という名称に変更されたというのは想像に過ぎない。③「石島」の漢字表記で、「独島」と表記した文書は発見したことがなかった。④ 大韓帝国の勅令41号での「欝陵全島と竹島、石島」で朝鮮時代の古地図を見ても「石島」は2番目の大きな島である現在の観音島である可能性が大きい。⑤ 観音島は、他の名称もあるため名称は確定しなかった。⑥ この勅令41号は、欝島郡の行政範囲を示したものであり、大韓帝国の官制である地方制を制定したものであり、領土編入とは無関係である。

　以上のように、日本政府は独島が韓国領土であることを否定しているが、もうすでに①②③については、先行研究で完全に立証された。④⑤⑥については、日本が客観的な論証なく独島の領有権を捏造した荒唐無稽な論理に過ぎない。

┃ 인문학적으로 보는 한국영토 독도의 영유권

과거 동해바다는 한일 양국의 국경지대였다. 동해의 한국 쪽에는 한국인이 사는 울릉도가 있었고, 일본 쪽에는 일본인이 사는 오키섬이 있었다. 그리고 울릉도와 오키섬 사이에는 큰 바위섬인 독도가 있다. 독도는 사람이 살수 없는 섬이었지만, 87km 지점의 가시거리에 울릉도가 있어서 울릉도 사람들이 왕래하는 섬이었다. 반면 오키섬에서 157km 떨어져있어 서로 보이지 않아 일본인들이 독도에 왕래하지 않았다. 섬의 영유권은 섬에 사는 사람들의 국적과 동일하다. 그런데 독도는 사람이 살 수 없는 바위섬이지만, 울릉도에서 바라다 보이는 섬이었기에 한국이 영유권을 갖고 있었다. 그렇다면 한국사람들은 언제부터 독도에 왕래하였을까? 또한 일본도 독도에 대해 영유권을 주장하고 있는데, 일본사람들은 언제부터 독도를 알게 되었을까? 독도의 인문학에 대해 설명해본다.

첫째, 고대와 고려시대에는 울릉도에 사람들이 살았기 때문에 울릉도 사람들이 바라다 보이는 섬 독도에 자연스럽게 왕래하였기에 소유의식이 생겨났고, 국가도 영유의식을 갖게 되었다. 반면 오키섬에서 독도가 보이지 않기 때문에 일본은 소유의식조차도 없었다.

둘째, 조선 정부는 500년 내내 쇄환정책으로 울릉도를 비워서 관리했다. 특히 임진왜란 이후 1625년부터 1692년까지는 일본 어부들이 비어있는 울릉도에 70여 년간 몰래 왕래하여 울릉도 경제를 약탈해갔다. 이때에 도해한 일본인은 독도를 기항지로 삼았기에 독도의 존재에 대해 잘 알고 있었다. 그러나 일본 국가는 영유의식을 갖지 않았다. 반면 한국은 쇄환정책으로 울릉도에 사람이 살지 않았지만, 고대, 고려시대를 계승하여 '우산도'라는 이름으로 독도에 대한 국가의 영유의식은 그대로 존재했다. 다만 쇄환정책으로 울릉도에 사람이 살지 않았기에 '우산도'의 위치나 형상에 대한 오류가 생기기도 했다.

셋째, 1692년에서 1696년 사이 안용복 사건으로 한일 양국 간에 울릉도, 독도의 영유권 분쟁이 발생했다. 이 사건으로 일본정부는 울릉도와 독도가 한국영토임을 인정하였고, 조선정부는 섬의 위치와 형상이 애매했던 독도의 존재를 확인하고 울릉도와 더불어 영토로서 관리하였다. 그후 1882년 조선정부가 울릉도와 독도를 개척하기 이전까지 180여 년간 섬을 비워서 관리하여 울릉도에 사람이 들어가지 못하였기에 독도의 위치에 대한 오류가 발생하기도 했다. 일본의 경우는 1696년 막부가 도항을 금지하여 울릉도와 독도가 원래부터 일본영토가 아님을 스스로 인정하였기에 일본인들은 독도에 왕래하지 않았다.

넷째, 1876년 강화도조약에서 일본의 강요로 부산, 인천, 원산항이 개항되어 일본인들이 독도를 거처 울릉도에 들어갔고, 독도의 존재도 부각되었다. 한 일본어부는 1903년부터 독도에서 강치잡이를 했다. 이때 한국정부는 일본인들이 울릉도, 독도에 침입한 사실을 확인하고 1882년 이규원 검찰사를 파견하여 조사한 뒤 울릉도에 거주민을 이주시켰고, 1900년 칙령41호로 울도군을 설치하여 울릉도에 잠입한 일본인들을 퇴출시켰고, 울릉도 사람들은 독도에 왕래했다.

다섯째, 일본은 1904~5년 러일전쟁을 일으키고 한일 의정서와 제1차 협약을 강요하여 내정을 간섭하고 전시 중에 한국의 영토를 함부로 점유했고, 동시에 은밀한 방법으로 독도를 편입하는 형식으로 탈취해가려고 했다. 1년 후 시마네현 관리들이 독도를 거쳐 울릉도의 심흥택 울도군수를 방문하여 몰래 그 사실을 알렸다. 심 군수는 긴급으로 바로 이튿날 중앙정부에 보고했고, 한국정부는 통감부에 항의하여 일본의 독도 탈취 행위를 부정하고 독도의 영유권이 한국에 있음을 명확히 했다.

여섯째, 일제 한국 강점기에는 시마네현 어민들이 독도에 왕래하여 강치를 모조리 포획하여 멸절시켰다. 이런 독도를 포함한 일제의 한국 강점은 연합국의 정책으로 불법임을 확정했다.

일곱째, 패전으로 일본을 강점한 연합국은 1946년 독도를 한국영토로 인정하였고 한국어민들은 독도에 상륙하고 주변 바다에서 조업했다. 1948년 주일미군이 독도를 폭격연습장으로 삼았고 오폭사건으로 한국어민 30명을 희생시켰다. 한국정부의 항의로 미국은 독도를 한국영토로 인정하고 피해를 보상했고, 일본인들은 독도와 주변 바다에 접근할 수 없었다.

여덟째, 1951년 대일평화조약에서 미국은 일본의 로비를 받고 연합국이 독도를 한국영토 인정했던 입장을 바꾸었다. 그러나 영연방국가인 영국, 호주, 뉴질랜드가 이의를 제기하여 최종적으로 양자는 '분쟁지역인 무인도는 법적 지위의 결정을 유보하고, 유인도는 신탁 통치한다'라고 결정하여 무인도였던 독도의 소속을 분명히 하지 않았다. 그래서 1952년 이승만 대통령은 주권을 보호하기 위해 실효적 점유상태에 있던 독도를 포함하는 평화선을 선언하여 일본인들의 침입을 원천적으로 차단했다.

아홉째, 1952년 평화선 조치에 항의하여 일본어민들이 독도 상륙을 시도했다. 이때에 1953년 울릉도 청년들이 독도에 상륙하여 이를 막았고 1954년에는 의용수비대를 결성하여 처음으로 독도에 한국인이 상주하게 되었다. 그해 독도에 막사와 등대를 설치하였고 바위에 '한국령' 표시를 새겼다. 1956년에는 정식으로 울릉경찰이 독도에 주둔했다. 이에 대해 일본정부와 시마네현 주민들은 항의했다.

열째, 한일협정에서 국교를 맺는 과정에 일본정부는 독도영유권을 정식으로 해결하고 주장했고, 한국정부는 독도가 명백한 대한민국 영토라는 입장을 관철시켜 비밀협상으로 '현상유지'라는 실효적 점유상태를 인정받았다. 2006년에는 일본 측량선이 독도진입을 시도하여 이를 후퇴시킨 후, 한국정부는 전적으로 관광객의 독도 입도를 허가했다. 현재의 독도는 주민, 관리공무원, 경찰 등 40여명의 한국 사람이 정주하는 한국의 영토이다.

이처럼 독도는 한국 사람들이 왕래한 인문학적 관점에서 보더라도 고대시대 이후 줄곧 한국이 관할 통치해온 영토였다. 반면 유사 이래 일본사람들은 합법적으로 한 번도 독도에 들어간 적이 없었다.

人文学で見る韓国の領土、独島の領有権

過去、東海は、韓日両国の国境地帯だった。東海の韓国側には韓国人が暮らしている欝陵島があり、日本側には、日本人が住む隠岐島があった。そして、欝陵島と隠岐島の間には大きな岩の島である独島がある。独島は人が暮らすことができない島だったが、87km地点の可視距離に欝陵島があって欝陵島の人々が往来する島だった。一方、隠岐島から157km離れており、互いに見えないから日本人たちが独島に往来しなかった。

島の領有権は島に住む人々の国籍と同じである。ところが、独島は人が住めない岩の島だが、欝陵島から眺められる島だったため、韓国が領有権を持っていた。

それなら韓国の人たちはいつから独島に往来したのだろうか。また、日本も独島について領有権を主張しているが、日本人はいつから独島を知るようになったのだろうか。独島の人文学について説明してみている。

第一に、古代と高麗時代には欝陵島に人たちが住んでいたことから、欝陵島の人々が見渡せる島独島に自然に往来したため、所有意識が生まれ、国家も領有意識を持つようになった。一方、隠岐島からは、独島が見えないため、日本は所有意識すらなかった。

第二に、朝鮮政府は500年間連れ帰り政策で欝陵島を空けて管理した。とくに壬辰倭乱(文禄・慶長の役)以降1625年から1692年までは日本人の漁師が留守の欝陵島に70年余りの間密かに往来し、欝陵島の経済を略奪した。この時に渡海した日本人は独島を寄港地としたため、独島の存在についてよく知っていた。しかし、日本国家は領有意識を持っていない。

一方、韓国は連れ帰り政策で、欝陵島に人が住んでいなかったが、古代、高麗時代を継承して「于山島」という名前で独島に対する国家の領有意識はその

まま存在した。

ただし刷還政策により欝陵島に人が住んでいなかったため、「于山島」の位置や形状に関する間違いが生じたりもした。

第三に、1692年から1696年の間、安竜福事件で、韓日両国間に欝陵島、独島の領有権紛争が発生した。

この事件で日本政府は欝陵島と独島が韓国領土であることを認めており、朝鮮政府は島の位置と形状が曖昧だった独島の存在をも確認して欝陵島とともに領土として管理した。

その後1882年、朝鮮政府が欝陵島と独島を開拓するまで180年間、島を空けて管理し、欝陵島に人が入らなかったため、独島の位置に対するエラーが発生したりもした。

日本の場合は1696年幕府が渡航を禁止し、欝陵島と独島はもともと日本の領土ではないことを自ら認めたので、日本人たちは、独島に往来しなかった。

第四に、1876年、江華島条約で、日本の強要で釜山、仁川、元山港が開港され、日本人が独島を経て欝陵島に入ったので、独島の存在も浮き彫りにされた。

中井三養郎という日本の漁師は1903年から独島でアシカ漁をした。この時、韓国政府は、日本人が欝陵島、独島に侵入した事実を確認して1882年李奎遠検察使を派遣して調査した後、欝陵島に居住民を移住させ、1900年勅令41号で欝島郡を設置して欝陵島に潜入していた日本人らを退出させ、欝陵島の人々は、独島に往来した。

第五に、日本は1904~5年、日露戦争を起こして日韓議定書と第1次協約を強要して内政に干渉して戦時中に韓国の領土をむやみに占有し、同時には、密かな方法で独島を編入する形で奪取しようとした。1年後、島根県の官吏たちが独島を経て、欝陵島の沈興沢欝島郡守を訪問して密かにその編入事実を知らせ

た。沈郡守は大急ぎで、翌日には中央政府に報告し、韓国政府は統監府に抗議し、日本の独島の奪取行為を否定し、独島の領有権が韓国にあることを明らかにした。

第六に、日本の韓国占領期には島根県の漁民たちが独島に往来してアシカをすべて捕獲し、絶滅させた。このような独島を含めた日本の韓国強制占領は、連合国の政策で不法であることを確定した。

第七に、敗戦で日本を占領した連合国は1946年、独島を韓国領土と認めており韓国の漁民たちは、独島に上陸して周辺の海で操業した。1948年、駐日米軍が独島を爆撃練習場とし、誤爆事件で韓国漁民30人を犠牲にした。韓国政府の抗議で米国は、独島を韓国領土に認めていて被害を補償し、日本人たちは、独島と周辺の海に接近できなかった。

第八に、1951年対日平和条約で、米国は、日本のロビーを受けて以前に連合国が独島を韓国領土と認めした立場を変えて、独島が日本の領土であるとした。しかし、英連邦国家である英国、豪州、ニュージーランドが異議を提起して最終的に両者は「紛争地域である無人島は法的な地位の決定を留保して、有人島は信託統治する」と決定し、無人島だった独島の所属を明らかにしなかった。

それで1952年、李承晩大統が主権を保護するため、実効的な占有状態にいた独島を含む平和線を宣言して日本人の侵入を源泉的に遮断した。

第九に、1952年平和線の措置に抗議して日本の漁民が独島への上陸を試みた。この時に1953年、欝陵島の青年たちが独島に上陸し、これを阻止し1954年には義勇守備隊を結成して初めて独島に韓国人が常駐するようになった。同年、独島に兵舎や灯台を設置し、岩石に「韓国領」という表示を刻んだ。1956年には正式に欝陵警察が独島に駐留した。これに対して日本政府と島根県住民たちは抗議した。

제2장
전근대 일본의 독도 영유권의 날조

第2章
前近代日本の独島領有権の捏造

| 일본정부의 독도 영유권 날조 : "역사적으로 일본의 다케 시마는 오래되었고, 한국의 독도는 없었다"?

독도는 역사적 지리적 영토권원을 바탕으로 오늘날 한국이 국제법적으로 관할통치하고 있는 고유영토이다. 그런데 일본 외무성 홈페이지에 오히려 일본이 역사적으로나 국제법적으로 일본의 고유영토라고 사실을 날조하고 있다. 역사적으로는 '일본국이 '다케시마'(울릉도)와 '마쓰시마'(독도)의 존재를 옛날부터 인지하고 있었던 것은 '개정일본여지로정전도(改正日本輿地路程全図)'(1779년 초판)등 각종 지도나 문헌에서도 확인할 수 있다'라고 하여 독도뿐만 아니라 울릉도도 일본이 먼저 발견하였다고 주장한다. '한국이 예로부터 다케시마를 인식하고 있었다는 주장에는 근거가 없다'라고 하여 한국의 관찬 고문헌의 증거를 모두 부정하고 있다. 그 이유는 일본이 1905년 시마네현고시 40호로 국제법에 따라 독도가 무주지(無主地)라서 선점하여 일본영토가 되었다는 주장을 정당화하기 위해 1905년 이전에 한국영토로서의 증거를 모두 부정해야 했기 때문에 억지 주장을 펼 수밖에 없다.

첫째,『삼국사기』에 대해, 일본은 '우산국이었던 울릉도가 512년 신라에 귀속되었다는 기술은 있지만 '우산도'에 관한 언급은 없다'라고 하여 독도에 관한 기록이 없기 때문에 독도의 영유권과 무관하다는 것이다. 역사는 정황증거로 추량하여 해석하기도 한다. 고고학에 의한 역사는 대부분 추량이다. 일본은 신화를 바탕으로 712년의 고지키, 720년의 일본서기에서 BC 660년에 건국되었다고 일본역사를 기록했다. 독도는 사람이 거주할 수 없는 바위섬이고 울릉도에서 바라다 보이기 때문에 울릉도 사람들이 어장으로 활용하였다고 추량된다. 만일『삼국사기』에 '울릉도에 우산국이 있었다'라는 기록이 없었다면, 울릉도에서 바라다 보이는 독도의 역사를 쓸 수 없었을 것이다.

둘째,『태종실록』(1417년)에 대해, 일본은 "조선의『태종실록』에 나와 있는 '우산도'에 관한 기술을 보면 '우산무릉등처안무사 김인우가 우산도에서 돌아와 토산물인 대죽(大竹)·수우피(水牛皮)·생저(生苧)·면자(綿子)·검박목(檢樸木) 등을 바쳤다. 또 그곳의 거주민 3명을 데리고 나왔는데, 그 섬의 호수는 15가구, 남녀 86명이었다' 등 다케시마의 실상과는 맞지 않는 점들이 있어 오히려 울릉도를 상기시키는 내용이다"라고 하여 우산도와 울릉도가 동일한 섬이라고 주장한다. 김인우가 '우산무릉등처'안무사이었기에 분명히 우산도와 무릉(울릉)도는 별개의 섬이다.『세종실록』(1454년)에도 동해의 "우산도, 울릉도 두 섬은 날씨가 맑으면 서로 바라볼 수 있다"라고 하여 두 섬 간의 거리를 정확히 기술하여 '우산도, 울릉도'가 2개의 섬임을 명확히 했다. 지금의 독도는 원래 명칭이 없었는데, 1417년경 처음으로 우산도라고 명명되었다. 안무사 김인우가 '우산도에서 돌아왔다'고 말했던 것은 '우산, 무릉(울릉)등처안무사'로서 '우산, 울릉' 순으로 섬이 나열되어 있는 것처럼 맨 먼저 도달한 섬이기에 '우산도에서 돌아왔다'라고 했던 것에 불과하다. 분명히 1417년의 '우산무릉등처안무사', 1454년의『세종실록』(지리지)에서 '우산도와 울릉도'는 별개의 두 섬으로 인식되었다. 또한 1693년 안용복 사건으로 울릉도와 우산도의 존재와 위치가 명확히 확인된 이후에는『동국문헌비고』(1770년)에서는 김인우가 사람을 데리고 돌어온 섬이 '우산도'가 아니고 울릉도였음을 수정했다.

셋째,『신증동국여지승람』(1531년) 에 대해, 일본은『신증동국여지승람』에 첨부된 팔도총도에 울릉도와 '우산도'가 별개의 2개 섬으로 그려져 있지만 '우산도'는 울릉도와 거의 같은 크기로 그려져 있으며, 더욱이 한반도와 울릉도 사이(울릉도의 서쪽)에 위치하는 점 등으로 보아 실제로 존재하지 않는 섬'이라고 하여 우산도는 독도가 아니고 실제로 존재하지 않는 섬이라고 하였다. 1531년의『신증동국여지승람』은 1417년의『태종실록』, 1454년의『세종실록』(지리지)를 그대로 답습하여 '팔도총도'에 '우산도,울릉도' 순으로 두 섬의 존재를 나타내었던 것이다. 이처럼 지금의 독도에 해당하는 우산도에 대한 오류는 1403년부터 1881년까지 쇄환정책으로 울릉도에 사람의 거주를 금하여 정보가 부족했기 때문이다. 실제로 그 이전 신라의 우산국, 고려의 우산성 시기에는 울릉도에 사람이 살았기 때문에 2개의 섬으로써 울릉도는 물론이고 독도에 대한 정보도 정확했다. 그래서 '2개의 섬'이라는 정보가『태종실록』,『세종실록』,『동국여지승람』등을 거쳐 후세에 정확히 전해졌던 것이다. 특히 태종 때는 무인도인 독도에 대해 '우산도'라는 명칭을 정하고 지리지에 '우산도, 울릉도' 2섬을 표기하여 영토의식을 명확히 했다.

넷째,『동국문헌비고』계통에 대해, 일본은 "한국측은『동국문헌비고』(1770년)『만기요람』(1808년)『증보문헌비고』(1908년)에 여지지(輿地志)를 인용하여 '우산도는 일본이 말하는 마쓰시마이다'라고 기술되어 있어, 우산도가 독도(다케시마의 한국명)인 것이 분명하다고 주장하고 있다. 이에 대해 '여지지' 본래의 기술을 보면, 우산도와 울릉도는 동일한 섬이라고 되어 있으며, 『만기요람』 등의 기술은 안용복이라는 인물의 신빙성이 낮은 진술을 무비판적으로 받아들인 또 다른 문헌인 『강계고(彊界考)』(1756년)를 근거로 한 것"이라고 하여 울릉도와 우산도가 동일한 섬이라고 했다. 우산도가 지금의 독도라고 하는 명명백백한 고문헌 기록조차도 비과학적인 논리로 '신빙성이 없다'고 하여 사실을 날조했다. 1693년 안용복 사건 때 안용복에 의해 울릉도의 쇄환정책으로 정보가 부족하여 막연했던 '우산도 울릉도' 2개의 섬 존재를 명확하게 확인되었다. 그 이후 1770년의 『만기요람』, 1808년의 『만기요람』, 1908년의 『증보문헌비고』까지 우산도가 지금의 독도임을 명확히 기록했다. 그럼에도 불구하고 일본은 우산도는 지금의 독도가 아니고 울릉도와 동일한 섬이거나 실제로 존재하지 않은 섬이라고 우긴다.

日本政府の独島領有権の捏造：「歴史的に日本の竹島は久しく、韓国の独島はなかった」？

独島は、歴史的かつ地理的領土権原を土台で今日韓国が国際法上に管轄統治している固有領土である。しかし、日本外務省のホームページに、むしろ日本が歴史的にも国際法的にも日本の固有領土であるという事実を捏造している。歴史的には日本国が「竹島」(欝陵島;江戸時代の名称)と「松島」(独島)の存在を昔から認知していたのは「改正日本興地路程全図」(1779年初版)など各種地図や文献でも確認できるとし、独島だけでなく欝陵島も日本が先に発見したと主張する。「韓国が古くから竹島(1905年編入以後の名称)を認識していたという主張には根拠がない」とし、韓国の官撰の古文献の証拠を全て否定している。その理由は、日本が1905年「島根県告示40号」で国際法に基づき、独島が無主地であったので先取りし、日本領土になったという主張を正当化しなければならなかった。それゆえ、1905年以前韓国領土としての証拠を全て否定しなければならなかったので強引な主張を展開せざるを得ない。

第一に、『三国史記』について、日本は「于山国だった欝陵島が512年新羅に帰属したという記述はあるが、「于山島」に関する言及はない」とし、独島に関する記録がないため、独島の領有権と無関係だということだ。歴史は状況証拠として推量して解釈したりもする。考古学による歴史はほとんどが推量である。日本は神話に基づき、712年の「古事記」、720年の「日本書紀」からBC660年に建国されたと日本の歴史を記録している。独島は人が居住できない岩礁で、欝陵島から眺められるため、欝陵島の人々が漁場として活用したと推量される。もし『三国史記』に「欝陵島に于山国があった」という記録がなかったら、欝陵島から眺められる独島の歴史を言うことができなかったのだ。

第二に、『太宗実録』(1417年)について、日本は「朝鮮の『太宗実録』に出て

くる「于山島」に関する記述を見ると、「于山、武陵など安撫使であった金麟雨が于山島から帰ってきて、土産物の大竹、水牛皮、生贄、綿子、剣箭木」などを朝廷に捧げた。また、その島の居住民3人を連れて来たが、その島の居住民は15世帯、男女86人だった」など、「今の独島(于山島)の実状とは合わない点がある。かえって鬱陵島を想起させる内容だ」とし、于山島と鬱陵島が同一の島だと主張する。金麟雨が「于山、武陵等処」の安撫使だったので、明らかに于山島と鬱陵島は別の島である。『世宗実録』(1454年)にも東海の「于山島、鬱陵島の二つの島は天気が晴れる日、お互いに眺めることができる」とし、二つの島との間の距離を正確に記述して「于山島と鬱陵島」が2つの島であることを明確にした。現在の独島は本来名称がなかったが、1417年頃に于山という名称ができたのだ。安撫使であった金麟雨が「于山島から帰ってきた」と言ったのは、「于山、鬱陵などの安撫使」として「于山、鬱陵」の順に島が並んでいるように、最初に到達した島なので「于山島から帰ってきた」と言ったに過ぎない。明らかに1417年の「于山武陵等処安撫使」、1454年の『世宗実録』(地理誌)では「于山島と鬱陵島」は別の2つの島として認識されている。また、1693年の安竜福事件により実際に鬱陵島と于山島の存在と位置が明確に確認された後、『東国文献備考』(1770年)では金麟雨が人を連れて帰ってきた島が「于山島」ではなく鬱陵島であったことが修正されて、于山島は日本で言う「松島」であると言った。

　第三に、『新増東国輿地勝覧』(1531年)について、日本は『新増東国輿地勝覧』に添付された「八道総島」に、鬱陵島と于山島が別の2つの島で描かれているが、于山島は鬱陵島とほぼ同じ大きさで描かれており、さらに、韓半島と鬱陵島の間の鬱陵島の西側に位置する点などから実存しない島だとして于山島は独島ではないと言った。1531年の『新増東国輿地勝覧』は1417年の『太宗実録』、1454年の『世宗実録』「地理誌」をそのまま踏襲し、「八道総図」に「于山島、鬱陵島」の順に二つの島の存在を表したのである。このように現在の独島に該当す

る于山国について間違いを生じた原因は、1403年から1881年まで刷還政策で欝陵島に人の居住を禁じて情報が不足したためだ。実際にそれ以前の新羅の于山国、高麗の于山城の時期には欝陵島に人が住んでいたので東海の2つの島として欝陵島はもちろん、独島についての情報も正確だった。そこで「2つの島」という情報が『太宗実録』、『世宗実録』、『新増東国輿地勝覧』などを経て後世に正確に伝わったのである。特に太宗の時には無人島である独島に対して、「于山」という名称を定められて地誌に「于山島、欝陵島」2つの島の存在を表記して領土意識を明確にした。

第四に、『東国文献備考に』ついて、「韓国側は『東国文献備考』(1770年)、『万機要覧』(1808年)、『増補文献備考』(1908年)に「輿地志から引用して于山国は日本でいう松島だ」と記述されており、于山島が独島であることは確かだと主張している。これに対し、日本は『輿地志』の本来の記述を見ると、于山島と欝陵島は同一の一つの島であるとされ、『東国文献備考』などの記述は、安竜福という人物の信頼性の低い陳述を無批判的に受け入れたもう一つの文献である疆界考(1756年)を根拠にしたものであるとし、欝陵島と于山島が同一の島であるとした。このように日本は、于山国が現在の独島であるという明白な古文献記録さえも非科学的な論理で「信憑性がないとし事実を捏造した。1693年の安竜福事件の際、欝陵島の刷還政策により情報が不足し、漠然としていた「于山島・欝陵島」2つの島の存在が安竜福によって実際に明確に確認された。その後1770年の『東国文献備考』、1808年の『万機要覧』、1908年の『増補文献備考』まで于山島が現在の独島であることを明確に記録した。それにもかかわらず、日本は于山国は現在の独島ではなく、欝陵島と同一の島であると言ったり、実際に存在しない島だと言い張っている。

‖ 일본정부의 독도 영유권 날조 : "'독도는 한국 고유 영토' 근거가 없다"?

독도는 고문헌으로도 입증되는 명백한 대한민국의 고유영토이다. 그런데 일본정부는 '외무성' 홈페이지를 통해 독도가 한국의 고유영토가 아니라고 사실을 날조하여 대내외적으로 선동하고 있다.

첫째, 일본정부는 '한국이 예로부터 다케시마(독도의 일본명)를 인식했다는 주장에는 근거가 없습니다. 한국측은 조선의 고문헌『삼국사기(三国史記)』(1145년),『세종실록지리지(世宗実録地理誌)』(1454년),『신증동국여지승람(新増東国興地勝覧)』(1531년),『동국문헌비고(東国文献備考)』(1770년),『만기요람(万機要覧)』(1808년),『증보문헌비고(増補文献備考)』(1908년) 등의 기술을 근거로 '울릉도'와 '우산도'라는 2개의 섬을 오래 전부터 인지하고 있었으며, 그 '우산도'가 바로 현재의 다케시마라고 주장하고 있습니다'라고 날조했다. 조선의 고문헌에 등장하는 '우산도'는 지금의 독도임에 분명하다. 고문헌에 동해에 울릉도와 우산도 2개의 섬이 존재한다고 명시하고 있지 않은가? 이들 고문헌에 섬의 크기나 위치가 오늘날과 똑같지 않는 것은 지극히 당연하다. 왜냐하면, 12세기~16세기까지는 과학기술이 발달하지 못했 기 때문이다. 하지만 18세기 이후,『만기요람』에는 우산도가 지금의 독도임을 정확하게 나타내고 있다.

둘째, 일본정부는 '『삼국사기』를 보면 우산국이었던 울릉도가 512년 신라에 귀속되었다는 기술은 있지만 '우산도'에 관한 언급은 없습니다. 또한 조선의 다른 고문헌에 나와 있는 '우산도'에 관한 기술을 보면 그 섬에는 많은 사람들이 살고 있으며 큰 대나무가 자라고 있다는 등 다케시마의 실상과는 맞지 않는 점들이 있어 오히려 울릉도를 상기시키는 내용입니다'라고 날조했다. '우산도'라는 명칭은 조선 초기에 만들어진 명칭으로써,『신찬팔도지리지』(1432년)에 처음으로 울릉도와 더불어 우산도가 조선영토임을 명확히 기록하고 있다. 512년 우산국이 신라에 복속되었던 그 시절은 무인 고도(孤島)로서 단지 공해와 같은 섬이었기 때문에 그 명칭이 고문헌에 기록될 정도로 중요한 섬이 아니었다.

셋째, 일본정부는 '한국측은,『만기요람』,『증보문헌비고』 그리고『만기요람』에 '여지지(輿地志)'를 인용하여 '우산도는 일본이 말하는 마쓰시마이다'라고 기술되어 있어, 우산도가 독도(다케시마의 한국명)인 것이 분명하다고 주장하고 있습니다. 이에 대해 '여지지' 본래의 기술을 보면, 우산도와 울릉도는 동일한 섬이라고 되어 있으며,『동국문헌비고』등의 기술은 '여지지'에서 직접 올바르게 인용된 것이 아니라고 비판하는 연구도 있습니다. 그러한 연구에서는,『동국문헌비고』등의 기술은 안용복이라는 인물의 신빙성이 낮은 진술을 무비판적으로 받아들인 또 다른 문헌『강계고(彊界考)』(1756년)를 근거로 한 것이라고 지적하고 있습니다'라고 날조했다.『동국문헌비고』에 인용된 '여지지'는 누가 지은 어떤 고문헌인지에 대한 설명이 전혀 없다. 그럼에도 불구하고 '여지지 본래의 기술을 보면'이라고 하여 자신의 필요로 하는 특정의 '여지지'를 함부로 갖고 와서 결론을 내리는 것은 사실을 날조하는 행위이다.

독도가 한국의 고유영토이라는 사실은 한일 양국의 고문헌에서 확인했다. 고유영토라는 것은 건국과 더불어 타국의 영토가 된 적이 없는 고유의 것을 말한다.

첫째,『삼국사기(三国史記)』(1145년)에는 '울릉도에 우산국이 있었고, 이 우산국은 512년에 신라에 복속되었다'라고 기록되어 있다. 울릉도에 사는 우산국사람들은 지금의 독도가 너무 멀리 떨어져 있지 않아 두 눈으로 바라볼 수 있었기 때문에 영토로서 삶의 터전이었다는 사실은 누구나 쉽게 짐작할 수 있다. 그래서『동국문헌비고』(1770년)에서는 '울릉도와 우산도는 모두 우산국의 영토'라고 기록되어 있다. 반면 참고로 일본사람이 살았던 일본의 오키섬에서는 너무 멀리 떨어져 있어 독도가 보이지 않아서 고유영토가 될 수 없다.

둘째, 독도가 한국의 고유영토임을 증명하는 최초의 문헌적 증거는『신찬팔도지리지』이다.『신찬팔도지리지』는 현존하지 않지만, 동일한 내용이 그대로『세종실록』(지리지)에 전재되었다.『신찬팔도지리지』는 1425년에 편찬된 '경상도지리지'를 포함해서 각도의 지리지를 합쳐 1432년에 편찬되었다. 조선조정이 왜구의 도둑질과 피역(避役)을 위해 도망한 백성들의 울릉도 거주를 막기 위해 울릉도를 비우기 시작한 것은 1403년이다. 이 문헌은 울릉도를 비운 후, 불과 20~30년 지난 시점에 편찬되었다. 따라서 당시 조정은 '울릉도와 우산도가 날씨가 맑고 바람이 불면 두 섬은 서로 바라볼 수 있다'고 하는 영토인식을 갖고 있었다.『신찬팔도지리지』는 기존의 지리지를 답습한 것이 아니고, 우산도, 울릉도 2섬이 실제로 존재한다는 영토인식을 바탕으로 집필된 것임에 분명하다.

셋째,『세종실록』(지리지)는 1454년에 편찬되어『신찬팔도지리지』보다 22년 후에 편찬되었고, 1403년 울릉도를 비우기 시작한 시점에서 보면 51년의 세월이 지난 시점에 편찬되었다. 울릉도에 사람이 살지 않아 울릉도에서만 바라볼 수 있는 실제의 우산도는 확인할 수 없었다. 그래서『세종실록』(지리지)는 최초의 관찬 지리지인『신찬팔도지리지』를 그대로 답습하여『세종실록』의 부록에 첨부한 것이다.

넷째,『고려사』(지리지)에는 본론에 울릉도에 관해 '지방100리'라고 서술하고, 그 말미에 '일설에 의하면'이라고 하여 우산도, 울릉도 2도가 존재한다고 단서를 달았다. 다시 말하면 본섬은 울릉도이고 부속도서로서 우산도가 존재하여 '본래 2섬'이었다고 기록한 것이다.『고려사』(지리지)도『신찬팔도지리지』내용을 표본으로 하였던 것이다. 그것은『신찬팔도지리지』에 울릉도에 대해서는 상세하게 기록되어 있지만, 우산도에 관한 상세기록이 없어 추정하는 형식으로 기술한 것이다. 따라서 편찬 시기에 대해, 내용적으로 볼 때 『세종실록』(지리지)는 1454년에 완성되었지만, 『신찬팔도지리지』(1432년)를 그대로 답습하였기 때문에 1451년에 편찬된 『고려사』(지리지)보다 훨씬 빠른 시기에 집필되어 비교적 내용이 정확하다. 그런데 『고려사』(지리지)는 집필시기가 늦고 『신찬팔도지리지』를 답습하면서도 우산도의 존재에 대해서는 추측성으로 기록하였던 것이다.

다섯째, 『신증동국여지승람』(1530년)에는 본론에 '우산도와 울릉도 2섬은 바람이 불고 날씨가 맑은 날 서로 바라볼 수 있다'라고 하고 부연 설명으로 '일설에 의하면 우산도와 울릉도는 본래 1도'라고 기록되었다. 시기적으로 『신찬팔도지리지』(1432년)보다 98년 후에 집필된 것이기 때문에 최초의 지리지인 『신찬팔도지리지』를 표본으로 삼지 않을 수 없었다. 그런데 『고려사』(지리지)가 '일설에 의하면 2도'라고 하여 추측성으로 표기하였기 때문에 『신증동국여지승람』에서는 '팔도총도'를 삽입하여 '우산도와 울릉도' 2도를 지도로 그리기까지 하면서도, 표본으로 한 여러 지리지에 우산도에 관한 상세한 기술도 없고, 실제로 확인되지도 않았기 때문에 그 존재를 의심했던 것이다. 『신증동국여지승람』(1530년)은 1403년 울릉도 도항을 금지한 후 127년이 지난 시점에 편찬되었고, 『신찬팔도지리지』(1432년)보다는 98년이나 지난 시점에 편찬되었다. 『신찬팔도지리지』, 『세종실록』(지리지)에는 2섬의 존재를 명확히 했고, 『고려사』(지리지)에는 '일설에 의하면 2섬'이라고 추측했고, 『신증동국여지승람』에서는 가장 오래된 『신찬팔도지리지』를 표본으로 2도의 존재를 기술했지만, 우산도와 울릉도는 '동일한 섬'일 수도 있다고 추측하였다. 결론적으로 가장 중요한 것은 우산도는 두 눈으로 확인할 수 없어 세월이 지날수록 추측이 난무했지만, 가장 오래된 『신찬팔도지리지』를 표본으로 하여 '동해상에 영토로서 우산도, 울릉도 2도가 존재한다'고 기록했다는 점이다.

여섯째, 『동국문헌비고』(1770년)는 『신증동국여지승람』(1530년)보다 240년 후에 편찬되었지만, 울릉도와 우산도에 대해 기존의 지리서와는 완전히 다른 내용으로 편찬되었다. '본래 '울릉도-우산도' 두 섬은 우산국의 영토이고, 우산도는 일본이 말하는 송도라고 하여 우산도의 위치(울릉도-우산도)나 존재에 대해 아주 명확하게 기술하였다. 그 이유는 1693~1696년 안용복 사건으로 2차례나 일본에 도일했던 안용복에 의해 울릉도와 우산도의 위치나 존재가 명확히 밝혀졌기 때문이다. 이후에 집필된 『만기요람』(1808년), 『증보문헌비고』(1908년)는 내용적으로 정확한 『동국문헌비고』를 표본으로 삼아 울릉도, 우산도의 영토의식을 명확히 했다.

일곱째, 일본의 고문헌으로써 최초로 독도가 등장하는 『은주시청합기』에는 "일본의 경계는 오키섬까지이고, 그 서북쪽에는 고려의 영토인 죽도(울릉도)와 송도(독도)가 있다"고 기록되어있다. 전근대시대의 1695년 돗토리번, 1696년 막부는 울릉도와 더불어 독도는 일본의 영토가 아니라고 했다. 근대시대의 메이지정부도 막부의 인식을 바탕으로 1870년('울릉도와 독도가 조선영토가 된 시말'), 1877년(태정관지령, 기죽도약도) 2번에 걸쳐 공식적으로 울릉도와 독도는 일본영토가 아니라고 명시했다.

이처럼 독도는 울릉도와 더불어 한일 양국의 고문헌이 증명하는 한국의 고유영토임에 분명하다. 그럼에도 불구하고 오늘날 일본 정부는 일제가 침략한 한국의 고유영토 독도에 집착하여 영토적 권원까지 날조해서 영유권을 주장하는 것은 우의를 다져야 할 한일 양국의 미래세대들을 생각하면 참으로 안타깝기 그지없다.

日本政府の独島領有権の捏造：『独島は韓国の固有領土』 としての根拠がない?

独島は古文献からも立証される明白な大韓民国の固有領土である。ところで日本政府は「外務省」ホームページを通じて独島が韓国の固有領土でないと事実を捏造して国内外に扇動している。

第一、日本政府は「韓国が昔から竹島(独島の日本名)を認識したという主張には根拠がありません。韓国側は朝鮮の古文献『三国史記』(1145年)、『世宗実地』「地理誌」(1454年)、『新増東国輿地勝覧』(1531年)、『東国文献備考』(1770年)、『万機要覧』(1808年)、『増補文献備考』(1908年)などの朝鮮の古文献に登場する「于山島」は現在の独島に間違いないと主張している。」と独島の領有権を否定している。しかし、古文献に東海に、欝陵島と于山島という2つの島が存在すると明示しているのではないのか。これらの古文献に島の大きさや位置が今日と同じでないのは当然だ。なぜなら、12世紀~16世紀までは科学技術が発達していなかったからである。安竜福が独島を確認した安竜福事件以後の18世紀以降、『東国文献備考』には于山島が現在の独島であることを正確に示している。

第二、日本政府は、「『三国史記』を見ると、于山国だった欝陵島が512年、新羅に帰属したという記述はありますが、于山島に関する言及はありません。また、朝鮮の他の古文献に出ている于山島に関する記述を見ると、その島には多くの人たちが住んでおり、大きな竹が育っているというなど、竹島の実状とは合わない点がある。かえって欝陵島を想起させる内容です」と捏造した。「于山島」という名称は朝鮮初期に作られたもので、「新撰八道地理誌」(1432年)に初めて欝陵島とともに于山島が朝鮮の領土であることを明確に記録している。512年に于山国が新羅に服属されたあの時代は無人の孤島としてただ公海のような島だった

ため、その名称が古文献に記録されるほど重要な島ではなかった。

第三、日本政府は、「韓国側は、『東国文献備考』、『増補文献備考』そして『万機要覧』に『輿地志』を引用して「于山国は日本のいう松島だ」と記述されており、于山島が独島(竹島の韓国名)のことは確かだと主張しています。これに対して『輿地志』の本来の記述を見ると、于山島と欝陵島は同一の島となっており、『東国文献備考』などの記述は『輿地志』から正しく引用されたものではないと批判する研究もあります。そのような研究では、『東国文献備考』などの記述は、安竜福という人物の信頼性の低い陳述を無批判的に受け入れたもう一つの文献である『疆界考』(1756年)に基づいたものである」と古文献の解釈を捏造している。『東国文献備考』に引用された『輿地志』は誰が作ったどんな古文献なのかについての説明が全くない。にもかかわらず、「輿地志の本来の記述を見ると」として自らの必要とする特定の「輿地志」をむやみに持ち出して結論を下すことは事実を捏造する行為である。

独島が韓国の固有の領土という事実は、韓日両国の古文献から確認した。

固有領土というのは建国とともに他国の領土になったことのない固有のものをいう。

まず、『三国史記』(1145年)には「欝陵島に于山国があり、この于山国は512年に新羅に服属された」と記されている。欝陵島に住む、于山国の人々は、今の独島があまりにも遠くに離れておらず、二つの目で眺めることができたため、領土として生活の場だったという事実は誰もが容易に推測できる。したがって『東国文献備考』(1770年)には「欝陵島と于山島は共に于山国の領土」と記されている。一方、参考に日本人が住んでいた日本の隠岐島から遠く離れていて、独島が見えなくて固有の領土にはなれない。

第二に、独島が韓国の固有領土であることを証明する最初の文献的な証拠は『新撰八道地理誌』だ。『新撰八道地理誌』は現存しないが、同一の内容がその

まま『世宗実録』地理誌に転載された。

　『新撰八道地理誌』は1425年編纂の『慶尚道地理誌』を含め、各道の地理誌を合わせ、1432年編纂された。朝鮮朝廷が倭寇の盗みと避役のために逃亡した民たちの欝陵島居住を防ぐために欝陵島を空き始めたのは1403年だ。この文献は欝陵島を空けてからわずか20～30年が過ぎた時点で編纂された。したがって当時の朝廷は「欝陵島と于山島は天気が晴れて風が吹けば、両島は互いに眺めることができる」という領土認識を持っていたのだ。『新撰八道地理誌』は従来の地理誌を踏襲したものではなく、于山島、欝陵島の2つの島が実際に存在するという領土認識に基づいて執筆されたものであることは明らかである。

　第三に、『世宗実録』地理誌は1454年に編纂され、『新撰八道地理誌』より22年後に編纂され、1403年に欝陵島を空き始めた時点から見ると51年の歳月が過ぎた時点で編纂された。欝陵島に人が住んでいないため、欝陵島からしか眺められない実際の于山島は確認することができなかった。したがって、『世宗実録』地理誌は『新撰八道地理誌』をそのまま踏襲し、『世宗実録』の付録に添付されたものである。

　第四に、『高麗史』地理誌には本論に欝陵島に関して「地方100里」と述べ、その末尾に「一説によると」として于山島、欝陵島の2つの島が存在すると書きを付けた。言い換えれば、本島は欝陵島であり、付属島として于山島が存在し、「本来2つの島」であったと記録したのである。『高麗史』地理誌は「新撰八道地理誌」の内容を標本にしたものである。それは『新撰八道地理誌』に欝陵島については詳細に記されているが、于山島に関する詳細記録がないため推定する形式で記述したものである。したがって編纂時期について、内容的に見ると『世宗実録』地理誌は1454年に完成されたが、『新撰八道地理誌』(1432年)をそのまま踏襲したため、1451年に編纂された『高麗史』地理誌よりはるかに早い時期に執筆され、比較的に内容が正確である。ところが、『高麗史』地理誌は執筆時期が遅

く、『新撰八道地理誌』を踏襲しながらも、于山島の存在については推測性を
もって記録している。

　第五に、『新増東国輿地勝覧』(1530年)には本論に「于山島と欝陵島の2つの
島は風が吹き、晴れた日にお互いに眺めることができる」とあり、敷衍説明として
「一説によると于山島と欝陵島は本来1島」と記録されている。時期的に『新撰八
道地理誌』(1432年)より98年後に執筆されたものであるため、最初の地理誌で
あった『新撰八道地理誌』を標本とせざるを得なかった。ところが、『高麗史』地
理誌は「一説によると2つの島だ」という推測性で表記したので『新増東国輿地勝
覧』には「八道総図」を挿入し、「于山島と欝陵島」2つの島を地図として描きなが
らも、標本とした様々な地理誌に于山島に関する詳細な記述もなく、実際に確認
されていなかったので、その存在を疑ったのである。『新増東国輿地勝覧』
(1530年)は1403年の欝陵島渡航禁止後、127年が過ぎた時点で編纂され、『新
撰八道地理誌』(1432年)よりは98年も過ぎた時点で編纂された。『新撰八道地理
誌』、『世宗実録』地理誌には2つの島の存在が明確になっており、『高麗史』地
理誌には「一説によると2つの島」と推測され、『新増東国輿地勝覧』では最も古
い『新撰八道地理誌』を標本に2つの島の存在を記述しているが、于山島と欝陵
島は「同一の島」かもしれないと推測されている。結論的に最も重要なのは于山
国は両目で確認できず、歳月が経つほど、推測が飛び交ったが、最も古い『新
撰八道地理誌』を標本として「東海上に領土として于山島と欝陵島の2つの島が存
在する」と記録したという点だ。

　第六に、『東国文献備考』(1770年)は『新増東国輿地勝覧』(1530年)より240
年後に編纂されたが、欝陵島と于山島について従来の地理書とは全く異なる内
容で編纂された。もともと「欝陵島、于山島」の二つの島は于山国の領土であ
り、于山島は日本のいう松島」とし、于山島の位置(欝陵島-于山島順)や存在に
ついて非常に明確に記述している。その理由は、1693−1696年の安竜福事件

で2回も日本に渡航した安竜福により、欝陵島と于山島の位置や存在が明確になったからである。その後、執筆された『万機要覧』(1808年)、『増補文献備考』(1908年)は内容的に正確な『東国文献備考』を標本とし、欝陵島と于山島の領土意識を明確にしている。

　第七に、日本の古文献で初めて独島の存在が登場する『隠州視聴合紀』には「日本の境界は隠岐島までで、その西北には高麗の領土である竹島(欝陵島)と松島(独島)がある」と記録されている。前近代の1695年鳥取藩、1696年幕府は欝陵島とともに、独島は日本の領土でないとした。近代の明治政府も、幕府の認識をもとに1870年(「欝陵島と独島が朝鮮領土になった始末」)と1877年(太政官指令、磯竹島略図)など、2度にわたって公式的に欝陵島と独島は日本領土でないと明示した。このように独島は欝陵島とともに韓日両国の古文献が証明する韓国の固有領土であることは間違いない。それにもかかわらず、今日の日本政府は、日本が侵略した韓国の固有領土である独島に執着して領土的権原まで捏造して領有権を主張しているのは、友誼をしなければならない韓日両国の未来世代たちを思えば、まことに残念でたまらない。

▎일본정부의 독도 영유권 날조 : 『세종실록』(지리지)의 '우산도'(독도)를 부정하다

독도는 고대 우산국시대 울릉도에 사람이 살고 있었을 때는 동해상의 무인도 고도(孤島)의 암초로서 존재였다. 오늘날의 독도는 위치적으로 한국사람이 사는 울릉도에서 87.4km 거리에 위치하여 울릉도에서 바라다 보이는 거리에 있고, 반면, 일본사람들이 사는 오키섬에서는 157.5km나 떨어져 있어 육안으로 볼 수 있는 가시거리(100km) 밖에 있다.

따라서 과거 일본에서는 자연스럽게 독도를 영토로서 인식할 수 없었고, 한국에서는 울릉도에서 사람들이 왕래할 수 있는 고유영토로서 조건을 갖추고 있었다. 이러한 독도가 고유영토로서 문헌기록상 처음 등장하는 곳이 바로 1454년 집필된 관찬문헌 『세종실록』(지리지)이다.

즉 "우산도와 무릉도 두 섬은 날씨가 맑고 바람이 부는 날에는 서로 바라다 볼 수 있다"라고 하여 영토로서 동해에 '2개의 섬'이 존재한다고 명확히 기록하고 있다. 이처럼 '우산도'는 오늘날의 독도로서 분명히 울릉도와 함께 조선조정이 영토로서 인식하여 관리했던 섬이다. 『세종실록』(지리지)의 '우산도'(독도)에 관해 더 구체적으로 설명하면 다음과 같다.

① 고대 우산국시대와 고려시대 울릉도에 사람이 살았을 때는 울릉도에서 우산도(독도)가 바라다 보이기 때문에 독도의 형상이나 위치를 정확하게 알고 있었다. ② 독도는 울릉도에서 바라다 보이지만, 사람이 거주할 수 없는 2개의 암초(동도와 서도)로 되어있어 조선시대 울릉도에 사람이 거주하지 않았을 때는 독도의 위치나 형상에 대한 인지는 서서히 잊혀질 수밖에 없었다. ③ 고대시대의 독도는 섬의 가치면에서 중요하지 않은 암초이기 때문에 문헌상으로 기록이 남아있을 수 없는 섬이다. ④ 조선시대에는 고대 우산국시대와 고려시대에 동해에 울릉도와 더불어 또 다른 섬

(독도)이 존재한다는 사실이 전해졌지만, 섬의 위치나 형상에 대해 알 수 없었다. ⑤ 조선 조정이 1403년부터 울릉도를 비워서 영토관리를 시작하면서 동해 두 섬으로서 울릉도 이외의 섬에 대해 '우산도'라는 명칭을 만들었다. 울릉도를 비워서 관리한 이유는 백성들이 군역을 회피하여 울릉도에 피신하고, 또한 여진족과 왜구의 침입으로부터 울릉도에 거주민들을 보호하기 위해서였다. ⑥ 조선초기 우산도의 명칭은 만들어졌지만, 우산도의 섬의 위치나 형상에 대해 잘 알지 못하여 울릉도처럼 사람이 사는 섬으로 간주하기 시작했다. ⑦ 울릉도를 비우기 위해 도민을 쇄환하는 과정에 1417년과 1425년 조선 조정은 울릉도와 우산도에 안무사 김인우를 파견하여 2섬을 관리하도록 하였는데, 동해에 사람이 거주하는 2개의 섬이 영토로서 존재한다고 생각했다. ⑧『세종실록』(지리지)는 실제로 울릉도에 사람이 살았던 고대와 고려시대의 인식을 바탕으로 두 섬을 영토로서 인식하고, "동해에 두 섬은 바람이 불고 맑은 날에만 서로 보인다"고 영토로서 2섬이 존재한다는 사실을 지리지에 정확하게 기록으로 남겨 관리했다. ⑨ 1531년『동국여지승람』에도 동해 2섬을 영토로서 관리하게 위해 '팔도총도'를 그렸는데, 섬의 위치와 형상에 대해 정확하게 알지 못했기 때문에『세종실록』(지리지)의 기록을 바탕으로 우산도를 울릉도보다 약간 작게 그려서 동해의 2섬 모두 살 수 있는 섬처럼 비슷한 크기로 그렸다. 이처럼 조선조정이 동해에 위치한 울릉도와 우산도를 영토로서 2개의 섬을 관리하였다는 것은 분명하다.

반면 그 당시 일본은 울릉도와 독도가 보이지 않기 때문에 영토로서 인식조차하지 못했다.

일본이 독도에 대해 알게 된 것은 1625년부터 1693년 안용복 사건이 발생하기 이전에 조선영토인 울릉도에 몰래 도해하였을 때 그 길목에 위치한 독도의 존재를 처음으로 알게 되었다. 독도는 단지 바위섬에 불과했기 때문에 당시 왕래했던 어부들은 물론이고, 중앙정부나 지방관청에서는 영토로서 관심조차도 없었다. 안용복 사건으로 중앙정부인 막부가 울릉도와 더불어 독도의 존재를 알게 되었을 때는 독도를 '울릉도 내의 섬'이라고 하여 울릉도의 부속섬으로써 조선영토로 인식하였다. 근대 메이지정부도 1905년 일본이 러일전쟁 때 몰래 독도를 도취하려하기 이전에는 울릉도와 독도를 조선영토로 인식하였다. 따라서 『세종실록』(지리지)는 독도가 '우산도'라는 이름으로 타국의 지배를 한 번도 받은 적이 없는 울릉도와 더불어 한국의 고유영토임을 증명하는 최초의 유력한 증거물이다. 일본은 이러한 명확한 증거조차도 현재의 관점을 적용하여 『세종실록』(지리지)에 우산도가 울릉도 동남쪽에 위치하는 두 개의 바위섬으로 기록되어 있지 않다고 하여 지금의 독도가 아니라고 사실을 날조하고 있다. 15세기의 무인 암초인 독도의 '위치와 형상'을 정확히 표현하려면 사료를 해석할 때 15세기의 관점에서 해석해야한다. 15세기의 섬을 21세기의 관점으로 해석을 하는 것은 비과학적 논리로 한국의 독도 영유권을 부정하기 위한 날조 행위이다. 아래는 일본이 날조한 논리이다.

첫째, 독도가 한국의 영토라고 명백히 증명되는 고문헌과 고지도는 없다. 『세종실록』(지리지)의 기사와 실제 "독도는 맑은 날에는 울릉도에서 육안으로도 볼 수 있다"고 하는 지리적 여건과는 아무런 관계가 없다. 왜냐하면 조선시대의 '우산도'는 독도가 아니기 때문이다.

둘째, 한국이 『세종실록』(지리지) 기사와 지리적 여건을 연결하며 "한국이 독도를 한국영토로서 명백하게 인식하였다는 사실은 고문헌과 고지도가 증명한다"라고 하는 것은, 고문헌이나 고지도에 있는 우산도를 어떻게든 독도라고 우기고 싶기 때문이다.

셋째, 사실 『세종실록』(지리지)는 우산도의 소재도 명확히 밝히지 않았기 때문에 '지리지'로서는 미완성 원고이다. 이것은 우산도에 관해 어떠한 해석도 가능하다는 것을 의미한다.

넷째, 한국이『세종실록』(지리지)를 바탕으로 독도가 한국영토라고 주장하는 것은 그 애매함을 이용하여 우산도를 독도라고 강변할 수 있기 때문이다.

다섯째, 한국의 이런 논리는『세종실록』(지리지) 등을 저본으로 편찬된『신증동국여지승람』과 비교하면 스스로 무너지고 만다. 왜냐하면『동국여지승람』분주(分註)에 "일설에 우산도와 울릉도는 원래 1도"라 했고,『세종실록』(지리지)과 같은 시대에 쓰여진『고려사』(지리지)의 분주에는 '때로는 우산도, 무릉도라고 하여 원래 2도'라고 되어있기 때문이다.

이처럼 때에 따라 1섬이라기도 하고 2섬이라고 하기 때문이다.

여섯째, '분주'에서 문제가 되는 것은 우산도가 울릉도인지 아닌지를 말하는 것이고, 우산도는 지금의 독도와 무관하다. 이처럼『세종실록』(지리지)과 그 같은 시점에 기록된 고문헌에는 지금의 독도에 대한 기록은 없다.

이상과 같이, 오늘날 독도와『세종실록』(지리지)와는 무관하다고 주장하는 일본의 논리는 일본이 한국의 독도 영유권을 부정하기 위해 비과학적 방법으로 사실을 날조한 것이다.

『세종실록』(지리지)에서 가장 핵심적인 내용은 "우산도와 울릉도 2섬은 날씨가 맑으면 서로 바라볼 수 있다"고 하여 분명히 동해에 2섬이 있다고 한 것이다. 그런데 핵심적인 내용을 무시하고 '일설'을 위주로 사료를 해석하는 것은 독도의 영유권을 날조행위이다.

日本政府の独島の領有権の捏造：『世宗実録』(地理誌)の「于山島」(＝独島)を否定する

　独島は古代の于山国時代、欝陵島に人が住んでいたときは東海上の無人の孤島である暗礁として存在だった。今日の独島は位置上に韓国の人が住んでいる欝陵島から87.4kmの距離に位置して欝陵島から見える距離にあった。反面、日本人たちが住む隠岐島から157.5kmも離れており、肉眼で見られる可視距離(100km)の外にある。したがって、過去日本は、自然に独島を領土として認識できず、韓国は欝陵島から人々が往来できる固有の領土として条件を整えていた。このような独島が固有の領土として現存する文献の記録上に初めて登場する所がまさに1454年に執筆された官撰文献の『世宗実録』(地理誌)だ。実際はこの『世宗実録』(地理誌)の原本は『新撰八道地理志』(1432年)である。

　つまり「于山島と武陵島の二つの島は天気が晴れて風が吹く日はお互いに眺めることができる。」とし、領土として日本海に2つの島が存在すると明確に記録されている。このように「于山島」は今日の独島として明確に欝陵島とともに朝鮮の朝廷が領土として認識して管理した島だ。『世宗実録』(地理誌)の「于山島」(独島)についてもっと具体的に説明すると、次のようだ。①古代の于山国時代と高麗時代の欝陵島に人が住んでいた時は欝陵島から于山島(独島)が望められるため、独島の形状や位置を正確に知っていた。②独島は欝陵島から見渡されるが、人の居住ができない2つの岩礁(東島と西島)になっていて、朝鮮時代の欝陵島に人が居住しなかったときは、独島の位置や形状に対する認知は徐々に忘れられざるを得なかった。③古代時代の独島は島の価値の面から重要でない暗礁であるため、文献上に記録が残ってありえない島だ。④朝鮮時代には、古代の于山国時代と高麗時代に東海に欝陵島とともにまた新しい島(独島)が存在するという事実が伝えられたが、島の位置や形状について知ることができなかった。

⑤朝鮮の朝廷が1403年から鬱陵島を空けて領土の管理を始め、東海の二つの島として鬱陵島以外の島について「于山島」という名称を作った。鬱陵島を空けて管理した理由は民が軍役を回避して鬱陵島に避難し、また女真族と倭寇の侵入から鬱陵島の居住民を保護するためであった。⑥朝鮮初期に于山島の名称は作られたが、于山島の島の位置や形状がよく分からず、鬱陵島のように人が住む島と見做し始めた。⑦鬱陵島を空にするために島民を刷還する過程で1417年と1425年朝鮮の朝廷は、鬱陵島と于山国に安撫使を派遣して2つの島を管理することにしたが、東海に人が居住する2つの島が領土として存在すると考えた。⑧『世宗実録』(地理誌)は実際に鬱陵島に人が住んでいた古代と高麗時代の認識をもとに二つの島を領土として認識した。すなわち、朝鮮は、「東海にある二つの島は風が吹いて澄んだ日にお互いに見られる」との領土として2つの島が存在するという事実を地誌に正確に記録として残して管理した。⑨1531年の『新増東国輿地勝覧』にも、東海の2つの島を領土として管理するために」「八道総図」を作ったが、島の位置と形状について詳しく知らなかったために『世宗実録』(地理誌)の記録をもとに、「于山島」を鬱陵島よりやや小さく描いて東海の2つの島共に人が住むことのできる島のように似たような大きさで描いた。このように朝鮮の朝廷が東海に位置した鬱陵島と「于山島」を領土として2つの島を管理したということは明らかだ。反面、その当時、日本は地理上に鬱陵島と独島を望めることができなかったので、領土として認識すらしていなかった。日本が独島について知ることになったのは、1625年から1693年に安竜福事件が発生する以前に日本の漁師が朝鮮の領土である鬱陵島に密かに渡海した時、その途中に位置した独島の存在を初めて知るようになった。独島はただ岩礁の島に過ぎなかったため、当時の往来した漁夫らはもちろん、中央政府や地方官庁は領土として関心すらしなかった。安竜福事件で中央政府である幕府は鬱陵島とともに、独島の存在を知った時は、独島を「鬱陵島内の島」として鬱陵島の付属島としてで朝鮮領土と認識し

た。近代の明治政府も1905年日本が日露戦争の際、密かに独島を盗み取る前には欝陵島と独島が朝鮮領土だと認識した。したがって、『世宗実録』(地理誌)は、独島が「于山島」という名前で他国の支配を一度も受けたことがなく、欝陵島とともに韓国の固有領土であることを証明する現存する文献の中で最初の有力な証拠だ。日本はこのような明確な証拠でも現在の観点を適用して『世宗実録』(地理誌)に于山島が欝陵島の東南側に位置する二つの岩礁の島と記録されていないから、現在の独島ではないと事実を捏造している。15世紀の無人の暗礁であった独島の位置と形状を正確に表現するために、資料を解析する際に15世紀の観点で解釈しなければならない。15世紀の島を21世紀の観点で解釈をすることは非科学的論理で韓国の独島領有権を否定するための捏造行為だ。

　以下は、日本が捏造した論理である。すなわち、第一に、独島が韓国の領土だと明らかに証明された古文献と古地図はない。『世宗実録』(地理誌)の記事と実際「独島は晴れた日には欝陵島から肉眼でも見ることができる」とする地理的環境とは何ら関係がない。なぜなら朝鮮時代の「于山島」は、独島ではないためだ。第二に、韓国が『世宗実録』(地理誌)の記事と地理的条件を連結し、「韓国が独島を韓国領土として明白に認識したという事実は古文献と古地図が証明する」というのは、古文献や古地図にある于山島をどうであれ、独島と言い張りたいからだ。第三に、実際『世宗実録』(地理誌)は于山島の所在も明確にしていないため、「地理誌」としては未完成原稿である。これは于山島に関していかなる解釈も可能であることを意味する。第四に、韓国が『世宗実録』(地理誌)をもとに、独島が韓国領土だと主張するのはその曖昧さを利用しての于山島を独島と強弁することができるためだ。第五に、韓国のこうした論理は『世宗実録』「地理誌」などを底本に編纂された『新増東国輿地勝覧』と比べると、自ら崩れてしまう。なぜなら、『新増東国輿地勝覧』分註に「一説に于山島と欝陵島はもともと1島」とあり、『世宗実録』(地理誌)と同じ時代に書かれた『高麗史』(地理誌)の分註には

「時には于山島、武陵島(欝陵島)といってもともと2つの島」となっているからである。このように時によっては1島とも言い、2つの島とも言うからだ。第六に、「分註」で問題となるのは于山島が欝陵島であるかどうかで、于山国は現在の独島と無関係である。このように『世宗実録』(地理誌)とそのような時点に記録された古文献には現在の独島に関する記録はない。以上のように、今日の独島と『世宗実録』(地理誌)とは無関係だと主張する日本の論理は、日本が韓国の独島の領有権を否定するため、非科学的方法で事実を捏造したものだ。『世宗実録』(地理誌)で最も核心的な内容は「于山島」と欝陵島の2つの島は天気が晴れたらお互いに眺めることができる」とし、明確に東海に2つの島が存在するということである。ところで核心的な内容を無視して「一説」を中心に史料を解釈するのは、独島の領有権を捏造する行為だ。

┃ 일본정부의 독도 영유권 날조 : 『신증동국여지승람』의 '우산도'(독도)를 부정한다

한국의 울릉도에서는 독도가 보이지만, 일본의 오키섬에서는 독도가 보이지 않기 때문에 일본에서는 1905년 러일전쟁 중에 독도를 침탈할 의도로 '시마네현 고시40호'로 편입조치를 취하기 이전에는 독도를 한국영토로서 인정하였다. 그리고 한국측의 많은 고문헌에 의해 독도가 한국의 고유영토임이 증명된다. 그 중에서도『고려사』(지리지), 『세종실록』(지리지)와 더불어『신증동국여지승람』이 가장 오래된 증기자료들이다.

『신증동국여지승람』(1531년)의 기록은 먼저『고려사』(지리지)(1451년)에 "울진현의 정동쪽 바다에 신라 때 우산국이라 불리었던 섬은 무릉이라고도 하고, 우릉이라고도 하는데, 지방 1백리이다." "일설에 의하면, 우산도와 무릉도는 원래 2섬인데, 2섬은 서로 거리가 멀지 않아 바람이 부는 날, 날씨가 청명하면 바라볼 수 있다"라고 했다.

이를 수정한『세종실록』(지리지)(1454년)에서는 "우산(于山)과 무릉(武陵) 2섬이 현의 정동(正東) 해중(海中)에 있다. 2섬이 서로 거리가 멀지 아니하여, 날씨가 맑으면 가히 바라볼 수 있다. 신라 때에 우산국(于山国), 또는 울릉도(欝陵島)라 하였다."라고 했다. 이를 수정한『신증동국여지승람』에서는 '팔도총도'에 울진현의 정 동쪽 바다에 '우산도와 울릉도' 2섬을 그렸는데, 우산도는 서쪽에, 울릉도는 동쪽에 그렸다. 이상 3종류의 지리지의 공통적인 특징은 모두 '우산도-울릉도'순으로 2섬을 나열했다는 것이다.

상기 3유형의 지리지는 연도순으로 그 다음에 집필된 지리지에 직접적인 영향을 주었음에도 불구하고, 우산도(독도)에 대한 인식은 제각기 차이를 보이고 있다.

즉,『고려사』(지리지)에서는 울릉도(신라의 우산국)를 중심으로 기록을 했지만, 일설에는 "우산도와 무릉도 2섬이 있다"고 하여 우산도의 존재를 삽입하여 '확인된 1도와 2도의 존재 가능성'을 표현했다. 이를 수정한『세종실록』(지리지)에서는 본론에서 적극적으로 우산도와 무릉도 2섬이 울진현 정 동쪽 바다에 있다고 하여 실제로 울릉도와 우산도가 존재하는 섬으로써 기록하여 '확인된 2도'를 표현했다.

이를 수정한『신증동국여지승람』에서는 본론에 울릉도에 대해 기록하고, 우산도에 대한 구체적인 언급 없이 2도가 존재한다고 표현하고, '일설에는 2도는 원래 1도'라고 하여 '2도(1도 확인)의 존재를 언급하면서 1도일 가능성이 있다'고 표기했다.

신라 우산국과 고려시대 울릉도에 사람이 살았기 때문에 울릉도에서 바라다 보이는 무인고도(孤島)인 우산도의 존재에 대한 인식은 정확했다. 그런데 울릉도를 비워서 관리한 조선시대에는 새로운 지리지를 집필할 때 새로운 정보를 추가하지 않는 한, 연대순으로 가장 오래된 지리지가 가장 실제에 가깝다고 할 수 있다. 역으로 시간이 가장 오래된 지리지 일수록 불필요한 수정이 가해져 실제와 다른 내용으로 변질 될 수도 있었다.

『고려사』(지리지)가 1451년에 집필되고 그 3년 후 1454년에『세종실록』(지리지)가 집필되었다.『신증동국여지승람』은 1530년 집필되어『세종실록』(지리지)보다 76년 후에 집필되었다. 인식적으로『신증동국여지승람』보다는『세종실록』(지리지)나『고려사』(지리지)가 사실에 더 가깝다고 볼 수도 있다.

그렇다면,『신증동국여지승람』에서 '우산도(독도)'의 기록에 대해 살펴보자. 즉, 조선 중종 25년(1530)『신증동국여지승람』(新增東国輿地勝覧)이 간행되어, '권45 : 강원도편' 지도 '팔도총도'에 '동해를 동해대저(東抵大海: 동쪽의 큰 바다)라고 하고, 우산도(于山島)와 울릉도(欝陵島) 2도를 그렸는데, 우산도는 울릉도의 서쪽에 울릉도보다는 약간 작은 크기로 그렸다. 또한 '울진현 산천조(山川条)'에는 "무릉(武陵)이라고도 하고, 우릉(羽陵)이라고도 하는 2도가 울진현의 정 동쪽 바다 가운데 있다. 세 봉우리가 곧게 솟아 하늘에 닿았는데 남쪽 봉우리가 약간 낮다. 바람과 날씨가 청명하면 봉우리 머리의 수목과 산 밑의 모래톱을 역력히 볼 수 있으며 바람이 좋으면 두 섬은 이틀이면 가히 닿을 수 있다. 일설에는 우산·울릉이 원래 한 섬으로써, 지방이 1백 리라고 한다." "세종 20년(1438년) 울진현 사람 만호(万戸) 남호(南顥)를 보내어 수백명을 데리고 가서 도망해온 백성들을 수색하여 김환(金丸) 등 70여 명을 잡아 돌아오니까 그곳의 땅이 그만 비워졌다." "성종 2년(1471)에는 따로 삼봉도(三峯島)가 있다고 알리는 자가 있어, 박종원(朴宗元)을 보내어 찾아보게 하였는데, 풍랑으로 인해 배를 대지 못하고 돌아왔다. 이 갔던 배 한 척은 울릉도에 정박하였다가, 큰 대나무와 큰 복어를 가지고 돌아와서 아뢰기를, '섬 중에 사는 사람이 없습니다.'하였다."라고 하여 동해에 2도의 존재를 기록했다.

첫째, '팔도총도'에 우산도(于山島)와 울릉도(欝陵島)를 그렸고, 우산도를 울릉도보다 약간 작은 크기로 서쪽에 그렸다는 것은 울진현에서 바라다 보이는 섬이 울릉도임에도 불구하고 우산도를 서쪽에 그렸다는 것은 당시 우산도의 위치를 정확히 알지 못했다는 것을 말한다. 우산도를 울릉도보다 약간 작은 크기로 그린 것은 울릉도의 존재는 명확하였지만 우산도의 형상에 대해 확신이 부족했기 때문이다.

둘째, "무릉(武陵)이라고도 하고, 우릉(羽陵)이라고도 한다. 두 섬이 울진현 정 동쪽 바다 가운데 있다."라고 하여 울진현 정 동쪽 바다 한가운데 우산도와 울릉도(무릉 혹은 우릉)라는 2개의 섬이 조선의 영토임을 명확히 표기했다.

셋째, "세 봉우리가 곧게 솟아 하늘에 닿았는데 남쪽 봉우리가 약간 낮다. 바람과 날씨가 청명하면 봉우리 머리의 수목과 산 밑의 모래톱을 역력히 볼 수 있다.”라고 하는 것은 어디에서 보았다는 것이 없다는 것은 울진현에서 울릉도를 바라다 볼 수 있다는 의미이다. 그런데 2섬 중 바라다 볼수 있는 섬이 우산도인지, 울릉도인지에 대해서도 명확히 밝히지 않았지만, 실제로 울진현(강원도)에서 바라다 보이는 섬은 울릉도이다.

즉 다시 말하면 분명히 동해에 2개의 섬이 존재한다는 인식 아래, 울진현에서 가까운 곳에 있는 울릉도의 존재를 확인한 것임에 분명하지만, 우산도의 존재에 대해서는 명확하게 알지 못했던 것이다.

실제로 『신증동국여지승람』이 집필된 1530년 시점에서 우산도(지금의 독도)는 울릉도 동남쪽 87.5km에 위치하고 있었고, 127년(1403년부터 울릉도를 비워서 관리)동안 울릉도에 사람이 살지 않았기 때문에 우산도(독도)의 존재가 베일에 가려져서 그 위치나 형상에 대해 정확히 알지 못했던 것이다.

넷째, “바람이 좋으면 두 섬은 이틀이면 가히 닿을 수 있다.”라고 하여 동해에 2개의 섬이 존재함을 명확히 표기했다. 하지만 울릉도와 우산도 2섬 간의 거리에 대해 명확히 언급하지 않았다. 그것은 2섬이 서로 멀리 떨어져 있지 않아 바라볼 수 있는 거리에 있다는 것을 의미한다.

또한 2일 만에 닿을 수 있는 섬이 울릉도인지, 우산도인지, 명확히 하지 않았다는 것은 울릉도는 울진현에서 바라볼 수 있는 섬이기 때문에 그 위치와 형상을 명확하게 잘 알 수 있었지만, 우산도의 위치나 형상에 대해서는 정확히 알 수 없었다는 것을 말한다.

다섯째, “일설에는 우산·울릉이 원래 한 섬으로써 지방이 1백 리라고 한다.”라고 하여 보편적 인식으로 동해에 2개의 섬이 존재한다는 것이었지만, 혹자는 우산도와 울릉도가 동일한 섬으로써 1도라고 말하기도 한다는 것이었다. 그리고 '라고 한다'는 것은 울릉도와 우산도에 관한 기록이 전해들은 것임을 분명히 밝혔다. 다시 말하면 1530년 시점 조선조정의 관찬문헌인 지리지에 동해바다에 2개의 섬이 존재한다는 인식이 일반적이었지만, 1도밖에 없다고 기록한 지리지도 있었다는 것이다.

여섯째, "세종 20년(1438년)에 (중략) 그곳 땅이 그만 비어졌다." "성종 2년(1471년)에, 따로 삼봉도(三峯島)가 있다고 알리는 자가 있어, 박종원(朴宗元)을 보내어 찾아보게 하였는데, 풍랑으로 인해 배를 대지 못하고 돌아왔다."라고 하여 1438년 울릉도는 완전히 비워졌고, 박종원을 보내어 풍랑으로 배를 댈 수 없는 섬을 확인했다는 것이다.

바로 풍랑으로 배를 댈 수 없는 섬인 삼봉도(지금의 죽도(죽서)는 세 봉우리가 없음, 지금의 독도는 세 봉우리로 보일 수도 있음)가 우산도(지금의 독도)임에도 불구하고, 우산도를 울릉도 주변의 섬으로써 사람이 살 수 있는 큰 섬으로 오해하고 있었던 것이다.

요컨대, 조선조정이 1403년부터 1438년까지 울릉도를 완전히 비워서 관리하기 이전이었던 고대우산국과 고려시대에는 울릉도 사람들은 보이는 거리에 있는 우산도의 존재를 명확히 알고 있었기 때문에 동해에 2개의 섬이 존재한다는 인식을 갖고 있었다.

그런데 1530년 『신증동국여지승람』이 집필되던 시점은 울릉도의 거주민을 쇄환하여 섬을 비워 관리한지 130여년이 지났지만, 그 시점에서도 동해에 2섬이 존재한다는 인식을 갖고 있었다. 하지만 울릉도의 존재는 명확했지만, 우산도의 존재를 확인하지 못했기 때문에 울릉도와 우산도가 동일한 섬일 수도 있다는 인식을 가진 사람도 있었다는 것이다.

그런데 일본의 죽도문제연구회는 『신증동국여지승람』의 사료적 가치를 폄훼하기 위해 우산도는 지금의 독도가 아니라고 다음과 같이 사실을 날조하여 선동하고 있다.

첫째, 한국정부는 〈『세종실록』(지리지)의 '보인다'를 '울릉도에서 독도

가 보인다'이라고 해석하고 있지만,『신증동국여지승람』에도 동일하게
'맑은 날에는 역력 보인다'라는 기술이 있는데 '역력히 보인다'는 울릉도를
관할하는 울진현에서 울릉도가 '보인다'라고 읽는 것이 옳다.〉 그래서 〈후
세의 '여지도서(輿地図書)' '대동지지(大東地志)'의 본문에서 우산도가 사
라졌다.〉 라고 하여 울릉도와 우산도가 동일한 섬이라고 사실을 날조했다.

둘째, 한국정부가 〈『세종실록』(지리지)에 의거하여 '울릉도에서 독도
가 보인다는 사실과 함께, 우산도가 우산국에 소속한 것으로 나타났다'고
하는 것은 우산도에 관한 기술이 애매하기 때문이다.〉 라고 하여 우산도는
오늘날의 독도가 아니라고 사실을 날조했다.

셋째, 한국정부는 〈그 위치가 애매한 우산도와 실제로 '독도는 맑은 날
에는 울릉도에서 육안으로도 볼 수 있다'고 하는 지리적 여건을 결합하여
지리적 여건에 의해서『세종실록』(지리지)의 '보인다'를 해석하는 앞뒤가
바뀐 논법을 생각해낸 것이다.〉 라고 하여『세종실록』(지리지)에서는 강
원도에서 '우산도'(울릉도)가 보인다는 것이기 때문에 우산도는 울릉도와
동일한 섬으로써, 실제로 지리적으로 울릉도에서 보이는 '독도'와 우산도
(울릉도)는 서로 다른 섬이라고 사실을 날조했다.

일본 시마네현의 죽도문제연구회는 한국정부에서 우산도가 지금의 독
도라고 하는 것에 대해, 〈이는 문헌 비판을 게을리 한 결과로서, 이런 비학
술적인 기법으로 '우산도가 독도라고 하는 기록은『신증동국여지승람』
(1531년)등 한국의 많은 관찬사료에 보인다'라고 하여 문헌의 해석에서도
되풀이되고 있다.〉 라고 날조하여 한국의 독도 영유권을 부정한다.

日本政府の独島の領有権の捏造：『新増東国輿地勝覧』の「于山島」(独島)を否定する

　韓国の欝陵島から独島が見えるが、日本の隠岐島から独島が見えないため、日本は、1905年日露戦争中に独島を侵奪する意図で「島根県告示第40号」で編入措置を取る前には独島を韓国領土と認めた。そして韓国側の多くの古文献によって、独島が韓国の固有領土であることが証明される。その中でも『高麗史』(地理誌)、『世宗実録』(地理誌)とともに『新増東国輿地勝覧』が最も古い証拠資料だ。『新増東国輿地勝覧』(1531年)の記録はまず『高麗史』(地理誌)(1451年)に「欝珍県の正東の海にあるが、新羅時代に于山国と呼ばれた島は武陵、于陵とも呼ばれるが、地方百里である。」「一説によると、于山島と武陵島はもともと2つの島だが、2つの島は互いに距離が遠くないので風が吹く日、晴れていれば眺めることができる」とした。これを修正した『世宗実録』(地理誌)(1454年)では「于山と武陵の2つの島が県の正東の海中にある。2つの島がお互いに距離が遠くないので天気が晴れれば眺めることができる。新羅の時代、于山国、または欝陵島と呼んだ。」と述べた。これを修正した『新増東国輿地勝覧』では「八道総図」に欝珍県の正東の海に「于山島と欝陵島」の2つの島が描かれているが、于山島は西に、欝陵島は東に描かれている。以上の3種類の地理誌の共通の特徴は、いずれも「于山島-欝陵島」の順に2つの島を並べていたという点である。上記3種類の地誌は年度順にその次に執筆された地誌に直接的な影響を与えたことにもかかわらず、于山島(独島)に対する認識はそれぞれ差を見せている。つまり、『高麗史』(地理誌)では欝陵島(新羅の于山国)を中心に記したが、一説には「于山島と武陵島の2つの島がある」とし、于山島の存在を挿入し、「確認されていた欝陵島の1島と2つの島(于山島を含む)の存在の可能性」を表現した。これを修正した『世宗実録』(地理誌)では、本論で積極的に于山島と武陵島の2つの島

が欝珍県の正東の海にあるとし、実際に欝陵島と于山島が存在する島として記録し、「確認された2つの島」を表現している。これを修正した『新増東国輿地勝覧』では本論に欝陵島について記録し、于山島に対する具体的な言及なしに2つの島が存在すると表現し、「一説には2つの島は元々1島」として「2つの島(欝陵島1島の確認)の存在に言及しながらもう1島(于山島)の存在可能性がある」と表記した。新羅の于山国と高麗時代、欝陵島に人が住んでいたため欝陵島から眺められた無人の孤島の存在に対する認識は正確だった。ところが欝陵島を空けて管理した朝鮮時代には新しい地理誌を執筆する際、新しい情報を加えない限り、年代順に最も古い地理誌が最も実際のものに近いと言える。逆に時間が最も古い地理誌であればあるほど、不要な修正が加えられ、実際とは異なる内容に変質する可能性もあった。『高麗史』(地理誌)が1451年に執筆され、その3年後、1454年に『世宗実録』(地理誌)が執筆された。『新増東国輿地勝覧』は1530年に執筆され、『世宗実録』(地理誌)より76年も後に執筆された。認識的に『新増東国輿地勝覧』よりは『世宗実録』や『高麗史』(地理誌)が事実に近いと言える。

それなら、『新増東国輿地勝覧』で「于山島」(独島)の記録についてみてみよう。すなわち、朝鮮の1530年に編纂された『新増東国輿地勝覧』(巻45)の江原道編の地図である「八道総図」に「東海を東抵大海:東の大きな海」として、于山島と欝陵島の2つの島を描いたが、于山島は欝陵島の西に欝陵島よりやや小さい大きさで描いた。また、「欝珍県山川条」には「武陵」とも、「羽陵」ともいう2つの島が欝珍県の町の正東にある。3つの峰がまっすぐにそびえ、天に着いたが、南側の峰がやや低い。風と天気が清明ならば、峰の頭の樹木と山の下の砂浜をありありと見ることができ、風がよければ、両島は2日で十分に着くことができる。一説には于山・欝陵がもともと一つの島であり、地方が百里だという。世宗20年(1438年)、欝珍県の人である「万戸」という身分の「南顥」という人を送って、数百人を連れて逃げた民を捜索し、金丸ら70人余りを捕まえて帰ってきたから、そ

この地が空っぽになった。「成宗2年(1471)には別に三峰島があると知らせる者が
あり、朴宗元を送って探させたが、風浪のため、船を送ることもできずに帰ってき
た。この時に行った一隻の船は、欝陵島に停泊していたが、大きな竹と大きなフ
グを持って帰国して「島のうちに住む人がいません。と申し上げた。」とし、東海に
2つの島の存在を記録した。第一に、「八道総島」に、于山島と欝陵島を描き、
于山島を欝陵島より少し小さい大きさで西側に描いたということは、欝珍県から眺
められる島が欝陵島であるにもかかわらず、于山島を西側に描いたということは、
当時、于山島の位置を正確に知らなかったということをいう。于山島を欝陵島より
若干小さい大きさで描いたのは、欝陵島の存在は明確であったが、于山島の形
状については確信が足りなかったからである。第二に、「武陵」、「羽陵」ともい
う。

二つの島が欝珍県の正東の海にある。」とし、欝珍県の正東の海にある于山島
と欝陵島の2つの島が朝鮮の領土であることを明確に表記した。第三に、「三つ
の峰がまっすぐそびえ空に着いたが、南側の峰が若干低い。風と天気が清明で
あれば、峰の頭の樹木と山の下の砂浜をありありと見ることができる。」ということ
は、欝珍県から欝陵島を眺めることができるという意味である。ところが、2つの
島のうち、眺めることができる島が于山島か、欝陵島かについては明確に示さな
かったが、実際に「欝珍県」(江原道)から見える島は欝陵島だった。つまり、確
かに東海に2つの島が存在するという認識の下、「欝珍県」に近い所にある欝陵
島の存在を確認したことは明らかだが、于山島の存在については明確に知ること
ができなかったのだ。実際に『新増東国輿地勝覧』が執筆された1530年時点
で、于山島(今の独島)は欝陵島の東南側から87.5kmに位置しており、島を空に
して127年(1403年から欝陵島を空けて管理)後は、欝陵島に人が暮していない
ために于山島(独島)の存在が隠されてその位置や形状について正確に知ること
ができなかったのだ。第四に、「風がよければ、二つの島は二日で至る」として

東海に2つの島が存在することを明確に表記した。しかし、欝陵島と于山島の2つの島の距離については、明確に言及されていなかった。それは2つの島がお互いに遠く離れていなかったので眺められる距離にあることを意味する。また、2日で到着できる島が欝陵島なのか、于山島なのか、明確になっていないということは、欝陵島は欝珍県から眺めることができる島なので、その位置と形状が明確によく分かっていたが、于山島の位置や形状については正確に分からなかったということだ。第五に、「一説には于山・欝陵がもともと一つの島、地方が百里という。」として普遍的な認識で東海に2つの島が存在するということだが、ある人は于山島と欝陵島が同一の島で、1つの島と言ったりもするものだった。そして「~という」というのは欝陵島と于山島に関する記録が伝え聞いたものであることを明らかにした。言い換えれば、1530年の時点で朝鮮王朝の官撰文献である地理誌に東海に2つの島が存在するという認識が一般的だったが、1つの島しかないと記録した地理誌もあったということだ。第六に、「世宗20年(1438年)に(中略)そこの土地が空っぽになった。」「成宗2年(1471年)、別に三峰島があると知らせる者があり、朴宗元を送って探させたが、風浪により船を送ることができずに帰ってきた」と言い、1438年、欝陵島は完全に空け、朴宗元を送り、風浪により船を送ることができない島を確認したという。すぐ風浪で船を着けることができない島である三峰島(今の竹島(竹嶼)は三の峰がないこと、現在の独島は三の峰に見えることもある)が于山島(今の独島)であるにもかかわらず、于山島を欝陵島の周辺の島として人が住める大きな島であると誤解していたのだ。

　要するに、朝鮮の朝廷が1403年から1438年まで、欝陵島を完全に空けて管理する以前だった古代の于山国時代と高麗時代には欝陵島に人が住んでいて、欝陵島の人々は見えるところにある于山島の存在を明確に知っていたために、東海に2つの島が存在するという認識を持っていた。ところが、1530年『新増東国輿地勝覧』が執筆された時点は、欝陵島の居住民が陸地に連れ戻されて島を空

けて管理してから130年余りが過ぎました。その時点でも東海に2つの島が存在するという認識を持っていた。

しかし、欝陵島の存在は明確だったが、于山島の存在が確認できなかったため、欝陵島と于山島が同一の島である可能性もあるという認識を持った人もいたという。

ところで、島根県の竹島問題研究会は『新増東国輿地勝覧』の史料的価値を下げるため、于山島は現在の独島ではないと次のように事実を捏造して扇動している。

第一に、韓国政府は『世宗実録』(地理志)に「2つの島がお互いに見える」に対して「欝陵島から独島が見える」と解釈しているが、『新増東国輿地勝覧』にも同様に「晴れた日には歴歴見られる」という記述があるが、「歴歴見られる」は欝陵島を管轄する「欝珍県」から「欝陵島が見られる」と読むのが正しい。そのため「後世の「輿地図書」「大東地志」の本文から于山島が消えた。」として欝陵島と于山島が同一の島であると捏造した。

第二に、韓国政府が『世宗実録』(地理志)に基づいて「欝陵島から独島が見えるという事実とともに、于山島が于山国に所属したことが分かったというのは于山国に関する記述があいまいであるためだ。として于山国は今日の独島ではない」と事実を捏造した。

第三に、韓国政府は「その位置が曖昧な于山島と実際に「独島は晴れた日には欝陵島から肉眼でも見ることができるとする地理的環境を結合して地理的環境によって『世宗実録』(地理志)の'見える'を解釈する前後が変わった論法を考え出したのだ。として『世宗実録』(地理志)は江原道から于山島(=欝陵島)が見えるということであり、于山島は欝陵島と同一の島で、実際に地理的に欝陵島から見える「独島」と于山島(=欝陵島)は、各々別の島であると事実を捏造した。

島根県の竹島問題研究会は、韓国政府が于山島を現在の独島とすることに対

して、「これは文献批判を怠った結果として、このような非学術的な技法で于山島が独島であるという記録は『新増東国輿地勝覧』(1531年)など韓国の多くの官撰史料に見えるとして文献の解釈でも繰り返されている。」と捏造して韓国の独島領有権を否定した。

┃ 일본정부의 독도 영유권 날조 : 『동국문헌비고』의 '우산도' 가 독도라는 사실을 부정한다

조선 조정이 편찬한 관찬 문헌 『고려사』(지리지)(1451), 『세종실록』 (지리지)(1454) 『신증동국여지승람』(1531), 『동국문헌비고』(1770) 등 이 들 고문헌들은 각각 모두가 오늘날의 독도가 한국의 고유영토임을 인정 하는 증거자료들이다. 이들 중에서도 가장 정확한 근거자료는 바로 『동국 문헌비고』이다.

왜냐하면 1693~1696년 안용복에 의해 울릉도의 존재는 물론이고, 우 산도(독도)가 울릉도 동남쪽에 존재한다는 사실을 확인하여 보완하였기 때문이다.

첫째, 『고려사』(지리지)에서는 〈'울진현의 바로 동쪽 바다에 신라 때 우 산국이라 불리었던 섬은 무릉이라고도 하고, 우릉이라고도 하는데, 지방 1백리이다.' '일설에 의하면, 우산도와 무릉도는 원래 2섬인데, 2섬은 서로 거리가 멀지 않아 바람이 부는 날, 날씨가 청명하면 바라볼 수 있다.'〉 라고 하여 본론에서는 울릉도에 관해서 언급하고, 추가로 '일설에 우산도와 울 릉도는 별개의 2섬으로 되어있다'라고 하여 울릉도 동남쪽 87.4km지점에 위치하고 있는 무인(無人) 고도(孤島)인 오늘날 독도(우산도)에 대해서 도 존재 가능성을 언급했다.

둘째, 『세종실록』(지리지)에서는 〈'우산(于山)과 무릉(武陵) 2섬이 현 의 정동(正東) 해중(海中)에 있다. 두 섬이 서로 거리가 멀지 아니하여, 날 씨가 맑으면 가히 바라볼 수 있다. 신라 때에 우산국(于山國), 또는 울릉도 (欝陵島)라 하였는데, 지방(地方)이 1백 리이다.'〉 라고 하여 울릉도와 우 산도(독도)간의 거리에 대해서도 정확하게 표현했고, 두 섬의 존재에 대 해서도 명확하게 기술했다.

셋째, 『신증동국여지승람』에서는 〈'울진현 산천조(山川条)'에 '무릉(武陵)이라고도 하고, 우릉(羽陵)이라고도 하는 2도가 울진현의 정 동쪽 바다 가운데 있다. 세 봉우리가 곧게 솟아 하늘에 닿았는데 남쪽 봉우리가 약간 낮다. 바람과 날씨가 청명하면 봉우리 머리의 수목과 산 밑의 모래톱을 역력히 볼 수 있으며 바람이 좋으면 두 섬은 이틀이면 가히 닿을 수 있다. 일설에는 우산·울릉이 원래 한 섬으로써, 지방이 1백 리라고 한다.〉라고 하여 강원도에서 바로 동쪽 앞바다에 위치한 울릉도와 우산도 2섬이 보이고, 이들 두 섬은 2일만에 닿을 수 있다.

그런데 일설에 의하면 2도가 아니고 1도라는 설도 있다고 하여 『세종실록』에서 언급한 우산도에 대해 존재 가능성을 의심하기도 했다.

넷째, 『동국문헌비고』에서는 〈여지지(輿地志)에 울릉(欝陵)·우산(于山)은 모두 우산국(于山国) 땅이며, 이 우산을 왜인들은 송도(松島)라고 부른다.〉라고 하여 울진현 바로 동쪽 앞바다에 울릉도와 우산도 2도가 분명히 존재하고, '우산도'는 일본이 말하는 '송도'(松島)라고 명확히 기술했다. 이것은 1693년과 1696년 안용복이 울릉도와 독도를 거쳐 2번에 걸쳐 일본에 건너갔을 때, 울릉도와 독도의 존재와 그 위치를 확인하였고, 또한 도일하여 돗토리번에 대해 영유권을 주장하는 과정에 일본에서는 울릉도를 '죽도'(竹島, 혹은 기죽도), 독도를 '송도'(松島)라고 부른다는 사실을 확인하였던 것이다.

그런데, 시마네현의 죽도문제연구회(좌장 시모조)는 『동국문헌비고』에 대해 〈① 조선시대 관찬사료에서 '우산도가 독도이다'라고 하는 것은 1770년에 편찬된 『동국문헌비고』(여지고)가 처음이고 유일한 문헌이다. ② 그러나 그 『동국문헌비고』(여지고)에 나오는 분주(여지지(輿地志)에, 울릉(欝陵)·우산(于山)은 다 우산국(于山国) 땅이며, 이 우산을 왜인들은 송도(松島)라고 부른다.)가 개찬된 것으로 아무런 증거능력이 없다. ③

『만기요람』(1808년), 『증보문헌비고』(1908년)등 한국의 많은 관찬 사료에서도 동일한 내용을 싣고 있다. 이들은 모두 『동국문헌비고』에서 인용했던가, 아니면 증보판으로 『동국문헌비고』와 마찬가지로 증거능력이 없는 것이다.〉라고 사실을 날조했다.

첫째, 시모조는 〈조선시대 관찬사료에서 '우산도가 독도이다'라고 한 것은 1770년에 편찬된 『동국문헌비고』(여지고)가 처음이고 유일한 문헌이다.〉라고 주장한다. 『고려사』(지리지)(1451), 『세종실록』(지리지)(1454), 『신증동국여지승람』(1530), 『동국문헌비고』(1770) 등 조선시대 관찬사료에서의 우산도는 모두 지금의 독도를 가리킨다.

그런데 시모조가 『동국문헌비고』만이 처음으로 '우산도가 독도라고 할 수 있는 유일무이한 문헌'이라고 하여 『고려사』(지리지), 『세종실록』(지리지), 『신증동국여지승람』의 우산도는 지금의 독도가 아니라고 사실을 날조했다. 『동국문헌비고』는 내용적으로 울릉도에 관한 설명은 『신증동국여지승람』의 그것과 거의 흡사하다. 『신증동국여지승람』은 『고려사』(지리지)와 『세종실록』(지리지)의 내용을 보완한 것이다.

이들 중에는 『세종실록』(지리지)는 울릉도, 우산도 2섬의 존재를 명확히 했고, 나머지 두 지리지는 울릉도의 존재에 대해 분명히 언급하면서도 우산도(독도)에 대해서는 '일설'이라는 어법으로 존재 가능성을 추측하였다.

『동국문헌비고』(1770년)는 안용복이 1693년과 1696년 2번에 걸쳐 도일(渡日)과정에 울릉도와 우산도(독도)의 존재와 일본에서 '우산도를 송도'라고 부른다는 사실을 확인한 후에 집필된 것이다. 그래서 그 이전의 지리지에서는 '우산도-울릉도'순으로 기술되었는데, 『동국문헌비고』에서는 '울릉도-우산도' 순으로 위치를 올바르게 수정하여 기술하였다. 또 '우산도가 일본이 말하는 송도'라고 하여 우산도가 지금의 독도라는 정확한 정보를 추가했던 것이다. 그래서『동국문헌비고』에서 말하는 '여지지(輿地志)'는 특정 지리서를 가리키는 '여지지'가 아니고,『고려사』(지리지),『세종실록』(지리지),『신증동국여지승람』등 여러 지리지를 가리킨다고 하겠다.

그런데, 시모조는 아무런 과학적인 논증없이『동국문헌비고』는 '여지지'라는 특정 지리서를 그대로 인용하지 않고 내용을 조작하여 편찬했다고 주장하여『동국문헌비고』의 사료해석을 날조했다.

둘째, 시모조는 '『동국문헌비고』(여지고)에 나오는 분주('울릉(鬱陵)·우산(于山)은 모두 우산국(于山国) 땅이며, 이 우산을 왜인들은 송도(松島)라고 부른다.')에는 편찬과정에서 '여지지'의 인용문(울릉도와 우산도는 같은 섬이다)이 개찬된 것으로 아무런 증거능력이 없다."라고 주장한다.『동국문헌비고』에서 "여지지(輿地志)에 울릉(鬱陵)·우산(于山)은 모두 우산국(于山国) 땅이며, 이 우산을 왜인들은 송도(松島)라고 부른다."라고 하여 우산국의 영토는 울릉도와 우산도 2개의 섬으로 되어있다고 분명히 언급하고 있다.

그렇다면『동국문헌비고』의 저자는 우산국은 울릉도와 우산도 2개의 섬으로 되어있다고 하는 '여지지'를 참고했을 것이고, 또한 우산도라는 섬은 일본이 말하는 송도라는 사실도 확인했다는 것이다.

『동국문헌비고』에서는 '여지지'를 인용하였다는 말은 있지만, 어느 특정한 '여지지'를 인용하였다고 언급하지 않았다. 만일『동국문헌비고』가 인용한 '여지지'가 특정한 명칭을 가진 지리서였다면 저자와 저서명이 정확해야한다.『동국문헌비고』는 독도가 한국영토라는 사실을 더 이상 부정할 수 없는 아주 명확한 증거자료이다. 그래서 시모조는 독도가 한국영토라는 사실을 부정하기 위해 아무런 과학적인 논증없이 '울릉도와 우산도가 동일한 섬'이라고 하는 특정한 지리서를 갖고와서『동국문헌비고』

를 부정하는 논리를 날조했다.

이처럼 지금까지 시모조는 독도가 한국영토라고 하는 아무리 명확한 증거자료라고 하더라도 전혀 관련이 없는 자료를 갖고 와서 무조건적으로 한국의 독도 영유권을 부정하는 논리를 날조했다.

셋째, 시모조는 〈『만기요람』(1808년), 『증보문헌비고』(1908년)등 한국의 많은 관찬 사료에서도 동일한 내용을 싣고 있다. 이들은 모두『동국문헌비고』에서 인용했던가 아니면 증보판으로『동국문헌비고』와 마찬가지로 증거능력이 없다.〉라고 주장한다. 일반적으로 기존의 특정 도서에 오류가 발견되면 이를 바탕으로 한 새로운 도서는 올바른 정보로 그 오류를 수정한다.

이처럼『동국문헌비고』도 기존의『고려사』(지리지), 『세종실록』(지리지),『신증동국여지승람』등 이들 여지지들의 잘못된 부분에 대해 새로운 정보를 첨가하여 수정된 것이다. 이런 과정을 통해『동국문헌비고』는 독도가 한국의 고유영토라는 사실을 명확하게 기록하고 있다.

이처럼『동국문헌비고』에서 "여지지(輿地志)에 울릉(欝陵)·우산(于山)은 모두 우산국(于山国) 땅이며, 이 우산을 왜인들은 송도(松島)라고 부른다."라고 기록한 것이 너무나도 논리 정연한 정확한 정보이기 때문에 후세의 집필된『만기요람』(1808년), 『증보문헌비고』(1908년) 등 많은 관찬사료에서 이를 인용하여 독도가 한국영토임을 후세에 전하고 있다.

따라서 관찬문헌인『동국문헌비고』는 독도가 한국의 고유영토임을 증빙하는 최고의 증거자료라는 사실이 확인되었다.

┃日本政府の独島領有権の捏造 : 『東国文献備考』の「于山島」が独島であることを否定する

朝鮮の朝廷が編纂した官撰文献『高麗史』(地理誌)(1451)、『世宗実録』(地理誌)(1454)、『新増東国輿地勝覧』(1531)、『東国文献備考』(1770)など、これらの古文献はそれぞれすべてが今日の独島が韓国の固有領土であることを認める証拠史料だ。これらの中でも最も正確な根拠史料は、『東国文献備考』だ。なぜなら1693-1696年に安竜福によって欝陵島の存在はもちろん、于山島(独島)が欝陵島の東南側に存在するという事実が確認されて古文献の史料を補完していたためだ。

まず、『高麗史』(地理誌)では「欝珍県のすぐ東の海に、新羅時代に于山国と呼ばれた島は武陵、于陵とも呼ばれるが、地方100里である。一説によれば、于山と武陵はもともと2つの島だけど、2つの島はお互いに距離が遠くなく、風が吹く日、天気が清明ならば、眺めることができる。」とし、本論では欝陵島に関して言及して、付け加えて「一説に于山国と欝陵島は別の2つの島となっている」として欝陵島の東南側の87.4km地点に位置している無人の孤島である今日の独島(于山島)についても島の存在の可能性を言及した。

第二に、『世宗実録』(地理誌)では「于山と武陵の2つの島が県の正東の海中にある。二つの島はそれほど離れていないので、晴れた天気になれば眺めることができる。新羅時代に于山国(于山国)、または欝陵島(欝陵島)といったでしたが、地方(地方)が百リだ。」とし、欝陵島と于山島(独島)間の距離についても、正確に表現し、二つの島の存在についても明確に記述した。

第三に、『新増東国輿地勝覧』では「欝珍県山川条」に、「武陵とも、羽陵ともいう2つの島が欝珍県の町の東側の海の真ん中にある。3つの峰がまっすぐにそびえ、天に着いたが、南側の峰がやや低い。風と天気が清明ならば、峰の頭

の樹木と山の下の砂浜をありありと見ることができ、風がよければ、両島は2日で十分に着くことができる。一説には于山・欝陵が元々一つの島であり、地方が百里という。」と言われ、江原道からすぐ東の沖合に位置する欝陵島と于山島の二つの島が見え、これらの二つの島は二日で到達することができる。ところが一説によると、2島ではなく1島という説もあるとし、『世宗実録』で触れた于山島について、存在の可能性が疑われたりもした。第四に、『東国文献備考』では、「輿地志に欝陵、于山はすべて于山国の領土であり、この于山を倭人たちは松島と呼ぶ。」といい、欝珍県のすぐ東の沖合に欝陵島と于山島が明確に存在し、「于山島」は日本のいう「松島」と明確に記述した。これは1693年と1696年に安竜福が欝陵島と独島を経て、2度にわたって日本に渡った時、欝陵島と独島の存在とその位置を確認し、さらに、渡日して鳥取藩について領有権を主張する過程に日本では欝陵島を「竹島」、独島を「松島」というと事実を確認したのだ。ところで、島根県の竹島問題研究会(座長下条正男)は『東国文献備考』について①朝鮮時代の官撰史料で「于山島が独島だ」というのは、1770年に編纂された『東国文献備考』(輿地志)が初めてで唯一な文献である。②しかし、その『東国文献備考』(輿地志)にある「欝陵、于山は于山国の土地であり、この于山を倭人たちは松島と呼ぶ。」が改竄されたことで、何ら証拠能力もない。③「万機要覧」(1808年)、「増補文献備考」(1908年)など韓国の多くの官撰史料でも同じ内容を載せている。

　これらはすべて『東国文献備考』から引用されたものか、増補版として『東国文献備考』と同様、証拠能力のないものである。」と事実をでっち上げた。

　第一に、下条は「朝鮮時代の官撰史料で"于山島が独島だ"としたのは1770年に編纂された『東国文献備考』(輿地志)が初めてで唯一な文献である。」と主張する。

　『高麗史』(地理誌)(1451)、『世宗実録』(地理誌)(1454)、『新増東国輿地勝

覧』(1530)、『東国文献備考』(1770)など、朝鮮時代の官撰史料での于山国は
いずれも現在の独島を指す。ところで下条は『東国文献備考』だけが初めて「于
山島が独島と言える唯一無二した文献だ」とし、『高麗史』(地理誌)、『世宗実録』
(地理誌)、『新増東国輿地勝覧』の于山国は現在の独島ではないと事実を捏造し
た。『東国文献備考』は内容的に欝陵島に関する説明は『新増東国輿地勝覧』の
ものとほぼ類似している。『新増東国輿地勝覧』は『高麗史』(地理誌)と『世宗実
録』(地理誌)の内容を補完したものである。これらの中には『世宗実録』(地理誌)
は欝陵島、于山島2つの島の存在を明確にし、残りの二つの地誌は欝陵島の存
在について明確に言及しながらも、于山島(独島)については「一説」という言い方
で存在の可能性を推測した。『東国文献備考』(1770年)は、安竜福が1693年と
1696年2次にわたって渡日過程に欝陵島と于山島(独島)の存在と日本で「于山島
を松島という」という事実を確認した後に執筆されたのだ。したがって、それ以前
の地理誌では「于山島-欝陵島」の順に記述されたが、『東国文献備考』では「欝
陵島-于山島」の順に位置を修正し、記述している。また、「于山島が日本でいう
松島」として于山島が現在の独島という正確な情報を追加したのだ。したがっ
て、『東国文献備考』でいう「輿地志」は特定の地理書を指す「輿地志」ではな
く、『高麗史』(地理誌)、『世宗実録』(地理誌)、『新増東国輿地勝覧』など様々
な地理誌を指すといえる。ところが、下条は何の科学的論証もなく、『東国文献
備考』は「輿地志」という特定の地理書をそのまま引用せず、内容を捏造して編纂
したと主張し、『東国文献備考』の史料解釈を捏造した。

第二に、下条は、『東国文献備考』(麗地高)に出る「欝陵、于山はすべて于
山国であり、この于山を倭人たちは松島と呼ぶ。」には、編纂過程での「輿地志」
の引用文(「欝陵島と于山島は同じ島だ」)が改竄されたことで、何の証拠能力もな
いと主張する。『東国文献備考』で、「輿地志に欝陵、于山はすべて于山国の
領土であり、この于山を倭人たちは松島と呼ぶ。」とし、于山国の領土は欝陵島と

于山島も2つの島と記述した。それなら『東国文献備考』の著者は、于山国が欝陵島と于山島の2つの島からなっているという「輿地志」を参考にしているはずであり、また于山島という島は日本のいう松島であることも確認したという。『東国文献備考』においては「輿地志」を引用したという話はあるが、ある特定の「輿地志」を引用したとは述べていない。

　もし『東国文献備考』が引用した「輿地志」が特定の名称を持つ地理書であれば、著者と書名が正確でなければならない。『東国文献備考』は、独島が韓国領土という事実をこれ以上否定できない非常に明確な証拠資料だ。

　それで下条は独島が韓国領土という事実を否定するために何ら科学的な論証なく「欝陵島と于山国が同一の島」という特定した地理書を持って来て、『東国文献備考』を否定する論理を捏造した。

　このように今まで下条は独島が韓国領土であり、どんなに明確な証拠資料としても全然関連のない資料を持って来て、無条件的に韓国の独島領有権を否定する論理を捏造した。

　第三に、下条は「『万機要覧』(1808年)、『増補文献備考』(1908年)など、韓国の多くの史料でも同じ内容を載せている。これらはすべて『東国文献備考』から引用したものか、増補版として『東国文献備考』と同様で証拠能力がない。」と主張する。一般的に既存の特定文献に誤りが発見されると、それをもとにした新しい文献は正しい情報にその誤りを修正する。このように、『東国文献備考』も従来の『高麗史』(地理誌)、『世宗実録』(地理誌)、『新増東国輿地勝覧』など、これら輿地誌の間違った部分に関する新しい情報を加え、修正されたものである。

　このような過程を通じて『東国文献備考』は、独島が韓国の固有領土という事実を明確に記録している。このように『東国文献備考』で「輿地志に「欝陵・于山は、ともに于山国の領土であり、この于山を日本では松島と呼ぶ。」と記録したことがあまりにも論理整然とした正確な情報であるため、後世に執筆された「満期要

覧」(1808年)、「増補文献備考」(1908年)など、多くの官撰史料でこれを引用して独島が韓国領土であることを後世に伝えている。したがって、官撰文献である『東国文献備考』は、独島が韓国の固有領土であることを証明する最高の証拠資料という事実が確認された。

┃ 일본정부의 독도 영유권 날조 : "안용복의 진술에는 의 문투성이"?

17세기 일본인 어부 무라카와가문과 오야가문 사람들이 돗토리번을 통해 막부로부터 울릉도 도해허가서를 받아 매년 번갈아서 독도를 경유하여 울릉도에 들어가 1620년대부터 70여 년간 노략질을 했다. 가문대대로 노략질을 하고 있었기 때문에 급기야 울릉도와 독도를 자국의 영토라고 주장하기에 이르렀다.

안용복이 국법을 어겼지만, 만일 그 당시 쇄환정책으로 거주를 금지한 울릉도에 몰래 들어가 일본인들을 만나 영유권 문제를 제기하지 않고 100년 이상의 세월동안 일본인들이 거주하면서 자신의 영토라고 주장했더라면 한일 간의 울릉도와 독도의 영유권 문제는 심각한 상황이 되었을 것이다. 안용복은 1692년 울릉도에 들어가 도해한 일본인들을 발견하고, 이듬해 1693년 일본인들을 내쫓기 위해 계획적으로 많은 인원을 동원하여 재차 울릉도 들어가 일본인을 만났다.

일본인들은 많은 조선인들 중에 안용복과 박어둔을 유인하여 일본으로 인질로 데려갔다. 1차 도일에서 안용복은 일본에서 강력히 영유권을 주장하여 막부로부터 울릉도와 독도가 한국영토임을 인정받았다. 안용복은 대마도를 거쳐 귀향하는 길에 대마도주가 영유권을 인정한 막부의 서계를 빼앗고 정식으로 조선조정에 울릉도의 영유권을 주장했다.

귀향 후 안용복은 대마도주가 계속해서 영유권을 주장한다는 사실을 알고 다시 스스로 직접 울릉도, 독도를 경유하여 2차 도일을 감행하여 대마도주의 울릉도 영유권 주장을 막부에 고발했다. 결국은 막부가 대마도주에게 울릉도와 독도가 조선영토임을 조선에 알리도록 명령하여 17세기 울릉도와 독도의 영유권 문제는 종결되었다.

그런데 일본정부는 울릉도와 독도의 영유권을 명확히 한 안용복의 공적이 너무나 분명했기 때문에 독도의 영유권을 주장하기 위해 안용복의 공적을 부정하는 논리를 날조했다.

첫째, 일본정부는 "막부가 울릉도 도항을 금지하는 결정을 내린 후 안용복은 다시 일본에 건너왔다. 그 후 추방되어 조선으로 돌아간 안용복은 울릉도 도항 금지를 어긴 자로서 조선의 관리에게 문초를 받았는데, 이때의 안용복 진술이 현재 한국의 다케시마(독도) 영유권 주장에 대한 근거의 하나로 인용되고 있다."라고 주장한다.

① 안용복이 1차도일로 일본 막부에 대해 독도의 영유권 주장을 하지 않았다면 막부가 공식적으로 울릉도와 독도를 한국영토로 인정하지 않았다. 막부가 울릉도와 독도를 한국영토로 인정하도록 한 장본인은 바로 부산 어부출신 안용복이었다. 그런데 그 사이에 대마도가 울릉도의 영유권을 주장하여 조선과 일본 사이에 영토분쟁을 야기했다. 이 때 막부는 스스로 지리적으로 근접한 돗토리번에 소속을 확인하고 안용복의 2차도일 직전에 울릉도와 독도를 한국영토로 인정했다. 그러나 여전히 대마도가 울릉도의 영유권을 주장하고 있었다. 안용복의 2차도일은 막부로 하여금 대마도에게 영유권을 포기하도록 하는데 크게 기여했다.

② 막부는 중앙정부의 관직을 사칭하여 2차도일한 안용복을 월경자로 취급하지 않고 오히려 대우했다. 월경자로 취급했다면 대마도를 통해 귀국조치 했을 것이다. 막부는 이미 안용복의 2차도일 직전에 울릉도와 독도를 한국영토로 인정했기 때문에 더 이상 외교적 논쟁거리를 들지 않기 위해 대마도를 경유하지 않고 바로 강원도 양양으로 귀국하도록 했다.

③ 안용복은 조선의 국법에 의하면 월경한 범법자로서 엄한 처벌을 받아야 마땅했지만, 일본 막부로부터 울릉도와 독도의 영유권을 명확히 한 공적을 인정받아 사형에서 유배형으로 감형되었다. 안용복이 2차례에 걸

친 도일로 울릉도와 독도의 영유권을 인정받아온 것으로 볼 때, 대체로 안용복의 진술은 모두 사실이었다. 그런데 일본은 안용복이 월경하고 관직을 사칭했다고 하여 신뢰할 수 없는 인물이라고 평가 절하했다. 그러나 안용복은 타국의 영토를 함부로 노략질한 일본 어부들을 은밀히 두둔한 막부의 탐욕을 고발하고 국가의 영토를 수호해낸 당대의 탁월한 전략가로서 위대한 영웅이었다.

둘째, 일본정부는 "한국측 문헌에 의하면 안용복은 1693년에 일본에 왔을 때 울릉도 및 다케시마(독도)를 조선령으로 한다는 취지의 문서를 에도 막부로부터 받았으나, 쓰시마 번주가 그 문서를 **빼앗아갔다**고 진술했다고 되어 있다. 그러나 안용복이 1693년에 일본으로 끌려왔다가 송환된 것을 계기로 일본과 조선국 사이에서 울릉도 출어를 둘러싼 교섭이 시작되었기 때문에 1693년의 일본 방문 시에 막부가 울릉도와 다케시마를 조선령으로 한다는 취지의 문서를 부여할리가 없으며, 실제로 그러한 사실은 없다."라고 주장한다.

① 안용복이 1차도일후 진술에서 울릉도와 독도의 영유권을 돗토리번과 막부로부터 인정받았다고 기술한 조선왕조의 기록은 모두 사실이다. 막부가 돗토리번에 요청한 답변서를 바탕으로 최종적으로 울릉도와 독도를 조선영토로 인정했던 사실과 일치한다.

② 대마도가 예전부터 울릉도에 집착하고 있었기 때문에 이 기회를 이용하여 안용복을 월경범법자로 몰아세워 막부가 인정한 영유권 서계를 압수하고, 조선조정에 대해 울릉도의 영유권을 주장했다.

③ 조선조정과 막부 사이에 울릉도와 독도를 둘러싼 영유권 분쟁은 대마도의 농간에 의한 것이었다. 막부는 한 번도 울릉도와 독도를 일본영토로 인식하지 않았기 때문에 곧바로 지리적으로 근접한 돗토리번에 조회하여 울릉도와 독도를 한국영토로 인정했다.

셋째, 일본정부는 "한국측의 문헌에 의하면 안용복은 1696년 일본에 왔을 때 울릉도에는 다수의 일본인이 있었다고 말했다고 한다. 그러나 이 일본방문은 막부가 울릉도로의 도항을 금지하는 결정을 내린 후의 일이며, 당시 오야와 무라카와 양가는 울릉도로 도항을 하지 않고 있었다."라고 주장한다.

① 안용복이 2차 도일로 울릉도에서 일본인을 만났다고 숙종실록에 상세히 기록되어 있다. 그런데 일본은 독도 영유권을 부정하기 위해 안용복이 울릉도에서 일본인들을 만나지 못했다고 논리를 날조했다. 이것은 독도의 영유권을 날조하기 위해 관찬문헌인 조선왕조 기록을 무시하는 행위이다.

② 안용복의 1차 도일에서 막부가 울릉도와 독도가 한국영토임을 인정했고, 2차도일 이후 조선조정에 정식적으로 통보하여 영유권을 인정한 것과 안용복의 2차도일후의 진술이 일치하기 때문에 안용복의 진술은 모두 사실이다.

넷째, 일본정부는 "안용복에 관한 한국측 문헌의 기술은, 안용복이 1696년에 국가의 금지명령을 범하고 국외로 도항했다가, 귀국 후 조사를 받았을 때 진술한 내용에 따른 것이다. 진술내용을 보면 상기에 언급한 내용뿐만이 아니라 사실과 일치하지 않는 점들을 많이 볼 수 있다. 한국측은 사실에 반하는 그러한 진술을 다케시마 영유권 주장의 근거의 하나로 인용해오고 있다."라고 주장한다.

① 안용복의 진술은 모두 사실이다. 일본은 독도 영유권을 부정하기 위해 공신력을 갖고 있는 관찬문헌인 조선왕조실록조차도 부정한다.

② 비록 안용복이 국법어긴 월경한 범법자이긴 하지만, 조선조정은 영토를 수호한 공적을 인정하여 월경범법자로서 사형되어야 마땅함에도 불구하고 유배형으로 감형했다.

③ 일본이 날조한 논리와 달리 안용복의 진술은 대체로 정확하다. 다만 1, 2차 도일로 처음 접하는 이국문화를 정확하게 표현하지 못한 부분이 있다고 하더라도 그것은 사소한 것으로 그다지 중요하지 않다.

이처럼 안용복의 1,2차 도일후의 진술은 모두 사실에 입각한 것이다. 막부로부터 울릉도와 독도의 영유권을 확인받아온 안용복의 공적이 너무나 명확했기 때문에 일본정부 입장에서는 안용복의 공적을 인정한 상태에서는 독도의 영유권을 주장할 수가 없다.

그래서 안용복의 공적을 부정하거나 폄하하는 방식으로 독도의 영유권을 날조하고 있다.

┃ 日本政府の独島領有権捏造：「安竜福の供述には疑問だらけ」？

　17世紀、日本の漁師村川家と大谷家の人々が鳥取藩を通じて幕府から欝陵島渡海の許可書を受け、両家は交代で毎年独島を経由して欝陵島に入って1620年代から70年間略奪行為をした。家門代代に略奪行為をしていたため、欝陵島と独島を自国の領土だと主張するに至った。安竜福が国法を違反したが、もしその当時、連れ帰り政策で居住を禁止した欝陵島に忍び込み、日本人に会っても領有権問題を提起せず、100年以上の歳月の間、日本人が居住し、自分の領土だと主張したなら、韓日間の欝陵島と独島の領有権問題は深刻な状況になったのだ。安竜福は1692年、欝陵島に入って渡海した日本人を発見し、翌年の1693年、日本人を追い出すために計画的に多くの人員を動員し、再び欝陵島に入って日本人に会った。日本人は多くの朝鮮人の中に安竜福と朴於屯を誘引し、人質として日本に連れて行った。1次目の渡海で安竜福は日本で強く領有権を主張して幕府から欝陵島と独島が韓国領土であることを認められた。安竜福は対馬を経由して帰郷する途中、対馬島主が領有権を認めた幕府の書契を奪い、正式に朝鮮の朝廷に欝陵島の領有権を主張した。帰郷後、安竜福は対馬島主が継続して領有権を主張するという事実を知って再び自ら直接、欝陵島と独島を経由して2回目の渡日を敢行して対馬島主の欝陵島領有権主張を幕府に告発した。結局は幕府が対馬藩に欝陵島と独島が朝鮮領土であることを朝鮮に知らせるように命令して17世紀、欝陵島と独島の領有権問題は終結した。ところで日本政府は欝陵島と独島の領有権を明確にした安竜福の功績があまりにも明確であったため、独島の領有権を主張するため、安竜福の功績を否定する論理を捏造した。

　まず、日本政府は「幕府が欝陵島への渡航を禁止する決定を下した後、安竜

福は再び日本に渡ってきた。その後、追放され、朝鮮に戻った安竜福は欝陵島
渡航禁止を破った者として、朝鮮の官吏から訊問を受けたが、この時の安竜福
の陳述が現在、韓国の竹島(独島)領有権主張に対する根拠の一つとして引用さ
れている。」と主張する。

　①安竜福が1回目の渡海で日本の幕府に対し、独島の領有権を主張しなかっ
たなら、幕府が公式的に欝陵島と独島を韓国領土と認めなかった。幕府は欝陵
島と独島を韓国領土に認めさせた張本人はすぐ釜山漁師出身、安竜福だった。
ところが、その間に対馬が欝陵島の領有権を主張し、朝鮮と日本の間で領土紛
争を引き起こした。この時幕府は自ら地理的に近接していた鳥取藩に所属を確認
して安竜福の2回目渡海の直前に欝陵島と独島を韓国領土に認めていた。しか
し、依然として対馬が欝陵島の領有権を主張していた。2回目渡海の安竜福
は、幕府にして対馬が領有権を放棄するのにあたって大きく貢献した。

　②幕府は中央政府の官職を詐称し、二次も日本に渡った安竜福を越境者とし
て扱わず、むしろ待遇した。

　越境者の扱いをしていたなら対馬を通じて帰国の措置をさせただろう。幕府は
すでに、安竜福の2回目渡海の直前に欝陵島と独島を韓国領土に認めていたた
め、これ以上の外交的論争の種を挙げていないため、対馬を経由せず、すぐに
江原道襄陽に帰国するようにした。

　③安竜福は朝鮮の国法によると越境した犯罪者として厳しい処罰を受けるべき
だたが、日本の幕府から欝陵島と独島の領有権を明確にした功績を認められ、
死刑から流刑に減刑された。安竜福が2回にわたって日本への渡海で欝陵島と
独島の領有権を認めさせたことを考える時、安竜福の供述はほとんど事実だっ
た。ところが、日本は安竜福が越境し、官職を詐称したとし、信頼できない人物
だと低く評価した。しかし、安竜福は他国の領土をむやみに侵略した日本の漁
師を密かに肩を持った幕府の貪欲を告発し、国家の領土を守り抜いた当代の卓

越した戦略家として偉大な英雄であった。

　第二に、日本政府は「韓国側文献によると、安竜福は1693年に日本に来た時、鬱陵および竹島を朝鮮領にするという趣旨の文書を江戸幕府から受けたが、対馬の島主がその文書を奪ったと供述したとなっている。しかし、安竜福が1693年に日本に連れられていったが、送還されたのをきっかけに日本と朝鮮の間で鬱陵島の出漁をめぐる交渉が始まったために1693年の日本訪問の際に幕府は鬱陵島と竹島を朝鮮領のにするという趣旨の文書を付与するはずがなく、実際にそのような事実はない。」と主張する。

　①　安竜福(アン・ヨンボク)が1の差も日後の供述で、鬱陵島と独島の領有権を鳥取藩と幕府から認められたと記述した朝鮮王朝の記録はすべて事実だ。幕府が鳥取藩に要請した答弁書を基に最終的に鬱陵島と独島を朝鮮領土と認めた事実と一致する。

　②　対馬は以前から鬱陵島に執着していたため、この機会を利用して安竜福を越境犯法者と決めつけ、幕府が認めた領有権書を押収し、朝鮮朝廷に対して鬱陵島の領有権を主張した。

　③　朝鮮の朝廷と幕府の間に鬱陵島と独島をめぐる領有権紛争は対馬の手管によるものだった。幕府は一度も、鬱陵島と独島を日本領土と認識しなかったために直ちに地理的に近接した鳥取藩に照会し、鬱陵島と独島を韓国領土に認めていた。

　第三に、日本政府は「韓国側の文献によると、安竜福は1696年に日本に来た時、鬱陵島には多数の日本人がいた」と述べたという。しかし、この日本訪問は幕府が鬱陵島への渡航を禁止する決定を下した後のことであり、当時、大谷と村川の両家は鬱陵島への渡航を行っていなかった」と主張する。

　①　安竜福が2回目の渡日で鬱陵島において日本人に会ったと、「粛宗実録」に詳しく記録されている。しかし、日本は独島領有権を否定するため、安竜福

が欝陵島でも日本人に会えなかったと論理を捏造した。これは、独島の領有権を捏造するため、官撰文献の朝鮮王朝の記録を無視する行為である。

②安竜福の1回目渡海で、幕府は欝陵島と独島が韓国領土であることを認めており、2回目以降、朝鮮の朝廷に正式的に通告して領有権を認めたことと安竜福の2回目後の供述が一致する。したがって安竜福の陳述はすべて事実だ。

日本政府は「安竜福に関する韓国側文献の記述は、安竜福が1696年に国家の禁止命令を犯し、国外に渡航したが、帰国後に調査を受けた際に述べた内容によるものである。陳述内容を見ると、上記に述べた内容だけでなく、事実と一致しない点が多く見られる。韓国側は事実に反するそのような供述を竹島の領有権主張の根拠の一つとして引用してきている。」と主張する。

①安竜福の陳述はすべて事実だ。日本は独島領有権を否定するため、公信力を持っている官撰文献である朝鮮王朝実録も否定する。②安竜福は国法違反の越境犯法者ではあるが、朝鮮朝廷は領土を守護した功績を認め、越境犯法者として死刑にされて当然であるにもかかわらず、島流しに減刑した。③日本が捏造した論理と違って、安竜福の供述は概ね正確だ。

ただ、安竜福は、1次と2次の渡日で、初めて接する異国の文化を正確に表現できなかったという部分はあるとしても、それは些細なことでそれほど重要ではない。このように安竜福の1次と2次目の渡日後の陳述はすべて事実に基づいている。

幕府から欝陵島と独島の領有権の確認を受けてきた安竜福の功績があまりにも明確であったために日本政府の立場から安竜福の功績を認めてしまうと、独島の領有権を主張することができなくなるのだ。それゆえ安竜福の功績を否定する方式で独島の領有権を捏造している。

❙ 日정부의 독도 영유권 날조 : 안용복의 업적 부정

안용복이 1693년 1차 도일과 1696년 2차 도일로 돗토리번을 통해 막부에 항의하여 17세기 일본의 중앙정부에 해당하는 막부로부터 울릉도와 독도가 일본영토가 아니라는 사실을 확답받았다. 만일 그때 안용복이 일본에 항의하지 않았다면 막부가 울릉도와 독도를 한국영토로 인정하지 않았을 것이다. 당시 막부는 1592년 발발한 임진왜란을 겪으면서 울릉도와 독도가 한국영토임을 잘 알고 있었기 때문에 안용복이 어부였음에도 불구하고 울릉도와 독도를 한국영토로 인정하였던 것이다. 2차 도일 때 안용복은 관직을 사칭하면서까지 울릉도와 독도에 대한 대마도의 영유권 주장을 고발했다. 막부가 이미 돗토리번에게 울릉도와 독도가 한국영토임을 인정한 이후였지만, 대마도에게 명하여 조선조정에 대해서도 정식적으로 한국영토임을 인정하는 외교문서를 보내도록 했다.

이처럼 안용복 사건의 본질은 안용복의 활약으로 막부가 울릉도와 독도를 조선영토로 인정하였다는 것으로, 안용복이 불법으로 월경한 범죄자이기 때문에 안용복에 의해 울릉도와 독도가 조선영토로 인정된 것은 무효이라는 것이 아니다. 그런데 일본정부가 말하는 "안용복이 조선의 대표가 아니었다", "안용복이 관직을 사칭했다"라는 주장은 안용복의 공적을 폄훼하여 울릉도와 독도의 영유권을 부정하려는 시도는 독도의 영유권을 날조하는 행위이다.

첫째, 일본정부는 "안용복은 조선을 대표하지 않았다"라고 주장한다. 그 증거로서 다음과 같이 제시한다. 즉 〈① '숙종실록'에는 안용복의 도일 (渡日)에 대해 다음과 같이 서술되어 있습니다. 즉, '동래부사 이세재가 왕에게 말하기를, 쓰시마의 사신(조선과 일본의 외교창구)이 "지난해(1693년) 귀국인(안용복)이 진정서를 내려고 했는데, 조정의 명령에 의한 것인가(去秋貴国人有呈単事出於朝令耶)"라고 물었다. 이에 대해 이세재가 "만약 말할 것이 있으면 역관을 에도로 보내지, 무엇을 꺼려 우매한 어민을 보내겠는가(若有可弁送一訳於江戸 顧何所憚而乃送狂蠢浦民耶)"라고 말했다. 비변사는 "바람에 떠도는 어리석은 백성이 설령 뭔가 했더라도 조정이 알 바는 아니다(…至於漂風愚民 設有所作為 亦非朝家所知)"라고 말했다. 이렇게 쓰시마의 사신에게 말해도 되는지 묻자 왕이 이를 윤허했다(請以此言及館倭允之)'(숙종 23년 정축 2월 을미조).〉〈② 이 사건에 대해 조선국 예조참의 이선박이 쓰시마 번주 앞으로 보낸 서한 속에서 다음과 같이 일본에 전달되었습니다. '작년에 표착한 사람의 일입니다만. 바닷가 사람들은 배를 젓는 일을 가업으로 삼고 있으며, 큰 바람을 만나면 순식간에 풍랑에 휩쓸려 월경하여 귀국에 도달합니다(昨年漂氓事浜海之人率以舟楫為業飄風焱忽易及飄盪以至冒越重溟転入貴国). …만약 진정서를 냈다면 참으로 그것은 무지망작의 죄에 해당합니다(…若其呈書誠有妄作之罪). 그래서 이미 법에 따라 유형에 처했습니다(故已施 幽殛之典以為懲戢之地).'〉〈③ 안용복이 타고 있던 배에는 '조선이 울릉도 두섬의 감세장 신하 안동지의 말(朝欝両島監税将臣安同知騎)'라는 깃발이 세워져 있었고, 또한 안용복은 '울릉도 우산도 두섬의 감세장(欝陵于山両島監税将)'이라고 자신을 밝혔다고 하지만, 이 관명은 가공의 것이며 안용복 자신이 사칭했던 것을 인정하고 있습니다. 안용복이 '감세'나 '감세장'이라고 칭한 것은 울릉도와 우산도의 징세관을 의미하는 듯합니다. 안용복은 우산도를 큰 섬으로서 사람이 살고 있다고 믿었던 것 같습니다.〉

① 동래부사가 쓰시마번으로부터 1693년 안용복의 1차 도일 때 안용복이 진정서를 내려고 한 것은 조선정부의 뜻인가에 대한 문의를 받고, 외교는 역관을 보내어 하는 것이라 했고, 비변사는 어부들의 행동에 불과한 것이라고 답한 것을 임금도 윤허하였다. 그래서 조선조정은 대마도번주에게 일본에

표류한 민간인 어부가 울릉도의 영유권을 주장하는 진정서를 내었던 것은 큰 죄를 짓는 것이기 때문에 이미 형벌로 월경죄를 다스렸다고 했다.

② 안용복이 일본에서 영유권을 주장하여 막부가 안용복에게 서계를 주어 울릉도와 독도를 조선영토로 인정하였음에도 불구하고, 대마도가 조선과 일본과의 외교를 담당한다고 하여 안용복의 서계를 빼앗고, 정식 외교담판을 요구하여 조선조정과 막부 사이에 울릉도와 독도의 영유권 문제를 야기했던 것이다.

③ 일본정부는 안용복이 2차도일에서 '울릉도 우산도 두 섬의 감세장'이라고 관직을 사칭했고, 독도를 사람이 사는 큰 섬으로 잘못 알고 있었다는 것이다. 관직을 사칭한 것은 1차 도일에서의 막부 서계와 같이 확실하게 울릉도와 독도가 조선영토임을 확인받기 위한 것이었고, 그리고 안용복은 2차도일 때에 독도를 사람이 사는 큰 섬으로 생각했던 것이 아니고, 독도(송도)에서 독도를 일본영토라고 주장하는 일본인들을 만났기 때문에 독도도 울릉도와 더불어 조선영토라는 것을 명확하게 하기 위해 영유권을 주장한 것이었다.

그래서 결국 막부가 안용복의 활약으로 인해 대마도로 하여금 울릉도와 독도가 조선영토임을 정식으로 조선조정에 통보하도록 했던 것이다. 막부가 울릉도와 독도를 조선영토로 인정한 것은 안용복이 관직을 사칭했기 때문이 아니고, 안용복이 영유권을 주장한 것이 계기가 되어 지리적으로 가장 근접한 돗토리번을 통해 일본영토가 아니라는 것이 확인되었기 때문에 조선영토로 인정하였던 것이다.

둘째, 일본정부는 "안용복의 진술은 신빙성이 없다"라고 주장한다. 그 이유에 대해 다음과 같이 제시한다. 즉 〈① 안용복은 2번 일본에 건너왔습니다. 처음에는 1693년에 울릉도(당시의 일본명 '다케시마')에서 조업을 할 수 없었던 증거로서 일본에 끌려 왔고, 두번째는 1696년에 돗토리번에 호소할 일이 있다며 밀항해 돗토리번에 의해 추방되었습니다. '숙종실록'에 기록되어 있는 안용복의 증언은, 추방된 안용복이 귀환 후 비변사에서의 취조에 대해 진술한 조서의 초록입니다. 그에 따르면 안용복은 처음으로 일본에 건너갔을 때 울릉도와 우산도를 조선의 영토로 한다는 내용의 문서를 에도막부로부터 받았지만, 그것을 쓰시마번에게 **빼앗겼다**고 합니다. 그러나 안용복이 일본으로 끌려갔다가 쓰시마번을 경유하여 조선에 송환된 것을 계기로 울릉도 출어를 둘러싼 일본과 조선의 교섭이 시작되었는데, 그러한 교섭이 시작되기 전인 1693년에 일본에 왔을 때 에도막부가 울릉도와 우산도를 조선의 영토로 하는 문서를 부여할 리가 없습니다.〉〈② 1696년 5월에 도일했을 때 울릉도에 다수의 일본인이 있었다고 진술했다고 합니다. 그러나 같은 해 1월에는 이미 막부가 울릉도로의 도항을 금지하는 결정을 실시하고, 그 지시가 돗토리번에 전달되었으며, 오야와 무라카와 두 집안에게 부여했던 '도항면허'는 반납되었습니다. 한국측에는 이 안용복의 진술을 토대로 마치 1696년 안용복의 도일에 의해 막부가 일본인의 울릉도 도항 금지를 결정한 것처럼 주장하는 논의도 있지만, 안용복이 온 것은 막부가 울릉도 도항을 금지한 4개월 후입니다. 안용복은 귀국 후 조사에서 일본인을 향해 '송도(松島)는 즉 자산도(子山島=于山島)이며, 이 또한 우리나라 땅이다. 너는 왜 이곳에 사느냐(松島即子山島、此亦我国地、汝敢住此耶)'라며 따졌다고 진술하고 있습니다. 이 해에 일본인은 울릉도로 도항하지 않았기 때문에 이 이야기도 사실이 아닙니다.〉〈③ 안용복은 우산도에 사람이 살고 있을 것이라고 착각하고 있었던 것 같습니다. 안용복은 1693년에 울릉도에서 고기잡이를 하고 있었을 때 동료들로부터 울릉도 동북쪽에 있는 섬이 우산도인 것을 알게 되었고('다케시마기사(竹島紀事)'), 일본에 끌려왔을 때는 '울릉도보다 매우 큰 섬'을 목격했다고 합니다('변례집요(辺例集要)'). 안용복이 '송도는 자산도이다'라고 한 것은, 1693년에 일본에 끌려 온 시기에 알게 된 송도 (오늘날의 다케시마)의 이름을, 조선이 전통적인 지식으로서 가지고 있던 우산도에 적용시킨 결과라고 생각되지만, '송도는 자산도이다'라는 것도 명칭상의 것으로 오늘날의 다케시마를 가리키고 있었던 것은 아닙니다.〉

① 1693년 안용복의 1차도일 때 에도 막부가 울릉도와 독도를 조선영토로 인정한 것은 1667년 돗토리번사가 집필한 『은주시청합기』에도 울릉도와 독도가 일본영토가 아니라고 기술되어있는 것처럼, 당시 돗토리번에서는 일반적으로 울릉도와 독도가 한국영토라는 인식을 갖고 있었기 때문이다. 일본정부가 독도의 영유권을 주장하기 위해 조선의 관찬기록인 조선왕조실록을 부정하고 과학적인 논증없이 안용복의 1차도일 때 "막부가 영유권을 인정했을 리가 없다"라고 강변하는 것은 독도의 영유권을 날조하는 행위이다. ② 안용복은 2차도일 때 울릉도와 독도에서 일본인들을 만난 사실에 대해 아주 구체적이고 상세하게 진술하였다. 일본정부가 조선왕조실록을 부정하고 논리를 날조하여 추측성으로 "안용복이 거짓 진술했다"고 주장하는 것은 바로 독도 영유권을 날조하는 행위이다. ③ 안용복이 2차도일 때 '조선의 팔도(朝鮮之八道)'를 지참하였는데, "강원도에 죽도(竹島; 울릉도)와 송도(松島; 독도)가 소속되어있다"라고 명확히 기록되어있다. 그런데 안용복이 말하는 '우산도=자산도(조선시대 명칭)= 송도(松島; 일본식 명칭)'는 지금의 독도가 아니라고 강변하는 것은 독도의 영유권을 날조하는 행위이다.

이처럼 17세기 안용복의 활약에 의해 너무나도 명백하게 독도가 한국 영토임이 확인되었음에도 불구하고, 오늘날 일본정부가 비과학적인 논리를 날조하여 안용복의 활약상을 폄훼하면서까지 영유권을 부정하는 것은 "일본은 17세기에 독도의 영유권을 확립하였다"라는 입장으로 일본정부가 영유권을 주장하고 있기 때문이다.

| 日本政府の独島領有権の捏造：安竜福の業績の否定

安竜福が1693年1回目の渡海と、1696年2回目の渡海で鳥取藩を通じて幕府に抗議して17世紀日本の中央政府に該当する幕府から欝陵島と独島が日本領土ではないという事実をはっきりとされた。

もし、あの時、安竜福が日本に抗議しなかったら、幕府は欝陵島と独島を韓国領土に認めていなかっただろう。

当時、幕府は1592年に勃発した文禄・慶長の役を経験し、欝陵島と独島が韓国領土であることをよく知っていたために、安竜福が漁師だったにもかかわらず、欝陵島と独島を韓国領土に認めていたのだ。

2回目の渡日のとき、安竜福は、官職を詐称してまで欝陵島と独島の領有権を抛棄しなかった対馬を幕府に告発した。

幕府がすでに鳥取藩に問い合わせて回答を受けていたので欝陵島と独島が韓国領土であることを認めた以降のことだったが、対馬に命じて、朝鮮の朝廷に対しても正式的に朝鮮領土であることを認める外交文書を送るようにした。このように、安竜福事件の本質は安竜福の活躍で幕府が欝陵島と独島を朝鮮領土に認めたのだ。安竜福が不法に越境した犯罪者であるために安竜福によって欝陵島と独島が朝鮮領土に認められたことは無効になるのではない。

ところで、日本政府が言う「安竜福が朝鮮の代表ではなかった」、「安竜福が官職を詐称した」という主張は、安竜福の功績を卑下して欝陵島と独島の領有権を否定しようとする試みであるが、それは独島の領有権を捏造する行為である。

まず、日本政府は「安竜福は朝鮮を代表しなかった」と主張する。その証拠として次のように示す。

①『粛宗実録』には安竜福の渡日について次のように記されています。「東莱府使・李世載が王に、対馬の使臣(朝鮮と日本の外交窓口)が「昨年(1693年)、

帰国人(安竜福)が陳情書を出そうとしたが、朝廷の命令によるものか(去秋貴国人有呈事事出於朝令耶)と質問した。これに対し李世載が「もし言うことがあれば訳官を江戸に送り、何を嫌って愚昧な漁民を送るものか(若有可弁送一訳於江戸何所而之送狂浦民耶)」と言った。備邊司は「風に漂う愚かな民がたとえ何かしたとしても朝廷が知るところではない(…至於漂風愚民 設有所作為 亦非朝家所知)」と言った。このように対馬の使臣に言ってもよいか問うと、王がこれを允許した(粛宗23年丁丑2月乙未祚)。

②この件について、朝鮮国芸術家の李宣博が対馬藩主宛てに送った書簡の中で、次のように日本に伝えられた。「昨年漂着した人のことですが」 海辺の人は船を漕ぐことを家業としており、風に吹かれると瞬時に風浪に襲われ越境して帰国に至ります(漂年漂砂浜海之人率以舟楫為業驅忽忽易及及及越重冒越貴国)。もし陳情書を出したとすれば，ほんとうにそれは無知の罪に当たります(…若其呈書誠有妄作之罪)．したがって、すでに法により、有形に処しました(故已然施行の之之典以之之地)。

③「安竜福が乗っていた船には、「朝鮮が欝陵島の二島の減税将、臣下安同知騎」という旗が立てられ、また安竜福は「欝陵島・于山島の減税将」と自分が名乗ったとされていますが、この官名は架空のものであり、安竜福自身が詐称していたことを認めています。安竜福が「減税」や「減税将」と呼んだのは、欝陵島と于山島の徴税官を意味するようです。安竜福は于山島を大きな島として人が住んでいると信じていたようです。」

①に対して、東莱府使が対馬藩から1693年、安竜福の1次道だった時、安竜福が陳情書を出そうとしたのは朝鮮政府の意思なのか、という問い合わせを受け、外交は訳官を送って行うものだとし、備辺使は漁師たちの行動に過ぎないと答えたことを王も許可した。そのため、朝鮮の朝廷は対馬藩主に日本に漂流した民間人の漁師が欝陵島の領有権を主張する陳情書を出したことは大きな罪を

犯すことになり、すでに刑罰で越境罪を治めたと述べた。

②に対して、安竜福(アン・ヨンボク)が日本で領有権を主張して幕府が安竜福(アン・ヨンボク)に書契を与え、欝陵島と独島を朝鮮領土だと認めたにもかかわらず、対馬が朝鮮と日本との外交を担当するとしており、安竜福の書契を奪って、正式外交談判を要求して朝鮮の朝廷と幕府の間に欝陵島と独島の領有権問題を引き起こしたのだ。

③に対して、日本政府は安竜福(アン・ヨンボク)が2回目で「欝陵島于山島二つの島のガムセジャン」と官職を詐称し、独島を人が住む大きな島で間違って知っていたということだ。

官職を詐称したのは1回目での幕府の西渓と一緒に確実に欝陵島と独島が朝鮮領土であることを確認するためなものであり,そして、安竜福(アン・ヨンボク)は2回目の渡日のときに独島を人が住む大きな島で思っていたことがなく、独島(松島)で独島を日本領土と主張する日本人たちを会ったからに独島も欝陵島とともに朝鮮の領土ということを明確にするため、領有権を主張したことだった。それで結局幕府が安竜福の活躍によって対馬によって欝陵島と独島が朝鮮領土であることを正式に朝鮮の朝廷に通報するようにしたのだ。

幕府は欝陵島と独島を朝鮮領土だと認めたのは、安竜福が官職を詐称したからではなく、安竜福が領有権を主張したのがきっかけとなり、地理的に最も近接した鳥取藩を通じて日本領土ではないというのが確認されたために朝鮮領土だと認めたのだ。

第二に、日本政府は「安竜福の陳述は信憑性がない」と主張する。その理由について次のように示す。

①「安竜福は二回日本に渡ってきました。最初の渡海は、1693年に欝陵島(竹島)で操業ができなかった証拠として日本に連れられて来たこと、二番目の渡海は、1696年に鳥取藩に訴えにきたがる、密航だったので鳥取藩によって追放

されました。『粛宗実録』に記された安竜福の証言は、追放された安竜福が帰還後の備辺司での取り調べについて述べた調書の抄録です。

　それによると、安竜福は初めて日本に渡った際、欝陵島と于山島を朝鮮の領土とする内容の文書を江戸幕府から受け取ったのですが、それを対馬藩に奪われたそうです。しかし、安竜福が日本に連れて行かれ、対馬藩の経由で朝鮮に送還されたことを機に欝陵島の出漁をめぐる日本との交渉が始まりましたが、そのような交渉が始まる前の1693年に日本に来た時にも、幕府が欝陵島と于山島を朝鮮の領土とする文書を付与するはずがありません。」

　「1696年5月渡日した際、欝陵島に大勢の日本人がいたと陳述したそうです。しかし同年1月にはすでに幕府が欝陵島への渡航を禁止する決定を行い、その指示が鳥取藩に伝わり、大谷家と村川家の両家に与えられていた「渡航免許」は返納されました。韓国側には、この安竜福の陳述をもとに、まるで1696年に安竜福の渡日によって幕府が日本人の欝陵島渡航禁止を決めたかのように主張する議論もありますが、安竜福がやってきたのは幕府が欝陵島渡航を禁止した4ヵ月後です。

　安竜福は帰国後の調査で、日本人に向かって「松島は子山島(于山島)であり、これもまた韓国の領土だ。お前はなぜここに住むのか(松島、此亦我国地、汝敢住此耶)と言われていました。この年、日本人は欝陵島に渡航しなかったので、この話も事実ではありません」

　③安竜福は于山島に人が住んでいると錯覚していたようです。安竜福は1693年に欝陵島で漁をしていた時、仲間たちから欝陵島の東北にある島が于山島のことを知り(「竹島紀事」)、日本に連れてこられた時は「欝陵島よりも非常に大きな島」を目撃したとします(辺例集要)。

　安竜福が「松島は子山島(于山島)である」としたのは、1693年に日本に連れられてきた時期に知り合った松島(今日の竹島)の名前を、朝鮮が伝統的な知識とし

て持っていた于山国に適用させた結果と思われるが、「松島は子山島(于山島)である」というのも名称上のものと今日の竹島を指していたのはありません。」

　①に対して、1693年に安竜福の1回目の渡日のとき、江戸幕府は欝陵島と独島を朝鮮領土だと認めたのは1667年鳥取藩社が執筆した「隠州視聴合紀」でも、欝陵島と独島が日本領土でないと記述されているかのように、当時の鳥取藩では一般的に欝陵島と独島が韓国領土という認識を持っていたためだ。

　日本政府が独島の領有権を主張するために、朝鮮の官撰文献である朝鮮の王朝実録を否定して科学的な論証なく、安竜福の1回目の渡日のとき「幕府が領有権を認めたはずがない」と強弁するのは独島の領有権を捏造する行為である。

　②に対して、安竜福は2回目の渡日のとき、欝陵島と独島から日本人に会ったことについて非常に具体的かつ詳細に供述した。

　日本政府が朝鮮王朝実録を否定して論理を捏造して「安竜福が嘘の陳述した」と推測するのは、まさに独島の領有権を捏造する行為である。

　③に対して、安竜福が2回目の渡日のとき「朝鮮之八道」を持参したが、「江原道に竹島(欝陵島)と松島(独島)が所属している」とし、独島の存在が明確に記録されている。

　ところが、日本政府は、安竜福が言う「于山国=子山島(朝鮮時代の名称)=松島(日本式名)」は現在の独島ではないと強弁するのは、独島の領有権を捏造する行為である。このように17世紀の安竜福の活躍によってあまりにも明白に独島が韓国領土であることが確認されたにもかかわらず、今日の日本政府が非科学的な論理を捏造し、安竜福の活躍ぶりを非難してまで領有権を否定した。日本政府は、そのように業績を否定しなければ、「日本は17世紀に独島の領有権を確立した」という主張が否定されて独島の領有権主張を抛棄しなければならないからだ。

▎ 일본정부의 독도 영유권 날조 : "조선시대의 '우산도'는 지금의 독도가 아니다"?

독도는 역사적 권원을 바탕으로 실효적 관할통치를 하고 있는 명백한 한국의 고유영토이다. 1900년 대한제국 고종황제는 칙령41호로 울도군을 설치하여 동해의 도서 '울릉전도, 죽도, 석도(石島)'를 영토로서 관리했다. 여기서 '석도'는 지금의 독도이다. 한편 일본은 1905년 함부로 '주인이 없는 섬'이라고 하여 독도를 일본영토에 편입시켰다고 한다. 그런데 일본은 '석도'는 독도가 아니기 때문에 칙령41호는 독도와 무관하고, 오히려 일본이 시마네현고시 40호로 편입하여 국제법상 일본의 '신영토'가 되었다고 한다. 이러한 일본의 주장이 거짓임이 증명되었다.

첫째, 일본은 조선시대의 '우산도'는 지금의 독도가 아니고, '울릉도'이거나 '죽도'라고 하여 사실을 날조하고 있다. 즉, 조선시대 500년 동안 독도의 명칭은 공식적으로 〈'우산도'(1454~1881), '독섬(돌섬)'/'석도'(1882~1900년경), '독도'(1900년 이후)〉로 사용되었다. 당시의 독도는 2개의 암석으로 되어있고 크기나 가치로 보더라도 사람이 거주할 수 없고, 게다가 울릉도에서 날씨가 청명한 날에만 보이는 섬이다. 그래서 조선시대 1403~1882년까지의 쇄환정책으로 울릉도에 사람이 거주하지 않았을 때는 독도의 위치나 명칭에 대한 정확한 기록이 고문헌에 남아있을 수 없다. 그럼에도 불구하고 다양한 고문헌에 섬의 크기나 위치는 일정하지 않지만 '우산도'라는 명칭이 표기되었고, 때에 따라 '죽도'를 우산도라고 하는 오류를 범하기도 했다. 이처럼 조선정부는 500년 동안 독도에 대한 영유권 의식은 갖고 있었지만, 우산도라는 명칭이 보편적으로 사용된 것은 아니었다.

둘째, 일본은 안용복 사건을 계기로 울릉도의 도해금지령을 내렸을 때, 독도의 도해금지령은 내려지지 않았기 때문에 17세기에 독도의 영유권을 확립했다고 사실을 날조하고 있다. 즉, 돗토리번 답변서에 의하면, 1692년 안용복 사건의 발발로 결국 일본의 막부는 1696년 일본인들의 울릉도 독도 방면 도해를 금지하였다. 그후 일본인들은 울릉도는 물론이고 독도에 들어가지 않았다. 이것만 보더라도 막부의 도해금지령은 울릉도와 독도를 조선영토로 인정하였다는 증거이다. 다만 일본 어부들은 1620년경부터 1692년 안용복 사건이 발생할 때까지 독도를 경유하여 울릉도에 몰래 도해하였기 때문에 울릉도와 독도의 지리적 상황에 대해 잘 알고 있었다. 그럼에도 불구하고, 막부가 그것을 불법 도해로 간주했기 때문에 일본 어부들은 1696년 도해금지령부터 1976년 강화도조약를 체결하였을 때까지 280여년간 독도를 경유해서 울릉도로 도해하는 일은 없었다. 280년이 지난 후 울릉도와 독도 방면의 도해 금지가 해금된 이후에도 일본정부는 1969년 조선국교제시말내탐서, 1877년 태정관지령에서 정식적으로 울릉도와 독도가 한국영토임을 인정했다. 이처럼 1905년 이전에 일본정부가 독도를 일본영토라고 생각한 적은 한 번도 없었다.

　셋째, 고대 신라시대 울릉도에 우산국 사람들이 살고 있었기 때문에 육안으로 바라볼 수 있는 독도는 우산국의 영토였다. 고려를 거쳐, 울릉도에 사람의 거주를 금했던 조선시대에는 수토사를 파견하여 울릉도와 우산도(독도)를 관리하였다. 안용복 사건을 계기로 1695년 수토사로 울릉도에 파견된 장한상은 '우산도'를 확인했다는 기록을 남겼다. 그런데 그후 2, 3년마다 파견된 수토사들은 우산도를 찾는 일에 태만하여 '죽도'를 '소위 우산도'라고 표기하는 오류를 범했다. 강화도조약 이후 일본인들이 독도를 경유하여 울릉도에 자주 내왕함에 따라 조선정부는 1882년 이규원 검찰사를 울릉도에 파견하여 조사한 후, 울릉도 우산도(독도) 개척령을 내렸다. 이때부터 울릉도에 도민이 거주하면서 독도는 울릉도의 부속 섬으로서 '독섬(돌섬)'이라는 이름으로 이용되었다. 1900년 고종황제는 '칙령 41호'

로 울도군을 설치하여 동해도서의 '울릉전도, 죽도, 석도'를 관할했다. 이처럼 한국은 고대시대부터 지금까지 독도와 울릉도를 영토로서 줄곧 관리해왔다.

넷째, 일본은 1905년 2월 22일 '시마네현고시 40호'로 몰래 한국의 고유영토인 독도를 편취한 후, 그 사실을 숨겨오다가 시마네현 관리 일행이 1906년 3월 울릉도를 찾아 심흥택 울도군수에게 구두로 슬쩍 전했다. 이에 놀란 심흥택 군수는 긴급으로 이튿날 '본군 소속 독도'가 일제에 의해 강탈당했다고 중앙정부에 보고했다. 황성신문 '울도군의 배치전말'에 의하면, 대한제국 정부는 즉시 '칙령 41호'로 행정조치 되어 독도가 울도군의 일부임을 일제 통감부에 항의했고, 이에 통감부의 요청에 따라 칙령 41호의 '울릉전도, 죽도, 석도'가 행정조치 되었고, 울도군의 범위가 '석도'를 포함하여 '200리'라고 하여 독도가 '석도'임을 확인시켰다. 이에 대해 통감부는 아무런 변명도 하지 못했다.

▎日本政府の独島の領有権の捏造：「朝鮮時代の『于山島』は現在の独島ではない」?

　独島は歴史的権原をもとに、実効的管轄統治をしている明白な韓国の固有領土である。1900年、大韓帝国高宗皇帝は勅令41号で欝島郡を設置して東海の島嶼「欝陵全島、竹島、石島」を領土として管理した。ここで「石島」は現在の独島だ。

　一方、日本は1905年勝手に「無主地(主人がいない島)」として独島を日本領土に編入させたという。しかし、日本は「石島」が独島ではないために勅令41号は、独島と関係がなく、むしろ日本が「島根県告示40号」で編入して国際法上、日本の「新領土」になったという。このような日本の主張がうそであることが証明された。

　第一に、日本は朝鮮時代の「于山島」は現在の独島がなく、「欝陵島」か「竹島」とし、事実を捏造している。朝鮮時代の500年間、独島の名称は公式的に「于山島」(1454~1881)、「石島」(1882~1900年ごろ)、「独島」(1900年以後)で使用された。

　当時の独島は2つの岩石となっており、大きさや価値の面から見ても、人が居住できず、さらに、欝陵島から天気が清明な日に見える島だった。

　それで朝鮮時代1403~1882年までの連れ帰り政策で、欝陵島に人が居住しなかったときは、独島の位置や名称に対する正確な記録が古文献に残っていられない。

　それにもかかわらず、様々古文献に島の大きさや位置は一定しないが、「于山島」という名称が表記され、時によって「竹島」を于山とする誤りを犯したりもした。

　このように朝鮮政府は500年間、独島に対する領有権の意識は持っていた

が、于山という名称が一般的に使われたものではなかった。

　第二に、日本は安竜福事件を機に、欝陵島の渡海禁止令を下した時、独島の渡海禁止令は下されなかったために17世紀に独島の領有権を確立したと事実を捏造している。

　鳥取藩の答弁書によると、1692年に安竜福事件の勃発で、日本の幕府は1696年、日本人の欝陵島・独島方面渡海を禁止した。

　その後、日本人たちは、欝陵島はもちろん、独島には含まれなかった。

　これだけを見ても幕府の渡海禁止令は、欝陵島と独島を朝鮮領土だと認めたという証拠である。

　ただ、日本の漁師たちは1620年頃から1692年に安竜福事件が発生するまで独島を経由して欝陵島に密かに渡海したために欝陵島と独島の地理的状況についてよく知っていた。

　にもかかわらず、幕府がそれを不法渡海とみなしたために日本の漁師たちは1696年渡海禁止令から1976年、江華島修好条約が締結したときまで280年間、独島を経由して欝陵島に渡海することはなかった。

　280年が過ぎた後、欝陵島と独島方面の渡海禁止が解禁された後も、日本政府は1969年の「朝鮮国交際始末内探書」、1877年の「太政官指令」で、正式に欝陵島と独島が韓国領土であることを認めた。

　このように1905年以前に日本政府が独島を日本領土だと思ったことは一度もなかった。

　第三に、古代新羅時代、欝陵島に于山国の人々が暮らしていたので、肉眼で眺められる独島は于山国の領土だった。

　高麗を経て、欝陵島に人の居住を禁止していた朝鮮時代には捜討使を派遣し、欝陵島と于山島(独島)を管理した。

　安竜福事件をきっかけに1695年捜討使として欝陵島に派遣された張漢相は

「于山島」を確認したという記録を残している。

　ところが、その後2、3年ごとに派遣された捜討使は「于山島」を探しに怠慢して「竹島」を「いわゆる于山島」と表記する過ちを犯した。

　江華島条約以後、日本人たちが独島を経由して欝陵島に頻繁に往来することによって朝鮮政府は1882年李奎遠検察使を欝陵島に派遣して調査した後、欝陵島、于山島(独島)の開拓令を下した。

　この時から、欝陵島に島民が居住し、独島は欝陵島の付属の島として「ドクソム(石島の意味)」という名前で利用された。

　1900年高宗皇帝は「勅令41号」で欝島郡を設置して東海島嶼の「欝陵全島、竹島、石島」を管轄した。

　このように韓国は古代時代から今まで独島と欝陵島を領土として、管理してきた。

　第四に、日本は1905年2月22日「島根県告示40号」で密かに韓国固有の領土である独島を騙取した後、その事実を隠してきたが、島根県官吏の一行が1906年3月、鬱陵島を訪れ、沈興沢欝島郡守に口頭で独島の領土措置をとったことをこっそり伝えた。

　これに驚いた沈興沢郡守は緊急で翌日「本郡所属の独島」が、日本によって強奪されたと中央政府に報告した。

　皇城新聞「欝島郡の配置顚末」によると、大韓帝国政府は直ちに「勅令41号」で行政措置なり、独島が欝島郡の一部であることを、大日本帝国の統監府に抗議し、これに統監府の要請によって勅令41号の「欝陵全島、竹島、石島」が行政処分され、欝島郡の範囲が欝陵島の「200里」と「外洋100里」の「石島」までとし、独島が「石島」であることを確認させた。これに対して統監府は何の弁解もできなかった。

❙ 일본정부의 독도 영유권 날조 : "한국의 고문헌에는 울릉 도는 있어도 독도는 없었다"?

지리적으로 보면, 과거 독도는 한국 사람이 사는 울릉도에서 가시거리에 위치하고 있었다. 고대의 울릉도는 우산국이 있었고, 우산국사람들은 울릉도에서 바라보이는 독도를 당연히 우산국의 영토라고 여겼다. 반면 고대의 일본은 독도가 일본열도에서 보이지 않기 때문에 존재 자체를 알지 못했다. 17세기에 일본어부들이 몰래 울릉도에 불법적으로 도항하면서 그 길목에 위치한 독도의 존재를 처음으로 알게 되었다. 일본의 고지도 상에 독도가 등장하는 가장 오래된 지도는 나가쿠보 세키스이(長久保赤水)가 1779년 간행한 「개정일본여지노정전도(改正日本與地路程全図)」로서, 울릉도와 독도가 조선 본토와 함께 채색되지 않은 채 경위도 선 밖에 그려져 한국영토로 그려졌다. 또한 1785년 하야시 시헤이(林子平)가 제작된 '삼국접양지도(三国接壤之図)'에 울릉도와 독도를 '조선의 것'이라고 명확히 기록했다. 독도가 등장하는 일본의 가장 오래된 문헌은 일본의 운주(雲州) 번사(藩士)였던 사이토 호센[斎藤豊仙]이 1667년 집필한 『은주시청합기(隠州視聴合記)』로서, '일본의 서북경계는 오키(隠岐)섬이고, 서북쪽에 울릉도와 독도가 위치하고 있다'고 기록했다. 이처럼 유력한 일본의 고지도와 고문헌에 독도가 일본영토로 기록된 것은 없고, 모두 한국영토로 기록되어있다. 그런데 일본정부는 〈한국이 예로부터 다케시마를 인식하고 있었다는 주장에는 근거가 없다. 예를 들어, 한국 측은 조선의 고문헌 『삼국사기』(1145년), 『세종실록』(지리지)(1454년), 『신증동국여지승람』(1531년), 『동국문헌비고』(1770년), 『만기요람』(1808년), 『증보문헌비고』(1908년) 등의 기술을 근거로 '울릉도'와 '우산도'라는 2개의 섬을 오래 전부터 인지하고 있었으며, 그 '우산도'가 바로 현재의 다케시마(독도)라고 주장하고 있다'라고 주장한다. 이처럼 일본정부는 독도가 한국영토라는 일본측 고문헌을 숨기고, 또한 한국측의 수많은 고문헌의 관찬기록을 모두 부정하여 오히려 일본이 17세기부터 독도의 영유권을 확립하였다고 독도의 영유권을 날조하고 있다.

첫째, 일본정부는 "『삼국사기』를 보면 우산국이었던 울릉도가 512년 신라에 귀속되었다는 기술은 있지만 '우산도'에 관한 언급은 없다. 또한 조선의 다른 고문헌에 나와 있는 '우산도'에 관한 기술을 보면 그 섬에는 많은 사람들이 살고 있으며 큰 대나무가 자라고 있다는 등 다케시마(독도)의 실상과는 맞지 않는 점들이 있어 오히려 울릉도를 상기시키는 내용이다"라고 주장한다.

『삼국사기(三国史記)』에는 "512년 신라가 우산국을 정벌했고, 원래 울릉도에 우산국이 있었다"고 기록되어 있다. 이것은 울릉도에서 독도가 가시적으로 보이는 섬이기 때문에 울릉도와 더불어 독도도 우산국의 영토였다는 증거가 된다.

『세종실록』(지리지)에는 "울릉도와 우산도(독도) 2섬은 날씨가 맑고 바람이 부는 청명한 날 서로 바라볼 수 있다"라고 하여 15세기 조선조정에서 동해의 울릉도와 독도 두 섬이 조선의 영토임을 명확히 한 것이다. 『신증동국여지승람』에는 '팔도총도'라는 지도를 삽입하여 동해바다에 울릉도와 우산도 두 개의 섬이 존재하는데 이 섬들이 조선의 영토임을 명확히 표기했다.

이들 조선시대의 고문헌들은 오늘날처럼 과학 기술 문명이 발달한 시기에 그린 것이 아니기 때문에 울릉도 동남쪽 87.4에 위치하여 사람이 살지 못하는 바위섬 독도의 존재를 정확하게 표기한다는 것 자체가 불가능하다. 500년 전의 독도를 오늘날의 관점에서 섬의 위치와 크기가 정확하지 않다고 하여 독도 영유권을 부정하는 것도 영유권 날조행위이다.

둘째, 일본 정부는 "한국 측은,『동국문헌비고』,『증보문헌비고』그리고『만기요람』에 '여지지(興地志)'를 인용하여 '우산도는 일본이 말하는 마쓰시마이다'라고 기술되어 있어, 우산도가 독도(다케시마의 한국명)인 것이 분명하다"고 주장하고 있다. 이에 대해 '여지지' 본래의 기술을 보면, 우산도와 울릉도는 동일한 섬이라고 되어 있으며,『동국문헌비고』등의 기술은 '여지지'에서 직접 올바르게 인용된 것이 아니라고 비판하는 연구도 있다. 그러한 연구에서는,『동국문헌비고』등의 기술은 안용복이라는 인물의 신빙성이 낮은 진술을 무비판적으로 받아들인 또 다른 문헌『강계고(彊界考)』(1756년)를 근거로 한 것이라고 지적하고 있다"라고 주장한다.

『동국문헌비고(東国文献備考)』(1770년),『만기요람(万機要覧)』(1808년),『증보문헌비고(増補文献備考)』(1908년)에는 "일본이 말하는 송도(당시 일본의 독도 명칭)는 우산도(한국의 조선시대 독도명칭)로서 울릉도와 우산도 모두 우산국의 영토이다"라고 하여 18세기부터 20세기까지 울릉도와 독도가 조선영토임을 명확히 기록하고 있다. 이들 고문헌들은 당시대의 상황과 인식을 반영하여 시대별로 독도가 울릉도와 더불어 한국영토임을 명확히 기록한 것이다. 그런데 일본은 이러한 독도 영유권을 결정짓는 명확한 고문헌 기록조차도 부정하지 않으면 독도 영유권을 포기해야하는 입장이기 때문에 사실과 관계없는 자료를 갖고 와서 비과학적인 논리를 만들고 있다.

셋째, 일본정부는 "『신증동국여지승람』에 첨부되어 있는 지도에는 울릉도와 '우산도'가 별개의 2개의 섬으로 그려져 있지만, 만약 한국측이 주장하는 대로 '우산도'가 다케시마를 말하는 것이라면 이 섬은 울릉도의 동쪽에 울릉도보다 훨씬 작은 섬으로 그려졌을 것이다. 하지만 이 지도에서의 '우산도'는 울릉도와 거의 같은 크기로 그려져 있으며, 더욱이 한반도와 울릉도 사이(울릉도의 서쪽)에 위치하는 점 등으로 보아 실제로 존재하지 않는 섬이라는 것을 알 수 있다"라고 주장한다.

　울릉도에는 고대신라, 고려시대에는 사람들이 살았지만, 조선 500년 동안은 섬을 관리하기 위해 거주민을 쇄환하고 수시로 섬에 수토사를 파견하여 관리하였다. 독도는 울릉도에서 바라볼 수 있는 위치에 있는 무인도이기 때문에 고대신라, 고려시대처럼 울릉도에 사람이 살아야만이 섬의 위치나 크기에 대한 정확한 정보를 알 수 있었다. 『신증동국여지승람』은 울릉도에 사람이 살았던 신라, 고려시대의 인식을 바탕으로 동해바다에 2개의 섬을 명확히 그려서 모두 한국영토임을 확실하게 표시하였다. 그럼에도 불구하고 일본이 실제로 존재하지 않는 섬이라고 주장하는 것은 한국의 독도 영유권을 부정하는 날조행위이다.

　이처럼 일본정부가 독도가 한국영토이라는 한국측 고문헌의 기록을 부정하고, 일본측의 고지도와 고문헌을 숨겨야하는 이유가 있었다. 그 이유는 바로 "일본정부가 1905년 독도를 원래 주인이 없는 섬이라고 하여 국제법으로 합당하게 편입하여 일본영토가 되었다"고 하는 입장을 취하고 있기 때문이다. 만일 1905년 이전에 독도가 한국영토였다고 하는 한국측의 고문헌 기록을 인정하고, 일본 측의 고문헌, 고지도의 기록을 숨기지 않는다면 일본은 더 이상 독도 영유권을 주장할 수 없게 되기 때문이다. 이처럼 독도의 영유권을 주장하는 일본의 날조행위는 아주 유치하고 치사한 수준이다.

▌日本政府の独島領有権の捏造：「韓国の古文献では、欝陵島はあっても、独島はなかった」？

地理的に見ると、これまで、独島は韓国人が住む欝陵島から可視距離に位置していた。

古代の欝陵島は于山国があり、于山国の人々は、欝陵島から見える独島を当然、于山国の領土だと思った。

一方、古代の日本は独島が日本列島から見えないため、存在自体を知らなかった。

17世紀に日本の漁師が密かに欝陵島に不法に渡航し、その途中に位置した独島の存在を初めて知るようになった。

日本の古地図に独島が登場する一番古い地図は長久保赤水が1779年に刊行した「改正日本興地路程全図」であり、欝陵島と独島が朝鮮本土と同じ彩色で描かれ、日本の領土には経緯表記をしているが、その緯表記の外に韓国の領土と同じ形式で描かれている。

また、1785年林子平が製作した「三国接壤之図」に欝陵島と独島を「朝鮮の物」だと明確に記録した。

独島が登場する日本最古の文献は日本の雲州の藩士だった斎藤豊仙が1667年執筆した「隠州視聴合記」であり、「日本の北西境界は隠岐島であり、北西に欝陵島と独島が位置している」と記録した。

このように有力な日本の古地図と古文献に独島が日本領土として記録されているのではなく、すべて韓国領土として記録されている。

ところで日本政府は「韓国が古くから竹島を認識していたという主張には根拠がない。例えば、韓国側は朝鮮の古文献「三国史記」(1145年)、「世宗実録地理誌」(1454年)、『新増東国興地勝覧』(1531年)、『東国文献備考』(1770年)、

「万機要覧」(1808年)、「増補文献備考」(1908年)などの記述を根拠に「欝陵島」と「于山島」を認知した」と主張していると批判している。

このように日本政府は、独島が韓国領土であるという証拠となる日本側の古文献を隠して、また、韓国側の多くの古文献の官撰記録を全て否定してむしろ日本が17世紀から独島の領有権を確立したと、独島の領有権を捏造している。

まず、日本政府は、『三国史記』によると、于山国だった欝陵島が512年新羅に帰属されたという記述はあるが、「于山島」に関する言及はない。また、朝鮮の他の古文献に出ている「于山島」に関する技術を見ると、その島には多くの人たちが住んでおり、大きな竹が育っているというなど、竹島(独島)の実状とは合わない点がある、かえって欝陵島を想起させる内容だ」と主張すると批判している。

『三国史記』には512年新羅が于山国を征伐し、もともと欝陵島に于山国があったと記されている。これは、欝陵島から独島が可視的に見える島であるため、欝陵島とともに独島も于山国の領土だったという証拠となる。

「世宗実録地理誌」には「欝陵島と于山島(独島)2つの島は天気が晴れて風が吹いて、晴れて澄んだ日にお互いに眺めることができる」として15世紀朝鮮の朝廷で東海の欝陵島と独島の二つの島が朝鮮の領土であることを明確にしたのだ。

『新増東国輿地勝覧』には「八道総図」という地図を挿入し、朝鮮東海に欝陵島と于山国の二つの島が存在するが、この島が朝鮮の領土であることを明確に表記した。

これら朝鮮時代の古文献は、今日のように科学技術文明が発達した時期に描かれたものではないために欝陵島の東南側87.4kmに位置し、人が住んでいない岩礁でできた独島の存在を正確に表記するということ自体が不可能だ。500年前の独島を今日の観点から島の位置と大きさが正確ではないとし、独島領有権を否

定することは領有権の捏造行為だ。

　第二に、日本政府は、韓国側が『東国文献備考』、「増補文献備考」そして「満期要覧」に「輿地志」を引用して「于山国は日本のいう松島だ」と記述されており、于山島が独島(竹島の韓国名)のことは確かだと主張していると批判している。

　これに対し、「輿地誌」の本来の記述を見ると、于山島と欝陵島は同一の島であるとなっており、『東国文献備考』などの記述は「輿地志」から正しく引用されたものではないと批判する研究もある。

　そのような研究では、『東国文献備考』などの技術は、安竜福という人物の信憑性の低い陳述を無批判的に受け入れたもう一つの文献「疆界考」(1756年)に基づくものであると指摘している。

　「東国文献備考」(1770年)、「満期要覧」(1808年)、「増補文献備考」(1908年)には「日本のいう松島(当時、独島の日本名)は于山島(韓国の朝鮮時代、独島の名称)として、欝陵島と于山島、ともに于山国の領土である」とし、18世紀から20世紀まで、欝陵島と独島が朝鮮領土であることを明確に記録している。

　これらの古文献は、当時の状況と認識を反映し、時代別に、独島が欝陵島とともに韓国領土であることを明確に記録したものである。

　しかし、日本は、このような独島の領有権を決める明確な古文献記録さえも否定しない限り、独島の領有権を放棄しなければならない立場であるため、事実と関係のない資料を持って来て、非科学的な論理を作っている。

　第三に、日本政府は「『新増東国輿地勝覧』に添付されている地図では、欝陵島と「于山島」が別の2個の島で描かれているが、もし韓国側が主張するように「于山島」が竹島を指すものならば、この島は欝陵島の東側に欝陵島よりもはるかに小さな島で描かれたのだ。

　しかし、この地図における「于山島」は欝陵島とほぼ同じ大きさで描かれてお

り、韓半島と欝陵島の間(欝陵島の西側)に位置する点などから、実際には存在しない島であることが分かる」と主張している。

　欝陵島には古代新羅、高麗時代には人々が住んでいたが、朝鮮500年間は島を管理するために居住民を刷還し、随時捜討使島を島に派遣して管理した。

　独島は欝陵島から眺めることができる位置にある無人島であるため、古代の新羅、高麗時代のように、欝陵島に人が住んでこそこの島の位置や大きさに対する正確な情報を知ることができた。

　『新増東国輿地勝覧』は欝陵島に人が住んでいた古代の新羅、高麗時代の認識をもとに、東海に2つの島を明確に描いてすべてが朝鮮領土であることを確実に表示した。

　それにもかかわらず、日本が実際に存在しない島だと主張するのは、韓国の独島領有権を否定する捏造行為だ。

　このように独島が韓国領土であると韓国側の古文献の記録が証明しているので、日本政府がこれを否定しなければならなかった。それゆえ、独島が韓国領土であることを証明できる日本側の古地図と古文献を隠さなければならない理由があった。

　その理由はまさに「日本政府が1905年に独島を無主地(本来の所有者がない島)と見なし、「無主地先取り」という国際法の領土取得方法を悪用して領土措置をとって日本領土となった」という立場を取っているためだ。

　もし1905年以前に、独島が韓国領土だったとする韓国側の古文献記録を認めて、また、韓国領土である証拠となる日本側の古文献、古地図の記録を隠さなければ、日本はこれ以上独島の領有権を主張することができなくなるからだ。

| 일본, 다양한 방법으로 독도의 영유권 날조

독도가 한국영토라고 하는 수많은 역사적 증거가 있음에도 불구하고, 일본은 1905년 러일전쟁 중에 '주인이 없는 섬'이라고 하여 몰래 일본영토에 편입시켰다. 일본은 이를 합리화하기 위해 1905년 이전에 독도가 한국영토라는 고지도와 고문헌의 기록을 전부 부정하는 식으로 사실을 날조한다.

고지도와 고문헌에 독도가 한국영토였다고 하는 증거자료는 한국이 독도를 역사적으로 줄곧 영토로서 인식하고 관리해왔다는 증거이다. 역사적 증거자료가 없다는 것은 영토로서 관리하지 않았다는 것을 말한다. 고지도와 고문헌에 독도가 한국영토였다는 증거자료는 수없이 많다. 그러나 일본영토였다고 하는 증거자료는 한 점도 없다. 일본은 독도가 한국영토였다는 사실을 부정하기 위해 다양한 방법으로 왜곡된 논리를 만들어 사실을 날조하고 있다.

첫째, 과학 문명이 발달하지 않은 시대에 무인 암초였던 섬은 명칭도 없고 그냥 바다와 같은 존재이기 때문에 고문헌과 고지도에 등장하지 않는다. 그래서『삼국사기』(1145년)의 우산국(512년) 기록에 울릉도 명칭은 있어도 독도의 명칭은 없다. 지리적으로 울릉도에서 독도가 보이기 때문에 울릉도 사람들에 의해 독도에 대한 사적 소유의식이 생기게 되었을 것이고, 더 나아가 당연히 국가(우산국)가 영유의식을 갖게 되었다. 일본의 주장은『삼국사기』에 독도라는 명칭이 없다고 하여 신라, 고려 시대에 독도는 한국의 영토가 아니었다고 한다. 일본은 무인고도인 독도를 유인도처럼 왜곡 해석하여 신라, 고려정부가 직접 관할 통치하지 않았기 때문에 한국영토가 아니었다고 사실을 날조한다.

둘째, 과학 문명이 발달하지 않은 시대에 무인 암초임에도 불구하고, 새로운 명칭 '우산도'라는 섬 명칭이 생성되었다고 하는 것은 사적인 소유의 식과 더불어 국가의 영유의식이 생겨났다는 것을 의미한다. 『세종실록』 (지리지)(1454년), 『동국여지승람』(1531년), 『고려사』(지리지)(1451년) 등에 독도가 '우산도'로서 등장한다. 이에 대해 일본은 '우산도'는 지금의 독도가 아니고 '울릉도의 별칭'이라고 터무니없는 주장으로 사실을 날조 한다.

셋째, 과학 문명이 발달하지 않은 시기에도 울릉도에 사람이 거주하였 을 때에는 독도가 울릉도에서 바라다보였기 때문에 독도의 방위나 위치, 크기를 정확히 잘 알 수 있었다. 그런데 조선시대에 400여 년(1403~1882 년 울릉도 재개척 때까지)간의 쇄환정책으로 울릉도에 사람의 거주를 금 했만, 조선정부는 울릉도와 독도의 영유의식을 갖고 있었다. 그런데 당시 울릉도와 독도를 기록한 학자들이 섬을 직접 보지 않고 섬의 크기나 형상, 위치를 사실과 다르게 표기하기도 했지만, 핵심적인 것은 동해의 두 섬인 울릉도와 독도가 국가의 소유였다고 하는 인식이 존재했다는 것이다. 『세 종실록』(지리지)에는 '날씨가 청명한 날 두 섬(울릉도, 독도)은 서로 잘 보 인다'라고 하여 정확히 표기하고 있다. 『동국여지승람』, 『태종실록』 등에 서는 우산도(독도)의 명칭이나 위치, 크기 등이 현재처럼 울릉도의 동남 쪽에 정확하게 표기되지 않은 부분이 있다. 그것은 당시로써는 지극히 당 연한 일이다. 일본은 지금처럼 독도가 울릉도 동남쪽에 정확하게 그려져 있지 않다고 하여 조선 시대의 독도는 한국영토가 아니었다고 사실을 날 조한다.

넷째, 한국측과 일본측의 고지도와 고문헌에 독도가 한국영토라고 하 는 증거들이 많이 있는데, 그것은 그 시대의 인식을 말한다. 1770년에 편 찬된 『동국문헌비고』에 "울릉도와 우산도는 모두 고대의 우산국 영토이 다. 우산도는 일본이 말하는 송도(독도)이다"라고 하여 1770년경에 독도가 한국영토였다고 명확히 기록하고 있다. 일본은『동국문헌비고』는 사실과 다른 왜곡된 내용이라고 우기며 사료적 가치가 없다고 사실을 날조한다.

다섯째, 고지도와 고문헌은 사람이 기록한 것이라서 옳은 것도 있지만 잘못된 것도 있어서 옳은 것만이 사료적 가치가 있다. 1711년에 수토관으로 파견된 박석창은 울릉도와 우산도를 조사하여 지금의 댓섬에 '소위 우산도'라고 표기하여 잘못된 '울릉도도형'을 만들었다. 당대 학자들은 이 잘못된 정보로 지도에 우산도를 표기한 것들도 있다. 일본은 잘못된 자료만을 악용하여 독도는 한국영토가 아니라고 사실을 날조한다.

게다가 일본은 17세기에 이웃나라 영토에 몰래 들어가 고기잡이를 했다고 자신의 영토가 되었다고 하고, 대일평화조약(1951년) 체결과정에 미국인 관리 한 명이 한때 독도가 일본영토가 되는 것이 미국의 국익에 부합된다고 주장한 것을 가지고 독도가 일본영토가 되었다고 한다. 이처럼 일본은 독도가 한국영토라는 역사적 증거에 대해 모두 사실과 다르다고 부정하고, 1905년 일본제국 정부의 '각의결정과 시마네현의 고시 40호 등에 의한 불법적인 영토 침략행위는 국제법적으로 정당한 행위라고 사실을 날조하고 있다.

▌日本は、多様な方法で独島の領有権を捏造する

独島が韓国領土だとする数多くの歴史的証拠があることにもかかわらず、日本は1905年日露戦争中に「無主地(主人がいない島)」とし、密かに日本の領土に編入させた。

日本はこれを合理化するため、1905年以前に、独島が韓国領土であるとの古地図と古文献の記録を完全に否定するふうに事実を捏造する。

古地図と古文献に独島が韓国領土だったとする証拠資料は、歴史的に韓国が独島を領土として認識して管理していたという証拠だ。

歴史的証拠資料がないということは、領土として管理していなかったことを意味する。

古地図と古文献に独島が韓国領土だったという証拠資料は数多い。

しかし、日本の領土だったという証拠資料は一点もない。

日本は独島が韓国領土だったという事実を否定するため、様々な方法で歪曲された論理を作って事実を捏造している。

第一に、科学文明が発達していない時代に無人の岩礁だった島は名称もなく海のような存在であるため古文献と古地図に登場しない。

それで「三国史記」(1145年)の于山国(512年)記録に欝陵島の名称はあっても独島の名称はない。

地理的に欝陵島から独島が見られるため、欝陵島の人々によって独島に対する私的所有意識が生じることとなっているはずであり、さらに、当然に国家(于山国)が領有意識を持つようになった。

日本の主張は、「三国史記」に独島という名称がないとし、新羅、高麗時代に独島は韓国の領土ではなかったという。

日本は、無人の孤島である独島を有人島のように歪曲解釈して新羅、高麗の

朝廷が直接管轄統治しなかったために韓国の領土ではなかったと事実を捏造する。

第二に、科学文明が発達していない時代に無人の岩礁であるにもかかわらず、新しい名称「于山島」という島の名称が生まれたということは、私的な所有意識とともに国家の領有意識が生まれたことを意味する。

「世宗実録」地理誌(1454年)、「東国輿地勝覧」(1531年)、「高麗史」地理誌(1451年)などに、独島が「于山島」として登場する。

これに対して日本は「于山島」は現在の独島がなく「欝陵島の別称」とするとんでもない主張で事実を捏造する。

第三に、科学文明が発達していない時期にも欝陵島に人が居住した時には独島が欝陵島で見渡さたため、独島の防衛や位置、大きさを正確に知ることができた。

ところが、朝鮮時代に400年余り(1403~1882年、欝陵島の再開拓まで)間の連れ帰り政策で、欝陵島に人の居住を禁止したが、朝鮮政府は欝陵島と独島に対して領有意識を持っていた。当時、欝陵島と独島を記録した学者たちが島を直接調査しないで島の大きさや形状、位置を事実と異なって表記したりもしたが、核心的なものは東海の二つの島である欝陵島と独島が国家の所有だったという認識が存在したということだ。

「世宗実録」(地理誌)には「天気が晴れて澄んだ日に二つの島(欝陵島、独島)はお互いによく見える」とし、欝陵島、独島の存在を正確に表記している。

「東国輿地勝覧」、「太宗実録」などでは于山島(独島)の名称や位置、大きさなどが現在のように欝陵島の東南に正確に表記されていなかった部分がある。

それは当時としては極めて当然のことだ　日本は今のように、独島が欝陵島の東南側に正確に描かれていないとし、朝鮮時代の独島は韓国領土ではなかったと事実を捏造する。

第四に、韓国側と日本側の古地図と古文献に独島が韓国領土であるという証拠がたくさん存在するが、それはその時代の認識をいう。

1770年に編纂された「東国文献備考」に「欝陵島と于山島はいずれも古代の于山国の領土だ。于山国は日本のいう松島(独島)だ」とし、1770年頃独島が韓国領土だったと明確に記録している。

日本は「東国文献備考」の内容が事実と異なる歪曲した内容だと主張し、史料的価値がないと事実を捏造する。

第五に、古地図と古文献は人が記録したものなので正しいものもあるが、間違ったものもあって正しいものだけが史料的価値がある。

1711年、捜討使として派遣された朴錫昌は、欝陵島と于山島を調査し、現在の竹島(竹嶼)に「いわゆる于山島」と表記する間違っている「欝陵島図形」を作った。

当代の学者たちは、この誤った情報で地図に于山島を表記したこともある。日本は誤った資料だけを悪用し、独島は韓国領土でないと事実を捏造する。

さらに日本は17世紀に隣国の領土にこっそり入って漁をしたことを自分の領土になったとし、対日平和条約(1951年)締結の過程で駐日米国執政大使ウィリアム・シーボルドが一時、独島が日本領土になると米国の国益に合致するとし、独島が日本の領土だと主張した。

このように日本は独島が韓国領土であるとの歴史的証拠について、全て事実と違うと否定し、むしろ1905年日本帝国政府が「閣議決定」と「島根県告示40号」などによる不法な領土侵略行為を国際法的に正当な行為だと事実を捏造している。

일본정부의 독도 영유권 날조 : "일본이 한국보다 먼저 다케시마(독도)를 인지했다"?

독도는 울릉도 동남쪽 87.4km에 위치하고 있고, 과거에는 사람이 거주할 수도 없었고 일부러 거주할 이유도 없는 2개의 암초로 된 무인도였다. 독도와 울릉도는 날씨가 맑고 바람이 부는 날에 서로 바라볼 수 있는 섬이다. 신라시대 울릉도에는 우산국 사람들이 살았기 때문에 울릉도 거주민들은 독도를 바라볼 수 있어 그 존재를 잘 알고 있었다.

따라서 독도는 자연 지리적으로 울릉도 거주민들의 삶의 터전으로써 한국의 고유영토이다. 반면 일본 열도에서 독도에 가장 가까운 섬은 오키 섬이다. 일반적으로 최대 가시거리가 100km이기 때문에 오키 섬에서 독도까지 157km로서 두 섬은 서로 바라볼 수 없다. 따라서 일본의 오키섬은 자연 지리적으로 독도와 아무런 연고가 없다.

조선정부의 고문헌 기록으로 볼 때도 1454년의 『세종실록』(지리지)에 "우산도와 울릉도 두 섬은 날씨가 맑고 바람이 불고 청명한 날 서로 바라볼 수 있다"라고 두 섬의 지리적 위치를 정확하게 표기했다. 오늘날 울릉도에서 날씨가 맑은 날에 서로 바라볼 수 있는 섬은 독도뿐이다.

따라서 조선시대에 독도를 우산도라고 호칭했음을 알 수 있다. 반면 독도는 일본열도에서 가시거리 밖에 위치하기 때문에 자연 지리적으로 일본영토가 될 수 없고, 일본의 고문헌에도 일본영토라는 기록은 없다. 오히려 1667년의 『은주시청합기』에는 "일본의 서북경계는 오키섬으로 한다."라고 하여 울릉도와 독도가 한국영토임을 기록했다.

실제로 '보인다' '안 보인다'에 대한 고증은 고지도 고문헌의 증거자료도 중요하지만, '실제로 보인다'고 하는 자연 지리적 조건이 더 중요하다. 그런데 지리적으로 독도가 보이지 않는 일본열도의 일본 정부가 독도가 보이는 한국(울릉도)보다 더 먼저 독도를 발견하였다고 주장하는 것은 독도 영유권을 날조하는 행위이다.

첫째, 일본정부는 "현재의 다케시마는 일본에서 일찍이 '마쓰시마(松島)'로 불렸으며, 반대로 울릉도가 '다케시마' 또는 '이소 다케시마'로 불렸다. 다케시마 또는 울릉도의 명칭에 대해서는 유럽의 탐험가 등에 의한 울릉도 측위(測位)의 잘못에 따라 일시적인 혼란이 있었지만, 일본국이 '다케시마'와 '마쓰시마'의 존재를 옛날부터 인지하고 있었던 것은 각종 지도나 문헌에서도 확인할 수 있다. 예를 들면 경위선을 투영한 간행 일본지도로서 가장 대표적인 '나가쿠보 세키스이(長久保赤水)'의 「개정일본여지로정전도(改正日本興地路程全図)」(1779년 초판) 외에도 울릉도와 다케시마를 한반도와 오키 제도 사이에 정확하게 기재하고 있는 지도가 다수 존재한다."라고 주장한다.

일본의 오야씨, 무라카와씨 두 가문의 어부들이 1620년대부터 1693년까지 쇄환정책으로 섬을 비워서 관리하던 조선(한국)영토인 울릉도에 불법적으로 도해했을 때 그 경유지에 위치한 독도를 이정표로 삼았다. 이때부터 일본은 두 섬의 존재를 알게 되고 울릉도를 '다케시마(竹島)', 독도를 '마쓰시마(松島)'라고 불렀다. 1693년 한일 양국 어민들 사이에 울릉도 독도를 둘러싼 영유권 분쟁인 안용복 사건을 계기로 일본 막부는 1695년 돗토리번에서 올린 답변서를 토대로 1696년 울릉도와 독도를 한국영토로 인정하고 일본어부들의 울릉도(독도 포함) 도해를 금지하였다.

이미 안용복 사건 이전에도 돗토리번에서는 번사(藩士)가 편찬한『은주시청합기』에 "일본의 서북쪽에는 울릉도와 독도가 위치하고, 일본의 서북경계는 오키섬이다."라고 하여 울릉도와 독도를 한국영토로 인정했다. 안용복 사건이후에도 1836년 울릉도 밀무역사건인 하치에몽 사건으로 울릉도 독도 도해를 2차적으로 금지했다.

일본은 독도가 일본영토라는 가장 유력한 증거자료로서 「개정일본여지로정전도」(1779년 초판)를 제시했지만, 이 지도는 잘못된 지도이거나 영유권 지도가 아니다.

1696년 이미 막부가 울릉도와 독도를 한국영토로 인정하였음에도 불구하고 이 지도에는 일본영토처럼 그렸기 때문이다. 만일 일본정부가 제시한 것처럼 독도가 일본영토이라는 유력한 증거자료라면 울릉도도 일본영토가 된다. 바로 이런 것들이 일본이 독도 영유권을 날조한 대표적인 사례이다.

사실 "「개정일본여지노정전도」는 1779년 초판, 1791년 재판, 1811년 3판, 1833년 4판, 1840년 5판, 그 이후 1844년, 1846년, 1862년, 1871년까지 9판이 간행되었다. 이 가운데 5판까지는 초판과 동일하게 울릉도와 독도를 조선영토로 그렸으나, 1844년 판부터는 민간에서 발행된 해적판으로 울릉도·독도에 일본 본토와 같은 색을 칠하고, 경위선까지 연장해 일본의 영토처럼 그렸던 것이다(최선웅 연구)."

둘째, 일본정부는 "1787년 프랑스의 항해가 라 페루즈가 울릉도에 도착하여 '다줄레(Dagelet) 섬'으로 명명하였다. 그 후 1789년에는 영국의 탐험가 콜넷도 울릉도를 '발견'했으나 그는 이 섬을 '아르고노트(Argonaut) 섬'이라고 하였다. 그러나 라 페루즈와 콜넷이 측정한 울릉도의 경도와 위도에는 차이가 있으며 그로 인해 후에 유럽에서 작성된 지도에는 울릉도가 마치 2개의 다른 섬인 것처럼 기재되었다." "나가사키 데지마의 의사 시볼트는 유럽에서 '일본지도'(1840년)를 간행했다. 시볼트는 오키 섬과 한반도 사이에는 서쪽에서부터 '다케시마'(울릉도의 에도시대 호칭)와 '마쓰시마'(현재 다케시마의 에도시대 호칭)라는 2개의 섬이 존재하고 있다는 사실을 일본의 여러 문헌이나 지도를 통해 알고 있었다. 한편, 유럽의 지도에는 서쪽에서부터 '아르고노트 섬'과 '다줄레 섬'이라는 2개의 명칭이 함께 사용되고 있다는 것도 알고 있었다. 이를 근거로 시볼트는 자신이 작성한 지도에 '아르고노트 섬'을 '다카시마'로, '다줄레 섬'을 '마쓰시마'로 기재하게 되었다. 이로 인해 당시까지 일관되게 '다케시마' 또는 '이소 다 케시마'로 불려 오던 울릉도가 '마쓰시마'로도 불리게 되는 혼란을 가져오 게 되었다."라고 주장한다. 프랑스 항해가는 울릉도의 경위도를 올바르게 표기했지만, 영국탐험가가 울릉도의 경위도를 잘못 표기하여 유럽지도에 울릉도가 2개의 섬으로 표기되었다.

네덜란드인 의사 시볼트가 이들 두 섬에 일본의 지도를 모방하여 '다케 시마(울릉도)와 마쓰시마(독도)'라고 이름으로 잘못 표기하여 섬 명칭의 혼란을 초래했다는 것이다. 자국의 영토라면 고유의 명칭을 갖고 있어야 함에도 불구하고 유럽지도의 영향으로 섬 명칭의 혼란을 초래했다고 주 장하는 것은 실효적으로 영토를 관리했음을 인정받는 영유권 주장을 할 자격이 없다.

셋째, 일본정부는 "일본 국내에서는 예로부터 내려온 '다케시마'와 '마 쓰시마'에 관한 지식과 그 후 구미에서 지어진 섬의 이름이 혼재하고 있었 는데, 그러는 중에 '마쓰시마'를 멀리서 보았다는 일본인이 마쓰시마를 개 척할 수 있도록 정부에 청원하였다. 정부는 그 섬의 명칭을 명확히 하기 위 해 1880년 현지조사를 실시하였으며, 이 청원 과정에서 '마쓰시마'라 불리 던 섬이 울릉도임을 확인하였다."

일본정부는 "이상의 경위를 토대로 울릉도는 '마쓰시마'로 불리게 되 었으며 따라서 현재의 다케시마의 명칭을 어떻게 할 것인지가 문제가 되 었다. 이 때문에 정부는 시마네현의 의견을 청취한 후, 1905년 그때까지의 명칭을 모두 대체하는 형태로 현재의 다케시마를 정식으로 '다케시마'라 고 명명하였다."라고 주장한다.

울릉도와 독도는 고대부터 근현대까지 한일 양국의 고지도와 고문헌에 기록된 한국의 고유영토이다. 17세기 일본 막부는 울릉도와 독도를 한국 영토로 인정하고 일본어민들에게 도해금지령을 내렸기 때문에 울릉도와 독도의 지리에 대해 잘 알지 못했기 때문에 섬 명칭의 혼란을 겪은 것이다. 울릉도 독도 도해금지 이후 200년이 지난 메이지정부도 1877년 막부의 도해금지령 서류를 검토하여 태정관지령으로 울릉도와 독도가 한국영토임을 인정했고, 1880년 실지를 조사하여 울릉도와 독도가 한국영토임을 재확인했다.

그런데 일본이 한국보다 먼저 독도를 인지하였다고 주장하는 것은 독도의 영유권을 날조하는 행위이다.

▎日本政府の独島領有権の捏造：「日本が韓国より先に竹島(独島)を認知した」？

　独島は欝陵島の東南方87.4kmに位置しており、過去には人が居住することもできなく、わざと居住する理由もない2つの暗礁になっている無人島だった。独島と欝陵島は天気が晴れて風が吹く日にお互いに眺めることができる島だ。新羅時代以来、欝陵島には、于山国の人々が暮らしてきたために欝陵島の居住民は、独島を眺めることができ、その存在をよく知っていた。したがって、独島は自然地理的に欝陵島の居住民の生活の場で、韓国の固有領土である。

　一方、日本列島で独島に最も近い島は隠岐島だ。一般的に最大、可視距離が100kmであるため、隠岐島から独島まで157kmであるので、この二つの島はお互いに眺めることができない。

　したがって、日本の隠岐島は自然地理的に独島とは領土的権原で何の縁もない。朝鮮政府の古文献記録から見ると、1454年の「世宗実録」(地理誌)に「于山島と欝陵島の二つの島は天気が晴れて風が吹き、晴れている日にお互いに眺めることができる」とし、二つの島の地理的位置を正確に表記している。今日、欝陵島から天気が晴れた日に眺めることができる島は独島だけだ。したがって、朝鮮時代に独島を于山島と呼称したことを知ることができる。

　一方、独島は日本列島からは可視距離の外に位置するために自然地理的に日本領土になれる位置ではなかった。日本の古文献にも日本領土という記録はない。むしろ1667年の「隠州視聴合紀」で「日本の北西境界は隠岐島とする。」とし、欝陵島と独島が韓国領土であることを記録した。実際、「見える」「見えない」という考証は、古地図と古文献の証拠資料も重要だが、「実際に見える」という自然地理的条件がより重要である。ところで地理的に独島が見えない日本列島で、独島が見える韓国(欝陵島)よりも先に独島を発見したという日本政府の主張

は、独島領有権を捏造する行為である。

　まず、日本政府は次のように主張している。「現在の竹島は日本でかつて松島と呼ばれており、反対に欝陵島が「竹島」または「磯竹島」と呼ばれた。竹島または欝陵島の名称については、欧州の探検家などによる欝陵島の測位の過ちで一時的な混乱があったけれど、日本国が「竹島」と「松島」の存在を昔から認知していたのはさまざまな古地図や古文献からも確認できる。例えば経緯度線の投影で刊行した日本の古地図の中で最も代表的な「長久保赤水」の「改正日本輿地路程全図」(1779年初版)がある。その他にも、欝陵島と竹島を韓半島と隠岐諸島の間に正確に記載している地図が多数存在する。」と、日本政府は主張する。日本の大谷、村川両家の漁師たちが1620年代から1693年まで朝鮮朝廷の連れ帰り政策で島を空けて管理していた朝鮮(韓国)領土である欝陵島に不法に渡った時、その経由地に位置した独島を停泊地にした。この時から日本は二つの島の存在を知って欝陵島を「竹島」、独島を「松島」と呼んだ。1693年韓日両国漁民たちの間に欝陵島・独島をめぐる領有権争いであった安竜福事件をきっかけに、日本の幕府は1695年鳥取藩から受け取った答弁書をもとに1696年、欝陵島と独島を韓国領土と認めて、日本人の欝陵島(独島を含む)への渡海を禁止した。すでに、安竜福事件の以前にも鳥取藩では藩士が編纂した「隠州視聴合紀」に「日本の西北には欝陵島と独島が位置して、日本の北西境界は隠岐島だ。」とし、欝陵島と独島を韓国領土に認めていた。安竜福事件後も1836年、欝陵島密貿易事件である八右衛門事件で欝陵島・独島への渡海が2度目に禁止された。日本は独島が日本領土である最も有力な証拠資料として「改正日本輿地路程全図」(1779年初版)を提示したが、この地図は間違いなく、領有権地図ではない。1696年、幕府は竹島渡海禁止令を下しいたので、すでに欝陵島と独島が韓国領土であると認めていたにもかかわらず、この地図には日本領土とともに描かれていたためだ。もし日本政府が提示したように、独島が日本領土という有力な証

拠資料なら、欝陵島も日本領土になる。

　まさに、こうしたものが日本が独島の領有権を捏造した代表的な事例である。実際、『改訂日本興地路程全図』は1779年初版、1791年再版、1811年3版、1833年4版、1840年5版、その後1844年、1846年、1862年、1871年まで9版が刊行された。

　このうち、5版までは初版と同様に欝陵島と独島を朝鮮領土だと描いたが、1844年版からは民間で発行された海賊版で、欝陵島・独島に日本本土と同じ色を塗って、経緯度腺まで延長して日本の領土のように描いたのだ(崔善雄研究)。第二、日本政府は「1787年、フランスの航海者ラ・ペルーズが欝陵島に到着したことを記念し、欝陵島を『ダジュレ(Dagelet)島』と命名した。

　その後、1789年にはイギリスの探検家カルネットも欝陵島を「発見」したが、彼はこの島を「アルゴノート(Argonaut)島」と呼んだ。

　しかし、ラ・ペルーズとカルネットが測定した欝陵島の経度と緯度には違いがあり、それにより後にヨーロッパで作成された地図には欝陵島がまるで他の2つの島であるかのように記載された。」　長崎出島の医師シーボルトは欧州で「日本地図」(1840年)を刊行した。シーボルトは隠岐島と韓半島の間には西から「竹島」(欝陵島の江戸時代呼称)と「松島」(現在の竹島の江戸時代呼称)という2つの島が存在しているという事実を日本のいろいろな文献や地図を通じて知っていた。

　一方、ヨーロッパの地図には西側から「アルゴノート島」と「ダジュレ島」という2つの名称が一緒に使われていることも分かった。これに基づき、シーボルトは自身が作成した地図に「アルゴノート島」を「竹島」、「ダジュレ島」を「松島」と記載するようになった。

　これによって、当時まで一貫して「竹島」または「磯竹島」と呼ばれてきた欝陵島が「松島」とも呼ばれるようになって、島名の混乱をもたらすこととなった。」と主張する。フランスの航海家は欝陵島の経緯度を正しく表記したが、イギリスの探

検家が欝陵島の経緯度を誤って表記し、ヨーロッパ地図に欝陵島が2つの島で表記された。オランダ人医師シーボルトがこれら二つの島に日本の地図を模倣して「竹島」(欝陵島)と「松島」(独島)と名を誤って表記し、島の名称の混乱を招いたということだ。自国の領土なら固有の名称がなければならないにもかかわらず、欧州地図の影響で島の名称が混乱したと主張することは、実効的に領土を管理したことを認める領有権を主張する資格がない。

第三に、日本政府は「日本国内では旧来の竹島と松島に関する知識と、その後、欧米から付けられた島の名前が混在していたが、島名の困難の中で「松島」を遠くから見たという日本人が松島の開拓を政府に請願した。

政府はその島の名称を明確にするため1880年に現地調査を実施し、この請願過程で「松島」と呼ばれた島が欝陵島であることを確認した。日本政府は「以上の経緯を踏まえ、欝陵島は「松島」と呼ばれるようになっており、そのため現在の竹島の名称をどうするかが問題となった。このために政府は、島根県の意見を聴取した後、1905年それまでの名称を全て代替する形で現在の竹島(独島)を正式に「竹島」と命名した。」と主張する。欝陵島と独島は古代から近現代まで、韓日両国の古地図と古文献に記録された韓国の固有領土である。17世紀日本の幕府は欝陵島と独島を韓国領土に認めていて日本の漁民に渡海禁止令を下したために欝陵島と独島の地理についてよく知らなかったために島の名称の混乱を経験したのだ。欝陵島(独島を含む)渡海禁止以後、200年が過ぎた明治政府も1877年幕府の渡海禁止令の書類を検討して太政官指令で、欝陵島と独島が韓国領土であることを認めており、1880年実地を調査して欝陵島と独島が韓国領土であることを再確認した。ところで日本が韓国より先に独島を認知したと主張するのは、独島の領有権を捏造する行為である。

| 일본정부의 독도 영유권 날조 : "일본이 다케시마(독도) 를 영유했다"?

울릉도에는 고대 우산국시대부터 조선 초기까지 거주민들이 살고 있었기 때문에 울릉도에서 가시거리에 위치한 독도를 영토로 인식했다.

그런데 조선조정(정부)은 1403년부터 1883년까지 울릉도에 왜구의 침입이 잦아 백성을 보호하고, 섬이 왜구의 소굴이 되는 것을 방지하고, 육지에서 부역과 세금을 피해 도망해온 백성을 관리하기 위해 쇄환정책으로 섬을 비우고 2년에 1번씩 수토사를 피견하여 관리하였다. 그 결과 조선조정은 1454년 『세종실록』(지리지), 1531년 『신증동국여지승람』 등에서 '동해의 두 섬인 우산도(독도)와 울릉도가 조선영토'임을 명확히 기록했다.

1693년과 1696년 부산어부 안용복이 2차에 걸쳐 울릉도에 도항하여 독도를 거쳐 일본으로 건너간 안용복 사건 때 조선영토로서 울릉도와 우산도의 존재를 명확히 확인했다. 그것은 1696년 2차도일 때 안용복이 지참한 '조선8도지도'에 '강원도에 다케시마(울릉도)와 마쓰시마(독도)가 있다'라고 쓴 것으로도 더욱 명확하다. 1694년 수토사 장한상은 울릉도에서 가시거리에 있는 우산도를 직접 조망하여 확인하였다.

장한상 이후, 1711년 수토사 박석창 때부터 1883년 울릉도에 개척령이 내려질 때까지 수토사들이 울릉도에서 우산도를 제대로 확인하지 못하고 조선조정에 잘못 보고하여 우산도의 존재에 대해 혼란을 초래한 적이 있었다. 그 이유는 연중 아주 맑은 날씨의 4-50일을 제외하고는 울릉도에서 독도를 바라볼 수 없기 때문이다. 하지만, 조선조정은 그 당시 울릉도와 우산도를 영토로 인식하고 꾸준히 우산도의 존재를 확인하려고 노력했다.

1876년 조선이 문호를 개방하여 일본인들이 독도를 거쳐 울릉도에 내왕하기 시작했기 때문에 독도의 존재가 명확해졌다. 그로 인해 대한제국은 1900년 칙령41호로 울도군을 설치하여 '울릉전도, 죽도'와 더불어 '석도(독도)'를 본격적으로 관리하였다.

반면, 일본에서는 1620년대 조선영토인 울릉도가 비워져있다는 사실을 알고 돗토리번의 두 가문 어부가 막부로부터 도해면허를 취득하여 불법적으로 도해했고, 그 길목에 위치한 독도를 도해의 이정표로 활용했다. 1667년 돗토리번의 관리가 집필한 『은주시청합기』에 울릉도와 독도가 한국영토임을 밝히고 있는 것으로 보아 돗토리번이나 막부에서도 울릉도와 독도를 일본영토로 인식하지 않았다. 또한 안용복 사건 때 1695년 돗토리번은 울릉도와 독도가 일본영토가 아님을 막부에 보고했고, 1696년 막부는 울릉도 도해금지령을 내려 울릉도와 독도를 조선영토로 인정했다.

막부시대에는 줄곧 울릉도와 독도를 한국영토로 인식하였고, 메이지 정부에서도 막부의 인식을 바탕으로 1870년의 '조선국교제시말내탐서', 1877년의 '태정관지령'에서 울릉도와 독도를 한국영토로 인정하였다. 그런데 일본정부가 '일본이 17세기에 독도를 영유했다'고 주장하는 것은 독도의 영유권을 날조하는 행위이다.

첫째, 일본정부는 '1618년(혹은 1625년) 돗토리번(鳥取藩) 호키국(伯耆国) 요나고(米子)의 주민 오야 진키치(大谷 甚吉)와 무라카와 이치베(村川 市兵衛)는 돗토리번의 번주(藩主)를 통해 막부로부터 울릉도(당시의 일본명 '다케시마')에 대한 도해면허(渡海免許)를 취득하였다. 그 이후 양가는 교대로 일 년에 한 번 울릉도로 도해하여 전복 채취, 강치(바다사자) 포획, 수목 벌채 등에 종사하였다.'라고 주장한다.

① 울릉도와 독도가 지리적으로 일본에서 가장 가까운 돗토리번의 영지였다면 돗토리번이 직접 도항을 허가했을 것이다. 돗토리번이 막부에

도해면허를 요청한 것은 울릉도와 독도가 타국(조선)의 영토였기 때문이다.

② 도해(渡海)면허에서 '도해(渡海)'라는 말은 바다를 건너 외국으로 간다는 말이기 때문에 울릉도를 조선영토로 취급한 것이다.

③ 울릉도는 이미 임진왜란 때 조선영토임이 일본에 공공연하게 확인되었는데, 번주(藩主)가 막부에 도해면허를 신청한 것은 울릉도가 조선영토였기 때문이다.

④ 안용복 사건으로 울릉도, 독도의 영유권 분쟁이 발생하였을 때 1695년 막부가 돗토리번으로부터 울릉도와 독도가 조선영토임을 명확히 했다.

⑤ 울릉도가 조선영토임을 알면서도 막부가 도해를 허가한 이유는 조선조정의 수토(搜討)정책의 일환이었지만, 울릉도가 비워진 섬이었기 때문이다.

둘째, 일본정부는 "양가는 쇼군 가문의 접시꽃 문양을 새긴 깃발을 달고 울릉도에서 어업에 종사했으며, 채취한 전복을 쇼군 집안 등에 헌상하는 등 막부의 공인하에 울릉도를 독점적으로 경영하였다."라고 주장한다.

① 막부가 울릉도와 독도를 일본영토로 인식한 적이 없었음에도 불구하고 울릉도의 도해면허를 제공한 것은 정상적인 절차에 의한 것이 아니었다는 것이다.

② 도해면허를 제공했다는 것은 취소할 수도 있다는 것으로, 실제로 막부는 조선과 안용복 사건으로 울릉도와 독도를 둘러싼 영토분쟁이 발생하여 도해면허를 취소하였다.

③ 두 가문의 어부가 쇼군가문의 문양을 달고 조선영토 울릉도에 도해했다는 것은 외국과의 주인선(朱印船) 무역을 허가한 것으로 영유권과는 무관하다.

셋째, 일본정부는 "이 기간 중에 오키에서 울릉도에 이르는 길에 위치한

다케시마는 항행의 목표지점으로서, 배의 중간 정박지로서 또한 강치나 전복 잡이의 장소로 자연스럽게 이용하게 되었다."라고 주장한다.

① '항행의 목표지점'이라는 말은 독도를 최종목적지로 항행하고 바로 귀국했다는 의미이다. 두 가문의 어부가 강치와 전복 채취를 위해 독도를 최종목적지로 도해한 적이 없었다.

② 독도는 단지 울릉도 도해과정의 중간정박지로 이용되었을 뿐이다.

한일 양국의 고지도와 고문헌에서 울릉도와 독도가 서로 분리되어 기록된 것은 없다. 따라서 1696년 막부가 울릉도 도해금지령을 내린 것은 울릉도와 더불어 독도에 대한 도해금지령임이 분명하다.

넷째, 일본정부는 "일본은 늦어도 에도시대 초기에 해당하는 17세기 중엽에는 다케시마에 대한 영유권을 확립하였다."라고 주장한다.

① 영유권은 우선적으로 중앙정부가 자신의 영토라는 인식을 갖고 있어야한다. 그런데 막부는 울릉도와 독도를 조선영토로 인식하였지만, 일본영토로 인식한 적이 없었다. 막부는 돗토리번으로부터 소속을 확인한 후 번의 인식에 따라 조선영토임을 인정하였다.

② 타국의 영토에 불법적으로 들어가서 경제를 수탈해갔다고 해서 영유권이 확립되는 것이 아니다.

다섯째, 일본정부는 "당시 막부가 울릉도나 다케시마를 외국영토로 인식하고 있었다고 한다면 쇄국령을 발하여 일본인의 해외 도항을 금지한 1635년에는 이 섬들에 대한 도항 역시 금지하였을 것이지만 그러한 조치는 취해지지 않았다."라고 주장한다.

① 일본 에도시대 1601년 외국과 무역을 할 때 쇼군의 주인장(朱印狀)을 휴대해야만이 도해(渡海)가 가능했다. 1620년경 울릉도에 도해한 두 가문도 돗토리번의 책임 아래 막부로부터 도해면허를 취득하였기 때문에 쇼군가문의 문양을 달고 조선영토인 울릉도에 도해했다.

②1631년 막부의 해외도항법이 바뀌어 1633년부터 노중(老中)의 연서로 발행한 봉서(奉書)를 지참해야만이 해외 도항이 가능했는데, 1635년에는 그것조차 폐지되어 해외 도항과 귀국조차도 전면적으로 금지했다. 그런 가운데 두 가문이 1693년까지 울릉도 도해를 계속할 수 있었던 것은 조선영토인 울릉도에 대해 자신들의 영지라고 억지주장을 펴면서 불법 도해를 계속 행한 것이다.

③막부는 울릉도와 독도를 일본영토로 인정한 적이 한 번도 없었다. 안용복 사건 때에는 돗토리번으로 하여금 재차 소속을 확인하고 1696년 울릉도와 독도의 도해를 전면적으로 금지했다.

이처럼 일본정부가 '17세기에 독도의 영유권을 확립하였다'고 주장하는 것은 독도의 영유권을 날조하는 행위이다.

▌日本政府の独島領有権の捏造：「日本が竹島(独島)を領有した」?

　欝陵島には、古代于山国時代から朝鮮初期まで居住民が住んでいたために欝陵島で可視距離に位置した独島を領土と認識した。ところで朝鮮の朝廷(政府)は1403年から1883年まで欝陵島に倭寇からの侵入が頻繁に起こり民を保護し、島が倭寇の巣窟になることを防止し、また陸地から賦役と税金を避けて逃げてきた民を管理するため、刷還政策で島を空けて2年に1回捜討使を派遣して管理した。その結果、朝鮮王朝は、1454年、「世宗実録」(地理誌)、1531年「新増東国輿地勝覧」などで「東海に２つの島があり、于山島(独島)と欝陵島が朝鮮領土」であることを明確に記録した。1693年と1696年、釜山の漁師、安竜福が2回にわたって欝陵島に渡航し、独島を経て、日本に渡った安竜福事件の際、朝鮮領土として欝陵島と于山国の存在を明確に確認した。それは1696年2次目の渡日のとき、安竜福が持参した「朝鮮八道之図」に「江原道に竹島(欝陵島)と松島(独島)がある」と書いたことからももっと明確だ。

　1694年、捜討使の張漢相は欝陵島から可視距離にある于山島(独島)を直接眺望して確認した。張漢相以降、1711年捜討使朴錫昌の時から1883年欝陵島の開拓令が下されるまで、捜討使たちが欝陵島で于山島を正しく確認できず朝鮮朝廷に誤って報告し于山島の存在について混乱をもたらしたことがある。その理由は年中とても天気がよく晴れた4-50日を除いては欝陵島から独島を眺めることができないからだ。

　しかし、朝鮮の朝廷は当時、欝陵島と于山島を領土と認識し、絶えず于山島の存在を確認しようと努力した。1876年、日本が強制的に朝鮮の門戸を開放し、日本人が独島を経て、欝陵島に出入りしたため、独島の存在を明確していた。それによって、大韓帝国は1900年勅令41号で欝島郡を設置して「欝陵全

島、竹島、石島(独島)」を本格的に管理していた。反面、日本では1620年
代、朝鮮領土である欝陵島が空いているという事実を知って鳥取藩の村川家と大
谷家の二つの家門の漁師が幕府から竹島(欝陵島)渡海免許を取得して不法的に
渡海し、その途中に位置した独島を渡海の道しるべとして活用した。1667年鳥
取藩の藩士が執筆した「隠州視聴合紀」に、欝陵島と独島が韓国領土であること
を明らかにしていることから、鳥取藩や幕府でも欝陵島と独島を日本領土と認識し
ていなかった。また、安竜福事件の時1695年鳥取藩は、欝陵島と独島が日本
の領土ではないことを幕府に報告し、1696年幕府は竹島(欝陵島)渡海禁止令を
下し、欝陵島と独島を朝鮮領土だと認めた。幕府時代はずっと欝陵島と独島を
朝鮮領土と認識し、明治政府でも幕府の認識をもとに1870年の「朝鮮国交際始
末内探書」、1877年の「太政官指令」で、欝陵島と独島を朝鮮領土に認めてい
た。

　ところで日本政府が「日本が17世紀に独島を領有した」と主張しているのは、
独島の領有権を捏造する行為である。

　第一に、日本政府は「1618年(または1625年)鳥取藩伯耆国米子の住民、大
谷甚吉と村川市兵衛は鳥取藩主により幕府から欝陵島への渡海免許を取得し
た。

　その後、両家は交代で一年に一度欝陵島に渡海し、アワビ採取、アシカ捕
獲、樹木伐採などに従事した。」と主張する。①欝陵島と独島が地理的に日本で
最も近い鳥取藩の領地だったなら、鳥取藩が直接渡航を許可したのだ。鳥取藩
が幕府に渡海免許を要請したのは欝陵島と独島が、他国(朝鮮)の領土だったか
らだ。②渡海免許証で「渡海」という言葉は海を渡って外国に行くという意味であ
るため、欝陵島を朝鮮の領土として取り扱ったのだ。③欝陵島は既に壬辰倭乱
の時に朝鮮領土であることが日本に公然と確認されているが、藩主が幕府に渡海
免許を申請したのは欝陵島が朝鮮領土であったからである。④、安竜福事件

で、鬱陵島、独島の領有権紛争が生じた時、1695年幕府が鳥取藩から鬱陵島と独島が朝鮮領土であることを明確にした。⑤鬱陵島が朝鮮の領土であることを知っていながら、幕府が渡海を許した理由は、朝鮮朝廷が鬱陵島を空けて領土を管理する政策を取っていたからだ。

　第二に、日本政府は「両家が将軍家の皿の花模様を刻んだ旗を付けて鬱陵島において漁業に従事し、採取したアワビを将軍家などに献上するなど、幕府の公認の下、鬱陵島を独占的に経営した。」と主張する。①幕府は鬱陵島と独島を日本領土と認識したことがなかったにもかかわらず、鬱陵島の渡海免許を提供したことは、正常な手続きによるものがなかったということだ。②渡海免許を提供したというのは取り消すこともできるということで、実際幕府は朝鮮と安竜福事件で、鬱陵島と独島をめぐる領土紛争が発生して渡海免許を取り消した。③両家の漁師が将軍家の紋様をつけて朝鮮領土の鬱陵島に渡海したということは外国との朱印船貿易を許可したものであり、領有権とは無関係である。

　第三に、日本政府は「この期間中に隠岐で、鬱陵島に至る道に位置した竹島(独島)は鬱陵島への航行の目標地点で、船の中間停泊地として、また、アシカや転覆取りの場所で自然に利用するようになった。」と主張する。①「航行の目標地点」という言葉は、独島を最終の目的地として航行してすぐに帰国したという意味だ。

　両家の漁師がアシカとあわびを採取するため独島を最終目的地として渡海したことはなかった。②独島はただ鬱陵島渡海の途中の中間停泊地として利用されただけだ。韓日両国の古地図と古文献で、鬱陵島と独島が両方が分離して記録されたことはなかった。

　したがって、1696年幕府は鬱陵島渡海禁止令を下したのは、鬱陵島とともに、独島に対する渡海禁止令であることは間違いない。

　第四に、日本政府は「日本は遅くとも江戸時代初期に該当する17世紀中葉に

は、竹島に対する領有権を確立した。」と主張する。①領有権は優先的に中央政府が自国の領土だという認識を持っていなくてはいけない。ところが、幕府は欝陵島と独島を朝鮮領土だと認識したが、日本の領土として認識したことがなかった。幕府は鳥取藩から所属を確認した後、藩の認識により朝鮮の領土であることを認めた。②他国の領土に不法に入って経済を収奪したからといって領有権が確立するのではない。

　第五に、日本政府は「当時、幕府は欝陵島や竹島を外国の領土と認識してあったとすれば、鎖国令を下して日本人の海外渡航を禁止した1635年にはこの島々に対する渡航も禁止したものだが、そのような措置は取られていなかった。」と主張する。

　①日本の江戸時代1601年に外国との貿易を行う際、将軍の朱印状を携帯しなければ渡海できなかった。1620年頃、欝陵島に渡海した両家も鳥取藩の責任の下、幕府から渡海免許を取得したため、将軍家の紋様をつけて朝鮮領土の欝陵島に渡海した。②1631年、幕府の海外渡航法が変わり、1633年から老中の連署として発行した奉書を持参しなければ、海外渡航ができなかったが、1635年にはそれも廃止となり、海外渡航も全面的に禁止した。そのような中、両家が1693年まで欝陵島の渡海を続けることができたのは、朝鮮領土である欝陵島に対して自分たちの領地だと無理な主張をし、不法渡海を続けたことだ。③幕府は欝陵島と独島を日本領土として認識していたことが一度もなかった。

　安竜福事件の時には、鳥取藩にとって改めて所属を確認して1696年、欝陵島と独島の渡海を全面的に禁止した。このように日本政府が「17世紀に独島の領有権を確立した」と主張しているのは、独島の領有権を捏造する行為である。

▎일본정부의 독도 영유권 날조 : "죽도(竹島; 울릉도)의 도해금지는 독도의 도해 금지가 아니다"?

일본은 독도를 일본의 고유영토라고 하기도 하고, 때로는 1905년 국제법에 의해 무주지인 섬을 편입하여 일본의 새로운 영토가 되었다고도 주장한다. 일본의 고유영토설은 17세기에 독도의 영유권을 확립했다는 주장이다. 그러나 1905년 이전에 일본정부가 독도를 영토로서 인식했다는 기록은 없다. 사실 전근대시대 일본에서 대마도주와 오야, 무라카와 두 가문의 어부가 영토적으로 탐욕했던 섬은 독도가 아니고 울릉도였다.

조선조정은 1403년부터 울릉도에 거주민을 쇄환하고 섬을 비워서 관리하였다. 마침 1693년 안용복이 울릉도에 몰래 들어갔는데, 일본인들을 조우했고, 그때 안용복과 박어둔이 일본인들에게 납치되어 제1차 도일이 이루어졌다. 숙종실록에 의하면 비변사 심문에서 안용복은 돗토리번과 막부로부터 울릉도와 독도가 조선영토임을 확인을 받았다. 조선과 일본 사이에 외교를 담당했던 대마도를 통해 귀국하는 길에 대마도주가 안용복이 갖고 있던 서계를 빼앗고 울릉도의 영유권을 주장했다.

오히려 막부는 지리적으로 울릉도와 독도에 근접한 돗토리번에 대해 소속을 확인하여 울릉도와 독도가 일본영토가 된 적이 없다는 사실을 확인했다. 막부는 돗토리번 답변서에 의거하여 '죽도(울릉도) 도해금지령'을 내렸다. 그런데 왜 막부는 독도의 도해금지령을 내리지 않았을까? 그것은 독도는 무인고도로서 울릉도 도해상에 위치하여 이정표로서만 역할을 했기 때문이다. 돗토리번 답변서에서 독도도 일본영토가 아니라고 했기 때문에 울릉도의 도해금지령에는 독도의 도해금지도 포함되어있었다.

그런데 현재 일본정부는 독도는 막부가 도해금지령을 내리지 않았기 때문에 일본영토라고 영유권을 날조하고 있다.

첫째, 일본정부는 "막부로부터 울릉도 도해을 공인받은 요나고의 오야와 무라카와 양 가는 약 70년에 걸쳐 외부로부터 방해받는 일 없이 독점적으로 사업을 하였다."라고 주장한다.

① 울릉도는 조선시대 한때 섬을 비우고 2년에 한 번씩 관리를 파견하여 섬을 관리한 것을 제외하고, 고대 신라의 우산국시대부터 고려, 조선 초까지 울릉도에 거주민이 살았던 한국의 고유영토이다. 그런데 타국영토인 울릉도에 '막부가 도해면허를 허가했기 때문에 일본영토'이라는 일본의 주장은 모순이다.

② 막부가 울릉도 도해를 허락한 것은 타국과의 무역을 허가한 것으로 영유권을 인정한 것이 아니다. 막부는 울릉도를 조선영토임을 알고 있었다.

③ 70년간 타국 영토에 들어가 노략질한 행위를 '독점적으로 사업을 했다'고 주장하는 것은 사실을 날조하는 행위이다.

둘째, 일본정부는 "1692년 무라카와 집안이 울릉도에 갔을 때 다수의 조선인이 울릉도에서 고기잡이를 하고 있는 것을 발견하였다. 또, 다음 해 오야 집안 역시 많은 수의 조선인을 만났으며, 그래서 안용복과 박어둔 두 사람을 일본으로 데려가기로 했다. 또한, 이 무렵 조선왕조는 자국 국민들의 울릉도로의 도항을 금지하고 있었다."라고 주장한다.

① 1692년에 일본인들과 조선인들이 울릉도에서 서로 조우했고, 1693년 더 많은 조선인들이 울릉도에 내왕했다.

② 일본어부들은 울릉도를 자국의 영토라고 하여 안용복과 박어둔을 월경자로 취급하여 일본으로 납치했다.

③ 조선조정이 울릉도 거주민을 쇄환하여 도항을 금지한 것은 백성들과 영토를 보호하기 위한 것으로 울릉도를 영토로서 포기한 것이 아니었다.

셋째, 일본정부는 "이러한 상황을 알게 된 막부의 명을 받아 쓰시마번

(対馬藩: 에도시대에 조선과의 외교 및 무역의 창구 역할을 하였음)은 안용복과 박어둔을 조선으로 송환함과 동시에 조선에 대하여 조선 어민의 울릉도 도항금지를 요구하는 교섭을 개시했다. 그러나 이 교섭은 울릉도의 귀속 문제를 둘러싼 의견 대립으로 인하여 합의에 도달하지 못하였다." 라고 주장한다.

① 막부는 임진왜란을 통해 울릉도가 조선영토임을 알고 있었기 때문에 울릉도를 일본영토로서 도해를 허가한 것이 아니다. 막부는 일본어부에게 납치되어 1차 도일한 안용복과 박어둔에게 울릉도와 독도가 조선영토임을 인정하고 정식외교를 담당했던 대마도를 통해 귀국을 허가했다.

② 안용복은 막부가 울릉도와 독도를 조선영토로 인정했다고 주장하고, 대마도는 막부가 울릉도를 일본영토로 인정하였다고 주장하지만, 사실 안용복의 증언대로 막부는 울릉도와 독도를 조선영토로 인정했던 것이다.

③ 울릉도의 영유권을 주장하여 조선인들을 울릉도에 도항을 금지할 것을 요구한 것은 막부가 아니고 대마도가 스스로 주장한 것이었다.

④ 막부는 울릉도의 영유권을 적극적으로 주장한 것이 아니라. 대마도 요구에 대해 단지 그 진위를 확인하는 입장이었다.

⑤ 대마도가 1693-95년 2년간 조선에 대해 울릉도의 영유권을 주장했고, 그 사이에 막부는 지리적으로 근접한 돗토리번을 통해 울릉도과 독도의 소속을 확인하고 이를 바탕으로 1696년 1월 울릉도와 독도가 조선영토임을 인정하였다.

넷째, 일본정부는 "쓰시마번으로부터 교섭결렬의 보고를 받은 막부는 1696년 1월 "울릉도에는 일본 사람이 정주해 있는 것도 아니며, 또한 울릉도까지의 거리는 조선에서 가깝고 호키(伯耆)에서는 멀다. 쓸모없는 작은 섬을 둘러싸고 이웃 나라와의 우호를 잃는 것은 득책이 아니다. 울릉도를 일본령으로 한 것은 아니므로 단지 도항을 금지하면 된다"라며, 조선과의 우호관계를 존중하여 일본인의 울릉도 도항을 금지하는 결정을 내려 돗토리번에 지시함과 동시에 이를 조선측에 전달하도록 쓰시마번에게 명령하였다. 이상과 같은 울릉도 귀속을 둘러싼 교섭의 경위는 일반적으로 '다케시마 잇켄'이라고 불리고 있다."라고 주장한다.

① 대마도는 2년간 조선과의 교섭에서 자신의 주장이 관철되지 못했음을 막부에 알렸다.

② 막부는 "대마도에 대해 울릉도에 일본인이 정주하고 있는 것도 아니고, 울릉도는 거리적으로 조선에 가깝다. 일본이 무리해서 탐낼 정도로 국익에 큰 도움을 주는 섬이 아니다"라고 하여 울릉도가 조선영토임을 인정했다.

③ 막부는 영토를 결정하는 요인으로써 거리적으로 가깝다는 것과 거주민의 국적을 지적했다.

④ 막부는 조선영토인 울릉도를 탐하여 조선과의 우호관계를 잃으면 국익에 도움이 되지 않는다는 입장이었다.

⑤ 막부는 원래부터 울릉도를 일본영토라고 생각하지 않았기 때문에 "울릉도는 일본영토가 아니었기 때문에 단지 도해만 금지하면 된다"라고 했다.

⑥ "조선과의 우호관계를 존중하여 일본인의 울릉도 도해을 금지하는 결정을 내린 것"이 아니고, 울릉도가 조선영토이기 때문에 일본이 울릉도를 빼앗게 되면 임진왜란 때와 같이 우호관계가 나빠지지 않도록 하겠다는 것이었다.

⑦ 막부는 울릉도 독도분쟁의 주무대였던 돗토리번에 울릉도가 조선영토임을 최종적으로 알렸고, 조선과 정식외교를 담당하고있던 대마도에 대해서는 조선에 정식으로 알리도록 했다.

다섯째, 일본정부는 "한편 다케시마 도항은 금지하지 않았다. 이 점으로 볼 때도 당시부터 일본이 다케시마를 자국의 영토로 생각하고 있었음은 분명하다."라고 주장한다.

① 막부는 돗토리번의 답변서에서 울릉도와 독도가 일본영토가 아님을 명확히 했다. 그래서 돗토리번과 막부는 독도가 일본영토가 아님을 확인한 것이다.

② 죽도(울릉도)도해면허를 허가했기 때문에 도해를 취소한 것이고, 독도 도해면허를 허가하지 않았기 때문에 독도의 도해면허를 취소할 이유가 없는 것이다.

③ 지리적으로 독도는 무인도로서 일본에서 울릉도에 도해할 때 이정표로서 경유하는 바위섬이고, 한국의 울릉도에서는 육안으로 독도를 바라볼 수 있는 섬이기 때문에 울릉도와 독도를 별개로 취급될 수 없는 섬이다. 그래서 울릉도는 조선영토이고, 독도는 일본영토가 될 수 있는 근거가 전혀 없다.

④ 일본어부들이 독도를 최종목표로 도해한 적이 없고, 모두 울릉도 도해를 최종목표로 할 때, 독도는 이정표로 활용되는 섬이었다.

이처럼 일본정부의 주장은 사실관계를 전적으로 무시하고 오로지 독도가 일본영토라는 것을 전제로 하여 독도 영유권을 날조했다.

日本政府の独島領有権の捏造：「竹島(欝陵島)の渡海禁止は、独島の渡海禁止ではない」？

日本は独島を日本固有の領土としたり、時には1905年国際法によって無主地の島を編入し、日本の新しい領土になったとも主張する。日本の「固有領土説」は17世紀に独島の領有権を確立したという主張だ。

しかし、1905年以前に日本政府が独島を領土として認識したという記録はない。

事実、近代以前の時代、日本で対馬島主と大谷家と村川家の両家の漁師が領土的に貪欲した島は独島ではなく、欝陵島だった。朝鮮の朝廷は1403年から欝陵島の居住民を刷還し、島を空けて管理した。

ちょうど1693年、安竜福が欝陵島に密かに入ったが、日本人と遭遇し、その時、安竜福と朴於屯が日本人に拉致され、第1次渡日が行われた。「粛宗実録」によると備辺司の尋問で、安竜福は鳥取藩と幕府から欝陵島と独島が朝鮮領土であることを確認を受けていた。

朝鮮と日本の間で外交を担当した対馬を通じて帰国する途中、対馬島主が安竜福が持っていた書契を奪い、欝陵島の領有権を主張した。むしろ幕府は地理的に欝陵島と独島に近接していた鳥取藩に対して所属を確認して欝陵島と独島が日本領土になったことがないという事実を確認した。幕府は鳥取藩の答弁書に基づいて「竹島(欝陵島)渡海禁止令」を下した。

ところで、どうして幕府は、独島の渡海禁止令を下していないか。それは、独島は無人孤島で、欝陵島への渡海の途中の海中上に位置して道しるべとしてのみの役割を果たしたためだ。鳥取藩の答弁書で独島も日本の領土ではないとしたために欝陵島の渡海禁止令には、独島の渡海禁止も含まれていた。ところが、現在日本政府は、独島には幕府が渡海禁止令を下しなかったために独島

が日本の領土であると領有権を捏造している。

　第一に、日本政府は「幕府から欝陵島の渡海を公認された米子の大屋と村川の両家は約70年にわたり、外部から妨害されることなく独占的に事業を行った」と主張する。①欝陵島は朝鮮時代に一時島を空けて２年に一度ずつ官吏を派遣し島を管理していた時を除き、古代新羅の于山国時代から高麗、朝鮮初めまで欝陵島に居住民が住んでいた韓国の固有領土である。

　ところが他国の領土である欝陵島に「幕府が渡海免許を許可したため日本の領土」という日本の主張は矛盾である。②　幕府が欝陵島の渡海を許可したのは他国との貿易を許可したことで、領有権を認めたことではない。幕府は欝陵島が朝鮮の領土であることを知っていた。70年間他国の領土に入って経済的な収奪行為を「独占的に事業をした」と主張することは事実を捏造する行為だ。

　第二に、日本政府は「1692年、村川家が欝島に行った時、多数の朝鮮人が欝陵島で漁をしているのを発見した。また、翌年、大谷家も多くの朝鮮人に会ったので、安竜福と朴於屯の二人を日本に連れて行くことにした。また、この頃、朝鮮王朝は自国国民の欝陵島への渡航を禁じていた。」と主張する。①1692年に日本人と朝鮮人が欝陵島で遭遇し、1693年にはさらに多くの朝鮮人が欝陵島を訪れた。②日本の漁師たちは欝陵島を自国の領土とし、安竜福と朴於屯を越境者の扱いをして日本に拉致した。③朝鮮の朝廷が欝陵島の居住民を刷還し、渡航を禁止したのは民と領土を保護するためであり、欝陵島を領土として放棄したのではなかった。

　第三に、日本政府は「このような状況を知った幕府の命を受け、対馬藩(江戸時代に朝鮮との外交および貿易の窓口の役割を果たしていた)は、安竜福と朴於屯を朝鮮に送還すると同時に、朝鮮に対して朝鮮漁民の欝陵島への渡航禁止を求める交渉を開始した。しかし、この交渉は欝陵島の帰属問題をめぐる意見の対立により、合意に至らなかった。」と主張する。幕府は壬辰倭乱を通じて欝陵

島が朝鮮の領土であることを知っていたため、欝陵島を日本領土として渡海を許可したわけではない。幕府は日本の漁師に拉致されて、1次目の渡日で安竜福と朴於屯に欝陵島と独島が朝鮮領土であることを認め、正式外交を担当した対馬を通じて帰国を許可した。②安竜福は幕府が欝陵島と独島を朝鮮領土だと認めたと主張して、対馬は幕府が欝陵島を日本領土であることを認めたと主張するが、事実は、安竜福の証言で、幕府が欝陵島と独島が朝鮮領土であると認めたのだ。③欝陵島の領有権を主張し、朝鮮人を欝陵島への渡航禁止を要求したのは幕府ではなく、対馬が自ら主張したものであった。幕府は欝陵島の領有権を積極的に主張したのではない。

　対馬島の要求に対し、単にその真偽を確認する立場だった。⑤対馬が1693-95年2年間、朝鮮に対して欝陵島の領有権を主張しており、その間に幕府は地理的に近接した鳥取藩を通じて欝陵島と独島の所属を確認し、1696年1月、欝陵島と独島が朝鮮領土であることを認めた。

　第四に、日本政府は「対馬藩から交渉決裂の報告を受けた幕府は、1696年1月、「欝陵島には日本人が定住しているわけでもなく、また欝陵島までの距離は朝鮮から近く、伯耆からは遠い。役立たずの小島をめぐって隣国との友好を失うのは得策ではない。欝陵島を日本領としたわけではないので、単に渡航を禁止すればよい」とし、朝鮮との友好関係を尊重し、日本人の欝陵島渡航を禁止する決定を下し、鳥取藩に指示するとともに、これを朝鮮側に伝えることを対馬藩に命じた。以上のような欝陵島の帰属をめぐる交渉の経緯は一般的に「竹島一件」と呼ばれている。」と主張する。①対馬は2年間、朝鮮との交渉で自分の主張が貫徹されなかったことを幕府に知らせた。幕府は「対馬について欝陵島に日本人が定住しているわけでもなく、欝陵島は距離的に朝鮮に近い。日本が無理して欲しがるほど国益に大きな助けになる島ではない」と述べ、欝陵島が朝鮮の領土であることを認めた。②幕府は領土を決める要因として距離的に近いことや住人

の国籍を指摘した。幕府は朝鮮の領土である欝陵島を貪り、朝鮮との友好関係を失えば国益のためにならないという立場だった。幕府はもともと欝陵島を日本の領土だと思っていなかったので「欝陵島は日本の領土ではなかったので、ただ渡海だけ禁止すればよい」と述べた。③「朝鮮との友好関係を尊重し、日本人の欝陵島への渡海を禁止する決定を下した」のではなく、欝陵島が朝鮮の領土であるため、日本が欝陵島を奪えば文禄・慶長の役の時のように友好関係が悪くならないようにするということだった。④幕府は欝陵島・独島紛争のメイン舞台だった鳥取藩に欝陵島が朝鮮領土であることを最終的に知らせ、朝鮮と正式な外交を担当していた対馬に対して朝鮮に正式に知らせるようにした。

　第五に、日本政府は「一方、竹島(独島)への渡航は禁止しなかった。この点からみても、当時から、日本が竹島を自国の領土と思っていたのは明らかだ。」と主張する。

　①幕府は鳥取藩の答弁書で、欝陵島と独島が日本の領土ではないことを明確にした。鳥取藩と幕府は、独島が日本領土ではないことを確認したのだ。②竹島(欝陵島)の渡海免許を許可したために渡海を禁止したもので、独島への渡海免許を許可しなかったため、独島の渡海免許を取り消す理由がないのだ。③日本側には地理的に独島は無人島として日本から欝陵島に渡海する際、道標として経由する岩礁の島であったが、一方、韓国側には、欝陵島から肉眼で独島を眺めることができる島であるため、欝陵島と独島を別個に扱われることができない島だ。それゆえ、欝陵島が朝鮮領土であり、独島は日本の領土になるという根拠が全くない。④日本の漁師が独島を最終的目標にして渡海したことがなく、いずれも欝陵島への渡海を最終的目標にするときに、独島は道しるべとして活用された島だった。このように日本政府の主張は事実関係を全面的に無視してひたすら独島が日本領土であるということを前提として、独島の領有権を捏造している。

▎일본은 고지도 상에서도 독도의 영유권을 날조하고 있다

일본의 독도 영유권 날조는 고지도 고문헌 등을 왜곡하여 해석하는 등 다양한 방법으로 자행되고 있다.

인터넷사전 위키피디아에서 '일본(日本)'을 검색하면 '일본역사' 항목에 '일본 지도'로서『화이일람도(華夷一覧図)』(山村才助 ; 1806년, 국립공문서관 소장)가 팝업창으로 나타난다.『화이일람도』에는 울릉도(죽도-일본명)와 독도(송도-일본명)가 일본영토로 되어있다.

그러나 역사적으로 울릉도와 독도는 한국영토였고, 일본영토였던 적은 한 번도 없었다. 바로 이러한 것들이 현재 일본정부가 역사 왜곡, 독도 영유권을 날조하는 현장이다. 만일 이 지도가 당시 일본의 중앙정부였던 막부가 제작한 것이거나 막부가 공인한 것이라면 해석상으로 울릉도와 독도를 일본영토로 인식했다고 말할 수 있다. 이 지도는 막부가 제작하였거나 공인한 지도가 아니다. 당시 역사적 상황을 살펴보면, 1693년~1696년 조선과 일본 막부 사이에 안용복 사건으로 울릉도와 독도의 영유권을 둘러싸고 외교논쟁을 벌이고 있었다.

결과적으로 막부는 1695년 울릉도와 독도에 가장 가까운 번이었던 돗토리번에 두 섬의 소속을 문의했고, 이에 대해 돗토리번은 '답변서' 형태로 "울릉도와 독도가 일본영토가 아니다"라고 대답했다. 그래서 막부는 울릉도의 도해금지령을 발령했다.

그런데 막부가 울릉도의 도해금지령을 발령하면서 독도에 대해 도해금지령을 내리지 않았던 이유는 무엇이었을까?

막부가 울릉도에 대해서는 1625년 도해허가증을 발급해주었지만, 독도에 대해서는 섬 자체가 하잘 것 없는 무인암초였기 때문에 도해허가증을 발급할 필요가 없었다. 이렇게 해서 이미 막부는 1696년 울릉도와 독도를 한국영토로 인정하고 일본인의 도해를 금지시켰다.

또 1836년 하치에몽(八右衛門)이라는 자가 막부의 명령을 어기고 몰래 울릉도에 도해했다가 발각되어 사형에 처하고 다시 울릉도 도해를 금지했다. 그 후 일본인이 울릉도, 독도에 도해가 가능해진 것은 1876년 조일강화조규로 일본이 조선의 문호를 개방하는 조약에 체결된 이후였다.

그런데 1905년 일본 메이지정부가 조선과 만주 침략을 목적으로 러일전쟁을 일으키고 전쟁 중에 독도가 한국의 영토임을 뻔히 알면서 '무주지(주인이 없는 땅)'라고 하여 시마네현에 편입하는 형식으로 독도를 침탈하려고 했다. 이때까지 일본정부는 울릉도와 독도를 일본영토가 아니고, 한국영토라고 여러 번 확인했다.

그런데 야마무라 사이스케(山村才助)가 1806년에 제작한 일본지도『화이일람도』(국립공문서관소장)를 인터넷사전 위키피디아의 '일본'의 '일본역사' 항목에 올려두고 울릉도와 독도가 역사적으로 일본영토였다고 주장하는 것은 일본의 전형적인 역사왜곡이고 독도의 영유권을 날조하는 행위이다. 그렇다면 야마무라 사이스케는 어떤 사람인가? 그는 1770년-1807년 사이에 생존한 사람으로 그의 아버지는 츠치우라(土浦)번의 무사(藩士)였다. 그는 38세라는 짧은 삶을 살았지만, 에도시대 후기 네덜란드를 연구하는 학자(蘭学者)로서 세계지리와 서양사를 연구했다.

1802년 네덜란드어로 된 지리서를 번역한 적이 있었고, 1804년 아라이하쿠세키(新井白石 ; 1657~1725)가 지은 일본 최초의 조직적 세계 지리서인『채람이언(采覽異言)』의 오류를 수정 보완하여 당시 일본을 대표하는 세계지리서『정정(訂正) 증역(增訳) 채람이언(采覽異言)』을 저술하여 막부에 헌상했다. 이처럼 야마무라 사이스케는 막부의 관리도 아니고 그렇다고 해서 막부의 요청을 받아 지리서를 저술한 것이 아니다.

따라서 야마무라 사이스케가『화이일람도』를 저술하여 울릉도와 독도가 일본영토로 표기한 것은 개인적인 견해에 불과하고 막부의 영유권 인식과는 무관한 것이었다.

┃日本は古地図上でも独島の領有権を捏造している

　日本の独島領有権の捏造は古地図と古文献などを歪曲して解釈するなど、多様な方法で行われている。インターネット辞書であるウィキペディアで「日本」を検索すると、「日本歴史」の項目に「日本地図」の「華夷一覧図」(山村才助、1806年；日本国立公文書館所蔵)がポップアップウィンドウとして現れる。

　「華夷一覧図」では、欝陵島(竹島-日本名)と独島(松島〜日本名)が日本領土になっている。しかし、歴史的に欝陵島と独島は韓国領土だったし、日本の領土だったことは一度もなかった。

　まさにこのようなものが現在、日本政府が歴史歪曲、独島(竹島)領有権を捏造する現場だ。もしこの地図が当時、日本の中央政府だった幕府が製作したものだったり、幕府が公認したのなら、解釈上で、欝陵島と独島を日本領土と認識したといえる。

　この地図は幕府が制作したものでも公認したものでもない。当時の歴史的状況を見てみると、1693年~1696年、朝鮮と日本の幕府の間では安竜福の事件で、欝陵島と独島の領有権をめぐって外交論争を繰り広げていた。結果的に幕府は1695年、欝陵島と独島に最も近い番だった鳥取藩に二つの島の所属を問い合わせ、これについて鳥取藩は「答弁書」の形で「欝陵島と独島が日本領土ではない」と答えた。

　そのため、幕府は欝陵島の渡海禁止令を発令した。ところが、幕府は欝陵島の渡海禁止令を発令し、独島について渡海禁止令を下しなかった理由は何だったのか?

　幕府は欝陵島については1625年渡海の許可証を発給していたが、独島に対しては、島自体が何の価値のない無人の暗礁であったために渡海の許可証を発給する必要がなかった。こうしてすでに幕府は1696年、欝陵島と独島を韓国領

土に認めていて日本人の渡海を禁じた。また1836年、八右衛門という者が幕府
の命令にそむいて密かに欝陵島に渡海したことが発覚し、幕府は死刑に処して
再び欝陵島の渡海を禁止した。その後、日本人が欝陵島、独島に渡海が可能
になったのは、1876年朝日講話条規で日本が朝鮮の門戸を開放する条約を締
結させたからだった。ところが1905年日本の明治政府が朝鮮と満州への侵略を
目的とし日露戦争を起こし、戦争中に独島が韓国の領土であることを承知してい
ながらも、「無主地(所有者がいない土地)」とし、島根県に編入する形で独島を
侵奪しようとした。この時まで日本政府は欝陵島と独島を日本領土ではなく、韓
国領土だと何度も確認した。ところが、山村才助が1806年に製作した日本の地
図「華夷一覧図」(国立公文書館所蔵)をインターネット辞典であるウィキペディアの
「日本」の「日本の歴史」項目に欝陵島と独島が歴史的に日本の領土だったと主
張するのは、日本の典型的な歴史歪曲で独島の領有権を捏造する行為である。

　それでは、山村才介はどんな人か？　彼は1770年-1807年に生存し、父は土
浦藩の武士だった。彼は38歳という短い生を送ったが、江戸時代後期オランダ
を研究する学者として世界地理と西洋史を研究した。1802年にオランダ語による
地理書を翻訳しており、1804年に新井白石(1657-1725)が著した日本初の組織
的世界地理書『采覧異言』の誤りを修正・補完し、当時の日本を代表する世界地
理書『訂正増訳蔡琳』を著し、幕府に献上した。このように山村才助は幕府の役
人でもなく、だからといって幕府の要請を受けて地理書を著したのではない。し
たがって、山村才介が「華夷一覧図」を著述して欝陵島と独島が日本の領土と表
記したのは、個人的な見解に過ぎず、幕府の領有権認識とは無関係なものだっ
た。

▎죽도문제연구회(시모조 마사오), 독도가 한국영토라고 표기한 최초의 일본측 고문헌『은주시청합기』를 날조하다

한국측과 일본측의 공신력 있는 관찬 고문헌에는 독도는 울릉도와 함께 모두 한국영토라고 표기되어 있다. 일본측 사찬문헌 중에 지극히 일부는 극우성향의 집필자가 독도를 일본영토라고 잘못 기술한 경우도 간혹 있다. 하지만 일본측의 관찬 고문헌에는 모두 독도를 한국영토라고 표기되어있다.

일본의 관찬문헌 중에 독도가 등장하는 최초의 고문헌은 1667년 돗토리번 번사(藩士) 사이토 호센(斎藤豊仙)이 집필한『은주시청합기(隱州視聽合記)』(국대기(国代記))이다.『은주시청합기』는 "은주(隱州; 지금의 오키도)에서 보고 들은 것을 모아서 기록'한 책이다. 이 책에는 '은주는 북해(오늘날 일본해, 한국식 동해)중에 있는데, 오키도라고 한다. 술해(戌亥; 북서쪽) 사이를 1박2일을 가면 송도(松島; 독도)가 있고, 또 1일(낮; 12시간)을 가면 죽도(竹島; 울릉도)가 있다." "이 두 섬은 사람이 살지 않는 섬이고, 이 섬(특히 울릉도)에서 고려를 보는 것은 운주(雲州)에서 오키(隱州)를 보는 것과 같다. 그런즉 일본의 서북(乾)쪽 영토는 '이 주(此州)'를 경계로 삼는다."라고 기록되어있다.

위의『은주시청합기』를 분석하면 독도 영유권에 대해 다음과 같이 기술했다. 사이토 호센은 번사인데, 여기서 '번사(藩士)'라는 말은 '에도시대에 각 번(藩)에 종사하는 무사나 구성원"을 가리킨다. 사이토 호센은 울릉도와 독도에서 가장 가까운 일본의 지방행정청이었던 돗토리번의 무사였고, 돗토리번 무사가 울릉도와 독도를 일본영토가 아니라고 기술한 것은 그 시대의 돗토리번 사람들의 영역(영토)인식이었다.

사이토 호센이 "이 두 섬(울릉도와 독도)은 사람이 살지 않는 섬이다. 이

섬에서 고려를 보는 것은 운주(雲州)에서 오키(隱州)를 보는 것과 같다. 그런즉 일본의 서북(乾)쪽 영토는 '이주(此州)'를 경계로 삼는다."라고 하였다.

이것은 오키도에서 일본의 본토인 운주가 보이기 때문에 오키섬을 일본 영토의 끝이라고 했고, 무인도인 두 섬(울릉도와 독도)에서 조선의 본토가 보이기 때문에 울릉도와 독도를 조선의 영토의 끝이라고 하여 그 사이의 바다를 양국의 경계지역이라고 명확히 기록했다. 은주(隱州)를 나타내는 '이주(此州)'라는 말에 대해, "고대부터 메이지 시대까지 일본에서도 중국식 율령제를 도입하여 중앙정부가 통일적으로 지방을 통치하기 위해 설치한 지방행정 구분으로 주(州)라고 쓰고, '국(国)'이라고 읽기도 했다. 사전(일본판 위키피데아)적 용어로 '본래 주(州)는 ① '중주'(中州; 강으로 둘러싸인 육지[武州, 甲州, 越州, 筑州, 野州, 上州]), ② '대주'(大州; 바다로 둘러싸인 육지[欧州, 豪州, 亜州, 米州 등]), ③ '행정구역'으로서 사용하게 되었다."

④ "한문에서는 집락(集落)을 만들 정도로 큰 것을 주(州)라고 하고, 그것보다 적은 경우는 섬(島)이라고 구분해서 사용한다." 따라서 '이주(此州)'는 울릉도와 같은 섬이 아니고, 행정구역의 명칭으로써 '은주(隱州)'를 가리켰다. '사람이 살지 않는 울릉도, 독도'는, 백두산이 산의 명칭이고, 두만강이 강의 명칭인 것처럼, 섬의 명칭이다. 울릉도와 독도가 행정구역의 명칭을 가리키는 '이주(此州)'가 될 수 없다.

"술해(戌亥; 북서쪽) 사이를 1박2일을 가면 송도(松島; 독도)가 있고, 또 1일(낮; 12시간)을 가면 죽도(竹島 ; 울릉도)가 있다." "이 두 섬은 사람이 살지 않는 섬이다."라고 한 것처럼, '울릉도와 독도' 두 섬이 함께 나열적으로 기술되었다는 것은 울릉도와 독도는 서로 분리될 수 없는 영역으로써, 두 섬 모두 조선영토로 인식되었다. 『은주시청합기』는 1667년에 집필되었는데, 1667년을 전후하여 돗토리번 사람들은 울릉도와 독도를 조선영토라고 인식하였다.

오야, 무라카와 두 가문의 사람들이 1625년부터 1696년까지 매년 번갈아 막부로부터 '죽도(울릉도)도해면허'를 받아 울릉도에 도해하여 울릉도의 물산을 수탈하였다. 마침 1692년 안용복이 울릉도에 도항하였을 때 일본인들을 조우하여 양측이 서로 자국의 영토라고 하여 영유권 분쟁을 일으켰다.

이때에 1695년 12월 돗토리번은 울릉도와 독도가 조선영토라는 사실을 막부에 알렸고, 1696년 1월 막부는 돗토리번의 보고서를 받고 울릉도와 독도를 조선영토로 인정하여 일본어부들에게 울릉도와 독도의 도해를 금지시켰다. 이를 보더라도 돗토리번의 번사 사이토 호센은 『은주시청합기』에서 '사람이 살지 않은 울릉도와 독도'를 조선영토로 인식하였음이 분명하다.

1779년 나가쿠보 세키스이(長久保赤水)가 「개정일본여지노정전도」를 제작하여 지도의 표면에 『은주시청합기』의 인식을 바탕으로 "고려를 보는 것은 마치 운주(雲州)에서 오키(隱州)를 보는 것과 같다."라고 기록하였다.

즉 「개정일본여지노정전도」에는 한반도의 남부 부산지역과 대마도와 함께 울릉도와 독도가 그려져 이들은 모두 조선영토로서 인식되었다. 막부가 1696년 울릉도 도해를 금지하여 울릉도와 독도를 조선영토로 인정하였기 때문에 특별한 이유없이 울릉도 도해 금지 이후 83년을 지난 시점에 제작된 지도에서 울릉도와 독도가 일본영토라고 그려졌다면 그것은 잘못된 지도이다.

이처럼 『은주시청합기』에 등장하는 독도는 울릉도와 함께 조선영토로서 인식되었다. 그럼에도 불구하고 시마네현이 설치한 '죽도문제연구회(시모조 마사오)'는 『은주시청합기』에 독도가 일본영토라고 기술되어 있다고 사실을 날조했다.

시모조 마사오의『은주시청합기』날조방식을 보면 아주 흥미롭다. 첫째, 시모조는 상기의 대해 다음과 같이 날조했다. 즉, "한문으로 쓰여진『은주시청합기』(국대기(国代記))에는 사이토 호센이 '이주(此州)'를 경계로 삼는다고 했을 때, (조선이 보이는) 이주(此州)가 경계가 된다라고 읽어야 한다."라고 하여 오키도에서는 조선을 볼 수 없고 "울릉도에서 고려를 볼 수 있기 때문에 '이주(此州)'가 가리키는 것은 '울릉도'이다."라고 했다.

시모조는 이처럼 전혀 설득력이 없는 비과학적인 논리로『은주시청합기』를 날조하였다. 둘째, 상기의 대해 다음과 같이 날조했다. 즉 시모조는 "한문표현으로 '이 주(此州)'는 '한문을 읽을 때, 한자 특유의 읽는 방법을 망각해서는 안 된다.『설문해자(説文解字)』라는 책에 '수중에 있는 것을 주(州)라고 말한다.'고 기술되어 있는 것처럼, '주(州)'에는 섬(島)의 의미도 포함하고 있다"라고 하여 행정구역을 표시하는 '주(州)'를 함부로 의미를 추가하여 자의적으로 '섬(島)'이라는 의미도 있다고 사실을 날조했다. '주(州)'는 행정구역을 나타내는 것으로 '이 주(此州)'는 오키도(隠州)를 가리킨다. 또한 시모조는 "이수광은『지봉류설』에서 일본의 일개 주(一州)가 일개 국(一国)을 이룬다"라고 했고, "이익도『성호사설』에서 울릉도를 '일개 주(一州)'로 표현했다. 한문에서 주(州)와 주(洲)는 같은 말이고, 주(州)에는 섬(島)의 의미도 포함되어있다."라고 하여『은주시청합기』의 '이주(此州)'는 울릉도를 가리킨다고 사실을 날조했다.

주(州)에는 섬(島)의 의미를 포함하는 것이 아니라, 주(州)보다 작은 것을 섬(島)이라고 한다. 또한『성호사설』에서 울릉도를 '일개 주(一州)'라고 말한 것은 단지 고대시대에 울릉도에 우산국이 있었기 때문이다.

셋째, 시모조는 상기의 대해 다음과 같이 날조하고 있다. 즉, 시모조는 "나가쿠보 세키수이(長久保赤水)의「개정일본여지노정전도」에서 울릉도 옆의 지면에 '고려가 보이는 것은 마치 운주(雲州)에서 오키(隱州)를 바라보는 것과 같다.'라고 설명을 덧붙였다. 그것은『은주시청합기』를 인용하여 울릉도를 일본영토로 인식했다."라고 논리를 날조했다.

사실『은주시청합기』에는 울릉도와 독도가 한국영토로서 표기되었다. 넷째, 시모조는 "『은주시청합기』편찬 전년(1666년)에 울릉도를 건너간 오야(大谷)가문의 배가 조선의 장기에 표착했을 때 조선정부가 정중하게 송환해주었다. 에도막부는 이 사건을 알고 있었을 뿐만 아니라 울릉도를 일본영토로 인식했다"라고 하여 조선이 표착민을 정중하게 일본에 송환해주었다는 것은 조선정부가 울릉도를 일본영토라고 생각했기 때문이라고 사실을 날조했다.

또한 만일 막부가 1696년 1월 울릉도와 독도가 일본영토라고 생각했다면 울릉도와 독도를 조선영토로 인정하지 않았고, 일본어부들에게 울릉도 도해를 금지하지 않았을 것이다. 다섯째, 시모조는 "이익은『성호사설』에서 오랫동안 해결하지 못한 분쟁을 해결하여 일개 주(一州; 欝陵島)를 회복하였고, 사이토 호센(斎藤豊仙)은 울릉도를 '이주(此州)'라고 표현한 것은 한문적 소양이 있었기 때문"이라고 했고, 그런데 오히려『은주시청합기』를 올바르게 해석한 '신용하교수와 이케우치(池内)'에 대해 "한문적 소양이 부족하여 '이주(此州)'를 오키도라고 해석했다"라고 비난했다. 이처럼 시모조가 독도영유권을 날조하는 바탕에는 한국이 "과거의 역사를 현재의 감정으로 연구한다." "독도연구에서 역사적 사실보다는 역사 인식을 우선한다."라고 하여 오히려 한국이 독도가 한국영토라는 것을 전제로 독도의 역사적 사실을 날조하고 있다고 주장한다. 그것은 시모조가 일본 극우의 제국주의적 고정관념을 갖고 있기 때문이다.

▌竹島問題研究会(下条正男)、独島が韓国領土だと表記した初の日本側の古文献『隠州視聴合紀』を捏造する

韓国側と日本側の公信力のある官撰の古文献には独島は欝陵島と共に、韓国領土と表記されている。

日本側の私撰文献の中に極めて一部は、極右性向の執筆者が独島を日本領土と誤って記述した場合もある。

しかし、日本側の官撰の古文献にはすべてが独島を韓国領土と表記されている。日本の官撰文献の中に独島が登場する最初の古文献は1667年松江藩の藩士の斉藤豊仙が執筆した『隠州視聴合紀』(国代記)だ。

『隠州視聴合紀』は「隠州(今の隠岐島)で見聞きしたものを集めて記録」した本である。この本には「雲州は、北海(日本では日本海、韓国の東海)の中にあることで、隠岐図という。戌亥(北西)の間を1泊2日を行くと松島(独島)があり、また1日(昼;12時間)行くと、竹島(欝陵島)がある。」「この二つの島は人が住んでいないもので、この島(特に欝陵島)から高麗を見るのは雲州から隠州を見るようなものだ。」すわわち、日本の西北側の領土は「此州」を境にする」と記録されている。上の『隠州視聴合紀』を分析すると、独島の領有権について次のように記述した。

斎藤芳泉は藩士であるが、ここで「藩士」という言葉は「江戸時代に各藩に従事する武士や構成員」を指す。

斉藤豊仙は、欝陵島と独島に最も近い日本の地方行政庁だった鳥取藩の武士であり、鳥取藩の武士が欝陵島と独島を日本領土でないと記述したことは、その時代の鳥取藩の人々の領域(領土)認識だった。斉藤豊仙が「この二つの島(欝陵島と独島)は人が住んでいない島だ。この島から高麗を見ることは雲州から隠岐を見るようなものである。つまり日本の西北側の領土は「此州」を境にする」とし

た。これは隠岐島から日本の本土である雲州が見られるため、隠岐島を日本領土の最後の地とし、無人島の二つの島(鬱陵島と独島)から朝鮮の本土が見られるため、鬱陵島と独島を朝鮮の領土の果ての地とし、その間の海が両国の境界地域だと明確に記録した。

隠州を示す「此州」という言葉について、「古代から明治にかけて、日本でも中国式律令制を導入し、中央政府が統一的に地方を統治するために設置した地方行政区分で州と記し、「国」と読むこともあった。辞書(日本版ウィキペディア)的用語として、「本来、州は①「中州(川に囲まれた陸地[武州、甲州、越州、筑州、野州、上州] ②「大州(海に囲まれた陸地[欧州、豪州、亜州等]) ③「行政区域」として使用するようになった。④「漢文では集落を作るほど大きなものを州とし、それより少ない場合は島と区分して使用する。」したがって「此州」は鬱陵島のような島ではなく、行政区域の名称として隠州を指した。

人が住んでいない「鬱陵島と独島」は、白頭山が山の名称であり、豆満江が川の名称であるように、島の名称である。鬱陵島と独島が行政区域の名称を指す「此州」になれない。「戌亥(北西)の間を1泊2日を行くと松島(独島)があり、また1日(昼;12時間)行くと、竹島(鬱陵島)がある。この二つの島は人が住んでいない島だ。」としたように、「鬱陵島と独島」の2つの島が一緒に羅列的に記述されたということは、鬱陵島と独島は別々に分離することができない領域で、二つの島すべてが朝鮮の領土として認識されたのだ。

『隠州視聴合紀』は、1667年に執筆されたが、1667年を前後して松江藩の人々は鬱陵島と独島を朝鮮の領土だと認識した。大谷家と村川家の両家の人々が1625年から1696年まで毎年交代で幕府から「竹島(鬱陵島)渡海免許」を受けて鬱陵島に渡海し、鬱陵島の物産を収奪した。

ちょうど1692年、安竜福が鬱陵島に渡航した時、日本人に遭遇し、両国が互いに自国の領土だとし、領有権紛争を起こした。この時に1695年12月鳥取藩

は、欝陵島と独島が朝鮮の領土だという事実を幕府に知らせて、1696年1月、幕府は鳥取藩の報告書を受けて欝陵島と独島を朝鮮領土に認めて、日本の漁師に欝陵島と独島の渡海を禁じた。

これを見ても、松江藩の藩士である斉藤豊仙が執筆した『隠州視聴合紀』で「人が住んでいなかった欝陵島と独島を朝鮮領土だ」と認識していたことが明らかだ。1779年長久保赤水が「改訂日本輿地之正全図」を制作し、地図の表面に『隠州視聴合紀』の認識に基づき、「(欝陵島と独島から)高麗を見るのはまるで雲州から隠州を見るようなものである」と記されている。つまり「改正日本輿地路程全図」には韓半島の南部、釜山地域と対馬とともに欝陵島と独島が描いたので、すべて朝鮮の領土として認識していたのだ。

幕府が1696年、欝陵島渡海を禁止し、欝陵島と独島を朝鮮領土と認めたにもかかわらず、欝陵島への渡海禁止後の83年が経過した時点で地図を製作して欝陵島と独島を日本領土として描いたならば、それは間違っている地図である。

このように『隠州視聴合紀』に登場する独島は、欝陵島とともに朝鮮領土として認識された。

それにもかかわらず、島根県が設置した「竹島問題研究会(下条正男)」は『隠州視聴合紀』に独島が日本領土と記述されていると事実を捏造した。下条正男の『隠州視聴合紀』の捏造方式を見ると、とても興味深い。第一に、下条は『隠州視聴合紀』について次のように捏造した。「漢文で書かれた『隠州視聴合紀』(国大記)には、斉藤豊仙が「此州」を境とするとした場合、「(朝鮮が見える)此州が境界となる、と読まなければならない。」とし、隠岐島からは朝鮮を見ることができず、「欝陵島から高麗を見ることができるので」としている。下条氏はこのように全く説得力のない非科学的な論理で、『隠州視聴合紀』を捏造した。

第二に、『隠州視聴合紀』について、次のように捏造した。下条は「漢文表現で「此州」は「漢文を読むとき、漢字特有の読み方を忘却してはならない。『設問

解字」という本に手元にあるものを州というと記されているように、」「州には島の意味も含んでいる」として行政区域を表示する「州」をむやみに意味を追加し、恣意的に「島」という意味も含まれていることを捏造した。

「州」は行政区域を示すもので、「此州」は隠州を指す。また下条は「李睟光(1563년~1628년)は『芝峰流説』で日本の一州が一カ国を成す」とし、李瀷は『星湖社説』で欝陵島を「一州」と表現した。漢文では「州と洲は同じ言葉で、州には島の意味も含まれている。」とし、『隠州視聴合紀』の「此州」は欝陵島を指すことをねつ造した。州には島の意味を含むのではなく、州より小さいものを島という。

また、『星湖社説』の中で欝陵島を「一州」と言ったのは、単に古代時代に欝陵島に于山国があったからである。

第三に、下条は「改訂日本興地路程全図」について次のように述べている。すなわち、下条は「長久保赤水の『改訂日本興地路程全図』において欝陵島のところに「高麗が見えるのはまるで雲州から隠州を眺めるようなものである」と説明した。それは『隠州視聴合紀』を引用して欝陵島を日本領土と認識した」と論理を捏造した。事実には『隠州視聴合紀』では、欝陵島と独島が韓国領土として表記された。

第四に、「『隠州視聴合紀』編纂の前年(1666年)に欝陵島を渡った大谷家の船が長期にわたって朝鮮に漂着した際、朝鮮政府が丁重に送還してくれた。江戸幕府はこの事件を知っていただけでなく欝陵島を日本の領土と認識した」とし、朝鮮が漂着民を丁寧に日本に送還したというのは朝鮮政府が欝陵島を日本の領土と考えていたからだと事実を捏造した。なお仮に幕府が1696年1月、欝陵島と独島が日本領土だと思ったら、欝陵島と独島を朝鮮領土だと認めず、日本の漁師に、欝陵島への渡海を禁止しなかっただろう。

第五に、下条は「李瀷は『星湖社説』で長い間解決できなかった紛争を解決

し、一州(此州)を回復し、斎藤豊仙は欝陵島を「此州」と表現したのは漢文的素養があったからだ」とし、ところが、むしろ『隠州視聴合紀』を正しく解釈した「慎鏞夏と池内敏」の研究を非難した。

　このように下条が独島の領有権を捏造する背景には、韓国が「過去の歴史を現在の感情で研究する。」「独島研究で、歴史的事実よりは歴史認識を優先する。」とし、むしろ韓国側が独島を韓国領土であると前提して独島の歴史的事実を捏造していると主張する。下条のこのような認識は、日本極右の帝国主義的な固定観念を有しているからだ。

┃ 죽도문제연구회, 「개정일본여지노정전도」 18세기 독도가 가 일본영토라는 증거라고 날조하다(上)

독도는 지리적으로나 역사적으로, 국제법적으로도 한국의 고유영토임에 명백하다. 그런데 일본외무성 홈페이지에는 역사적으로 독도가 일본영토였다는 증거로서 「개정일본여지노정전도」(1846년판)를 게재하고 있다. 또한 위키페디아 인터넷사전(일본판)에서도 「개정일본여지노정전도」(長久保赤水)는 "현재 한일간에 영유권 문제가 일어나고 있는 다케시마(竹島)가 당시 명칭으로 송도(松島)라고 기술되어있고, 일본에서는 일본영유권의 증거자료로서 자주 인용된다."라고 되어있다.

그러나 안용복 사건(1693-1696년)으로 조선과 일본 양국정부 사이에 울릉도와 독도를 둘러싼 영유권 분쟁이 발생하여 일본 막부가 1696년 돗토리(鳥取)번으로부터 '울릉도와 독도가 일본영토가 아니고 조선영토'라는 것을 확인하고 독도, 울릉도에 도해한 일본어민들에게 울릉도 도해면허를 취소하고 도해금지령을 내렸다.

또한 1836년 하치에몽(八右衛門)사건으로 하치에몽이라는 자가 불법으로 독도를 거쳐 울릉도에 도해했다가 발각되어 처형되었고, 이듬해 1837년 제2차 울릉도 도해금지령이 내려졌다.

이처럼 막부가 안용복 사건을 계기로 1905년 러일전쟁 직전까지 울릉도와 독도를 조선영토로 인정하여 일본영토가 아님을 명백히 해왔다. 이렇게 볼 때, 일본외무성이 게시한 「개정일본여지노정전도」(1846년; 메이지대학 도서관 소장)는 독도가 일본영토라는 증거가 될 수 없다.

일본정부가 「개정일본여지노정전도」를 대내외적으로 홍보하는 이유는 "다케시마는 역사적으로나 국제법적으로 일본의 고유영토"이라는 입장을 표명하고 있기 때문이다.

그렇다면, 「개정일본여지노정전도」(1846년)가 역사적으로 일본영토를 입증하는 증거가 될 수 있지에 대해 검토해보자.

첫째, 「개정일본여지노정전도」(1846년판)에는 일본지도로서, 일본열도와 함께 동해바다에 위치한 '대마도, 부산의 일부, 울릉도, 독도'가 경위도선과 함께 일본영토와 동일하게 채색되어 그려져 있다. 일본영토론자들은 울릉도와 독도가 일본지도에 일본영토와 같이 경위도선과 함께 채색되어 있기 때문에 일본영토로서의 증거라고 주장한다. 그렇다면 같이 그려진 '부산'까지도 일본영토라고 말할 수는 없을 것이다. 따라서 「개정일본여지노정전도」에 그려진 울릉도와 독도는 반드시 일본영토이기 때문에 그려진 것이 아니다. 안용복 사건을 계기로 조선영토라는 사실이 확인되었음에도 불구하고, 영유권 분쟁으로 일본인들에게도 잘 알려진 관심대상의 지역이라는 것을 의미했다.

둘째, "「개정일본여지노정전도」에서 울릉도 바로 옆에 '견고려유운주망은주(見高麗猶雲州望隱州)'라고 하여 "울릉도에서 고려가 보이고, 역시(또한) 운주에서 온슈(오키)가 보인다"라고 쓰여져 있다. 이 내용은 1667년 마쓰에번(松江藩)번사(藩士)인 사이토호센(斎藤豊仙)이 쓴 『은주시청합기(隱州視聴合紀)』와 같은 것으로써, '고려의 영토인 울릉도, 운주(雲州)의 영토인 은주(隱州)'라고 하는 영유인식을 표기한 것이다.

사이토 호센이 오키도(隱岐島=隱州)의 대관(郡代;지금의 군수)으로서 직접 오키를 다스릴 때 『은주시청합기』를 저술하였기 때문에 오키의 사정에 대해 정통하여 울릉도와 독도를 조선영토로 인식하고, 오키를 일본영토의 서북쪽 경계라고 표기했던 것이다. 왜냐하면 1695년 막부에 보낸 돗토리번 답변서를 보면, 돗토리번 소속의 호키(伯耆)국과 이나바(因幡)국 사람들이 오키를 거쳐 울릉도에 도해하였을 때, 울릉도와 독도를 조선영토로 인식하였기 때문이다.

그렇다면 「개정일본여지로정전도」가 어떤 성격의 지도인지, 독도 영유권과 어떠한 관계가 있는지 살펴보자.

첫째, 지도의 제작 배경에 대해, 「개정일본여지로정전도」는 나가쿠보 세케스이(長久保赤水)가 20년 동안 고증을 거친 일본지도로서, 1778년 막부의 허가를 받아 초판으로 1779년 오사카에서 발행하여 일본전역에 널리 보급된 것이다. 세키스이는 한학자, 지리학자로서 1777년 미토번 제6대 번주 도쿠가와 하루모리(德川治保)의 학문적 스승인 시강(侍講)으로 발탁되어 1761년 45세에 처음으로 지도제작을 시작했다. 1768년 일본지도인 「개제 부상(일본) 분리도(改製扶桑分里図)」를 제작하였고, 이를 바탕으로 1775년 울릉도·독도가 일본영토로 표시된 「신각(新刻)일본여지노정전도」를 제작하였다. 그러나 안용복 사건을 계기로 막부가 울릉도와 독도를 조선영토로 인정하고 있었기 때문에 막부의 허가를 받지 못했다.

둘째, 「개정일본여지노정전도」의 막부 관허(官許) 여부에 대해, 세키스이는 「신각(新刻)일본여지노정전도」(1775년)의 오류를 수정하여 1778년 막부로부터 「개정일본여지노정전도」라는 이름으로 울릉도·독도를 일본영토와 달리 채색하지 않고 경위선 밖에 그려서 관허를 받았다. 1779년 관허를 받은 「개정일본여지노정전도」는 당시로서는 경의적으로 정확한 일본지도이었기 때문에 오사키에서 대량으로 간행하여 막부로부터 엄중하게 관리되면서 전국에 널리 보급되었다.

셋째, 「개정일본여지노정전도」의 종류에 대해, 현재까지 발굴된 「개정일본여지로정전도」는 메이지 초기까지 100년간 3가지 유형의 총 13판이 간행된 것으로 보인다.

(1) 대량으로 보급되기 이전에 「신각(新刻)일본여지노정전도」와 막부 관허를 받기 위해 제작된 1778년판의 2종류가 있었다.

(2) 막부의 관허를 받아 정식으로 발행하여 널리 보급한 것으로 ① 1779년

판(「개정일본여지노정전도」, 관허 초판), ② 1791년판(관허 2판), ③ 1811
년판(관허 3판), ④ 1833년판(관허 4판), ⑤ 1840년판(관허 5판, 최종판)등
의 총 5종류이고, 채색된 일본지도에서 울릉도와 독도는 경위도선 밖에
그려졌다.

(3) 세키스이 사후에 막부의 관허를 받지 않고 복제된 것으로 ① 1844년
판(복제판), ② 1846년판(복제판, 1846년판인지도 불분명), ③ 1852년판
(「증정 대일본국군여지노정전도(增訂 大日本国郡輿地路程全図)」(스즈
키 키엔(鈴木驥園) 증정(增訂)), ④ 1862년판(복제판), ⑤ 1865년판(복제
판), ⑥ 1871년판(1852년판 재각(再刻)등 6종류이고, 흰색, 갈색, 황색, 청
색으로 채색된 일본지도에 울릉도와 독도까지도 경위도선이 그려졌다.
그런데 세키스이(1717년~1801년)가 생전에 제작된 것은 1판과 2판뿐이
고, 나머지 지도들은 지도의 편집자가 후세에 새로운 정보를 추가하여 내
용을 확장한 것들이다.

따라서 세키스이가 「개정일본여지로정전도」 제작당시의 울릉도와 독
도에 대한 영유권 인식을 확인하려면 1779년판과 1791판과 같이 막부의
관허를 받은 지도만이 효력을 갖는다.

넷째, 「개정일본여지노정전도」의 가치 면에서 보면, 일본을 대표하는
전통적인 일본지도로서 17세기 이시카와 토모노부(石川流宣)가 제작한
「일본해산조륙도(日本海山潮陸図)」가 약90년간 유포되어 널리 사용되
었다. 그런데 토모노부의 지도는 장식성이 강하고 형태가 왜곡되어 정확
성이 결여되었기 때문에 세키스이가 이를 보완하여 1779년 「개정일본여
지노정전도」를 제작하여 널리 보급하여 일본지도의 주류를 차지했다. 이
노 타다타카(伊能忠敬)가 1821년 세키스이 지도의 부정확했던 연안부를
실측으로 보완하여 보다 정확한 「대일본연해여지전도(大日本沿海輿地
全図)」를 간행하여 막부에 헌납했으나 일반에게 공개가 금지되었다.

그러나 「개정일본여지로정전도」는 메이지 초기까지 널리 보급되었기 때문에 일본의 3대지도 중에서도 에도시대를 가장 대표하는 일본지도였다. 참고로 「대일본연해여지전도」는 「개정일본여지노정전도」를 보완하여 해안부를 실측하여 그린 일본지도이기 때문에 울릉도와 독도가 일본 영토라면 반드시 표기되어 있어야한다.

그런데 필자는 아직 확인하지 못했지만, 만일 일본영토로서 표기가 되어있었더라면 시모조가 아직 언급하지 않을 이유가 없다.

다섯째, 「개정일본여지로정전도」의 제1판과 제2판은 세키스이의 생전에 제작된 것이고, 초판부터 제5판인 1840년판까지는 관허를 받은 것으로 1779년판의 초판과 동일한 것이다.

그러나 세키스이 사후에 막부의 관허 없이 1844년판 이후의 복제판들은 후세의 지도제작자들이 막부의 울릉도와 독도 영유권 인식과 무관하게 자신들의 정보와 영토인식을 추가하여 제작한 것이기 때문에 독도 영유권을 위한 증거자료로서는 가치가 없다.

일본외무성이 게시한 1846년판과 같은 복제판에는 울릉도와 독도, 부산까지 경위도선을 그리고 채색까지 하여 일본영토처럼 표기되어있지만, 사실상 독도 영유권의 증거자료가 될 수 없다.

▌竹島問題研究会、「改正日本輿地路程全図」が18世紀の 独島が日本領土である証拠だと捏造する(上)

　独島は地理的にも歴史的に、国際法的にも韓国の固有領土であることに明白だ。

　ところで日本外務省ホームページには歴史的に独島が日本領土だったという証拠として「改正日本輿地路程全図」(1846年版)を掲載している。

　また、インターネット辞書のウィキペディア(日本版)でも「改正日本輿地路程全図」(長久保赤水)は「現在、韓日間に領有権問題が起きている竹島(独島)が当時の名称で松島と記述されており、日本では日本の領有権の証拠資料としてよく引用される。」となっている。しかし、安竜福事件(1693-1696年)で、朝鮮と日本の両国政府の間に欝陵島と独島をめぐる領有権紛争が発生して日本の幕府は、1696年鳥取番から「欝陵島と独島が日本領土ではなく、朝鮮領土である」ということを確認し、独島と欝陵島に渡海した日本の漁民に欝陵島への渡海免許を取り消して渡海禁止令を下した。また、1836年八右衛門事件で八右衛門という者が不法で独島を経て、欝陵島に渡海したことが発覚されて処刑され、翌年1837年第2次の欝陵島渡海禁止令が出された。このように幕府が安竜福事件を契機に、1905年日露戦争の直前まで、欝陵島と独島を朝鮮領土と認めて日本の領土ではないことを明らかにしてきた。

　こう見るときに、日本外務省が掲示した「改正日本輿地路程全図」(1846年、明治大学図書館所蔵)は、独島が日本領土である証拠になれない。日本政府が「改正日本輿地路程全図」を対内外的に広報する理由は、「竹島は歴史的にも国際法的に日本の固有領土」という立場を表明しているためだ。それでは、「改正日本輿地路程全図」(1846年)が歴史的に日本領土を立証する証拠となり得るかどうかについて検討してみよう。

　第一に、「改正日本輿地路程全図」(1846年版)には日本の地図として、日本列島と一緒に東海に位置した「対馬、釜山の一部、欝陵島、独島」が経緯度線とともに日本領土と同様に彩色されて描かれている。日本領土論者らは、欝陵島と独島が日本地図で日本領土と一緒に経緯度線とともに彩色されているために日本領土である証拠だと主張する。そうならば、同じく描かれた「釜山」までも日本領土だとは言えないだろう。したがって、「改正日本輿地路程全図」に描かれた欝陵島と独島は必ず日本領土であるために描かれたものがない。安竜福事件をきっかけに朝鮮領土であることが確認されたにもかかわらず、領有権紛争で日本人にも広く知られている関心の対象地域であることを意味した。

　第二に、「改正日本輿地正伝図」では欝陵島のすぐ横に「見高麗遺雲州望隠州」と記されており、「欝陵島から高麗が見え、また、雲州から隠州(隠岐)が見える」と記されている。この内容は1667年、松江藩士の斎藤豊仙が書いた書籍『隠州視聴合紀』にあって、「高麗の領土である欝陵島、雲州の領土である隠州」という領有認識を表記している。斎藤豊仙が隠岐島(隠州)の大観(郡代:今の郡守)として、直接隠岐を治めていた時、『隠州視聴合紀』を著述したために隠岐の事情について精通し、欝陵島と独島を朝鮮領土として認識して、隠岐を日本領土の北西境界と表記したものである。なぜなら1695年幕府に送った鳥取藩の答弁書を見ると、鳥取藩の所属であった伯耆国と因幡国の人々が隠岐を経て、欝陵島に渡海した時、欝陵島と独島を朝鮮領土だと認識したためだ。それなら「改正日本輿地路程全図」がどんな性格の地図だったのか、独島の領有権にどのような関係があるのかを見てみよう。

　まず、地図の制作背景について、「改正日本輿地路程全図」は、長久保赤水が20年間の考証を経た日本地図で、1778年幕府の許可を得て初版として1779年大阪で発行され、日本全域に広く普及したものである。赤水は、漢学者、地理学者で、1777年、水戸藩の第6代藩主徳川治保の学問的師匠である

侍講に抜擢され、1761年、45歳で初めて地図製作を始めた。

1768年の日本地図である「改製扶桑分里図」を製作し、それを標本にして1775年、欝陵島・独島が日本領土であると表示された「新刻日本輿路程全図」を製作した。しかし、安竜福事件を契機に幕府は欝陵島と独島を朝鮮領土と認めていたために幕府の許可を得ることができなかった。

第二に、「改正日本輿地路程全図」の幕府官許の是非について、積水は「新刻日本輿路程全図」(1775年)の不具合を修正して1778年幕府から「改正日本輿地路程全図」という名前で、欝陵島・独島を日本領土と同様に彩色をしないで経緯度線の外に描いて官許を受けた。

1779年、官許を得た「改正日本輿地路程全図」は、当時としては敬意的かつ正確な日本地図であったため、大崎において大量に刊行され、幕府から厳重に管理され、全国に普及した。

第三に、『改訂日本輿地路程全図』の種類について、現在まで発掘された「改訂日本輿地路程全図」は、明治初期までの100年間で3種類の計13版が刊行されたものと考えられる。

(1)大量に普及する以前に「新刻日本輿路程全図」と幕府の官許を受けて製作された1778年版の2種類があった。

(2)幕府の公許を得て正式に発行して広く普及したものとして、①1779年版「改正日本輿地路程全図」(官許初版)、②1791年版(官許2版)、③1811年版(官許3版)、④1833年版(官許4版)、⑤1840年版(官許5版、最終版)などの計5種類であり、日本の領土には彩色されていたが、欝陵島と独島は経緯度線の外に描かれた。

(3)赤水死後、幕府の官許を受けずに複製されたものとして、①1844年版(複製版)、②1846年版(複製版、1846年版かも不明)、③1852年版「増訂大日本国郡輿地路程全図」(鈴木驥園の増訂)、④1862年版(複製版)、⑤1865年版

(複製版)、⑥1871年版(1852年版の再刻)など6種類で、白色、茶色、黄色、青で彩られた日本地図であるが、鬱陵島と独島まで経緯度線が描かれた。

ところで、長久保赤水(1717年-1801年)が生前に製作したのは1版と2版だけで、残りの地図は、地図の編集者が後世に新しい情報を追加して内容を拡張したものだ。したがって、赤水が「改正日本輿地路程全図」の製作当時の鬱陵島と独島に対する領有権の認識を確認するためには、1779年版と1791版と一緒に幕府の官許を受けた地図だけが効力を持つ。

第四に、「改正日本輿地路程全図」の価値の面から見ると、日本を代表する伝統的な日本の地図として17世紀、石川流宣が製作した「日本海山潮陸図」が約90年間流布され、広く使われた。

しかし、石川流宣の地図は装飾性が強く、形態が歪曲されて正確性が欠如しているため、赤水がこれを補完し、1779年に「改訂日本輿地路程全図」を制作して広く普及し、日本地図の主流を占めた。

伊能忠敬が1821年赤の水地図の不正確であった沿岸部を実測で補完し、より正確な「大日本沿海輿地全図」を刊行して幕府に献納したが、一般の公開が禁止されている。しかし、「改正日本輿地路程全図」は明治初期まで広く普及したため、日本の3大地図の中でも江戸時代を代表する日本地図であった。

参考に「大日本沿海輿地全図」は「改正日本輿地路程全図」を補完し、海岸部を実測して描いた日本地図であるため、鬱陵島と独島が日本領土であったならば必ず表記されていなければならない。しかし筆者はまだ確認できていないが、もし日本の領土として表記されていたら、下条がまだ言及しない理由はない。

第五に、「改訂日本輿地路程全図」の第一版と第二版は、赤水の生前に製作されたものであり、初版から第五版の1840年版までは官許を得たもので、1779年版の初版と同一のものである。しかし、赤水の死後に幕府の官許なく1844年版以降の複製版らは、後世の地図製作者が幕府の鬱陵島と独島の領有権の認

識と無縁に自分らの情報と領土認識を追加して制作されたものであるため、独島
の領有権のための証拠資料としては価値がない。日本外務省が掲示した1846年
版と同じ複製版では、欝陵島と独島、釜山まで、経緯度線を描いて彩色までし
て日本領土のように表記されているが、事実上、独島領有権の証拠資料にはな
れない。

죽도문제연구회, 「개정일본여지노정전도」 18세기 독도가 가 일본영토라는 증거라고 날조하다(下)

　여섯째, 일본열도의 본섬에서 이도(離島)까지의 거리표시에 대해, 막부의 관허를 받은 1779년판의 초판에는 본섬에서 '이도'까지의 거리표시가 되어있지 않았다. 그런데 후세에 세키스이가 제작한 원판 지도에 정보를 추가하여 일본영토에 한해 본섬에서 '이도'까지의 거리를 표기하기도 했다. 그러나 1844년판 이후 막부의 관허가 없었던 복제판에서도 울릉도와 독도에 대해서는 거리표기를 하지 않다는 것은 울릉도와 독도까지 경위도를 그려서 채색을 하였다고 하더라도 일본영토로서 적극적으로 인식하지 않았다는 것을 말한다.

　일곱째, '개정일본여지노정전도'에 일본영토가 아님에도 불구하고, 울릉도와 독도가 그려진 이유는 안용복 사건(1693-1696년)으로 1696년 1월 막부가 울릉도와 독도를 한국영토로 인정할 때까지 분쟁지역이었기 때문에 단지 일본인들의 관심지역이었지만, 일본영토라고 표시한 것은 아니다.

　여덟째, 막부의 관허를 받은 1779년판의 초판 때부터 1840년판의 최종판 때까지 '개정일본여지노정전도'에서는 울릉도와 독도를 한국영토로서 그려졌다. 그래서 동시대를 살았던 지도제작자 하야시 시헤이(林子平)도 1785년『삼국통람여도설』을 발행하여 울릉도와 독도를 조선영토와 동일한 노란색으로 채색하였다. 그러나 1806년 제작된 '화이일람도(華夷一覧図)'와 같이 막부의 영토인식과는 달리, 울릉도를 다케시마(竹島), 독도를 마쓰시마(松島)라고 표기하여 울릉도와 독도를 일본영토와 동일한 적색으로 채색하여 명확하게 일본영토라고 표기하였다.

　또한 제작연도로 볼 때, 나가쿠보 세키스이의 사후에 그의 지도를 복제한 '아세아소동양도(亜細亜小東洋図, 1857)'에서도 울릉도와 독도가 일본과 같은 색으로 채색되어 일본영토로 표기하였다. 이를 볼 때, 막부의 관허를 받은 지도는 울릉도와 독도를 조선영토로 표기되었고, 관허를 받지 않은 지도들은 1844년판 이후의 '개정일본여지노정전도'의 복제판처럼 함부로 울릉도와 독도를 일본영토라고 표기하는 지도를 그렸다. 이들은 모두 독도의 영유권을 판가름하는 지도로서의 증거능력을 갖지 못한다.

이처럼 세키스이의 '개정일본여지노정전도'는 1779년판의 초판과 1791년판의 제2판만이 생전에 발행된 것이기 때문에 영토지도로서 증거능력을 갖는다. 그런데, 죽도문제연구회(시모조 마사오)는 '활동보고서'에서 모든 「개정일본여지노정전도」는 독도가 일본영토임을 입증하는 증거자료라고 하여 독도 영유권을 날조하고 있다. 시모조는 독도가 일본영토라는 것을 전제로 독도가 한국영토라는 증거자료를 모두 부정한다.

시모조의 날조방식은 크게 3가지 패턴이 있다. ① 아무런 논증없이 이미 자신이 모든 입증을 완성한 것처럼 논법을 날조하여 마치 그것이 사실인 것처럼 날조하여 전체를 부정한다. ② 아무런 관련이 없는 사료를 갖고 와서 마치 그것이 사실인 것처럼 날조해서 자신이 원하는 결론을 내린다. ③ 일부만 관련이 있는 자료를 갖고 와서 마치 전체가 모두 동일한 것처럼 날조하여 자신이 원하는 결론을 내린다.

첫째, 시모조는 기본적으로 "현재 한국의 수원시에서 "울릉도 독도 고지도 순회전"이 개최되고 있는데, 독도박물관 주최의 순회전에는 독도가 그려진 고지도는 하나도 없고 사진들뿐이다. 독도박물관 전시물에도 다케시마(竹島)를 한국령으로 표시한 자료는 없다. 이것이 다케시마문제 전문기관인 독도박물관의 실체이다."라고 하는 것처럼, 한국에는 독도가 한국영토임을 입증하는 사료는 한 개도 없다고 날조했다.

둘째, 시모조는 "나가쿠보 세키스이가 '개정일본여지노정전도'에 울릉도와 다케시마를 그린 것은 울릉도와 다케시마(독도)를 '우리(일본)의 판도(版図)'라고 인식했기 때문이다. '경위도'와 채색의 유무는 영유권과 아무런 관계가 없다."라고 날조했다. 그렇다면, '개정일본여지노정전도'에 일본열도 이외의 동해상에 경위도와 채색이 없이 그려진 울릉도와 독도는 물론이고, 부산까지도 일본영토란 말인가?

셋째, 시모조는 "나가쿠보 세키스이가 (1791년 75세에) 미토번(水戸藩)의 번사로서『대일본사』「지리지」 편찬사업에 참가하여 「오키국(隠岐国)조」에 '이미 죽도(竹島)라고 하고 송도(松島)라고 한다. 우리 판도라는 것은 쉽게 알 수 있다.'라고 하였다고 하여 울릉도와 독도를 일본영토로 인식했다"고 주장한다. 그러나 사실 막부가 1696년의 안용복사건과 1837년의 하치에몽사건 때 2차례에 걸쳐 울릉도 도해금지령을 내렸고, 울릉도와 독도가 일본영토가 아니라고 조선국은 물론이고 일본 내에도 알렸다.

그런데 세키스이가『대일본사』를 편찬할 때 '울릉도와 독도가 일본영토'라고 기록했다고 일본영토가 되는 것이 아니다. 사실 세키스이는 1775년판의 '신각 일본여지노정전도'를 제작하였을 때 울릉도와 독도에 경위도와 채색을 넣어 일본영토로 표기했기 때문에 막부의 관허를 얻지 못했다. 이를 수정하여 1778년판을 제작하여 독도와 울릉도에 경위도와 채색을 없애고 막부의 관허를 받았던 것이다. 세키스이는 사적인 견해로 울릉도와 독도를 일본영토라고 생각했을지는 몰라도, 막부의 관허가 필요한 공식적인 '개정일본여지노정전도'의 제작에서는 울릉도와 독도를 한국영토로 표기하였다.

넷째, 시모조는 "세키스이가『대일본사』를 집필할 때 울릉도(죽도)를 "우리(일본) 판도"라고 했다. 따라서 울릉도와 독도를 일본영토로서 그렸다. 또한 '개정일본여지노정전도'는『은주시청합기』를 참고하여 그렸기 때문에 "일본의 서북쪽 경계는 이 주(此州)를 한계로 한다"고 했을 때 "이

주(此州)"가 바로 '울릉도'이라고 날조했다.

연도순으로 보면, '은주시청합기'(1667년), '개정일본여지노정전도'(1779년~1871년), 『대일본사』(1791년)순으로 제작되었기 때문에 그 중에서도 가장 먼저 출간된 『은주시청합기』의 울릉도 독도 인식이 다른 것에 영향을 준 것이다. 그런데 시모조는 연대순과 관계없이 비과학(논리)적으로 함부로 『대일본사』(1791년)에서 세키스이가 "울릉도를 일본의 영지"라고 했기 때문에 『은주시청합기』와 '개정일본여지노정전도'에서도 모두 울릉도와 독도를 일본영토로 취급하였다고 날조했다.

그러나 『은주시청합기』에서 "일본의 서북경계는 이 주(此州)"라고 하여 '오키도'를 한계로 삼았다. 또한 막부의 관허를 받은 제1판과 제2판의 '개정일본여지노정전도'에서도 막부의 인식에 따로 울릉도와 독도를 조선영토로 표기한 것이다.

다섯째, 시모조는 "한국에서는 지금까지 『은주시청합기』의 '이 주(此州)'를 '울릉도'라고 주장해왔는데, 근래 이케우치 사토시(池内敏)가 기발한 논리를 만들어 '이 주(此州)'를 '오키도'라고 왜곡함으로써 한국이 '이 주'를 '오키도'라고 해석하기 시작했다. 이케우치 씨는 해석상 오류를 범했다."라고 날조했다.

한국측은 『은주시청합기』에서 말하는 "일본의 서북한계는 울릉도"이라고 주장한 적이 없다.

여섯째, 시모조는 "사이토 호센(斎藤豊仙)이 '일본의 건(乾; 서북쪽)의 경계를 죽도(울릉도)로 정한 이유는, 사이토 호센이 은주(오키도)의 위치를 설명할 때 오키도를 기점으로 동서남북의 방사선 방향으로 연장하여 도달하는 곳을 일본영역으로 삼고, 그 거리와 함께 표기해서 오키도의 위치를 명확히 하려 했다."라고 날조했다.

하지만, 사이토 호센은 단지 오키도의 위치에 대해 "사이고(西郷)에서

남쪽으로 운슈(雲州) 미호노세키(美穗関; 島根県 八束郡에 속함)까지 35리, 남동쪽(辰巳)으로 하쿠슈(伯州) 아카사키우라(赤崎浦)까지 40리, 더 이상은 일본의 영지가 없으므로 자(子)에서 묘(卯)까지는 갈 수 있는 곳이 없다."라고 언급했을 뿐이다. 사이토 호센은 "일본영토의 한계에 대해서는 서북쪽 경계는 오키섬"이라고 기술했던 것이다.

　시모조는 『개정일본여지노정전도』에서 울릉도와 독도가 일본영토로서 표기되어있다고 주장하기 위해 『은주시청합기』를 동원하였다. 그러나 시모조의 오류는 『은주시청합기』에서도 울릉도와 독도가 한국영토로 표기되어있음에도 불구하고, 양측 모두 사실과 다르게 날조했던 것이다.

　결론적으로 시모조는 "1905년 일본이 무주지였던 다케시마를 합법적으로 편입하여 일본영토가 되었기 때문에 한국이 1952년 '이승만라인'을 선언하여 '다케시마'를 불법 점거했다고 주장하고 있다. 한국이 독도의 영유권을 주장하는 것은 여전히 일본의 식민지지배를 영토침략이라 하고, 일본의 '다케시마' 영유권 주장을 영토의 재침략이라고 하는 잘못된 프레임의 영토인식을 갖고 있기 때문이다. 한국은 올바른 역사인식을 가져야한다"고 하여 '다케시마'는 합법적인 일본영토라고 사실을 날조하고 있다.

竹島問題研究会、「改正日本輿地路程全図」が18世紀の独島が日本領土である証拠だと捏造する(下)

第六に、日本列島の本島から離島までの距離表示について、幕府の官許を得た1779年版の初版では、本島から「離島」までの距離表示はなかった。ところが、後世に積水製作の原版地図に情報を加え、日本の領土に限って本島から「伊島」までの距離を表記している。しかし、1844年版以降、幕府の官許がなかった複製版でも欝陵島と独島についてはキロマーカー機をしないというのは欝陵島と独島までの経緯度を描いて彩色をしたとしても、日本領土として積極的に認識しなかったということをいう。

第七に、'改正日本輿地路程全図'に日本領土ではないにもかかわらず、欝陵島と独島が描かれた理由は、1696年1月、安竜福(アン・ヨンボク)事件(1693-1696年)で幕府が欝陵島と独島を韓国領土と認めたときまで紛争地域だったため、ただ日本人の関心地域だったからだ。日本領土だからと表示したわけではない。

第八に、幕府の官許を受けた1779年の初版の時から1840年の最終版で'改正日本輿地路程全図'では欝陵島と独島を韓国領土として描かれた。それで同時代を生きた地図製作者の林子平も1785年『三国通覧図説』を発行し、欝陵島と独島を朝鮮領土と同一の黄色で彩った。しかし、1806年に制作された「華夷一覧図」は、幕府の領土認識とは異なって欝陵島を竹島、独島を松島と表記し、欝陵島と独島を日本領土と同様の赤色で彩色して明確に日本領土と表記した。また、製作年からみると、長久保赤水の死後に彼の地図を複製した「亜細亜小東洋図(1857)」でも、欝陵島と独島が日本と同じ色で彩色され、日本領土と表記した。これを見るとき、幕府の官許を受けた地図は欝陵島と独島を朝鮮領土と表記され、官許を受けていない地図は、1844年版以降の'改正日本輿地路程全図'

の複製版のようにむやみに欝陵島と独島を日本領土と表記された。これらの地図は、独島の領有権を判断する地図としての証拠能力を持てない。このように積水の「改訂日本輿地路程全図」の中で1779年の初版と1791年の第2版だけが生前に発行されたものであるため、領土地図としての証拠能力を有する。ところで、竹島問題研究会(下条正男)は「活動報告書」ですべての『改正日本輿地路程全図』は、独島が日本領土であることを立証する証拠資料であると独島領有権を捏造している。下条は独島が日本領土であることを前提で独島が韓国領土である証拠資料を全て否定した。

下条の捏造方式は大きく3つのパターンがある。①「何の論証もなく、すでに自身が全て立証を完成させたように論法を捏造してまるでそれが事実であるかのように全体を否定する。」②「何の関連のない史料を持ってきて、まるでそれが事実であるかのように捏造して自身が望む結論を下す。」③「一部だけ関連がある資料を持ってきて、まるで全体が関連があるように捏造して自身が望む結論を下す。」

第一に、下条は基本的に「現在、韓国の水原市で欝陵島(ウルルンド)、独島古地図巡回展」が開催されているが、独島博物館の主催の巡回展には、独島が描かれた古地図は一つもなく、写真だけだ。独島博物館の展示物で、竹島(独島)を韓国領と表示した資料はない。これが竹島問題専門機関である独島博物館の実体だ。」というように、韓国には、独島が韓国領土であることが立証できる史料は一つもないと捏造した。

第二に、下条は「長久保赤水が『改正日本輿地路程全図』に欝陵島と竹島を描いたのは欝陵島と竹島(独島)を‘私たち(日本)の版図’と認識したためだ。‘経緯度’と彩色の有無は領有権と何の関係もない」と捏造した。それなら、「改正日本輿地路程全図」に日本列島以外の東海上には経緯も彩色もなく描かれた欝陵島と独島はもちろん、釜山までも日本領土だということなのか。

　第三に、下条は「長久保赤水が(1791年、75歳)水戸藩の藩士として『大日本史』(地誌)編纂事業に参加して隠岐国条にすでに竹島であり、松島である。私たちの版図であることを容易に分かる。とし、欝陵島と独島を日本領土と認識した」と主張する。しかし、実は幕府が1696年の安竜福(アン・ヨンボク)事件と1837年の八右衛門事件の時、2回にわたって欝陵島渡海禁止令を下し、欝陵島と独島が日本領土でなく、朝鮮領土であることを明確した。ところが、積水が『大日本史』を編纂する時、‘欝陵島と独島が日本領土’と記録したとしてすぐ日本領土となるものではない。事実積水は1775年版の「新刻日本輿路程全図」を製作した時、欝陵島と独島に経緯と彩色を入れて日本の領土と表記したために幕府の官許を得られなかった。これを修正して1778年版を製作して独島と欝陵島に経緯と彩色をなくし、幕府の官許を受けたのだ。積水は私的な見解で欝陵島と独島を日本領土だと思ったかも知れないが、幕府の官許が必要な公式的な「改正日本輿地路程全図」の製作では欝陵島と独島を韓国領土と表記した。

　第四に、下条は「積水が『大日本史』を執筆する時、欝陵島(竹島)を私たち(日本)の版図」とした。したがって、欝陵島と独島を日本領土として描いた。また、「改正日本輿地路程全図」は「隠州視聴合紀」を参考にして描いたので、「日本の西北の境界は此州を限界とする」とした時、「此州」がまさに「欝陵島」だと捏造した。年代順で見ると、『隠州視聴合紀』(1667年)、「改正日本輿地路程全図」(1779年~1871年)、『大日本史』(1791年)の順で制作されたため、その中でも最も先に出版された『隠州視聴合紀』における欝陵島・独島の認識が影響を与えたのだ。ところが、下条は年代順と関係なく非論理的で勝手に、積水が「欝陵島を日本の領地」としたために『大日本史』(1791年)が『隠州視聴合紀』と「改正日本輿地路程全図」に影響を与えたため、いずれも欝陵島と独島を日本領土と扱ったと捏造した。しかし『隠州視聴合紀』で「日本の西北境界は此州」とし、「隠岐島」を限界とした。また、幕府の官許を受けた第1版と第2版の「改正日本輿地路程

全図」でも幕府の認識に従って欝陵島と独島を朝鮮領土と表記したのだ。

　第五に、下条は「韓国ではこれまで『隠州視聴合紀』の「此州」を「欝陵島」と主張していましたが、最近池内敏が奇抜な論理をつくり「此州」を「隠岐島」と歪曲したことによって、韓国が「以州」を「隠岐島」と解釈し始めた。池内氏は解釈上間違いを犯した」と捏造した。韓国側は『隠州視聴合紀』の「此州」について「日本の西北限界は欝陵島」だと主張したことはない。

　第六、下条は「斎藤豊仙が「日本の乾(北西方)」の竹島(欝陵島)を境界に決定した理由は、斎藤豊仙が隠州(隠岐) を説明する時に隠岐を起点に東西南北の放射線の方向に延長して到達するところを日本領域とし、その距離と一緒に表記して隠岐の位置を明確にしようとした。」と捏造した。しかし、斎藤豊仙は、単に隠岐島の位置について、「西郷から南の雲州美穂関(島根県八束郡に属する)まで35里、南東の白州赤崎浦まで40里、これ以上は日本の領地ではないので、子から卯に至るまでは行くところがない」と記述しただけた。斎藤豊仙は「日本領土の限界について西北の境界は隠岐島」と記述したのだ。下条は『改正日本興地路程全図』で、欝陵島と独島が日本領土と表記されていると主張するため、『隠州視聴合紀』を動員した。しかし、下条の間違いは『隠州視聴合紀』にも欝陵島と独島が韓国領土と表記されているにもかかわらず、両者とも事実と違う内容に捏造したのだ。

　結論的に下条は「1905年日本が無主地だった竹島を合法的に編入し、日本領土になったが、韓国が1952年李承晩ラインを宣言して竹島を不法占拠した」と主張している。また、「韓国が独島の領有権を主張するのは依然として日本の植民地支配を領土侵略だとし、日本の竹島領有権の主張は領土の再侵略だという誤ったフレームの領土認識を持っているためだ。韓国は正しい歴史認識を持たなければならない」とし、「竹島」は合法的な日本領土だと事実を捏造している。

제3장

근대 일본의 독도 영유권의
날조

第3章

近代日本の独島領有権の
捏造

일본정부의 독도 영유권 날조 : "'태정관지령'에는 울릉도는 있고, 독도는 없다"(상)

1987년 교토대학 호리 카즈오(堀和生)교수가 "다케시마(竹島 ;울릉도)와 그 외 1도(外一島 ;독도)는 일본과 관계가 없다는 점을 명심하라"라고 한 '태정관지령'을 공개했고, 그후 부속지도인 「기죽도약도(磯竹島略図)」도 공개되어 울릉도와 독도가 한국영토임이 분명히 확인되었다.

이것은 1877년 일본 메이지정부가 지적을 편찬하는 과정에 시마네현이 울릉도와 독도의 소속을 문의한 것에 대한 태정관의 답변이었다. 이미 그 이전부터 태정관은 울릉도와 독도가 한국영토임을 인정하고 있었다.

즉, 1875년 태정관(太政官) 소속의 지지과에서 관찬 지리지인 『일본지지제요(日本地誌提要)』를 편찬하여 "○ 이 주(州)의 부속 섬은 치부군 45개. 아마군 16개. 수키군 75개. 오치군 43개, 합계 179개. 이를 총칭해 오키의 소도(小島)라고 한다." "또한 서북 방향에 마쓰시마(松島; 독도)-다케시마(竹島; 울릉도) 두 섬이 있다. 지역민들이 전하고 말하기를, 오치군의 후쿠우라항으로부터 마쓰시마에 이르는 해로 약 69리 35정. 다케시마에 이르는 해로는 약 100리 4정 남짓. 조선에 이르는 해로는 약136리 30정"이라고 하여 "이 주의 부속 섬은 … 합계 179개"이고, 지리적으로 서북방에 '마쓰시마(독도)-다케시마(울릉도)-조선'이 있다고 했다.

태정관(1868-1885)은 국가최고기관으로서 지금의 내각부에 해당한다. 따라서 메이지정부는 울릉도와 독도를 조선영토로 인정했었다.

1987년 「태정관(太政官)지령」이 세상에 공개되었을 때, 줄곧 독도가 일본의 고유영토라고 주장했던 일본정부는 매우 당혹스러워했다. 그러나 지금은 뻔뻔스럽게 "시볼트의 영향으로 죽도도 울릉도이고, 송도도 울릉도"이라고 하여 잘못된 서양의 일본지도를 핑계삼아 논리를 날조하여 '태정관지령'의 "죽도(울릉도)와 그 외 1도(송도; 독도) 모두 울릉도"로서 '태정관지령'은 독도 영유권과 무관하다고 한국의 독도 영유권을 부정하고 있다.

에도시대의 올바른 전통적인 일본지도는 안용복 사건을 계기로 독도와 울릉도가 조선영토로 표기되었다. 1696년 도해금지령이 내려졌을 때, 1775년 나가쿠보 세키스이(長久保赤水)는 울릉도·독도를 일본영토로 표시한 「신각일본여지노정전도」의 관허를 막부에 요청했다가 거절당했다. 1778년 이를 수정하여 울릉도·독도를 일본 영토 처럼 채색하지 않고 경·위선 밖에 두는 「개정일본여지노정전도」를 막부로부터 허가받았다.

이처럼 1875년 태정관이 제작한 『일본지지제요』도 조선 동해안에 한국영토로서 울릉도와 독도 2섬을 그렸다. 그런데 1696년 울릉도 도해금지령이 내려진 이후, 19세기 서양 함선이 조선동해안에 진출하여 울릉도와 독도를 측량하고 서양식 호칭을 만들었다. 그때 잘못 그려진 서양지도의 영향으로 당시 일부 일본지도에는 위도 표시가 실제와 다른 울릉도와 독도가 그려졌다. 그런데 현재 일본은 독도가 한국영토라는 것을 부정하기 위해 일본지도의 조선동해안에 그려진 2개 섬은 시볼트 지도의 영향으로 위도는 다르지만 모두 울릉도라고 주장한다.

그렇다면 울릉도의 명칭을 혼란에 빠트렸다고 하는 시볼트의 「일본지도」에 대해 살펴보기로 한다.

즉, 서양인들은 조선동해상에서 독도보다 먼저 울릉도를 발견했다. 1787년 프랑스 탐험가라 페루즈(la Perouse)는 서양인으로 처음 울릉도를 발견하고 북위 37도32분, 동경 130도 56분이라고 경위도를 정확하게 표기하고, 다줄레(Dagelet)이라고 호칭했다. 그런데 1789년 영국 선박 아르고노트(Argonaut)호는 울릉도를 발견하고 아르고노트 섬이라고 명명하고, 울릉도의 경위도를 북위 37도 32분, 동경 129도 50분이라고 잘못 표기했다. 그 즈음에 이를 바탕으로 그려진 서양지도에는 동해상에 두 개의 울릉도(다줄레 섬과 아르고노트 섬)가 그려졌다.

그 후 독도도 발견되어 서양식 명칭이 만들어졌다. 1849년 프랑스선박 리앙쿠르호가 리앙쿠르 록스(Liancourt Rocks)이라고 명명했고, 1855년 영국군함 호르넷호가 북위 37도 14분, 동경 131도 55분에 위치한 섬을 호르넷(Hornet)섬이라고 호칭했다. 1854년 러시아군함 팔라다(Pallada)는 올리부차(Oliwuz ; 남도, 서도)와 메넬라이(Menela; 여도, 동도)라고 명명했다. 서양인들이 지금의 독도를 발견하기 이전에는 서양지도에 2개의 울릉도가 표기되었으나, 1847년 처음으로 독도가 발견된 이후 독도의 위치가 명확해져 위도 상으로 잘못 표기된 아르고노트섬이 서양지도에서 사라지기 시작했다.

먼저, 두 개의 울릉도가 그려진 서양지도를 소개하면 다음과 같다. 즉, 1815년의 톰슨(Thomson) 지도와 1835년의 워커(J.C. Walker) 지도는 동해에 아르고노트 섬과 다줄레 섬 두 섬을 그렸다.

그러나 1811년 애로스미스(Arrows mith)가 제작한 지도에는 아르고노

트 섬과 다줄레 섬을 그리고 아르고노트 섬 아래에 "측량을 잘못했을 가능
성이 있다"라고 표기되었다. 1829년 영국해군 지도에는 아르고노트 섬의
존재가 의문스럽다는 의미로 점선으로 표시되었다. 1856년의 페리제독
의 지도에는 "아르고노트 섬은 현존하지 않음"이라고 표기되었다.

▎日本政府の独島領有権の捏造：「太政官指令」には「欝陵島はあるが、独島はない」(上)

　1987年京都大学の堀和生教授が「竹島(欝陵島)と外一島(独島)は、日本と関係がないという点を肝に銘じてほしい」といった「太政官指令」を公開し、その後の付属地図である「磯竹島略図」も公開されて欝陵島と独島が韓国領土であることが明確に確認された。これは1877年日本の明治政府が地籍を編纂する過程で島根県が欝陵島と独島の所属を問い合わせたことについての太政官の答弁だった。すでにそれ以前から太政官は欝陵島と独島が韓国領土であることを認めていた。1875年、太政官所属の地誌課で官撰地誌「日本地誌提要」を編纂し「この州の付属島は秩父郡45、海部郡16、須岐郡75。越智郡43。合計179。

　これを総称して隠岐の小島という。」また、「西北方向に松島(独島)-竹島(欝陵島)二つの島がある。地域住民が伝えているところによると、越智郡の福浦港から松島に至る海路約69里35丁。竹島に至る海路は約100里4町余り。朝鮮に至る海路は約136里30丁」とし、「この州の付属島は… 合計179つの」で、地理的に西北に「松島(独島)-竹島(欝陵島)-朝鮮」があるとした。太政官(1868-1885)は国家最高機関で、現在の内閣府に当たる。したがって、明治政府は欝陵島と独島を朝鮮領土だと認めた。1987年「太政官指令」がこの世の中に公開された時、ずっと独島が日本の固有の領土だと主張していた日本政府は、大変に当惑した。しかし、今は横着に「シーボルトの影響で竹島も欝陵島であり、松島も欝陵島だ」とし、誤った西洋の日本地図の名を借りて論理を捏造して「太政官指令」の「竹島(欝陵島)と外一島(松島、独島)、いずれも欝陵島」として「太政官指令」は、独島の領有権と無関係だと韓国の独島領有権を否定している。

　江戸時代の正しい伝統的な日本地図は、安竜福事件を契機として独島と欝陵島が朝鮮領土と表記されていた。1696年竹島(欝陵島)渡海禁止令が下された

時、1775年長久保赤水は欝陵島・独島を日本領土と表示した「新刻日本興路程全図」の官許を幕府に要請したが断られた。1778年にこれを修正し、欝陵島・独島を経緯度線で彩色した日本領土とは、別に経緯度線の外に彩色もしない「改正日本興地路程全図」を幕府から許可された。このように1875年、太政官が製作した『日本時事提要』にも朝鮮東海の岸に韓国領土としての欝陵島と独島の2つの島を描かれていた。

ところが、1696年、欝陵島渡海禁止令が下された後、19世紀の西洋の艦船が朝鮮東海岸に進出し、欝陵島と独島を測量し、西洋式の呼称を作った。

その時、間違って描かれた西洋の地図の影響で当時、一部の日本地図には緯度の表示が実際と異なるところに欝陵島と独島が描かれた。ところが、現在日本は、独島が韓国領土であることを否定するため、日本地図の中に朝鮮東海岸に描かれた2つの島は、シーボルトの地図の影響で緯度は異なるが、いずれも欝陵島だと主張する。

それでは、欝陵島の名称を混乱に陥れたというシーボルトの「日本地図」について調べることにする。西洋人たちは朝鮮の東海上に独島より先に欝陵島を発見した。1787年、フランスの探検家ラ・ペルーズ(la Perouse)は西洋人で初めて欝陵島を発見し、北緯37度32分、東経130度56分と経緯度を正確に表記し、ダジュレ(Dagelet)と呼んだ。しかし、1789年、英国船舶「アルゴノート(Argonaut)」号は、欝陵島を発見して「アルゴノート島」と命名し、欝陵島の経緯度を北緯37度32分、東経129度50分と誤って表記した。その頃にこれをもとに描かれた西洋の地図には、東海上に二つの欝陵島(ダジュレ(Dagelet)島とアルゴノート島)が描かれた。その後独島も発見され、西洋式名称が作られた。1849年、フランス船舶リアンクル号がリアンクルラックス(Liancourt Rocks)と命名し、1855年、イギリス軍艦ホルネット号が北緯37度14分、東経131度55分に位置した島をホルネット(Hornet)島と呼んだ。

　1854年、ロシアの軍艦パラダ(Pallada)はオリブツァ(Oliwuz ; 南島、西島)と
メネライ(Menela:麗島、東島)と命名した。

　西洋人が、今の独島を発見する以前には、西洋の地図に2つの欝陵島が表
記されているが、1847年初めて独島が発見された以降、独島の位置が明確に
なって、緯度上に誤って表記されたアルゴノート島が西洋地図から消え始めた。
まず、二つの欝陵島が描かれた西洋の地図を紹介すると、次のようだ。1815年
のトムソン(Thomson)の地図と1835年のウォーカー(J.C.Walker)地図は、東海
にアルゴノート島とダジュレ島の二つの島を描いた。しかし、1811年にアロスミス
(Arrowsmith)が制作した地図には、アルゴノート島とダジュレ島、そしてアルゴ
ノート島の下に「測量を誤った可能性がある」と表記されている。1829年の英国海
軍の地図には、「アルゴノート島」の存在が疑問だという意味で、点線で表示され
た。1856年のペリー提督の地図には「アルゴノート島は現存せず」と表記され
た。

▎ 일본정부의 독도 영유권 날조 : "'태정관지령'에는 울릉도 는 있고, 독도는 없다"(하)

그리고 영국 왕실지리학자였던 피터만은 1858년 발행한 「피터만 지리학 회보(Petermanns geographische Mitteilungen)」에 울릉도를 다줄레 섬, 독도를 호르넷(Hornet)이라고 표기되었고, 독도 명칭 아래에 괄호로 올리부차(Oliwuz)와 메넬라이(Menelai)라고 표기했다. 당시 섬의 존재가 의심스러웠던 아르고노트 섬은 점선으로 표시되었다. 1868년 제임스 와일드(James Wyld) 지도는 호르넷 섬과 너불어 3개의 섬을 그리고 "아르고노트호가 방향을 잃었다"라고 표기하여 아르고노트 섬은 실존의 섬이 아니라고 표기했다.

서양지도 중에서 '다케시마(竹島)', '마쓰시마(松島)'라는 전통적인 호칭을 사용한 대표적인 지도는 1840년 시볼트의 일본지도이다. 독일인 시볼트는 에도시대의 일본지도에 조선동해안에 전통적으로 '다케시마', '마쓰시마'가 위치했다는 사실을 바탕으로 잘못된 서양지도를 인용하여 실존하지 않은 아르고노트 섬을 '다케시마', 다줄레 섬을 '마쓰시마'라고 추가했다. 여기서 시볼트 지도는 아르고코트 섬의 위도에 대해 기존의 '북위 37도 32분'를 '37도 25분'으로 수정한 것으로 볼 때 기존 지도의 오류를 수정하려고 노력했음을 알 수 있다.

일본인이 제작한 지도 중에 1867년 시볼트 지도를 그대로 모방한 「대일본연해약도」는 '다케시마', '마쓰시마'를 표기하고 '다케시마'가 실존하지 않는 섬이라는 것을 예견하고 '다케시마'를 점선으로 표시했고, '마쓰시마'는 지금의 울릉도임을 아주 구체적으로 표시했다. 1870년 하시모토 교쿠란(橋本玉蘭)의 「대일본사신전도」에는 '다케시마'와 '마쓰시마' 모두가 지금의 '울릉도'임을 구체적으로 명확히 표기했고, 지금의 독도에도 '리앙쿠르도'라고 표시했다.

이처럼 1870년 전후하여 조선 동해에 위치한 두 섬의 존재를 명확히 인식하면서도 현재의 울릉도 명칭이 '다케사마'에서 '마쓰시마'로 바뀌는 등 섬 명칭에 대한 혼란을 겪고 있었다. 이처럼 에도시대에는 도해금지령으로 울릉도와 독도의 정확한 정보가 없었기 때문에 일본지도에 정확한 경위도 표기없이 '다케사마' '마쓰시마' 두 섬의 존재를 표기했다. 도항금지령이 내려진 사이에는 서양인들이 동해의 두 섬을 발견하고 서양지도에 다양하게 표기했다.

1876년 조선과 일본이 국교회복으로 도항이 가능해지면서 민간인들 중에 쇄환정책으로 비워서 관리하던 조선의 울릉도를 발견했다고 하여 '마쓰시마' 또는 '다케시마'라고 부르는 자가 있었다. 1876년 7월 부토 헤이하쿠(武藤平学)는 "조선의 울릉도가 아닌, 새로운 섬 마쓰시마(松島)를 발견했다!"고 하여 '마쓰시마개척지의(松島開拓之議)'를 신청했고, 1877년 1월 도다 타카요시(戸田敬義)는 '다케시마(竹島)도해면허'를 신청하여 울릉도를 '다케시마'라고 했다. 그러나 중앙의 메이지정부는 민간인들의 오류를 수정하여 막부시대의 「돗토리번 답변서」를 바탕으로 전통적 명칭의 '마쓰시마'(독도), '다케시마'(울릉도)가 한국영토임을 인정했다.

이를 바탕으로 1877년 3월 20일 태정관 문서에 "죽도(울릉도)와 그 외 1도(송도; 독도) 우리나라(일본국)와 무관함을 심득할 것(日本海内竹島外一島地籍編纂方伺)"이라고 하여 두 섬 모두 일본 영토가 아님을 분명히 했다. 그 결과, 1877년 6월 8일 도쿄(東京)부지사는 도다 타카요시가 신청한 죽도(울릉도) 도해면허의 발급을 거부했다. 중앙정부가 '다케시마'(울릉도)와 '마쓰시마'(독도)가 조선영토라고 알고 있었기 때문에 시볼트의 잘못된 '일본지도'로부터 아무런 영향도 받지 않았다.

실제로 1880년 9월 일본해군성 아마기호(天城艦)가 일명 '마쓰시마(松

島; 울릉도)'를 조사한 후 "새로 발견했다는 마쓰시마는 조선의 울릉도이며, 그 밖의 '다케시마(독도)'는 하나의 암석에 지나지 않는다"라고 보고했다. 그리고 1883년 시점에 '이노우에 문서'에 "마쓰시마(松嶋) 일명(一名) 다 케시마(竹島), 조선에서 울릉도라고 부르는 섬(朝鮮称 欝陵島)에 도항하 는 사람은 처벌받는다."라고 했다. 이처럼 도항금지령으로 울릉도의 정보 가 부정확하고 잘못된 일부 지도의 영향으로 민간인들이 일명 '다케시마' '마쓰시마'라고 호칭하지만, 그 섬은 조선영토의 울릉도이라고 했다. 이처 럼 메이지정부는 이 시기에 민간에서 울릉도의 호칭이 혼돈스러웠음을 인정했다.

그러나 중앙정부는 에도시대의 돗토리번 답변서를 바탕으로 동해의 두 섬인 '다케시마'와 '마쓰시마'가 조선의 영토임을 인정했고, 또한 아마기호 의 조사에 의해서도 최종적으로 조선영토임이 재확인되었기 때문에 한 번도 중앙정부는 울릉도와 독도의 명칭에 대한 혼란을 겪지 않았다. 그런 데 지금 일본정부는 '태정관지령'과 '기죽도약도'로 울릉도와 독도가 명백 하게 한국영토임을 확인하였다.

그럼에도 불구하고 독도가 한국영토라는 사실을 부정하기 위해 일본은 "잘못된 서양지도를 바탕으로 제작된 시볼트의 일본지도의 '다케시마(竹 島; 아르고노트 섬, 실존하지 않는 섬)-마쓰시마(松島; 다줄레 섬, 실제의 울릉도)'의 영향으로 울릉도를 '마쓰시마'라고 호칭하여 섬 명칭의 혼란이 생겼다"고 한다. 그래서 일본지도에서 동해상에 그려진 두 섬은 모두 '마 쓰시마'(松島)로서, '태정관지령'의 "다케시마(竹島; 울릉도)와 그 외 1도 (外一島; 독도)는 일본과 관계가 없다는 점을 명심하라"에서 '다케시마 (竹島)'는 원래 울릉도이고, '그 외 1도'도 '마쓰시마'(松島)이므로 울릉도 이라고 사실을 날조하는 해괴망측한 방식으로 한국의 독도 영유권을 부 정한다.

▎日本政府の独島領有権の捏造：「太政官指令」には「欝陵島はあるが、独島はない」(下)

　そして、イギリス王室の地理学者だったピーター・マンは、1858年に発行した「地理学会報(Petermanns geographische Mitteilungen)」に欝陵島をダジュレ島、独島をホルネッ(Hornet)と表記され、独島の名称の下に括弧でオリブツァ(Oliwuz)とメネルライ(Menelai)と表記した。当時、島の存在が疑われたアルゴノート島は点線で表示された。

　1868年、ジェームズワイルド(James　Wyld)地図は、ホルネット島とともに3つの島を、そして「アルゴノート号が方向を失った」と表記したため、アルゴノート島は実存の島ではないと表記した。西洋の地図の中で「竹島」、「松島」という伝統的な呼称を使用した代表的な地図は1840年シーボルトの日本地図だ。ドイツ人シーボルトは江戸時代の日本地図に朝鮮東海の岸に伝統的に「竹島」、「松島」が位置したという事実をもとに誤った西洋の地図を引用して実在しないアルゴノート島を「竹島」、ダジュレ島を「松島」と追加した。ここでシーボルト地図は、アルゴコート島の緯度について従来の「北緯37度32分」を「37度25分」に修正したことから見て、既存地図の間違いを修正しようと努力したことが分かる。日本人が製作した地図の中に1867年シーボルトの地図をそのまま真似した「大日本沿海略図」は「竹島」、「松島」を表記して「竹島」が実存しない島ということを予見して「竹島」を点線で表示し、「松島」は今の欝陵島であることを大変具体的に表示された。1870年、橋本玉蘭の「大日本四神全図」には「竹島」と「松島」すべてが今の「欝陵島」であることを具体的で明確に表記し、現在の独島にも「リアンクル島」と表示した。このように1870年前後にして朝鮮東海に位置した二つの島の存在を明確に認識しながらも、現在の欝陵島の名称が「竹島」から「松島」に変わるなど島の名称についての混乱を経験していた。このように江戸時代には欝陵島の渡海禁

止令で、欝陵島と独島についての正確な情報がなかったために日本地図に正確な経緯についても表記なしに「竹島」「松島」二つの島の存在を表記した。

欝陵島の渡航禁止令が下された間には西洋人が朝鮮東海の二つの島を発見して西洋地図に多様に表記した。1876年、朝鮮と日本が国を回復することによって渡航が可能となり、民間人の中で、連れ帰り政策で空けて管理していた朝鮮の欝陵島を発見したと言って「松島」または「竹島」と呼ぶ者がいた。1876年7月、武藤平学は「朝鮮の欝陵島がなく、新しい島、松島を発見した」とし、「松島開拓之議」を申請し、1877年1月戸田隆義は「竹島(欝陵島)渡海免許」を申請し、欝陵島を「竹島」とした。

しかし、中央の明治政府は、民間人の不具合を修正して幕府時代の「鳥取藩の答弁書」を基に伝統的名称の「松島」(独島)、「竹島」(欝陵島）が韓国領土であることを認めた。これをもとに1877年3月20日、太政官文書に「竹島(欝陵島)とその外一島(松島。独島)、日本国と無関係であること(日本海内竹島外一島地籍編纂方伺)」とし、二つの島すべて日本領土ではないことを明確にした。その結果、1877年6月8日、東京副知事は戸田隆義が申請した竹島(欝陵島)渡海免許の発給を拒否した。

中央政府が「竹島」(欝陵島)と「松島」(独島)が朝鮮領土だと知っていたためにシーボルトの誤った「日本の地図」から何の影響も受けなかった。実際に1880年9月、日本海軍省の天城艦が、別名「松島(欝陵島)」を調査した後「新たに発見したという松島は、朝鮮の欝陵島であり、その他の竹島(独島)は一つの岩石に過ぎない」と報告した。そして1883年の時点で「井上文書」に「松島別名(一名)竹島、朝鮮で、欝陵島と呼ぶ島(朝鮮称欝陵島)に渡航する人は処罰される。」とした。このように渡航禁止令で、欝陵島の情報が不正確、誤った一部の地図の影響で、民間人らがいわゆる「竹島」「松島」と呼称するが、その島は朝鮮の領土の欝陵島とした。このように明治政府は、この時期に民間で欝陵島の呼称が混乱し

ていたことを認めた。しかし、中央政府は江戸時代の鳥取藩の答弁書をもとに東海の二つの島である「竹島」と「松島」が朝鮮の領土であることを認め、さらに、天城号の調査によっても最終的に朝鮮の領土であることが再確認されたため、一度も中央政府は欝陵島と独島の名称に対する混乱を覚えなかった。

ところで、現在、日本政府は「太政官指令」と「磯竹島略島」に欝陵島と独島が明白に韓国領土であることを確認した。それにもかかわらず、独島が韓国領土という事実を否定するため、日本は「誤った西洋地図を基に製作されたシーボルトの日本地図の竹島(アルゴノート島、実存しない島)-松島(ダジュ-レ島、実際の欝陵島)」の影響で、欝陵島を松島と呼称し、島の名称の混乱が生じた」という。それで日本の地図で東海上に描かれた二つの島はすべて「松島」として、「太政官指令」の「竹島(欝陵島)」とその「外一島」(独島)は、日本と関係がないという点を肝に銘じてほしい」とし、「竹島」はもともと欝陵島であり、「その外-島」(松島)なので、竹島(欝陵島)も「外一島」(独島)も欝陵島だと事実を捏造するが、これは想像もつかない奇怪な方式で韓国である独島の領有権を否定した。

| 일본정부의 독도 영유권 날조 : "국제법상 자국 영토와 거리 적으로 가깝다고 섬의 영유권이 결정되는 것이 아니다."

일본정부는 외무성 홈페이지에서 독도의 영유권을 주장하면서 "국제법상 어떤 섬이 자국 영토와 거리적으로 가깝다는 점이 그 섬의 영유권과 관계가 있습니까?"라고 하여 한국정부가 단지 거리적으로 일본보다 더 가깝다고 해서 독도의 영유권을 주장하는 것처럼 사실을 날조하고 있다.

만일 한국이 단지 근접성만으로 영유권을 주장하는 영토인식을 갖고 있다면 본토 기준으로 일본(규슈에서 80km, 잇키섬에서 47.5km)보다 가까운 부산에서 49.5km 거리에 위치하여 육안으로 보이는 쓰시마를 한국영토라고 요구해야 마땅하다. 오늘날 한국정부는 거리만 가깝다는 이유로 쓰시마가 한국영토라고 주장하지 않는다.

독도는 일본사람이 사는 일본의 오키섬에서는 157.5km, 한국사람이 사는 한국의 울릉도에서는 87.4km 거리에 있다. 가시거리는 일반적으로 100km인데, 독도는 울릉도에서 가시거리 내에 있어서 고대시대부터 한국영토라는 증거가 차고 넘친다. 결코 한국이 거리적으로 일본보다 가까워서 독도가 한국영토가 된 것이 아니다.

한국 측 고문헌에 의하면 『삼국사기』에는 512년 울릉도에 해상국가 우산국이 있었고, 우산국사람들은 실제로 가시거리에 있는 독도를 두 눈으로 바라볼 수 있어 왕래하면서 영토로서 인식했고, 고려조정은 직접 울릉도와 더불어 우산도(독도)를 영토로서 관리하였다(『고려사』(지리지)). 그런데 조선조정은 1403년부터 쇄환정책으로 울릉도에 사람의 거주를 금하여 섬을 관리하였기 때문에 울릉도에서 바라볼 수 있었던 무인도 독도는 섬의 형태나 크기, 위치 등에 대한 정보가 서서히 베일에 가려지게 되었지만 한국영토로서 인식하였다.

1454년『세종실록』(지리지)는 영토로서 동해상에 울릉도와 우산도 두 섬이 있어서 날씨가 청명하고 바람이 부는 날 서로 잘 보인다고 하여 울릉도에서 87.4km 떨어진 독도의 거리상황을 정확히 표현했다.

1531년『신증동국여지승람』도 '8도총도'를 그려 동해상에 울릉도와 우산도의 두 섬을 명확히 표시하였다. 1693~1696년 안용복 사건 직후에는 안용복이 2차에 걸쳐 일본으로 건너가는 여정에 울릉도 동남쪽에 독도가 위치한다는 사실을 확인했기 때문에 독도의 위치를 지도상에 정확히 표기했다. 그 후 1884년 울릉도 독도 개척 때까지 2, 3년에 한번씩 수토사를 보내어 울릉도를 관리하였지만 거의 200년간 울릉도에 사람이 거주하지 않았기 때문에 영토로서 인식했던 위치나 크기, 모양에 대한 우산도(독도)의 불확실한 정보가 범람했다. 그러나 1876년 문호개방이후 일본인들이 독도를 경유하여 울릉도에 도항하였기 때문에 독도의 존재가 명확해져 대한제국정부가 1900년 칙령41호로 '울도군'을 설치하여 동해상의 영토로서 '울릉전도(울릉본섬과 관음도), 죽도, 독도'를 관리했다. 일본 측 고문헌에서도 일본(오키섬)에서 독도가 보이지 않기 때문에 울릉도와 독도가 일본영토라는 증거는 한 점도 없다.

오히려 에도시대(1603~1868년)에 일본은 죽도(울릉도)와 더불어 송도(독도)를 한국영토로 인정하였다. 1667년 돗토리번사가 집필한『은주시청합기』에는 일본영토의 경계가 '오키섬'까지라고 명확히 하여 울릉도와 독도가 조선에서 가깝다고 해서 조선영토라고 인정했다.

1696년 돗토리번은 막부에 답변서를 보내어 울릉도와 독도가 일본영토가 된 적이 없다고 보고했고, 그래서 막부도 조선에 가깝고, 일본영토가 된 적이 없다고 하여 울릉도와 독도를 조선영토로 인정하고 울릉도에 도항했던 일본어부들에게 도해금지령을 내렸다. 1836년 막부는 하치에몽 사건으로 재차 울릉도, 독도의 도해금지령을 내렸고, 1785년 하야시 시혜

이(林子平)의 「삼국접양지도」, 1778년 나가쿠보 세키스이(長久保赤水)의 「개정일본여지노정전도」, 1870년 메이지정부의 「조선국교제시말내탐서」, 1877년의 '태정관지령'과 '기죽도각서', 1904년 일본군함 「니이타카(新高)호」의 조사 등에서 모두 울릉도와 독도를 한국영토로 인정하였다. 이처럼 공신력 있는 일본 측 고지도와 고문헌에서 독도를 일본영토로 기술한 곳은 한곳도 없다.

이와 같이 양국의 고문헌자료에서도 모두 울릉도와 독도를 조선영토로 인정하였다. 결코 단지 거리적으로 한국에 가깝다고 해서 독도가 한국영토가 된 것이 아니다. 그런데 일본정부는 한국이 단지 거리적으로 더 가깝다고 해서 영유권을 주장한다고 하여 독도의 영유권을 날조하고 있다.

첫째, 일본정부는 "한국 측은 울릉도와 다케시마(독도)가 지리적으로 가깝다는 이유로 '다케시마는 지리적으로 울릉도의 일부'라고 주장하고 있다." "국제법상 지리적으로 가깝다는 이유만으로 영유권이 인정되는 것은 아닙니다."라고 주장한다.

독도는 단지 거리가 가깝다고 해서 한국영토가 된 것이 아니다. 한국 사람이 사는 울릉도에서 가시거리에 있기 때문에 울릉도와 더불어 독도를 한국영토로서 인식하고 관할 통치하고 있는 것이다. 일본의 오키섬에서는 독도가 보이지 않기 때문에 고문헌상에 독도가 일본영토라는 증거는 한 점도 없다. 그럼에도 불구하고 일본정부가 "국제법상 지리적으로 가깝다는 이유만으로 영유권이 인정되는 것은 아닙니다."라고 한국의 독도 영유권을 부정하는 것은 비과학적으로 영유권을 날조하는 행위이다.

둘째, 일본정부는 "이것은 국제 판례에서도 나타나고 있습니다. 오래된 예를 들자면 1920년대에 미국과 네덜란드가 다툰 팔마스 섬 사건에서 '영역 주권의 근거라고 하는 근접성에 따른 권원은 국제법상 근거가 없다(no foundation)'고 판시되었습니다. 또 최근의 예로도 2007년에 온두라스와

니카라과가 다툰 카리브해 영토·해양 분쟁 사건의 판결에서 국제사법재판소(ICJ)는 분쟁 당사국들이 주장한 지리적 근접성을 영유권의 근거로 인정하지 않았습니다. 그 외에도 2002년에 인도네시아와 말레이시아가 다툰 리기탄 섬·시파단 섬 사건에서는 귀속이 정해져 있는 섬에서 40해리 떨어져 있는 두 섬을 부속도서라고 하는 주장들을 기각했습니다."라는 사례를 들며 비과학적으로 독도 영유권을 부정하고 있다.

사실 위의 영토분쟁의 판례들은 국제사법재판소가 영유권을 판결함에 있어서 지리적 근접성보다는 실효적 지배를 더 중요한 근거로 취급했던 것이다. 독도는 단지 근접성 때문에 한국영토가 된 것이 아니다. 지리적으로 독도는 일본의 오키섬에서는 보이지 않지만, 울릉도에서는 보이는 거리에 위치하였기 때문에 한국이 고대시대부터 오늘날까지 고유영토로서 실효적으로 관할 통치하였던 것이다. 특히 대한제국은 1900년 칙령41호로 울도군을 설치하여 '울릉전도와 죽도, 석도(독도)'를 관할구역으로 하는 법령을 제정하여 관리하였다.

칙령41호의 '석도'가 독도임이 분명함에도 불구하고, 일본은 비과학적인 논리로 '석도'가 지금의 '관음도'라고 우기지만 절대로 관음도가 될 수 없다. 일본은 법령에 의한 실효적 지배를 위장하기 위해 1905년 '시마네현고시 40호'로 영토 편입 조치를 취했다고 그 정당성을 주장하고 있다. 하지만, 1904년 러일전쟁을 일으켜서 한국보다 5년 뒤에 은밀한 방법으로 독도를 도취하려했던 일제의 영토침략행위는 절대로 두 손으로 가려지지 않는다.

이처럼 일본이 영유권을 주장하기 위해 비과학적으로 독도의 영유권을 날조하고 있지만, 오늘날 독도가 한국영토가 된 것은 사람이 사는 울릉도에서 지리적으로 가시거리에 있는 고유영토로서 법령에 의한 실효적 영토조치에 의한 것이다. 일본정부는 결코 단지 거리적으로 가깝기 때문에 독도가 한국영토가 된 것이 아님을 숙지하기 바란다.

▍日本政府の独島領有権の捏造：「国際法上、竹島(独島) が距離的に韓国に近いからと、韓国領土になるわけではない」

日本政府は外務省ホームページで、独島の領有権を主張しながら、「国際法上、ある島が自国領土と距離的に近いという点がその島の領有権と関係がありますか?」とし、韓国政府が、単に距離的に日本よりもっと近いとし、独島の領有権を主張するように事実を捏造している。

もし、韓国が、ただ近接性だけで領有権を主張する領土認識を持っているなら、本土基準で対馬は日本(九州から80km、一箕島から47.5km)より韓国の方が近い。釜山から49.5kmの距離に位置し、肉眼で見える対馬を韓国領土と要求すべきだ。今日の韓国政府は、距離だけが近いという理由で対馬が韓国領土だと主張しない。

独島は日本人が暮らす日本の隠岐島から157.5km、韓国の人が住む韓国の欝陵島からは87.4kmの距離にある。可視距離は一般的に100kmだが、独島は欝陵島から可視距離の内にあって古代時代から韓国領土という証拠が溢れている。決して韓国が距離的に日本よりも近いということから、独島が韓国領土になったというわけではない。

韓国側の古文献によると「三国史記」には、512年、欝陵島に海上国家である于山国があり、于山国の人々は実際に可視距離にある独島を自分の目で眺めることができて往来し、領土として認識し、高麗朝廷は直接欝陵島とともに于山島(独島)を領土として管理した(「高麗史」地理誌)。

ところが、朝鮮王朝は、1403年から連れ帰り政策で、欝陵島に人の居住を禁じ、島を管理したため、欝陵島から眺めることができた無人島の独島は島の形や大きさ、位置などに関する情報が徐々に閉ざされるよううにになったが、朝鮮の

領土として認識した。

　1454年、「世宗実録」(地理志)は領土として朝鮮東海上に、欝陵島と于山島の二つの島があって天気が清明し、風が吹く日お互いによく見えるとし、欝陵島から87.4km離れた独島までの距離の状況について正確に表現した。1531年「新増東国輿地勝覧」も「八道総図」を描いて東海上に、欝陵島と于山島の二つの島を明確に表示した。

　1693~1696年安竜福事件の直後には、安竜福が2次にわたって日本に渡るたびに欝陵島の東南側に独島が位置するという事実を確認したため、独島の位置を地図上に正確に表記した。その後1883年、欝陵島と独島の開拓令まで2年に一度ずつ捜討使を送り、欝陵島を管理したが、ほとんど200年間、欝陵島に人が居住しなかったため、領土として認識はしていたが、島(独島)の位置や大きさ、形について不確実な情報が氾濫した。しかし、1876年朝鮮の門戸が開放された以後、日本人たちが独島を経由して欝陵島に渡航したため、独島の存在が明確になり、大韓帝国政府が1900年勅令41号で「欝島郡」を設置して東海上の領土である「欝陵全島(欝陵本島と観音島、竹島、石島(独島))」を管理した。日本側の古文献でも日本(隠岐島)から独島が見えないため、欝陵島と独島が日本領土という証拠は一つもない。

　むしろ江戸時代(1603~1868年)に日本は竹島(欝陵島)と松島(独島)を韓国領土に認めていた。1667年松江藩の藩士が執筆した「隠州視聴合紀」には、日本領土の境界が「隠岐島」までと明確にして欝陵島と独島が朝鮮から近いとし、朝鮮の領土だと認めた。

　1696年鳥取藩は幕府に答弁書を送って欝陵島と独島が日本領土になったことがないと報告し、それで幕府も朝鮮に近く、日本の領土になったことがないとし、欝陵島と独島を朝鮮領土だと認めて欝陵島に渡航した日本漁師に渡海禁止令を下した。1836年幕府は八右衛門事件で再度の欝陵島・独島の渡海禁止令

を下し、1785年林子平の「三国接壌地図」、1778年長久保赤水の「改正日本興地路程全図」、1870年明治政府の「朝鮮国交際始末内探書」、1877年の「太政官指令」と「磯竹島略島」、1904年日本の軍艦「新高号」の調査などから、いずれも欝陵島と独島を韓国領土に認めていた。このように公信力のある日本側の古地図と古文献で、独島を日本領土と記述した所は一つもない。

　これと同様に、両国の古文献資料でも、いずれも欝陵島と独島を朝鮮領土だと認めた。決して距離的に韓国に近いから独島が韓国領土になったことではない。ところで日本政府は韓国が、単に距離的にもっと近いから領有権を主張していると独島の領有権を捏造している。

　まず、日本政府は「韓国側は、欝陵島と竹島(独島)が地理的に近いという理由で竹島は地理的に欝陵島の一部だ」と主張している。「国際法上地理的に近いという理由だけで領有権が認められるわけではありません。」と主張する。

　独島はただ距離が近いから韓国領土だと主張しているわけではない。韓国人が住む、欝陵島から可視距離の内にあるために欝陵島とともに独島を韓国領土として認識して管轄統治しているのだ。日本の隠岐島からは、独島が見えないため、古文献上に独島が日本領である証拠が一つもない。それにもかかわらず、日本政府が「国際法上地理的に近いという理由だけで領有権が認められるのはありません。」と韓国の独島領有権を否定することは非科学的に領有権を捏造する行為である。

　第二に、日本政府は「これは国際判例にも現れています。古い例を挙げれば、1920年代に米国とオランダが争ったファルマス島事件において、「領域主権の根拠という近接性に基づく権原は国際法上根拠がない(nofoundation)」と判示されていました。また、最近の例でも、2007年にホンジュラスとニカラグアが争ったカリブ海領土・海洋紛争事件の判決で、国際司法裁判所(ICJ)は、紛争当事国が主張した地理的近接性を領有権の根拠として認めませんでした。その他にも

2002年にインドネシアやマレーシアが領有権を争ったリキタン島・シパダン島事件では帰属が決まっている島々から40海里離れている二つの島を付属島嶼という主張を棄却しました。」という事例を挙げ、非科学的に独島の領有権を否定している。

　事実、上記の領土紛争の判例は、国際司法裁判所が領有権を判決するにあたり、地理的近接性よりも実効的支配をより重要な根拠として扱ったのである。独島はただ近接さのため、韓国領土になったことではない。地理的に独島は、日本の隠岐島からは見えないが、欝陵島からは見えるところに位置したために韓国が古代時代から今日まで固有の領土として実効的に管轄統治したのだ。特に大韓帝国は1900年勅令41号で欝島郡を設置して「欝陵全島と竹島、石島(独島)」を管轄区域とする法令を制定して管理した。

　勅令41号の「石島」が独島であることがはっきりしたことにもかかわらず、日本は非科学的な論理で「石島」が今の「観音島」だと言い張るが、絶対に観音道にはなれない。日本は法令による実効支配を偽装するため、1905年「島根県告示40号」で領土編入の措置を取ったとし、その正当性を主張している。しかし、1904年、日露戦争を起こして韓国の勅令四一号より5年も後に密かな方法で独島を盗み取ろうとして編入措置をとったのは、領土侵略行為である。

　このように日本が領有権を主張するため、非科学的に独島の領有権を捏造しているが、今日の独島が韓国領土になったのは、韓国の人が住んでいる欝陵島から地理的に可視距離にある固有の領土である独島に対して法令で実効的な領土措置をとったからである。決してただ距離的に近いために、独島が韓国領土になったことではないことを日本政府は熟知してほしい。

| 한국의 고유영토인 독도에 대해, 1905년 '주인없는 섬 '을 국제법으로 편입했다는 일본주장은 침략행위이다

일본정부는 1905년 국제법에 의거하여 '주인이 없는 섬'을 '다케시마(竹島)'라는 이름으로 편입하여 일본영토가 되었다고 주장하고 있고, 많은 일본 국민들도 그렇게 믿고 있다.

그런데 독도는 무인도의 바위섬임에도 불구하고, 이미 고대 신라시대의 우산국 이래 울릉도와 더불어 한국영토로서 인식되어왔고, 1900년 칙령41호로 행정적으로 관할 통치해왔다.

따라서 1905년 시점에서 한국영토인 독도를 무주지라고 우기는 일본의 주장은 침략행위이다. 최근 일본 내각관방부의 영토•주권대책기획조정실은 독도에 대해 "1905년 국제법으로 정당하게 일본영토에 편입하였다"고 주장한다. 즉, "1905년 2월 22일 시마네 현은 죽도 편입을 고시했다. 관유지대장(官有地台帳)에 등록했다. 다케시마(竹島)를 정밀 조사했다." 또한 "각료회의에서 결정한 사실을 시마네 현은 1905년 2월 22일 죽도 편입을 현내 전역에 고시했다. 그해 5월 17일 관유지 대장에 등록했다. 강치잡이를 시마네 현지사의 허가 어업으로 지정했다. 그 해에는 시마네현 지사가 죽도를 시찰했다. 이듬해 1906년에는 시마네현 조사단이 독도에 상륙해서 조사했고, 지질도 등을 작성했다. 국가도 해군 수로부가 다케시마를 측량하는 등 다케시마의 관리의 기초가 굳어져갔다."

첫째, "1905년 2월 22일 시마네현이 죽도 편입을 고시했다"고 한다. 영토취득은 국가가 주체가 되어야하는데, 시마네현이 고시하였다는 것은 국제법 요건에 부적격이다.

둘째, "5월 17일 관유지대장(官有地台帳)에 등록했다"고 한다. 이미 그 이전에 독도는 한국영토로서 관리되어온 섬이었다. 그런데 시마네현 소유지로 등록하는 행위는 불법 행위이다.

셋째, "다케시마(竹島)를 정밀 조사했다"고 한다. 이미 1900년 '칙령41호'로 한국이 관할통치하고 있는 영토에 대해 무주지여서 편입했다는 것은 영토취득 요건에 해당하지 않는다.독도가 이미 한국영토였는데, 타국의 영토를 정밀 조사한 것은 불법행위이다.

넷째, 독도 편입을 중앙정부의 "각료회의에서 결정했다"고 한다. 이미 독도가 한국영토임에도 불구하고 '무주지'라고 일방적으로 매도하여 일본영토에 편입한다고 '각의결정'했다는 것은 침략행위이다.

다섯째, "1905년 2월 22일 다케시마 편입을 현내 전역에 고시했다"고 한다. 영토조치는 국가가 주체가 되어야 하고, 중앙정부가 관보에 게재하여 국내와 국외의 관련국가에 알려야한다. 시마네현 전역에 고시했다는 증거도 불분명하지만, '현내 고시'는 영토취득 요건에 해당하지 않는다.

여섯째, "강치잡이를 시마네현 지사의 허가 어업으로 지정했다"고 한다. 당시 독점적으로 강치잡이를 하던 어부 나카이 요사부로도 독도를 한국영토라고 생각했다는 기록이 있다. 그렇듯이 타국의 영토를 현지사의 허가를 받도록 했다고 하는 것은 불법행위이다.

일곱째, "1905년 시마네현 지사가 죽도를 시찰했다"고 한다. 독도를 방문했다는 정확한 증거자료도 불분명하지만, 러일전쟁의 혼란한 틈바구니에 현지사가 한국영토인 독도를 시찰한 것은 불법행위이다.

여덟째, "이듬해인 1906년 시마네현 조사단이 독도에 상륙해서 조사를 실시하고 지질도 등을 작성했다"고 한다. 독도가 한국의 고유영토임에도 불구하고 불법적으로 타국의 영토에 조사단을 파견하여 지질도를 작성한 것은 침략행위이다.

그때 일본조사단이 울릉도의 심흥택 군수를 방문하여 간접적으로 편입사실을 알림으로써, 한국정부가 울도군수를 통해 처음으로 일본의 독도

침략 사실을 확인하고 통감부에 강력히 항의하여 독도가 한국영토임을 명확히 했다.

아홉째, "국가도 해군수로부가 다케시마를 측량하는 등 다케시마의 관리의 기초가 굳어져갔다"라고 한다. 해군수로부가 독도를 측량한 것은 타국의 영토를 침략하 행위이며, 침략행위가 중앙정부가 새로운 영토인 '다케시마'를 관리했다고 하는 증거가 될 수 없다. 그리고 일본정부는 독도를 편입했다고 하는 '시마네현 고시 40호'의 내용에 대해, "시마네현 지사 마츠나가 타케요시(松永武吉)가 1905년 2월 22일, 북위 37도 9분 30초 동경 131도 55분 오키섬에서 서북 85리(浬) 거리에 있는 도서를 다케시마(竹島)라고 칭한다. 지금부터 본 현 소속 오키도사의 소관으로 정한다."라고 했다는 것이다.

첫째, 위에서도 지적하였듯이 영토편입은 국가가 주체가 되어 관보 등에 고시해서 타국에 알려야할 의무가 있다. 그럼에도 불구하고 시마네현고시(40호)로 "오키도사 소관으로 정한 다."고 한 것은 영토편입 요건이 되지 못한다. 더불어 중앙정부의 의사로서 각의결정을 했다고 주장하지만, 그것은 밀실에서 타국의 영토를 도취하겠다고 모의한 침략행위에 불과하다.

둘째, 1905년 시점에 한국에서는 '독도'라는 명칭으로 울릉도민들에게 정착되어있었다. 1904년 일본군함 니이타카(新高)호가 울릉도와 독도를 조사한 후 군함일지에 울릉도 사람들은 문서상으로 "독도(独島)라고 표기한다."라고 보고했다. 1906년 3월 심흥택 울도군수는 시마네현 조사단이 방문한 후에 중앙정부에 "본군 소속 독도(独島)"라고 보고했다.

이미 고종황제는 1900년 '칙령41호'로 '울도군'을 신설하여 관할구역으로 '울릉전도, 죽도'와 더불어 '석도(石島)'라는 명칭으로 독도를 관리하였다. 실제로 독도는 '돌섬'이기 때문에 '석도'와 '독도'(전라도 방언)라는 명칭은 모두 '돌섬'이라는 의미이다. 그런데 일본이 '다케시마(竹島)'라는 이름으로 새롭게 시마네현에 편입하였다는 사실은 침략행위이다. 일본은 1894년 청일전쟁 이후 한국영토 침략을 본격화했다.

그 과정에 방해가 되었던 청국과 러시아를 전쟁으로 물리쳤다. 특히 독도를 편입했다고 하는 '시마네현 고시 40호'는 러일전쟁 중에 은밀히 독도를 도취하려고 국제법을 가장한 침략행위에 해당된다. 청일전쟁 이후 일본의 침략행위는 1945년 포츠담선언에 의해 불법으로 확정되었다. 이처럼 일본의 날조된 '다케시마' 영유권 논리에 절대로 매몰되어서는 안된다.

韓国の固有領土である独島に対して、1905年「無主地」だから国際法上に領土的措置をとったという日本の主張は侵略行為だ

日本政府は1905年国際法に基づいて「無主地」を「竹島」という名前に編入して、日本の領土となったと主張しており、多くの日本国民たちもそのように信じている。ところが、独島は無人の岩礁であるにもかかわらず、すでに古代の新羅時代の于山国以来、欝陵島とともに韓国領土として認識されてきており、1900年勅令41号で「欝島郡」を設置して行政的に管轄統治してきた。したがって、1905年時点で韓国領土である独島を「無主地」だったと言い張っている日本の主張は侵略行為だ。

最近、日本内閣官房の「領土・主権対策企画調整室」は、独島について「1905年、国際法で正当に日本の領土に編入した」と主張する。すなわち、「1905年2月22日、島根県は竹島編入を告示して、官有地台帳に登録した。竹島を精査した。」また、「閣僚会議で決定した事実を島根県は1905年2月22日、竹島編入を県内全域に告示した。同年5月17日官有地台帳に登録した。アシカ漁を島根県知事の許可漁業に指定した。その年には島根県知事が竹島を視察した。翌年1906年には島根県調査団が独島に上陸して調査し、地質図などを作成した。国家も海軍水路部が竹島を測量するなど、竹島の管理の基礎が固まっていった。」という。

第一に、「1905年2月22日、島根県が竹島編入を告示した」という。

領土取得は国家が主体となるべきだが、島根県が告示したということは国際法の要件に不適格である。

第二、「5月17日官有地台帳に登録した」という。すでにそれ以前に独島は韓国領土として管理されてきた島だった。しかし、島根県の所有地として登録する

行為は不法行為である。

第三に、「竹島(竹島)を精査した」という。すでに独島は1900年「勅令41号」で韓国が管轄統治している領土である。ところが、独島が無主地だから編入したということは領土取得の要件に該当しない。独島がすでに韓国領土だったが、他国の領土を精密調査したのは不法行為だ。

第四に、独島編入を中央政府の「閣僚会議で決定した」という。

すでに独島が韓国領土であるにもかかわらず、「無主地」だとし、一方的に日本の領土に編入するために「閣議決定」をしたということは、侵略行為である。

第五に、「1905年2月22日、竹島編入を県内の全域に告示した」という。領土措置は国家が主体となって、中央政府が官報に掲載して国内と国外の関連国家に知らせなければならない。島根県の全域に告示したという証拠も不明だが、「県内の告示」は領土取得の要件に該当しない。県内に告示することでは関連国家が独島編入の事実を知ることができない。

第六に、「アシカ漁を島根県知事の許可漁業に指定した」という。当時、独占的にアシカ漁をしていた漁師中井養三郎も、独島を韓国領土だと思ったという記録がある。そのように他国の領土を県知事の許可を受けたということは不法行為である。

第七に、「1905年島根県知事が竹島を視察した」という。独島を訪問したという正確な証拠資料も不明だが、混乱した日露戦争の間に県知事が韓国領土である独島を視察したということは違法行為だ。

第八に、「翌年の1906年島根県調査団が独島に上陸して調査を実施して地質図などを作成した」という。独島が韓国の固有領土であるにも関わらず、不法的に他国の領土に調査団を派遣し、地質図を作成したのは、侵略行為だ。その時、日本調査団が欝陵島の沈興沢郡守を訪問して間接的に独島編入の事実を知らせた。その翌日至急に欝島郡守を通じて韓国政府が初めて日本の独島侵略

の事実を確認して統監府に強く抗議して、統監府は独島が韓国領土であることを確認した。

第九に、「海軍水路部が竹島を測量するなど、国家も竹島の管理の基礎を固まった」という。海軍水路部が独島を測量したのは、他国の領土を侵略する行為であり、中央政府が新たな領土となった「竹島(独島)」を管理したという証拠はない。

そして、日本政府は独島を編入したとする「島根県告示第40号」の内容について、「島根県知事の松永武吉が1905年2月22日、北緯37度9分30秒東経131度55分、隠岐島で、西北85浬の距離にある島嶼を竹島と称する。これからは本県所属の隠岐島司の所管とする」と述べたという。

第一に、上でも指摘したように、領土編入は国家が主体となって官報等に告示して他国に知らせる義務がある。それにもかかわらず島根県告示(40号)で「隠岐島司所管と定める」としたことは、領土編入要件にはならない。中央政府の意思として閣議決定を行ったと主張するが、それは密室で他国の領土を盗み取ろうと謀議した侵略行為にすぎない。

第二に、1905年の時点で韓国では「独島」という名称が鬱陵島民たちに定着されていた。1904年日本の軍艦新高号が鬱陵島と独島を調査した後、軍艦日誌に「鬱陵島の人々は文書上に独島(日本名:竹島)と表記する」と記録した。

1906年3月沈興沢鬱島郡守は、島根県調査団が訪問した後、中央政府に対して「本郡所属の独島」と報告した。すでに高宗皇帝は、1900年「勅令41号」で「鬱島郡」を新設し、管轄区域に「鬱陵全島、竹島、石島(独島)」定めて独島を管理した。

実際に独島は「石の島」であるので中央政府の文献である勅令41号では「石島」とし、島鬱郡の文献には「独島」(全羅道方言)という名称したが、これらは全て「石島」という意味だ。

　ところが、日本は「竹島」という名前で新たに島根県に編入したということは侵略行為だ。日本は1895年と1905年日清戦争と日露戦争起こして日本の韓国侵略を妨害する清国をとロシアを退けた。

　特に、独島を編入したとする「島根県告示第40号」は、日露戦争中にひそかに韓国の固有領土である独島を盗み取ろうと、国際法を装った侵略行為に当たる。1945年連合国が宣言して日本が受諾したポツダム宣言は、日清戦争後、日本が拡張した領土は、すべて侵略行為で違法と確定された。このように日本が捏造した「竹島」の領有権の論理に絶対に騙されてはならない。

▎일본정부의 독도 영유권 날조 : "다케시마를 시마네현에 편입했다"?(상)

일본은 1905년 무주지(無主地)인 섬(독도)을 '다케시마'라는 이름으로 국제법의 무주지 선점이론으로 편입하여 최초로 일본영토가 됐다고 주장한다.

원래부터 독도는 고대시대 신라의 우산국사람들이 살았던 울릉도에서 바라다 보이는 암초로 된 무인도로서, 고려와 조선 왕조 지리지에 의하면 각각 고려와 조선조정에서 영토로서 인식히고 관리해왔던 한국의 고유영토이다. 이처럼 한국측의 고문헌은 당연하고, 일본측 고문헌 속에서도 1905년 이전의 독도를 한국영토로서 기록됐다.

일본영토로서의 공신력 있는 기록은 어디에도 없다. 그럼에도 불구하고, 오늘날 일본정부는 독도의 영유권을 부정하기 위해 1905년 이전에 한국이 독도를 관할한 적이 없고, 오히려 일본이 17세기에 독도의 영유권을 확립했고, 1905년 편입조치를 취하여 영유권을 재확인했다고 독도의 영유권을 날조하고 있다.

첫째, 일본정부는 "① 오늘날의 다케시마(독도)에서 본격적으로 강치 포획을 하게 된 것은 1900년대 초입니다. ② 그러나 그로부터 얼마 후 강치 포획은 과당경쟁 상태가 됐기 때문에 시마네현 오키 섬 주민인 나카이 요자부로(中井 養三郎)는 사업의 안정을 꾀하기 위하여 1904(메이지37)년 9월 내무, 외무, 농상무 3대신에게 '리얀코 섬'의 영토편입 및 10년간 대여를 청원했습니다. ③ '리얀코 섬'은 다케시마를 의미하는 서양식 이름 '리앙쿠르 섬'의 속칭. 당시 유럽 탐험가의 측량 오류 등에 따라 울릉도가 '마쓰시마'로 불리게 됐고, 현재의 다케시마는 '리얀코 섬'이라고 불리게 됐습니다."라고 주장한다.

① 독도는 1900년 대한제국의 고종황제이 칙령 41호로 '울도군'을 설치하여 '울릉전도(欝陵全島)와 죽도(竹島), 석도(石島)'를 관할구역으로 행정조치를 단행함으로써, 근대 국제법에 의해 한국이 관할통치하는 섬이 됐다. 그런데 일본정부는 1903년부터 시마네현 어부 나카이 요사부로라는 자가 처음으로 무인도였던 독도에서 강치잡이를 시작했다고 주장한다. 당시 독도가 무인도였다고 하더라도 한국의 영토였기 때문에 타국의 영토에서 몰래 강치잡이를 하는 것은 불법어로행위이다.

그리고 나카이가 강치잡이를 시작한 것은 1903년이었고, 영토편입원을 제출한 것은 1904년이었다. 그런데 일본정부는 마치 1900년 초부터 아주 활발하게 독도에서 강치잡이를 본격화 했다고 주장하는 것은 사실을 날조하는 행위이다.

② 나카이는 독도에서 강치잡이를 독점하기 위해 스스로 독도가 한국 영토임을 확인하고 한국정부에 대해 강치잡이의 독점권을 취득하기 위해 일본정부에 문의했다. 이때에 당시 러일전쟁 중이었기에 일본외무성 야마좌엔지로(山座円二郎) 정무국장은 시국상 국익을 위해 일본정부에 편입원을 제출하면 편입 조치를 단행하여 10년 간 섬을 대여해주겠다고 약속을 했던 것이다. 그런데 일본 내무성은 독도가 한국영토라는 사실을 알고 있었기 때문에 일본이 편입조치를 단행할 경우 러시아를 비롯한 열강들이 일본의 영토침략을 의심하게 될 것이라는 우려를 표했다. 그러나 일본외무성은 강행하여 나카이에게 독도의 편입과 불하원을 제출하도록 하여 내무, 외무, 농상무대신의 명의로 편입원을 제출했다.

당시 나카이가 독도에서 강치잡이의 독점권을 취득하려고 했던 것은 향후 생길 과당경쟁에 대비하기 위한 것이었다. 그런데 일본정부는 마치 당시 시마네현 어부들이 독도에서 과당경쟁으로 강치잡이를 하여 이미 일본이 독도를 실효적으로 지배한 것처럼 과장하는 것은 사실을 날조하는 행위이다.

③ 일본 에도시대 특히 1620년대부터 1696년 일본어부가 조선영토인 울릉도에 몰래 도해하여 한일 양국의 어민들 간에 영유권에 대한 다툼이 발생하고 그것이 발전하여 국가 간의 영유권 분쟁이 된 안용복 사건으로 일본의 막부(중앙정부)가 울릉도와 독도를 조선(한국)영토로 인정하고 일본어부들에게 울릉도 독도의 도해금지령을 내렸다.

그 이전까지 일본에서는 울릉도를 '다케사마(竹島)', 독도를 '마쓰시마 (松島)'라고 불렀다. 도해금지령이 내려지고 170여년이 지나 1876년 조일 수호조규를 체결하여 울릉도와 독도에 도항하기 이전까지는 시마네현 어부들은 울릉도와 독도의 명칭에 대해 제대로 알지 못했다. 그런데 전통적인 명칭을 제대로 알지 못하여 당시 울릉도를 마쓰시마(松島)라고 호칭하는 경우가 생겨났기 때문에 나카이 요사부로는 독도를 처음으로 '양코도'라고 불렀다. 이처럼 시마네현 어부들은 울릉도와 독도에 도항이 금지됐었기 때문에 이들 섬이 조선영토라는 사실을 명확히 알고 있었다.

일본정부는 당시 일본에서 일반적으로 독도를 '량코섬'이라고 호칭했다고 하여 마치 일본이 독도를 일본영토로서 실효적으로 지배한 것처럼 주장하는 것은 사실을 날조하는 행위이다. 당시 독도를 량코섬이라고 불렀던 사람은 나카이 요사부로 한 사람뿐이었다.

둘째, 일본정부는 "① 나카이의 청원을 받은 정부는 시마네현의 의견을 청취한 후, 다케시마를 오키 도청(島庁)의 소관으로 해도 문제없다는 것과 '다케시마'의 명칭이 적당하다는 것을 확인했습니다. ② 이를 근거로 1905(메이지38)년 1월 각의 결정을 거쳐 다케시마를 '오키 도사(島司)의 소관'으로 결정함과 동시에 이 섬을 '다케시마'로 명명했으며, 이러한 취지의 내용을 내무대신이 시마네현 지사에게 전달했습니다. ③ 이 각의 결정에 따라 일본은 다케시마의 영유에 대한 의사를 재확인했습니다."라고 주장한다.

① 일본정부는 당시 중앙정부가 독도편입을 위해 시마네현에 문의하여 오키도 소관으로 편입할 것을 결정했다고 강조한다. 당시에도 독도는 한국의 고유영토였다. 독도에서 강치잡이의 독점권을 취득하기 위해 한국정부에게 대여원을 제출하려했던 나카이 요사부로도 한국영토라는 사실을 알고 있었다. 따라서 당시 일본정부가 독도를 편입하려면 시마네현에 문의할 것이 아니라, 한국정부에 문의했어야 마땅했다. 1695년 막부가 돗토리번의 보고서를 토대로 울릉도와 독도를 한국영토로 인정했다는 사실, 1870년 메이지정부가 울릉도와 독도가 한국영토임을 확인한 사실, 또한 1877년 태정관지령과 기죽도약도에서 메이지정부가 울릉도와 독도가 한국영토임을 명확하게 인정한 사실이 있다.

이를 바탕으로 당시 내무성에서도 독도를 한국영토라고 인식했는데, 외무성이 러일전쟁이라는 전시상황을 악용하여 독도의 도취를 강행한 것이다. 당시 일본정부가 독도를 합법적으로 편입하려는 생각을 갖고 있었다면 한국정부에 문의하여 독도의 소속 여부를 확인했어야 마땅했다. 당시 일본정부가 시마네현에 문의했다고 하는 것은 국제법상의 영토취득 요건과 아무런 상관이 없다. 그것은 타국의 영토인 독도를 불법적으로 도취하기 위한 음모를 구체적으로 실행에 옮기기 위해 시마네현에 명칭과 소관부처를 확인한 것에 불과하다.

② 일본정부는 국제법적으로 합당하게 독도를 영토로서 편입했다고 주장하지만, 사실상 독도의 편입조치는 '시마네현고시 40호'로 지방정부에 의한 조치이기 때문에 불법행위이다. 일본정부는 영토편입조치를 정당화하기 위해 각의에서 중앙정부가 편입을 결정했다고 강조한다. '각의(閣議)'라는 것은 몇몇 장관들이 밀실에서 타국의 영토를 도취하기 위해 모의한 각료회의에 불과한 것으로, 국제법상 영토취득 요건에 해당되지

않는다.

③ 현재 일본정부는 한국보다 먼저 17세기에 독도를 실효적으로 지배해서 영유권을 확립했고, 1905년 각의결정으로 독도의 영유를 재확인했다고 주장한다. 그런데 1905년의 각의에서 결정된 내용을 보면 독도가 무주지(無主地)이었기 때문에 일본영토로서 편입조치를 단행한다고 하여 1905년 시점에서 독도는 한국영토도 아니고 일본영토도 아니었다는 것이다. 이미 1870년의 조선국교제시말내탐서, 1877년의 '태정관지령(太政官指令)'과 '기죽도약도(磯竹島略図)'에서 메이지정부는 스스로 울릉도와 독도를 조선영토라고 인정했다. 그런데 1905년 메이지정부는 각의결정에서 독도가 무주지라고 하여 국제법의 무주지 선점이론으로 독도 침탈을 시도했던 것이다.

일본정부는 과거에도 그랬고, 지금도 마찬가지지만, 독도를 침탈하기 위해 거짓 논리를 만들고, 그 논리가 부족하면 또 다른 거짓논리를 만들어 한국의 독도 영유권을 부정하는 논리를 날조하고 있다.

| 日本政府の独島領有権の捏造：「竹島を島根県に編入した」?(上)

　日本は1905年、無主地の島(独島)を「竹島」という名前で、国際法の無主地先取り理論で編入して、初めて日本の領土となったと主張する。元から、独島は古代の新羅時代の于山国の人々が住んでいた欝陵島から眺める暗礁になった無人島として、高麗と朝鮮王朝の地誌によると、それぞれ高麗と朝鮮の朝廷での領土として認識して管理してきた韓国の固有領土である。このように韓国側の古文献は当たり前で、日本側の古文献の中でも1905年以前の独島が韓国領土として記録された。日本領土としての公信力のある記録はどこにもない。

　にもかかわらず、今日の日本政府は独島の領有権を否定するため、1905年以前に韓国が独島を管轄したことがなく、むしろ日本が17世紀に「竹島」(独島)の領有権を確立し、1905年に編入の措置をとって領有権を再確認したと、独島の領有権を捏造している。

　まず、日本政府は「①今日の竹島(独島)で本格的にアシカ捕獲をするようになったのは、1900年代初めです。②しかし、それから間もなく、アシカ捕獲は過当競争状態になり、島根県隠岐島の住民である中井養三郎は、事業の安定を図るために1904年9月、内務、外務、農商務の三大臣に対して「リヤンコ島」の領土編入及び十年間貸与の請願をしました。③「リヤンコ島」は竹島を意味する西洋式名前「リアンクル島」の俗称。当時、欧州の探検家の測量ミス等によって欝陵島が「松島」と呼ばれるようになり、現在の竹島は「リヤンコ島」と呼ばれるようになりました。」と主張する。

　①に対して、独島は1900年、大韓帝国の高宗皇帝の勅令41号で「欝島郡」を設置して「欝陵全島、竹島、石島」を管轄区域に行政措置を断行することにより、近代国際法で韓国が管轄統治する島になった。ところで、日本政府は1903

年から島根県の漁師中井養三郎という者が初めて無人島だった独島でアシカ漁を始めたと主張する。当時、独島が無人島だったとしても、韓国の領土だったため、他国の領土で密かにアシカ漁をするのは不法漁労行為だ。そして、中井がアシカ漁を始めたのは1903年で、領土編入願を提出したのは1904年だった。ところで日本政府はまるで1900年初めからとても活発に独島でアシカ漁を本格化したと主張するのは、事実を捏造する行為である。

②に対して、中井は、独島でアシカ漁を独占するために、自ら独島が韓国領土であることを確認して韓国政府に対してアシカ漁の独占権を取得するため、日本政府に問い合わせた。当時、日露戦争が行われていたため、日本外務省の山座円二郎政務局長は、時局上の国益のため、日本政府に編入願いを提出すれば、編入措置を断行し、10年間、島を貸与すると約束したのだ。

ところで日本内務省は、独島が韓国領土という事実を知っていたために日本が編入の措置を断行する場合、ロシアをはじめとする列強が日本の領土侵略を疑うことになるだろうという憂慮を示した。しかし、日本外務省は強行して中井に独島の編入と払い下げ願いを提出するようにして内務省、外務省、農商工部省大臣の名義で編入願を提出した。当時、中井が独島でアシカ漁の独占権を取得しようとしていたことは、今後発生する過当競争に備えるためのものだった。ところで日本政府は、まるで当時、島根県の漁師たちが独島での過当競争によりアシカ漁をしてすでに日本が独島を実効支配していたかのように誇張するのは事実を捏造する行為である。

③に対して、日本の江戸時代、特に1620年代から1693年に日本の漁師が朝鮮の領土である欝陵島に密かに渡海して、韓日両国の漁民たちの間に領有権に対する争いが発生し、それが発展して、国家間の領有権紛争になった安竜福事件で日本の幕府(中央政府)が欝陵島と独島を朝鮮領土に認めて日本の漁師に欝陵島・独島の渡海禁止令を下した。それまで日本では欝陵島を「竹島」、独島を「松島」と呼んだ。

渡海禁止令が下され、170年余りが過ぎ、1876年日朝修好条規を締結し、欝陵島と独島に渡航した。その前までは、島根県の漁師は、欝陵島と独島の名称について知ることができなかった。ところが、欝陵島を竹島という伝統的な名称をしっかり分からなくて、当時、欝陵島を松島と呼称する人が現れていたために、中井養三郎は独島を初めて「ヤンコド」と呼んだ。

このように島根県の漁師は、欝陵島と独島への渡航禁止が出されていたからに、これらの島が朝鮮の領土という事実を明確に知っていた。日本政府は、当時日本で一般的に独島を「リャンコ島」と呼称したと言って、まるで日本が独島を日本領土として実効的に支配したように主張するのは、事実を捏造する行為である。当時、独島をリャンコ島と呼称した人は中井養三郎一人だけだった。

第二に、日本政府は「①中井の請願を受けた政府は、島根県の意見を聴取した後、竹島を隠岐島庁の所管としても問題ないということと、竹島の名称が適当だということを確認しました。②これを根拠に1905(明治38)年1月閣議決定を経て、竹島を隠岐島司の所管に決定したことと同時にこの島を竹島と命名しており、このような趣旨の内容を内務大臣が島根県知事に伝達しました。③この閣議決定によって、日本は竹島の領有に対する意志を再確認しました。」と主張する。

①に対して、日本政府は、当時の中央政府が独島編入を向けて島根県に問い合わせて隠岐島司の所管に編入することを決定したと強調する。

当時も、独島は韓国の固有領土だった。独島でアシカ漁の独占権を取得するため、韓国政府に貸与願を提出しようとした中井養三郎も韓国の領土という事実を知っていた。したがって、当時の日本政府が独島を編入するためには、島根県に問い合わせするのではなく、韓国政府に問い合わせて当然だ。

1695年幕府が鳥取藩の報告書をもとに欝陵島と独島を韓国領土と認めたという事実、1870年の「竹島、松島朝鮮領土になった始末」と、明治政府が欝陵島と独島が韓国領土であることを確認したこと、また1877年、「太政官指令」と「磯竹

392 일본의 독도 영유권 날조의 본질

島略図」で明治政府が欝陵島と独島が韓国領土であることを明確に認めた事実がある。これをもとに当時、内務省でも独島を韓国領土だと認識したが、外務省が日露戦争という戦時状況を悪用し、独島の盗み取りを強行したのだ。

　当時、日本政府が独島を合法的に編入しようという考えを持っていたとすれば韓国政府に問い合わせて独島の所属を確認して当然だ。当時、日本政府が島根県に問い合わせたのは国際法上の領土取得要件と何ら関係がない。

　それは、他国の領土である独島を不法に盗みとりをするための陰謀を具体的に実行に移すために島根県に名称と所管省庁を確認したことに過ぎない。

　②に対して、日本政府は、国際法的にも適切に独島を領土として編入したと主張するが、事実上、独島の編入の措置は「島根県告示40号」で地方政府による措置であるため、不法行為だ。日本政府は領土編入措置を正当化するために閣議で中央政府が編入を決定したと強調する。「閣議」とは、何人かの長官が密室で他国の領土を盗みとりをするために企てた閣議にすぎず、国際法上の領土取得要件には当たらない。

　③に対して、現在、日本政府は、韓国より先に17世紀に独島を実効支配して領有権を確立し、1905年閣議決定で独島の領有を再確認したと主張する。ところが1905年の閣議で決定された内容をみれば独島が無主地だったために日本領土として編入の措置を断行するとしており、1905年時点で独島は韓国の領土でもなく、日本領土でもなかったということだ。すでに1870年の「朝鮮国交際始末内探書」、1877年の「太政官指令」と「磯竹島略図」から見て、明治政府は、自ら欝陵島と独島を朝鮮の領土だと認めた。ところが1905年明治政府は閣議決定で、独島が無主地とし、国際法の無主地の先取り理論で独島侵奪を試みたものだ。日本政府は、過去にもそうだったし、今も同じだが、独島を侵奪するため、偽りの論理を作って、その論理が不足すれば、他の偽りの論理を作って韓国の独島領有権を否定する論理をねつ造している。

일본정부의 독도 영유권 날조 : "다케시마를 시마네현에 편입했다"?(하)

셋째, 일본정부는 "① 시마네현 지사는 이 각의 결정 및 내무대신의 훈령에 근거하여 ② 1905(메이지38)년2월 다케시마가 '다케시마'로 명명됐고, 오키 도사의 소관이 됐다는 취지의 내용을 고지하는 동시에, 오키 도청에도 이 내용을 전달했습니다. ③ 또한 당시 신문에도 이 내용이 게재되어 널리 일반인에게도 알려지게 됐습니다."라고 주장한다.

① 영토편입은 관련국가에 통보하는 것이 국제법상의 원칙이다. 그런데 관련국가에는 통보하지 않고, 독도를 도취하려고 몇몇 각료들이 밀실에서 타국의 영토인 독도의 도취를 결정하고, 그 내용을 중앙정부가 침탈의 의지를 갖고 내무대신이 지방정부인 시마네현에 편입조치를 하달한 것이다. 그 이유는 만일 중앙정부가 편입조치를 취하면 독도가 한국영토라는 사실을 일본정부는 물론이고 러시아도 알고 있었기 때문에 한국정부의 항의로 러시아 등 열강들이 일본의 영토침략 행위를 비난하게 됨으로써 향후 일본의 조선침략 및 대륙침략에 큰 차질을 불러오기 때문이었다.

② 중앙정부가 독도의 도취를 각의에서 결정하고 그 사실을 시마네현에 하달하여 시마네현이 고시40호로 독도 편입을 고시했다. 영토 편입 조치의 주체는 중앙정부가 되어야한다. 그런데 지방정부에 의한 시마네현 고시는 국제법상 효력이 없는 형식적 조치에 불과하다. 메이지정부가 시마네현에 하달하여 취한 독도의 편입조치는 은밀한 방법으로 조선영토인 독도를 도취하려고 한 불법적인 영토침략 행위에 불과하다.

③ 시마네현고시 40호로 편입한 독도의 영토처리는 시마네현의 지방신문에 딱 한번 게재된 것이 전부이다. 신문에 게재한 다는 것은 전국민은 물론이고 국제사회에 알린다는 의미를 갖고 있다. 지방신문에 딱 한번 게재했

다고 하는 것은 그 신문을 읽는 그히 제한된 인원에 한해서 내용을 알 수 있다. 당시 실제로 독도의 편입사실을 중앙정부에서조차 제대로 알지 못했다.

그런데 일본정부는 마치 독도의 편입사실을 대대적으로 신문에 게재하여 널리 알렸다는 것처럼 주장하는 것은 사실을 날조하는 행위이다. 실제로는 외국공관에서도 편입사실을 확인 할 수 있도록 관보나 중앙의 일간지에 게재 되어야 마땅하다.

넷째, 일본정부는 "① 시마네현 지사는 다케시마가 '시마네현 소속 오키도사의 소관'으로 결정됨에 따라 ② 다케시마를 관유지대장(官有地台帳)에 등록하는 동시에, ③ 강치 포획을 허가제로 했습니다. 강치 포획은 그 후 1941(쇼와16)년까지 계속됐습니다."라고 주장한다.

① 타국의 영토인 독도에 대해 일본의 중앙정부가 은밀히 도취할 것을 결정하고 지방정부가 관유지대장(官有地台帳)에 자국의 영토라고 등록하여 행정적으로 관할했다는 것이다. 애당초부터 독도는 일본영토가 아니고 타국의 영토이기 때문에 불법적으로 도취한 영토 침략행위이다. 그래서 독도를 관유지대장에 등록하여 행정적으로 관할 통치했다는 주장은 사실을 날조하는 행위이다.

② 일본정부가 불법적으로 타국의 영토인 독도를 몰래 도취하고, 시마네현이 관할어민들에게 독도에서 강치 포획을 허가하여 실효적으로 지배했다고 주장하는 것은 사실을 날조하는 행위이다.

③ 시마네현은 1905년부터 1941년 태평양전쟁이 본격화됐던 1941년까지 일본어부가 지속적으로 독도에서 강치를 포획하여 실효적으로 지배했다고 주장한다.

1905년부터 1910년까지는 러일전쟁 중에 일본이 몰래 독도를 불법적으로 도취하려고 했지만 대한제국정부가 강력히 통감부에 항의하여 편입조치를 인정하지 않았던 것이고, 1910년부터 일제가 대한제국을 강점(불

법)하여 독도에서 강치를 포획한 것은 포츠담선언으로 불법행위로 간주
됐다. 일본이 45여년간 독도에서 강치를 포획했다고 주장하는 것은 사실
을 날조하는 행위이다.

다섯째, 일본정부는 "① 한국에서는 1900년 '대한제국 칙령 41호'에 따
라 울릉도를 울도(鬱島)로 개칭함과 동시에 도감(島監)을 군수(郡守)로
했다고 되어 있습니다. ② 그리고 이 칙령 속에서 울도군(鬱島郡)이 관할
하는 지역을 '울릉 전도(全島)와 죽도(竹島), 석도(石島)'로 규정하고 있
으며, 여기서 말하는 '죽도'는 울릉도 근방에 있는 '죽서(竹嶼)'라는 작은
섬이지만, '석도'는 바로 지금의 '독도(独島)'를 가리킨다고 주장하는 연
구자도 있습니다. ③ 그 이유로는 한국의 방언 중 '돌'은 '독'으로도 발음되
어 이 발음하므로 한자로는 '독도'가 되기 때문이라는 것입니다."라고 주
장한다.

① 한국은 고대 신라 우산국시대 이후 고려, 조선시대를 거쳐 1910년 일
본에 병합되기 이전까지 고유영토로서 관할 통치해왔다. 그런데 1876년
조일수호조규로 문호가 개방된 이후 일본인들의 동해 진출로 울릉도와
독도에 침입하는 것을 막기 위해 1900년 대한제국은 고종황제의 칙령으
로 울도군을 증설하여 '울릉전도(관음도 포함), 죽도, 석도(독도)'에 대해
한국의 관할 통치구역임을 명확히 했다.

② 칙령41호의 울도군 관할구역인 '울릉전도(관음도 포함), 죽도, 석도
(독도)' 중에서 '석도'는 독도임에 분명하다. '석도'는 한자표기로 '돌섬'을
의미한다. 당시 개척민의 80%가 전라도에서 이주하여 전라도 방언을 사
용했고 '돌섬'을 '독도(独島)'라고 호칭하고 표기했다. '석도(石島)'는 문헌
기록 서식상으로 '돌섬'을 한자어로 표기한 것이지만, '독도(独島)'는 울릉
도민의 속칭이었다. 또한 동해 바다의 섬 중에 수풀이 생장하는 섬은 울릉
본섬, 관음도, 죽도, 독도 총 4개뿐이다. 따라서 '울릉 전도(全島)'는 '복수

의 섬'으로서 울릉본섬과 관음도를 가리키는 것이 분명하다. 그렇다면, '죽도'는 지금의 댓섬임에 분명하고, '석도'는 지금의 '독도'임에 명확하다.

③ 일본정부는 한국이 아무런 증거도 없이 단지 논증되지 않는 방언으로 '석도가 독도'라고 우기고 있는 것처럼 사실을 날조하고 있지만, 석도가 독도라는 것은 다양한 방법으로 입증됐다.

위에서 제시한 '독도는 돌섬의 방언'과 '울릉전도가 복수의 섬'이란 논증이외에도 1904년 일본군함 니이타카(新高)호도 군함일지에 한국에서는 독도(独島)라고 표기한다고 했고, 1906년 울도군 심흥택 군수도 사미네현이 독도를 침탈하려고 했을 때 '본군소속 독도(独島)'가 일본에 의해 침탈당했다고 중앙정부에 보고했고, 중앙정부도 심흥택군수의 보고서를 받고 통감부에 강력히 항의하여 '1900년 칙령41호에 의해 행정 조치된' 석도(石島)가 바로 '독도'임을 명확히 했다.

여섯째, 일본정부는 "① 그러나 '석도'가 오늘날의 다케시마('독도')를 가리키는 것이라면, 칙령에는 왜 '독도'라는 명칭이 사용되지 않은 것인가, 왜 '석도'라는 섬 이름이 사용됐는가, ② 또 한국측이 다케시마의 옛 명칭이라고 주장하는 '우산도' 등의 명칭이 도대체 왜 사용되지 않았는가 하는 의문이 생깁니다. ③ 어찌됐든 설령 이 의문이 해소된다고 하더라도, 상기 칙령의 공포 전후에 한국이 다케시마를 실효적으로 지배했던 사실이 없어, 한국의 다케시마 영유권은 확립되어 있지 않았던 것으로 여겨집니다."라고 주장한다.

① '독도'라는 명칭은 울릉도민이 호칭한 속칭으로 돌섬이라는 의미이다. '석도'라는 명칭은 중앙정부가 문서기록상의 서식인 한자로 돌섬이라는 의미로 기록한 것이다. 일반적으로 '돌섬'이라는 의미의 방언은 독도(独島)라는 한자어를 차음해서 표기한다.

중앙정부가 영토조치를 단행할 때 논란의 여지를 없애기 위해 돌섬의 의미로 '석도'라고 명확히 표기한 것이다. 차음한 독도(独島)를 명칭으로 사용했다면 또 다시 애매한 표기라고 하여 논란이 될 수 있기 때문이다.

②『세종실록』(지리지)나『동국여지승람』에 기록된 것처럼, 분명히 조선영토로서 동해에는 '울릉도와 우산도 2개의 섬이 서로 바라볼 수 있는 거리에 위치하고 있다'고 명확히 했다. 그러나 조선조정이 1403년부터 1882년 이규원 검찰사를 파견하여 개척을 단행하기 이전까지는 섬을 비워서 관리했기 때문에 '우산도(독도)'의 위치에 대한 혼란을 겪었다.

1711년 박석창을 비롯해 그 이후의 수토사들이 우산도의 존재를 확증하지 못하여 지금의 죽도를 '소위 우산도' 혹은 '우산도'라고 오기하기도 했다. 만일 칙령41호에서 '우산도'라는 명칭을 사용할 경우 독도와 죽도에 대한 명칭의 혼란이 생길 우려가 있었기 때문에 '섬의 형상'을 증거로 하는 돌섬의 의미로서 '석도(石島)라고 표기했던 것이다.

③ 사실 석도가 독도라는 사실은 많은 연구자들이 입증했기 때문에 완전히 의문이 해소됐다.

그렇다고 하더라도 일본정부가 독도영유권을 포기하지 않는 한, 칙령41호를 계속적으로 부정할 것이다. 왜냐하면 일본정부는 1905년 '무주지(無主地)'인 섬(독도)을 시마네현고시 40호로 일본영토에 편입했다고 주장하고 있기 때문이다. 만일 1905년 이전에 한국이 독도를 실효적으로 관할했다는 증거가 있으면 일본은 독도의 영유권을 포기해야하기 때문이다. 그래서 일본정부는 1905년 이전 독도가 한국영토라는 기록을 모두 부정하고 있다. 독도는 무인암초로서 강치들이 서식하는 섬이다.

일본은 일제강점기 직전 1903년부터 한국영토인 무인도 독도에 몰래 들어가 그곳에 서식하는 강치들을 모조리 잡아 없애버리고, 그것이 독도를 실효적으로 관할 통치한 증거라고 주장한다. 과연 독도의 자연 환경을 파괴한 일본의 파렴치한 행위가 영유권 취득의 주된 요인이 될 수는 없다.

日本政府の独島領有権の捏造：「竹島を島根県に編入した」?(下)

　第三に、日本政府は「①島根県知事はこの閣議決定および内務大臣の訓令に基づいて②1905(明治38)年2月、「竹島」と命名し、隠岐島司の所管になったという趣旨の内容を告知するとともに、隠岐島庁にもこの内容を伝えました。③また、当時の新聞にもこの内容が掲載され、広く一般にも知られるようになりました」と主張する。

　①に対して、領土編入は関連国家に通知するのが国際法上の原則だ。ところが、関連国家には、通報せず、独島を盗みとりをしようと閣僚たちが密室で集まり、他国の領土である独島の盗みとりを決定して、その内容を中央政府が侵奪の意志を持って内務大臣が地方政府である島根県に編入の措置を下達したのだ。その理由は中央政府が編入の措置を取れば、独島が韓国領土という事実を日本政府はもとより、ロシアも知っていたために韓国政府の抗議でロシアなど列強が日本の領土侵略行為を非難することになると、今後、日本の朝鮮侵略や大陸侵略に大きな支障を呼ぶためだった。

　②に対して、中央政府が独島の盗みとりを閣議で決定し、その事実を島根県に通達して島根県が告示40号で独島編入を告示した。領土編入措置の主体は中央政府でなければならない。しかし地方政府による島根県告示は、国際法上効力のない形式的措置にすぎない。

　明治政府が島根県に通達してとった独島の編入措置は、ひそかな方法で朝鮮領土である独島を盗みとりをした不法な領土侵略行為に過ぎない。

　③に対して、島根県告示40号で編入した独島の領土処理は、島根県の地方新聞に一度掲載されたのが全部だ。新聞に掲載するということは、全国民だけでなく国際社会にも知らせるという意味を持っている。

　地方紙に一度だけ掲載したというのは、その新聞を読む人数に限って内容が分かる。

　当時、実際に日本の独島編入の事実を中央政府においても、関連者以外には知らなかった。ところで日本政府はまるで独島の編入事実を大々的に新聞に掲載して広く知らせていたように主張しているのは、事実を捏造する行為である。実際には、外国公館でも編入事実を確認できるよう、官報や中央の日刊紙に掲載されて当然だ。

　第四に、日本政府は「①島根県知事は竹島が島根県所属の隠岐島司の所管に決定されたことによって②竹島を官有地台帳に登録するとともに、③アシカ捕獲を許可制にしました。アシカ捕獲はその後1941(昭和16)年まで続いた」と主張する。

　①に対して、他国の領土である独島に対して、日本の中央政府がひそかに盗みとりをすることを決定し、地方政府が官有地台帳に自国の領土と登録して行政的に管轄したということだ。初めから、独島は日本の領土ではなく、他国の領土であるため、不法に盗み取りをした領土侵略行為だ。

　それで独島を官有地台帳に登録して行政的に管轄統治したという主張は事実を捏造する行為である。

　②に対して、日本政府が不法に他国の領土である独島を密かに盗みとり、島根県が管轄の漁民たちに、独島でアシカ捕獲を許可して実効的に支配したと主張するのは事実を捏造する行為である。

　③に対して、島根県は1905年から1941年太平洋戦争が本格化された1941年まで日本漁師が持続的に独島でアシカを捕獲し、実効的に支配したと主張する。1905年から1910年までは日露戦争中に日本が密かに独島を不法に盗みとりをしたが、大韓帝国政府が強く統監府に抗議して編入措置を認めなかったことで、1910年から日本が大韓帝国を強制的(不法)に支配して独島でアシカを捕獲

したのは、ポツダム宣言によって不法行為とみなされた。日本が45年間、独島でアシカを捕獲したと主張するのは事実を捏造する行為である。

第五に、日本政府は＜①韓国では1900年、大韓帝国勅令41号により、欝陵島を欝島に改称するとともに、島監を郡守とした」としています。②そしてこの勅令の中で欝島郡が管轄する地域を「欝陵全島、竹島、石島」と規定しており、ここで言う「竹島」は欝陵島の近くにある「ジュクソ(竹嶼)」という小さな島だが、「石島」はまさに今の「独島」を指すと主張する研究者もいます。③その理由としては、韓国の方言のうち「石」は「ドク」と発音され、この発音を漢字では「独島」になるからということです。＞と主張する。

①に対して、韓国は古代新羅の于山国時代、高麗、朝鮮時代、1910年日本に併合されるまで独島を固有領土として管轄統治してきた。ところが、1876年日朝修好条規で門戸が開放された以降、日本人の東海への進出で欝陵島と独島に潜入することを防ぐため、1900年、大韓帝国は高宗皇帝の勅令で欝島郡を増設して「欝陵全島(観音島を含む)、竹島、石島(独島)」について、韓国の管轄統治区域であることを明確にした。

②に対して、勅令41号の欝島郡の管轄区域であった「欝陵全島(観音島も含む)、竹島、石島(独島)」の中で「石島」は、独島に間違いない。「石島」とは、漢字表記の「トルソム(石の島)」を意味する。当時、開拓民の80%が全羅道から移住し、全羅道方言を使用し、「石島」を「独島」と呼称して表記した。「石島」は、文献記録の書式上で「石島」を漢字語で表記したものだが、「独島」は、欝陵島民の通称だった。また、東海の島の中に草木が生長する島は欝陵本島、観音島、竹島、独島、計4だけだ。したがって「欝陵全島」は「複数の島」という意味で欝陵本島と観音島を指していることは明らかである。それなら、「竹島」は今の「竹島」(デッソム)にちがいない。「石島」は今の「独島」であることに明確だ。

③に対して、日本政府は韓国が何の証拠もなく、単に論証されていない方言で「石島＝独島」と言い張っているように事実を捏造しているが、石島が、独島というのは多様な方法で立証された。上で提示した「独島は石島の方言」と「欝陵全島が複数の島」という論証以外にも1904年日本の軍艦新高号の軍艦日誌に「韓国では独島と表記する」とし、1906年欝島郡の沈興沢郡守も島根県が独島を侵奪しようとした際「本郡所属の独島」が日本によって奪われたと中央政府に報告し、中央政府も沈興沢郡守の報告書を受けて統監府に強く抗議して」1900年勅令41号で行政措置をとって「石島＝独島」であることを明確にした。

第六に、日本政府は＜①しかし「石島」が今日の竹島(独島)を指しているのなら、勅令にはなぜ「独島」という名称が使われないだろうか、なぜ「石島」という島の名前が使用されたのか、②また、韓国側が竹島の旧名称だと主張する「于山島」などの名称が一体どうして使用されていないかという疑問が生じます。③どうであれ、たとえこの疑問が解消されるとしても、上記の勅令の公布前後に韓国が竹島を実効的に支配した事実がなくて、韓国の竹島の領有権は確立されていなかったものと思われます。＞と主張する。

①に対して、「独島」という名称は、欝陵島民が呼称した俗称で石の島という意味だ。「石島」という名称は中央政府が文書記録上の書式である漢字で「石島」という意味で記録したものである。一般的に「石島」という意味の方言は、「独島」という漢字語で表記する。中央政府が領土措置を断行する際、論議の余地をなくすために石の島の意味で「石島」と明確に表記したのだ。音を借りた「独島」の表記を名称に使用していたなら、再び曖昧な表記として、議論になる可能性があるためだ。

②に対して、「世宗実録」(地理誌)や「東国輿地勝覧」に記録されたように、明確に朝鮮領土として東海には「欝陵島と于山島の2つの島が互いに眺めることができる距離に位置している」と明確にした。

しかし、朝鮮の朝廷が1403年から1882年李奎遠検察使を派遣して開拓を断行する前までに島を空けて管理したため、「于山島(独島)」の位置に対する混乱を経験した。1711年朴錫昌をはじめ、それ以降の捜討使が于山国の存在を確証しなくて今の竹島を「いわゆる于山島」あるいは「于山島」と誤記したりもした。

もし勅令41号で「于山島」という名称を使用する場合、独島と竹島に対する名称の混乱が生じるおそれがあったために「島の形状」を証拠とする石の島の意味として「石島」と表記したのだ。

③に対して、事実勅令41号の中で「石島」が独島である事実は多くの研究者らが立証したために完全に疑問が解消された。だからといっても、日本政府が独島の領有権を放棄しない限り、勅令41号を継続的に否定するはずだ。

なぜならば、日本政府は1905年「無主地」の島(独島)を島根県告示40号で日本の領土に編入したと主張しているためだ。もし1905年以前に韓国が独島を実効的に管轄したという証拠があれば日本は独島の領有権を放棄しなければならないためだ。

それで日本政府は1905年以前、独島が韓国領土である文献記録を全て否定している。

独島は無人の岩礁できてアシカが生息している島だ。日本は、日帝強占期の直前、1903年から韓国領土である無人島の独島に忍び込み、そこに生息するアシカを全て取って無くし、それが独島を実効的に管轄統治した証拠だと主張する。果たして、アシカを絶滅させて独島の自然環境を破壊した日本の行為をもって、竹島(独島)の領有権を取得した証拠であると主張することは領有権を捏造することである。

┃ 국제법적으로 독도가 일본영토라는 일본의 주장은 날조의 극치다

일본은 ① 1905년 ② 독도가 무주지(無主地)이기 때문에 선점하여 일본영토에 편입하기로 ③ 각료회의에서 결정하고, ④ 시마네현 고시40호로 고시하여 ⑤ 국제법적으로 일본영토가 되었다고 주장한다. 일본이 주장하는 국제법의 영토취득 방법은 무주지 선점이론이다. 이것은 ⑥ 섬을 누가 먼저 발견했고, ⑦ 그것을 지속적으로 경영하였으며, ⑧ 현재 누가 실효적으로 관할 통치하고 있는가가 영토귀속의 판단의 기준이다. 그렇다면, 이러한 일본의 주장이 독도 영유권의 본질을 어떻게 날조하였는지, 그 허구성을 조목조목 비판한다.

첫째, 일본이 독도를 편입했다고 하는 〈1905년〉은 어떤 해인가? 일본이 조선과 만주 침탈하기 위해 이를 방해하는 러시아를 선제공격하여 전쟁을 일으켜 대한제국 영토를 전쟁터로 만든 러일전쟁(1904년 2월-1905년 9월)중이었다.

당시 한국은 중립을 선언했지만, 일본은 한일의정서를 강요하여 전쟁 중 대한제국의 영토를 함부로 사용할 수 있도록 강압해두고 독도에 망루를 설치했으며, 다른 한편으로 비밀리에 독도를 일본영토에 편입하는 방법으로 불법 도취를 감행했다.

둘째, 일본은 1905년 독도가 〈무주지(주인이 없는 섬)〉였기 때문에 선점하여 일본영토가 되었다고 주장한다. 그런데 이미 독도는 한국의 고유 영토였기 때문에 무주지가 아니었다. 한국측의『삼국사기』에는 고대시대 울릉도에 우산국이 있었다는 기록이 있고, 실제로 울릉도에서 독도가 보이기 때문에 독도는 어장으로서 울릉도 사람들의 삶의 터전이었다고 유추된다.

그리고 고려시대의 『고려사』(지리지), 조선시대의 『세종실록』(지리지), 『동국여지승람』, 『동국문헌비고』, 『만기요람』 등의 기록으로 입증되고, 대한제국시대에는 칙령41호로 울도군을 설치하여 '울릉전도, 죽도, 석도(독도)'를 관할 통치하였다. 1906년 시마네현의 독도방문단이 울릉도를 방문하여 독도가 자국의 신영토라고 억지주장을 했을 때, 대한제국정부는 심흥택군수의 보고를 받고 칙령41호를 가지고 통감부에 강력히 항의했다.

일본측 자료에도 17세기 막부는 돗토리번 답변서를 근거로 울릉도와 독도를 한국영토로 인정하고 울릉도와 독도에 일본인들의 도해를 금지시켰다. 메이지 정부도 1870년의 조선국교제시말내탐서, 1877년의 태정관지령도 돗토리번 답변서를 근거로 울릉도와 독도를 한국영토로 인정했다. 그런데 1905년 독도가 '주인이 없는 섬'이었기 때문에 편입했다고 하는 일본정부의 주장은 영유권 날조의 극치이다.

여기서 대한제국 칙령41호에 행정구역에 포함된 '석도'는 독도임에 분명하다. 대한제국이 칙령41호로 울도군을 설치한 이유는 고문헌에서 명칭의 혼란을 겪었던 울릉도와 독도에 대한 일본의 영토침략을 사전에 막기 위한 것이었다. 고문헌에 등장하는 동해의 섬은 지금의 울릉도, 죽도, 독도이다.

안용복 사건 때 '울릉도와 우산도'는 지금의 울릉도와 독도임이 명백해졌다. 그런데 안용복 사건 이후 18세기-19세기에 걸쳐 울릉도와 우산도를 수토하는 과정에 수토사들이 지금의 죽도를 우산도라고 잘못 표기하는 오류를 범했다. 그런데 지금의 관음도는 한 번도 영유권문제가 발생한 적이 없는 울릉도의 일부분이었기 때문에 칙령 41호에서 '울릉전도(全島)'라고 하여 복수의 섬으로 표기하였다.

셋째, 일본은 독도편입을 '각료회의'에서 '결정'하였다고 주장한다. 영

토취득은 전제군주국가였던 일본에서 천황의 재가없이 영토취득은 불가
능했다.

왜냐하면, 당시 일제는 1909년 3월 29일 독도의 관할구역을 오키도청
으로 지정하는데도 칙령 54호로 천황의 재가를 받았다. 그런데 심지어 독
도를 영토로서 취득하는데 천황의 재가도 없이 중앙정부의 각의결정으로
영토를 취득했다는 것은 타국의 영토를 도취하려한 불법 침략행위이다.
넷째, 일본은 독도를 편입할 때 시마네현 고시40호로 고시했다고 주장한
다. 영토취득은 중앙정부가 주체가 되어 관보에 게재하여 일본국민은 물
론이고 국제사회에 공론화해야한다. 그런데 일본은 독도를 편입할 때 시
마네현이 고시하였고, 관보에도 게재한 적이 없기 때문에 일본국민들도
편입사실을 제대로 알지 못했고, 관련 국가들도 전혀 알지 못했다. 이것은
한국의 고유영토인 독도에 대한 불법 영토침략 행위이다.

일본은 독도가 국제법적으로 일본영토가 되었다고 주장한다. 그렇게
되려면 중앙정부가 주체가 되어 일본이 먼저 발견하고, 지속적으로 경영
하여 현재 관할 통치상태에 있어야한다. 과연 일본의 독도 편입조치가 그
렇게 정당하게 이루어졌을까?

다섯 번째, 일본은 17세기 독도의 영유권을 확립하였으나, 그때까지 한
국은 독도를 알지 못했다고 주장한다. 고대 신라시대에 울릉도에 우산국
사람들이 살았는데, 울릉도에서 독도가 보이기 때문에 독도는 울릉도 사
람들의 삶의 터전이었다.

여섯 번째, 일본이 18세기 일본영토 지도에 독도가 표기되어있고, 1905년
영토편입 이후 바다사자잡이로 독도를 지속적으로 관리하였다고 주장한
다. 고대 우산국시대이후 고려, 조선을 거쳐, 대한제국시대의 칙령41호에
의한 울도군 설치, 1906년 시마네현의 독도 편입 주장에 대해 통감부에 항
의하는 등 한국영토로서 관리해왔고, 일제의 식민지 통치는 포츠담선언

에 의해 불법이 되었다.

일곱 번째, 현재 일본은 한국이 독도를 불법점령하고 있다고 하여 독도를 실효적으로 관할통치하고 있다고 주장한다. 현재의 독도는 역사적 영토권원을 바탕으로 일본이 패전과 동시에 포츠담선언을 수락함으로써 1946년 1월 연합국이 잠정적으로 '제주도, 울릉도, 독도'를 한국영토로 인정하였고, 대일평화조약에서 연합국은 한국이 관할통치하고 있던 독도에 대해 일본영토로 지위를 변경하지 않았다.

게다가 1952년 4월 대일평회조약이 비준되기 이전에 한국정부가 평화선을 선언하여 독도를 한국영토로서 관리 통치하였다. 이에 대해 연합국과 일본은 비준과정에 한국이 독도를 관할 통치하고 있던 평화선 상태를 변경하지 못했다.

▌ 国際法的に独島が日本領土だという日本の主張は捏造の極致だ

日本は①1905年②独島が無主地であるため、先取りして日本の領土に編入することを③閣僚会議で決定して、④島根県告示第40号をもって⑤国際法上に日本の領土となったと主張する。

日本が主張する国際法の領土取得方法は無主地先占理論だ。これは、⑥島を誰がまず発見し、⑦それを継続的に経営し、⑧現在誰が実効的に管轄統治しているかが、領土帰属の判断の基準である。

それでは、こうした日本の主張が独島領有権の本質をどのように捏造しているのか、その虚構性を具体的に考察してみる。

まず、日本が独島を編入したとする「1905年」がどんな年なのか? 日本が朝鮮と満州を侵奪するため、これを妨害するロシアを先制攻撃し戦争を起こし、大韓帝国の領土を戦場にした日露戦争(1904年2月-1905年9月)中であった。当時、韓国は中立を宣言したが、日本は日韓議定書を強要して戦争のうち、大韓帝国の領土をむやみに使用できるよう強圧しておいて独島に見張り小屋を設置しており、他方で、秘密に独島を日本領土に編入する方法で不法盗みとりをを敢行した。

第二に、日本は1905年に独島が「無守地(所有者がない島)」だったため、先取りして、日本の領土となったと主張する。ところが、すでに独島は韓国の固有領土だったため、無主地ではなかった。

韓国側の「三国史記」には、古代時代、欝陵島に于山国があったという記録があり、実際、欝陵島で、独島が見られるため、独島は漁場として欝陵島の人々の生活の場だったと類推される。そして高麗時代の「高麗史」(地理誌)、朝鮮時代の「世宗実録」(地理誌)、「東国輿地勝覧」、「東国文献備考」、「万機要

覧」などの記録で立証されて、また、大韓帝国時代には勅令41号で欝島郡を設置して「欝陵全島、竹島、石島(独島)」を管轄統治した。

1906年島根県の独島訪問団が欝陵島を訪問して、独島が自国の新らしい領土だと強引な主張をした時、大韓帝国政府は欝島郡からの沈興沢郡守の報告を受けて勅令41号をもって統監府に強く抗議した。日本側の資料にも17世紀、幕府は鳥取藩の答弁書を根拠に欝陵島と独島を朝鮮領土に認めていて欝陵島と独島への日本人の渡海を禁じた。

明治政府も1870年の「朝鮮国交際始末内探書」、1877年の「太政官指令」も鳥取藩の答弁書を根拠に欝陵島と独島を韓国領土に認めていた。

ところが、1905年に独島が「無主地の島」だったために日本の領土に編入したという日本政府の主張は、領有権の捏造の極致だ。ここで大韓帝国の「勅令41号」の行政区域に含まれた「石島」が独島に間違いない。

大韓帝国が勅令41号で欝島郡を設置した理由は、朝鮮東海の島嶼の名称が混乱していたので島を特定して欝陵島と独島に対する日本の領土侵略を事前に防ぐためのものだった。古文献に登場する東海の島は今の欝陵島、竹島(竹嶼島)、独島だけだ。安竜福事件の時、「欝陵島と于山島」は今の欝陵島と独島であることが明らかされた。

ところが、安竜福事件後、18世紀-19世紀にわたって欝陵島と于山島を捜討する過程で捜討使が今の竹島(竹嶼島)を于山島と表記する過ちを犯した。

ところが、現在の観音島は一度も領有権問題や島名で問題になったことがない欝陵島本島の一部のものであった。それゆえ、勅令41号においては「欝陵全島」の中に観音島をいれて複数の島の意味で表記した。第三に、日本は独島編入を「閣僚会議で決定」したと主張する。領土取得は専制君主国家だった日本で天皇の裁可なしに領土取得は不可能だった。なぜなら、日本は1909年3月29日、独島を隠岐島の所属と指定して管理すると「勅令54号」で天皇の裁可を受け

た。

ところが、1905年1月、独島を日本の領土として取得するにあたって天皇の裁可もなく、ただ中央政府の閣議決定で領土を取得したというのは、他国の領土を盗み取った不法の侵略行為だ。

第四に、日本は独島を編入するとき、「島根県告示第40号」で告示したと主張する。領土取得は、中央政府が主体となって官報に掲載し、日本国民だけでなく国際社会の公論化をしなければならない。しかし、日本は独島を編入するとき、島根県が告知しており、官報にも掲載したことがないため、日本国民も日本の領土に編入した事実を知らず、関連諸国もまったく知らなかった。これは韓国固有の領土である独島に対する不法の領土侵略行為だ。このようにして日本は独島が国際法上日本の領土となったと主張する。そのためには、中央政府が主体となって日本が先に発見し、継続的に経営し、現在の管轄統治の状態にあるべきである。日本の独島編入の措置は正当に行われたものではない。

第五に、日本は「17世紀独島の領有権を確立」していたが、それまでに韓国は独島を知らなかったと主張する。

古代の新羅時代に欝陵島に于山国の人々が住んでいたが、欝陵島から独島が見られるため、独島は欝陵島の人々の生活の場だった。

第六に、日本が18世紀日本の地図に独島が表記されていて、1905年領土として編入した後、「アシカ漁で独島を持続的に管理した」と主張する。

古代于山国の時代以降、高麗、朝鮮時代を経て、大韓帝国時代には「勅令41号」で欝島郡を設置し、1906年島根県の独島編入の主張に対して、統監府に抗議するなど、韓国領土として管理してきており、日帝の植民地統治はポツダム宣言によって不法になった。

第七に、現在、日本は韓国が独島を「不法占領」していると主張する。

現在の独島は、歴史的領土権原を基盤に韓国が管轄統治している。第2次

世界大戦で日本が敗戦して同時にポツダム宣言を受諾することで、1946年1月、連合国が暫定的に「済州島、欝陵島、独島」を韓国領土と認めた。1951年対日平和条約では連合国は韓国が管轄統治していた独島の地位を変更しなかった。さらに、1952年4月対日平和条約が批准される前に韓国政府が平和線(日本では「李承晩ライン」)を宣言し、独島を韓国領土として管轄統治しているのである。。

　これに対して、連合国と日本は、批准過程で韓国が独島を管轄統治している平和線の状態を問題にして法的にその地位を変更する何の措置も取らなかった。したがって、平和線は国際法上にも合法的な措置と認められたものだといえる。

┃ 일본극우주의자들, SNS상으로 "독도는 일본영토"이라고 한국국민을 현혹하다

최근에 독도 활동가인 지인으로부터 카카오톡으로 아래와 같은 내용을 받았다. 이 내용이 무작위로 한국인들에게 뿌려지고 있었다. 이런 짓을 누가할까? 상상은 여러분들에게 맡기겠다. 한국의 매국노이든가 아니면 일본의 극우주의자들이다. 그런데 한국에는 36년간 일제의 악랄한 식민지 지배를 당했기 때문에 이런 짓을 하는 사람이 없을 것이다. 그래서 간교한 일본 극우주의자들의 짓임에 분명하다. 일본 극우주의자들의 독도 영토주권 침탈 행위는 도를 넘었다. 이제 치밀하게 우리들의 안방까지 침투했다, 섬뜩하다. 이들의 과감한 행동에 이런 말들이 떠오른다. "호랑이를 잡으려면 호랑이 굴에 들어가라." "호랑이를 만나더라도 정신만 바짝 차리면 살아난다." "두 눈뜨고 코 베일 세상이 되었다." 조상대대로 물려받은 우리의 고유영토인 독도를 후손들에게 제대로 물려주려면 '알아야 지킬 수 있다'.

카톡 내용을 그대로 인용하면 이렇다. 즉, 〈대한제국 고종황제 칙령 41호 반포가 독도와 관계가 있나요?〉라는 주제로 〈저의 의견에 반박하실 수가 있습니까?〉〈고종 칙령 41호〉에는 '울릉전도와 죽도, 석도를 관할할 것'이라는 내용이 있다. "여기서 말하는 석도가 분명하고 명학하게 독도라고 쓰여있지 않아서 한일 간 논쟁이 되고 있습니다. 일본은 울릉도 북동쪽에 있는 바위섬인 관음도라고 하고 있는 것이고, 외교부, 독도본부 등등 한국의 모든 인터넷에서는 〈석도→돌섬→ 독도〉라면서 황당한 말을 하고 있으나, 여기서 말하는 석도는 현재의 관음도입니다. 그 분명한 증거는 현재 국립도서관에 있는 『구한국지방행정구역명칭일람』에 쓰여 있습니다. 위키백과에도 믿을만 하지는 않으나 관음도의 옛 이름이 석도라고 나

와 있습니다.(위키백과 인터넷 주소포함)", "그러면 구한국 지명에서 울도
군 북면의 석도는 독도를 말하는 것이라고 외교부, 독도본부 등이 생떼부
릴 수도 있겠습니다.", "오히려 이규원이 당시에 만났던 일본인들이 한 말
이 눈길을 끕니다. [우리는 이곳이 (울릉도) 타국 땅이라는 말을 들은바 없
고 일본 땅으로 알고 있다. 이미 이곳이 일본의 송도라 표시되어있다] 그
냥 알고만 계세요, 이런 말 입 밖에 내었다간 한국 땅에선 매장당합니다.",
"그리고 칙령41호에 독도가 쓰여 있지 않다고 해도 그것이 독도가 일본영
토라는 근거는 아닙니다. 부디 사실만을 말하시길. 원하시면『세종실록』
(지리지), 안용복, 태정관지령, 조선의 모든 고지도, 이런 것들에 독도가
없다는 것도 증명해드리겠습니다."

　위의 내용은 일본의 극우주의자들이 주장하는 독도 침탈 논리와 100%
일치하고, "〈석도→돌섬→독도〉라면서 황당한 말을 하고 있습니다.", "외
교부, 독도본부 등이 생떼부릴 수도 있습니다.", "이런 말 입 밖에 내었다
간 한국 땅에선 매장당합니다." 이런 표현으로 보면 100% 일본극우주의
자의 행위임에 확신한다, 이제 일본극우주의자들이 한국인을 가장하고
우리 국민을 선동하여 독도를 침탈하려 하고 있다.

　일본극우주의자들의 교묘한 날조행위를 지적 하면 다음과 같다. 즉, 칙
령 41호의 석도는 〈석도(1900년 칙령)→돌섬(1882년 이후 전라도 개척민
이 돌섬 혹은 '독도'라고 부름)→독도(独島: 1904년의 일본문헌, 1906년의
한국문헌 기록)〉로 변천되어온 것은 사실이다. 그런데 일본극우주의자들
주장의 문제점은『구한국지방행정구역명칭일람』에 석도가 관음도로 되
어있다는 것이다. 그래서 궁금하여 인터넷을 확인했다.『구한국지방행정
구역명칭일람』은 일제강점기인 〈1932년〉에 발행되었고, 발행처는 〈조
선경찰협회〉이었다. 내용은 〈관음도〉라는 항목에 〈관음도 혹은 석도라
고 부른다〉라고 기록되어있었다.

여기서 날조된 내용은 〈관음도 혹은 석도라고 부른다〉라고 하는 내용
이다. 일본은 독도를 침탈하려고, 1905년 2월 러일전쟁 중에 한국 몰래 '죽
도(竹島)'라는 이름으로 '시마네현 고시40호'로 편입을 시도하였다. 한국
정부는 그 1년 뒤인 1906년 3월 이 사실을 알고 통감부에 정식으로 항의하
여 편입을 부정했다. 1910년 일제가 한국을 강점한 뒤 독도를 일본 땅으로
취급했다. 그런데 대한제국은 이미 1900년에 칙령41호로 '울도군'을 설치
하고 〈울릉전도, 죽도, 석도(=독도)〉를 관할구역으로 지정하였던 것이다.

일제(조선경찰협회)는 칙령41호의 〈석도=독도〉을 부정하기 위해 1932년
칙령41호의 〈석도=관음도〉로 사실을 날조했다. 다시 말하면, 일제는
1932년 『구한국지방행정구역명칭일람』를 집필하면서 울릉도의 〈관음도〉
라는 항목에 〈관음도 혹은 석도라고 부른다〉라고 날조하여 국제법적으로
독도가 한국영토라는 명확한 증거인 칙령41호(1900년)의 〈석도=독도〉
를 없애려고 시도했던 것이다.

▌日本の極右主義者たち、韓国のSNS上で「独島は日本の 領土だ」と韓国の国民を惑わす

　最近独島の活動家である知人からカカオトークで、以下のような内容を受け た。この内容が無作為で韓国人にばらまかれていた。こんなことを誰がしよう か。ご想像は皆さんにお任せする。韓国の売国奴か、でなければ日本の極右 主義者たちだ。しかし、韓国では36年間、日帝の悪辣な植民地支配を受けたた め、このようなことをする人はいないだろう。そのため、悪賢い日本の極右主義 者の仕業に違いない。日本の極右主義者たちの独島領土の土権侵奪行為は度 を越えている。「すでにもう緻密に私たちの奥の間まで浸透した、ぞっとする」。 彼らの果敢な行動に、こんな言葉が思い浮かぶ。「虎を捕るなら虎穴に入りなさ い。」「トラに遭遇しても 気を しっかりすれば 助かる」「眼を開いて、鼻の切れるよ うな世の中になった」先祖代々受け継いだ韓国固有の領土である独島を子孫にま ともに譲るためには、「知ってこそ守ることができる」。カカオトークの内容をそのま ま引用すれば、次のようだ。

　つまり、「大韓帝国高宗皇帝、勅令41号の頒布が独島と関係があるんですか?」 という主題で「私の意見に反論することができますか?」「高宗勅令41号」には「欝陵 全島と竹島、石島を管轄すること」という内容がある。「ここでいう石島がはっきり していて、明確に独島と書かれていないので、韓日間の論争になっています。 日本は欝陵島の北東にある岩の島である観音道としているので、韓国の外交 部、独島本部など韓国の全てのインターネットでは「石島→石の島→独島」だと し、荒唐無稽な発言をしているが、ここでいう石島は現在の観音道です。

　その確かな証拠は、現在国立図書館にある「旧韓国地方行政区域名称一覧」 に書かれています。

　ウィキペディア(日本語板)にも… 信じるに値しないが、観音道の昔の名前が石

島と出ています。」「それでは旧韓国地名で欝島郡北面の石島は、独島を言うの
だと、外交部、独島本部などが無理することもあります。」「むしろ李奎遠検察使
にが当時会った日本人が言った言葉が目を引きます。」「我々はここが(欝陵島)他
国の地という言葉は聞いておらず、日本の地だと聞いている。すでにここが日本
の松島と表示されている」「そのまま分かって待ってくださいという話口に出したら
韓国の地では売場されます。」「そして勅令41号には独島の名前がないとしても、
それは独島が日本領土という根拠はありません。どうか本当のことをおっしゃるよう
に。ご希望の方は、世宗実録地理誌、安竜福、太政官指令、朝鮮のすべての
古地図、こうしたことには独島がないということも証明してあげます。」という。

　上の内容は、日本の極右主義者たちが主張する独島侵奪論理と100％一致す
る。「石島→石の島→独島だとし、荒唐無稽な発言をしています。」「外交部、
独島本部などが無理することもあります。」「このような話口に出したら韓国の地で
は売場されます。」という、このような表現で見ると、100％日本の極右主義者の行
為であることを確信してしまう。もう日本極右主義者たちが韓国人を装って韓国国
民を扇動して独島を侵奪しようとしている。日本の極右主義者たちの巧妙なねつ
造行為を指摘すると、次のようだ。

　勅令41号の石島は、「石島(1900年勅令)→石の島(1882年以降、全羅道出
身の開拓民が石の島あるいは「独島」と呼ぶ)→独島(1904年日本の軍艦日誌、
1906年欝島郡守)」へと変遷されてきたことは事実だ。

　ところが、日本の極右主義者たちの主張の問題点は、「旧韓国地方行政区域
名称一覧」に石島が観音島になっているという点である。

　それで、具体的な内容が知るためにインターネットを調べた。「旧韓国地方行
政区域名称一覧」は、日本による植民地時代であった「1932年」に発行されたも
ので、発行先は「朝鮮警察協会」であった。

　内容は「観音島」という項目に「観音島または石島と呼ぶ」と記されている。ここ

で捏造されたものは「観音島あるいは石島と呼ぶ」という内容である。

　日本は独島を侵奪しようと、1905年2月日露戦争中に韓国こっそり「竹島」という名前で「島根県告示第40号」に編入を試みた。

　韓国政府はその1年後の1906年3月、この事実を知り、統監府に正式に抗議し、編入を否定した。

　1910年、日本が韓国を占領した後、独島を日本の領土として扱っている。

　しかし、大韓帝国はすでに1900年に勅令41号に「欝島郡」を設置して、「欝陵全島、竹島、石島(=独島)」を管轄区域に指定したのだ。日帝(朝鮮警察協会)は勅令41号の「石島=独島」を否定するため、1932年勅令41号の「石島=観音島」に事実を捏造した。

　つまり、日本は1932年『旧韓国地方行政区域の名称一覧』を執筆し、欝陵島の「観音島」という項目に「観音島あるいは石島と呼んでいる」と捏造し、国際法的に独島が韓国領土であるとの明確な証拠である勅令41号(1900年)の「石島=独島〉をなくそうと試みたものだ。

┃ 독도는 신라 이래 한국땅, '주인 없는 섬'이라는 일본 주장은 억지

독도는 역사적·지리적 증거에 의한 영토적 권원으로 볼 때 국제법적으로 명백한 대한민국의 영토이다. 국제법의 영토취득 방법에는 '첨부, 선점, 점유, 시효, 할양, 정복' 5가지가 있다. 여기서 '첨부, 선점'은 원래 주인이 없는 땅을 처음으로 취득하는 것이고, '시효, 할양, 정복'은 타국의 영토였던 것을 승계하는 것이다.

독도는 대한민국이 새롭게 취득한 영토도 아니고, 더군다나 그 이전에 타국의 영토였던 적도 없는 한국의 고유영토이다. 고유영토라는 것은 국가 건국의 바탕이 되는 원래의 영토를 말한다. 대한민국의 영토는 고대시대의 가야 고구려 신라 백제, 기타 한반도 주변 소국들(우산국도 그 중의 하나임)의 영토가 바탕이 되었다.

특히 독도는 고대시대 울릉도와 더불어 우산국의 영토였는데, 우산국이 서기 512년 병합되어 신라영토가 된 이후 울릉도와 독도가 타국에게 점령당한 일이 없었다. 신라의 영토는 후에 고려, 조선, 일제강점기를 거쳐 해방국가인 대한민국의 영토로 계승되었다. 따라서 울릉도와 독도는 '국민, 주권'과 함께 일제로부터 분리 독립된 대한민국 건국의 바탕이 된 '고유영토'이다.

그런데, 현재 일본은 "독도가 17세기에 영유권을 확립한 일본의 고유영토이고, 1905년 국제법에 의거한 편입조치로 재확인되었다", "1905년 독도는 주인이 없는 섬(無主地)이었기 때문에 국제법의 영토취득 방법인 '선점(先占)' 이론으로 취득한 새로운 영토"라는 거짓된 주장으로 오락가락하고 있다.

1905년 이전의 독도는 역사적으로 한국이 관할통치했던 고유영토로서

'주인이 없는 섬'이 아니었다. 지리적으로 보면, 독도는 울릉도에서 바라보이는 섬으로써 고대시대 울릉도를 본거지로 한 우산국의 영토였다. 고문헌 기록에 의하면, 우산국은 512년 신라에 편입되었고, 그후 울릉도와 우산도(독도)는 고려, 조선의 영토로 계승되었다.

그러나 1910년 일제가 대한제국을 강점으로 식민지 지배하여 국가를 잃었지만, 제2차 세계대전에서 일본이 패망하여 카이로선언, 포츠담선언에 의해 불법 식민지 지배가 종결되어 대한민국은 일본에서 분리 독립되었다. 이때에 '제주도, 울릉도와 더불어 독도'는 SCAPIN 677호에 의해 독립된 한국의 핵심적인 영토가 되었다.

그럼에도 불구하고 일본은 국제법으로 편입한 합법적인 자신들의 영토라고 주장하고 이를 합리화하기 위해 독도가 한국영토라는 사실을 부정하고 일본영토라는 논리를 날조하고 있다. 그러나 한일 양국의 고문헌 기록을 보면 일본의 주장은 모두 거짓이다.

첫째, "17세기 일본영토로서 독도의 영유권을 확립했다. 독도는 일본의 고유영토이다"라고 한다. 그러나 '돗토리번 답변서'나 '울릉도도해금지령'에 의하면 당시 막부가 울릉도와 더불어 독도를 한국영토로 인정하였다. 또한 고유영토가 되려면 1905년 편입조치를 취하기 이전에 타국의 영토였다는 증거가 있으면 안 된다. 그러나 이미 독도는 신라 고려 조선시대에 한국의 영토였다는 문헌기록이 있기 때문에 일본의 주장은 거짓이다.

둘째, "1905년 국제법에 합당하게 무주지 선점으로 독도를 새로운 영토로서 취득했다. 1905년 이전 독도가 한국영토였다는 증거는 없기 때문에 무주지였다"라고 한다.

그러나 총리부령에 해당하는 '태정관지령'과 '기죽도약도' 등에 의하면, 1877년 메이지정부가 울릉도와 더불어 독도는 일본영토가 아니라고 했고, 또한 1900년 고종황제가 '칙령41호'로 울도군을 설치하여 '울릉전도,

죽도, 석도(독도)'를 관할구역에 포함시켜 독도를 행정적으로 관할하였기 때문에 일본의 주장은 거짓이다.

셋째, "일본은 독도문제를 법에 따라 국제사법재판소에서 평화적으로 해결하기를 원하지만, 한국이 일본의 제안을 거부했다"고 주장한다. 그러나 독도는 분쟁지역이 아니고, 명백한 대한민국영토이다. 국제사법재판소는 당사자들 모두가 합의한 분쟁지역이 아니면 한쪽의 일방적인 주장에는 중재하지 않는다. 이런 일본의 영유권 주장은 독도를 분쟁지역으로 만들려는 시도에 불과하기 때문에 절대로 동조해서는 안 된다.

따라서 독도는 국제법적으로 명백한 대한민국영토이므로 절대로 신속히 해결하겠다고 서둘러서는 안 된다. 다만 일본이 정치적 수사를 동원하여 국제법적으로 일본영토라고 주장하면서 독도를 분쟁지역으로 만들어 일제가 탐욕한 섬을 취하려는 음흉한 계략에 대해서는 철저히 차단해야 한다.

▎独島は新羅以来、韓国の地、「無主地」という日本の主張はこじつけ

　独島は歴史的・地理的証拠による領土的権原から見て、国際法的に明白な大韓民国の領土である。国際法の領土取得方法には「添付、先占、占有、時効、割譲、征服」の5つがある。ここで「添附、先占」は本来所有者のいない土地を初めて取得するもので、「時効、割譲、征服」は他国の領土だったものを承継するものである。

　独島は大韓民国が新たに取得した領土もなく、しかも、その以前に他国の領土だったこともない韓国の固有領土である。固有領土とは、国家建国の土台となる本来の領土をいう。大韓民国の領土は古代時代の伽耶、高句麗、新羅、百済、その他、韓半島周辺の小国(于山国もその一つ)の領土が基になっている。

　特に、独島は古代時代、欝陵島とともに于山国の領土だったが、于山国が西暦512年併合され、新羅領土になった後、欝陵島と独島が他国に占領されたことがなかった。新羅の領土は後に高麗、朝鮮、日本による植民地時代を経て解放国家である大韓民国の領土として継承された。したがって、欝陵島と独島は「国民」、「主権」と一緒に日本から分離独立した大韓民国の建国の土台となった「固有の領土」だ。

　ところで、現在、日本は「独島が17世紀に領有権を確立した日本の固有領土であり、1905年国際法に基づいた編入の措置で再確認された。」「1905年に独島は、持ち主がいない島(無主地)だったために国際法の領土取得方法である「先占」理論で取得した「新たな領土」という偽りの主張で右往左往している。

　1905年以前の独島は歴史的に韓国が管轄統治した固有の領土として「持ち主がいない島」ではなかった。地理的に見ると、独島は欝陵島で見える島で、古代時代、欝陵島を本拠地とした于山国の領土だった。古文献記録によると、于

山国は512年新羅に編入され、その後、欝陵島と于山島(独島)は、高麗、朝鮮の領土へと継承された。

　しかし1910年、日帝が大韓帝国を強占に植民地として支配して国家を失ったが、第2次世界大戦で日本が敗亡し、カイロ宣言、ポツダム宣言により不法の植民地支配が終結し、大韓民国は日本から分離独立した。この時に「済州島、欝陵島」とともに、「独島」はSCAPIN 677号によって独立した韓国の核心的な領土となった。

　それにもかかわらず、日本は国際法に編入した合法的な自分たちの領土だと主張し、これを合理化するため、独島が韓国領土だという事実を否定し、日本領土という論理をねつ造している。しかし、韓日両国の古文献記録を見ると、日本の主張はすべて嘘だ。

　第一に、「17世紀日本の領土として独島の領有権を確立した。独島は日本の固有領土だ」という。しかし、「鳥取藩の答弁書」や竹島(欝陵島)渡海禁止令」によると、当時の幕府は欝陵島とともに、独島を韓国領土に認めていた。また、固有の領土になるためには、1905年に編入措置を取る前に他国の領土だったという証拠があってはならない。しかし、すでに独島は新羅、高麗、朝鮮時代に韓国の領土だったという文献記録があるため、日本の主張は偽りである。

　第二に、「1905年国際法上合法的に無主地の先取りで独島を新たな領土として取得した。1905年以前、独島が韓国領土だったという証拠はないために、無主地だった」という。

　しかし、現在の内閣府令に該当する「太政官指令」と「磯竹島略図」などによると、1877年明治政府が欝陵島とともに、独島は日本の領土ではないとし、さらに、1900年高宗皇帝が「勅令41号」で欝島郡を設置して「欝陵全島、竹島、石島(独島)」を管轄区域に含めて独島を行政的に管轄したために日本の主張は偽りである。

　第三に、「日本は独島問題を法によって国際司法裁判所で平和的に解決することを望むが、韓国が日本の提案を拒否した」と主張する。しかし、独島は紛争地域ではなく、明白な大韓民国の領土だ。国際司法裁判所は、当事者全員が合意した紛争地域でなければ、一方の一方的な主張には仲裁しない。このような日本の領有権主張は、独島を紛争地域にしようとする試みに過ぎないために絶対に同調してはならない。

　したがって、独島は国際法的に明白な大韓民国の領土なので、絶対に迅速に解決すると急いではならない。ただ、日本が独島の領有権を政治的の問題化するために、国際法的に日本領土だと主張し、独島を紛争地域にして、日帝が貪欲した島を再度取ろうとする陰険な計略については徹底的に遮断しなければならない。

제4장

현대 일본의 독도 영유권의
날조

第4章

現代日本の独島領有権の
捏造

▎일본정부의 독도 영유권 날조 : "한국이 이승만라인을 설정하여 독도를 불법 점거했다"?

독도는 일제의 36년간 불법통치를 제외하고, 고대 신라의 우산국시대를 거쳐 오늘날까지 한 번도 영유권을 포기하거나 타국의 영토가 된 적이 없는 한국의 고유영토이다. 그런데 역사적으로 보면, 일본은 안용복 사건, 러일전쟁, 대일평화조약을 체결할 때를 포함해서 3번에 걸쳐 독도침탈을 시도했다.

17세기 안용복 사건 때는 일본 대마도주가 울릉도의 영유권을 주장했지만 막부가 스스로 울릉도와 더불어 독도가 한국영토임을 인정했고, 1905년 러일전쟁 때는 일본이 한국 고유영토인 독도를 '무주지(無主地)'라고 하여 일방적으로 편입 조치를 취했는데, 그 1년 후 편입 사실을 알게 된 대한제국정부가 통감부에 정식으로 항의하여 일본의 편입 조치를 인정할 수 없다고 통보했다.

특히 1951년 대일평화조약을 체결할 때에는 연합국군 최고사령부 사령관 맥아더가 1946년 1월 SCAPIN 677호로 '제주도, 울릉도'와 함께 '독도'

를 한국영토로 인정하여 한국이 실효적으로 지배하는 상태에 있었는데, 일본이 미국을 이용하여 독도를 일본영토로 변경하려고 시도했지만, 결국 미국, 호주, 뉴질랜드 등 영연방국가의 반대로 일본의 의도는 이루어지지 못했다. 1952년 1월 한국정부는 그해 4월 조약 비준을 앞두고 대일평화조약 체결 이후 독도 영유권을 주장하는 일본의 도발을 사전에 차단하기 위해 평화선을 선언하였다.

평화선은 1965년 한일어업협정을 체결할 때까지 한일 양국의 해양경계가 되었다. 그후 한국은 평화선의 영향으로 오늘날까지 독도를 실효적으로 관할통치하고 있다.

그런데 일본외무성 홈페이지에는 일본정부는 "'이승만라인'의 설정은 공해상의 위법적인 경계 설정인 동시에, 한국의 다케시마 점거는 국제법상 아무런 근거가 없이 행해지고 있는 불법 점거이다. 한국이 이러한 불법 점거에 근거하여 다케시마에 대해 행하는 어떠한 조처도 법적 정당성을 가지는 것이 아니다. 이러한 행위는 다케시마의 영유권을 둘러싼 일본의 입장에 비추어 결코 용인될 수 없는 것으로, 다케시마에 대하여 한국측이 어떤 조처 등을 행할 때마다 엄중한 항의를 거듭하는 동시에 그 철회를 요구해오고 있다."라고 하여 한국의 독도 영유권을 부정하기 위해 평화선에 관한 사실을 날조하고 있다.

첫째, 일본정부는 "1952년1월 이승만 한국 대통령은 '해양주권선언'을 발표하여, 이른바 '이승만라인'을 국제법에 반하여 일방적으로 설정하고, 이 라인의 안쪽에 있는 광대한 수역에 대한 어업관할권을 일방적으로 주장함과 동시에 그 라인 안에 다케시마를 포함시켰다."라고 주장한다.

즉, ① 평화선은 국제법상 영토에는 영해와 관할수역, 배타적 경제수역을 갖기 때문에 대일평화조약에서 어업범위를 당사지간에 결정하도록 규정되어 있어서 한국이 독도의 영토주권을 포함한 한국영토가 갖는 해양주권을 선언한 것이다. ② 평화선에 의한 어업관할 범위는 1946년 SCAPIN 1033호의 독도기점 12해리 맥아더라인과 당시 국제법상 영해 3해리와 전관수역 12해리를 바탕으로 설정한 것이므로 국제법상 합당한 조치이다. ③ 평화선은 최종적으로 1965년 한일협정에서 독도주변 12해리 관할수역과 그 이외지역은 공동규제수역으로 대체되었다. ④ 독도의 영유권은 1946년 SCAPIN 677호로 잠정적으로 한국영토로서의 관할통치권을 인정받았고, 대일평화조약에서 한국의 관할통치권을 중단하는 아무런 결정도 내려지지 않았기 때문에 평화선으로 일본의 영토주권 침해를 방어했다.

둘째, 일본정부는 "1953년3월 일미합동위원회에서 다케시마를 주일미군의 폭격훈련 구역에서 해제할 것을 결정하였다. 이로 인해 다케시마에서의 어업이 다시 시행되게 되었지만, 한국인도 다케시마와 그 주변에서 어업에 종사하고 있다는 사실이 확인되었다. 같은 해 7월에는 불법어업에 종사하고 있는 한국 어민에 대해 다케시마로부터 퇴거하도록 요구한 일본의 해상보안청 순시선이 한국 어민을 원호하고 있던 한국 관헌에 의해 총격을 받는 사건이 발생하였다."라고 주장한다.

즉, ① 1953년 일미합동위원회에서 독도가 주일 미군 폭격훈련구역에서 해제된 것은 한국정부의 요청에 의한 것이다. ② 독도주변은 평화선에 의해 일본어민들의 접근이 불가능한 한국의 어업구역이었기 때문에 일본어민들이 '다케시마'에서 다시 조업을 시작하였다는 주장은 거짓이다. ③ 한국전쟁 중에 일본 순시선이 불법으로 독도에 침입하였기 때문에 울릉도 청년들이 독도 의용수비대를 조직하여 독도에 침입하는 일본순시선에 대해 총격으로 정당하게 영토주권을 수호한 것이다.

셋째, 일본정부는 "다음 해인1954년6월 한국 내무부는 한국 연안경비대의 주둔부대를 다케시마로 파견하였음을 발표하였다. 같은 해8월에는 다케시마 주변을 항행중인 해상보안청 순시선이 다케시마로부터 총격을 받았으며, 이 사건으로 인해 한국의 경비대가 다케시마에 주둔하고 있음이 확인되었다." "한국측은 지금도 계속하여 경비대원을 상주시킴과 동시에 숙사 및 감시소, 등대, 접안시설 등을 구축하고 있다."라고 주장한다.

즉, ① 한국정부는 일본순시선의 독도침입을 막기 위해 1954년 6월 정식으로 경찰을 주둔시켰다. ② 독도 주변에 접근하는 일본순시선에 대해서는 총격으로 영토주권을 수호했다. ③ 1954년부터 정식으로 독도에 한국 경찰이 상주하게 되었고, 등대, 접안시설 등을 설치하여 실효적 지배를 강화했다. ④ 일본은 영유권을 주장하고 동시에 경비대 주둔과 시설물 설치를 불법 행위라고 항의했지만, 한국의 실효적 지배강화는 정당한 영토수호 행위이다.

이러한 일련의 과정은 오늘날 한국이 독도를 실효적으로 관할 통치하게 된 경위이다. 향후에도 독도의 영토주권에 대항하는 일본의 도발에는 단호히 대응해야한다.

┃ 日本政府の独島領有権の捏造:「韓国が李承晩ラインを設定し、独島を不法占拠した」?

　独島は日本の36年間、不法統治を除いて、古代新羅の于山国時代を経て、今日まで一度も領有権を放棄したり、他国の領土になったことがない韓国の固有領土である。

　ところで歴史的に見ると、日本は安竜福事件、日露戦争、対日平和条約を締結する際を含めて3度にわたって独島侵奪を試みた。17世紀、安竜福事件の時は、日本の対馬島主が欝陵島の領有権を主張していたが、幕府が、自ら欝陵島とともに、独島が韓国領土であることを認めており、1905年の日露戦争中には日本が韓国固有の領土である独島を「無主地」とし、一方的に編入の措置を取ったが、その1年後編入の事実を知った大韓帝国政府が統監府に正式に抗議して、日本の編入の措置を認めないと通知した。特に1951年対日平和条約を締結する際には、連合軍の最高司令部司令官マッカーサーが1946年1月SCAPIN 677号に「済州島、欝陵島」ともに「独島」を韓国領土に認め、韓国が実効支配をする状態になったが、日本が米国を利用して独島を日本領土に変更しようと試みたが、結局、米国は日本の立場を支持したが、結局オーストラリア、ニュージーランドなど英連邦国家の反対で日本の意図は行われなかった。

　1952年1月韓国政府は同年4月、条約批准を控えて対日平和条約の締結以降、独島の領有権を主張する日本の挑発を事前に遮断するため、平和線(日本では、「李承晩ライン」という)を宣言した。平和線は1965年韓日漁業協定を締結するまで韓日両国の海洋境界になった。

　その後、韓国は平和線の影響で今日まで独島を実効的に管轄統治している。ところで日本外務省ホームページには、日本政府は「李承晩ライン」の設定は公海上の違法的な境界設定であると同時に、韓国の竹島の占拠は、国際法

上何ら根拠がなく行われている不法占拠である。

　韓国がこのような不法占拠を根拠して竹島に対して行うどのような処置も法的正当性を持つことがない。このような行為は竹島の領有権をめぐって、日本の立場に照らして決して容認されることができないものと、竹島に対して韓国側がどのような措置などを行うたびに厳重な抗議を繰り返しすると同時にその撤回を要求してきている。」とし、韓国の独島領有権を否定するため、正当な平和線を対して「李承晩ライン」と不法性を強調して事実を捏造している。

　まず、日本政府は「1952年1月、李承晩韓国大統領は海洋主権宣言を発表して、いわゆる李承晩ラインを国際法に反して一方的に設定して、このラインの内側にある広大な水域に対する漁業管轄権を一方的に主張するとともに、そのラインの中で、竹島を含ませた。」と主張する。①平和線は、国際法上の領土には、領海と管轄水域、排他的経済水域を持つために対日平和条約で漁業範囲を韓日両国の間で決めるよう規定されていて、韓国が独島の領土主権を含む韓国領が持つ海洋主権を宣言したのだ。②平和線による漁業管轄範囲は、1946年SCAPIN 1033号の独島基点12海里マッカーサーラインと、当時の国際法上の領海3海里と専管水域12海里を基に設定したことで、国際法上、正当な措置であった。③平和線は、最終的に1965年の韓日協定で独島周辺12カイリ管轄水域と、その以外の地域は共同規制水域に代替された。④独島の領有権は、1946年SCAPIN 　677号で暫定的に韓国領土としの管轄統治権を認められており、対日平和条約で韓国の管轄統治権を中断するいかなる決定も下されなかったために平和線で日本からの領土主権の侵害を防衛した。

　第二に、日本政府は「1953年3月、日米合同委員会で、竹島を在日米軍の爆撃演習区域から解除することを決定した。これによって、竹島での漁業が再び施行されるようになったが、韓国人も竹島とその周辺で漁業に従事しているという事実が確認された。

同年7月には、「違法漁業に従事している韓国の漁民に対して、竹島から退去するよう要求した日本の海上保安庁の巡視船が韓国の漁民を援護していた韓国官憲によって銃撃を受ける事件が発生した。」と主張する。

①1953年日米合同委員会で、独島が在日米軍の爆撃演習区域から解除されたのは韓国政府の要請によるものだ。②独島周辺は、平和線によって日本の漁民の接近が不可能な韓国の漁業区域だったために日本の漁民が「竹島」で再び操業を開始したという主張は偽りである。③朝鮮戦争中に、日本の巡視船が不法で独島に侵入したために欝陵島青年たちが独島義勇守備隊を組織し、独島に侵入する日本の巡視船に対して銃撃で正当に領土主権を守護したのだ。

第三に、日本政府は「翌年の1954年6月韓国の内務部は韓国沿岸警備隊の駐留部隊を竹島と派遣したことを発表した。同年8月には、竹島周辺を航行中の海上保安庁の巡視船が竹島から銃撃を受けており、この事件によって韓国の警備隊が竹島に駐留していることが確認された。」「韓国側は今も引き続き警備隊員を常駐させるとともに、宿舎及び監視所、灯台、接岸施設などを構築している」と主張する。

①韓国政府は、日本の巡視船の独島侵入を防ぐため、1954年6月、正式に警察を駐留させた。②独島の周辺に接近する日本の巡視船に対しては銃撃で領土主権を守護した。③1954年から正式に独島に韓国警察が常駐するようになり、灯台や接岸施設などを設置して実効的支配を強化した。④「日本は領有権を主張し、同時に警備隊の駐屯と施設の設置を不法行為だと抗議したが、韓国の実効的支配の強化は正当な領土守護行為だ。」

このような一連の過程は今日韓国が独島を実効的に管轄統治することになった経緯だ。今後も独島の領土主権に対抗する日本の挑発には断固として対応しなければならない。

| 일본정부의 독도 영유권 날조 : 샌프란시스코 조약에서 독도가 일본영토로 결정됐다고 국제사회 선동

일본정부는 2013년 2월 '내각관방 영토주권대책 기획조정실'을 만들어 중앙정부 차원에서 독도영유권을 날조하여 선동활동을 시작했다.

첫째, 일본은 제2차 세계대전에서 패전한 이후 "1945년 8월 포츠담선언 수락하여 1946년 1월 SCAPIN 677호로 독도에 대한 행정권이 일시적으로 정지되었지만 1952년 4월 대일평화조약이 발효되어 한국의 행정권이 취소되었다"라고 사실을 날조하고 있다. 실제로는 연합국이 대일평화조약에서 최종적인 결정을 앞두고 우선적으로 한국의 독립과 더불어 독도의 행정권과 통치권을 한국에 넘겼다.

둘째, 일본은 "1946년 6월 SCAPIN 1033호로 독도에 대한 접근이 금지되었지만, 1952년 4월 해제되었다"라고 사실을 날조하고 있다. 실제로는 연합국이 당시 국제법이 인정하는 독도 기점 3해리를 한국의 영해로 인정하였고. 대일평화조약에서 3해리 영해가 취소되지 않았다. 다만 양국 간의 해양 경계는 합의하여 결정하도록 했다.

셋째, 일본은 "평화조약 체결을 위한 협상은 미국이 1947년경부터 시안 작성을 시작했고 예비적인 협의를 하면서 초안을 마련했다. 영국도 독자적으로 초안을 작성하였다. 미국은 영국과 협의하여 1951년 미국 초안을 마련하였다. 1951년 4월 25일 미영 양국이 협의하여 '다케시마'가 일본영토라는 인식 아래 미영 공동초안을 마련하였다."라고 사실을 날조하고 있다. 실제로는 미국이 1차~5차 초안에서 독도를 한국영토로 인정했다가, 6차 초안에서 주일 미국무성 정치고문인 친일파 시볼드의 영향으로 정치적 결정으로 6차 초안에서 독도를 일본영토로 변경하였다. 영국으르 비롯한 영연방국가들이 독도를 한국영토로 인정하고 있었기 때문에 서로 의견이 다른 영미 양국이 공동초안을 마련하면서 분쟁지역으로써 유인도는 신탁통치를 단행하고, 무인도는 지위결정을 유보한다는 방침을 정했던 것이다.

넷째, 일본은 "1951년 5월 3일 미영 공동초안에 대해 한국이 수정을 요청하였으나, 미국은 한국이 독도를 영유한 적이 없고, 일본영토라고 응답했다."라고 사실을 날조했다. 실제로는 한국은 친일파 시볼드의 영향으로 독도가 일본영토로 변경되는 것을 막고 한국영토로서 인정받기를 노력하였다. 그러나 연합국 측은 미국이 친일파 시볼드의 영향으로 정치적 판단에 의해 일본의 입장을 두둔하였지만, 영연방국가가 일본영토로서 결정되는 것에 반대했다. 결국 SCAPIN 677호로 한국의 실효적으로 지배하고 있는 상태에서 독도의 지위는 결정되지 않았다.

다섯째, 일본은 "1951년 9월 8일 샌프란시스코 평화조약이 서명되었다, 한국이 조문 수정을 요청하였으나 인정되지 않고 독도가 일본영토임이 확인되었다. 한국은 요청이 달성되지 않자 강경수단으로 1952년 1월 18일 대통령이 '해양 주권 선언'이라는 이승만라인을 선언했다. 1952년 2월 11일 해양 주권 선언에 대해 미국이 항의했다."라고 사실을 날조했다. 실제로는 대일평화조약에서 독도가 한국영토라는 한국의 요구를 거부한 것은 일본의 영유권 주장으로 분쟁지역화 되어 있는 무인도인 독도문제에 개입하지 않기 위한 것이다. 독도가 일본영토라서 거절한 것이 아니다. 대일평화조약 이전에 맥아더라인으로 한일 양국의 해양 경계가 결정되어 있었는데, 평화조약 체결로 맥아더라인 철수로 기존의 해양주권의 침해를 우려하여 평화선을 선언한 것이다. 한국의 평화선 조치는 대일평화조약에 의한 것으로 개별적인 미국의 입장과는 무관하다.

여섯째, 일본은 "1952년 4월 28일 샌프란시스코 평화조약이 발효되었고, 미국과 영국은 샌프란시스코 평화조약에서 독도가 일본영토라는 견해를 나타내었다. 그런데 한국은 해양 경찰대를 파견하여 '다케시마'를 불법 점거했다."라고 사실을 날조했다. 실제로는 대일평화조약에서 미국과 영국은 '무인도인 독도에 대해 법적 지위를 결정하지 않기 합의한 것'으로 독도가 일본영토임을 인정한 것이 아니다.

일곱째, 일본은 "일본정부가 1953년 6월에 '다케시마'로 도항이 재개되었으나 한국 측이 방해했고, 1953년 7월 일본 해상보안청 순시선에 대해 총격을 가하는 사건이 발생했다."라고 사실을 날조했다. 실제로는 독도는 SCAPIN 677호로 한국이 실효적으로 지배하게 되었고, 대일평화조약에서 독도에 대한 한국의 실효적 지배를 중지하는 아무런 결정이 내려지지 않았다. 한국경찰이 독도의 영토 주권을 수호하는 행위는 수권국가로서 정당방위이다. '독도에 도항을 재개하려고 했다'고 하는 것은 주권국가의 영토에 대한 침략행위이다.

여덟째, 일본은 "반 플리트 특명대사 보고서에 의한 미국의 시각, 재일본 영국대사관이 본국으로 보낸 전보에 의한 영국의 시각은 일본이 독도 문제를 국제사법재판소에 제소할 것을 희망했다. 1954년 9월 일본이 국제사법재판소에 제소할 것을 제안했으나 한국이 이를 거부했다."라고 사실을 날조했다. 실제로는 미국은 한국이 실효적으로 관할 통치하는 독도에 대해 일본이 영유권을 주장하여 분쟁지역으로 보였기 때문에 미국의 의견을 제안한 것이고, 주일 영국대사관의 입장은 독도를 둘러싼 한일 간의 갈등 상황을 본국에 보고한 것에 불과하다. 영미 양국이 독도를 일본영토로 인정한 것이 아니다.

이처럼 일본은 독도 영유권에 대해 사실관계를 본질대로 밝히려고 하지 않고 일본영토라는 것을 전제로 교묘하게 사실을 날조했다. 1965년 한일협정에서 사토정부가 독도에 대한 한국의 실효적 지배를 인정하였고, 1981년 2월 7일 일본정부가 '북방영토의 날'의 제정하였지만, '다케시마의 날'을 제정하지 못한 것은 독도가 일본영토가 아니라는 사실을 암묵적으로 인정한 것이다.

日本政府の独島領有権の捏造 ： サンフランシスコ条約で 独島が日本の領土と決定されたと国際社会の扇動

　日本政府は2013年2月「内閣官房領土・主権対策企画調整室」を作って中央政府レベルで独島の領有権を捏造して扇動活動を開始した。

　まず、日本は第2次世界大戦での敗戦後、「1945年8月のポツダム宣言受諾して1946年1月SCAPIN　　677号で独島に対する行政権が一時的に停止されたが、1952年4月の対日平和条約が発効して韓国の行政権が取り消された」と事実を捏造している。実際には連合国が対日平和条約で最終的な決定を控えて優先的に韓国の独立とともに、独島の行政権と統治権を韓国に渡した。

　第二に、日本は「1946年6月SCAPIN1033号で独島への接近が禁止されたが、1952年4月解除された」と事実を捏造している。実際には連合国が当時の国際法が認める独島起点3海里を韓国の領海として認めており。対日平和条約では、3海里の領海は取り消されなかった。

　ただし、条約では、両国間で海洋境界を合意して決めることになっていた。

　第三に、日本は「平和条約締結のための交渉は米国が1947年頃から試案を作成し、予備的な協議を行い草案を作成した。英国も独自に草案を作成した。米国は1951年に英国と協議し，米国の草案を作った．1951年4月25日、米英両国が協議して「竹島」が日本領土という認識の下、米英共同草案を作成した。」と事実を捏造している。実際は米国が1次~5次草案で独島を韓国領土に認めていたが、6次草案で駐日米国務省政治顧問である親日派シボルドの影響で政治的決定で6次草案で独島を日本領土に変更した。

　英国をはじめ英連邦諸国が独島を韓国領土と認めていたために、英米両国の間に意見の差があったので、共同草案を作成し、「紛争地域で、有人島は信託統治を断行して、無人島は地位の決定を留保する」という方針を決めるようになっ

たのだ。

　第四に、日本は「1951年5月3日、米英共同草案について、韓国が修正を要請したが、米国は韓国が独島を領有したことはなく、日本領土と回答した。」と事実を捏造した。実際には韓国は親日派シボルドの影響で、独島が日本領土と変更されるのを防ぎ、韓国領土と認められることを努力した。

　しかし、連合国側は、米国が親日派シボルドの影響で政治的判断によって日本の立場を擁護したが、英連邦国家が日本領土と決定されることに反対した。結局、SCAPIN677号で韓国の実効的に支配している状態で、独島の地位は決定されなかった。

　第五に、日本は「1951年9月8日、サンフランシスコ平和条約が署名された、韓国が条文の修正を要請したが認められない。独島が日本領土であることが確認された。韓国は要請が達成されなかったため、強硬手段として1952年1月18日に大統領が海洋主権宣言という李承晩ラインを宣言した。1952年2月11日、海洋主権宣言に対し米国が抗議した」と事実を捏造した。実際には対日平和条約で、独島が韓国領土であるという韓国の要求を拒否したことは、連合国が日本が領有権を主張して紛争地域化されている無人島の独島問題に介入しないためのものだった。独島が日本領土だとし、独島が韓国の領土であると明確に規定しなかったことではない。

　対日平和条約以前にマッカーサーラインで韓日両国の海洋境界が決定されていたが、平和条約の締結によりマッカーサーラインの撤収で既存の海洋主権の侵害を憂慮し、平和線を宣言したのだ。

　韓国の平和線措置は対日平和条約によるもので、個別の米国の立場とは無関係だ。

　第六、日本は「1952年4月28日、サンフランシスコ平和条約が発効され、米国と英国はサンフランシスコ平和条約で、独島が日本領土という見解を示した。

ところで韓国は海洋警察隊を派遣して竹島を不法占拠した。」と事実を捏造した。

　実際には対日平和条約で米国と英国は「無人島である独島に対して法的地位を決定しないと合意した」ので、独島が日本領土であることを認めたわけではない。

　第七に、日本は「日本政府が1953年6月に竹島への渡航が再開されたが、韓国側が妨害し、1953年7月、日本海上保安庁の巡視船に対して銃撃を加える事件が発生した。」と事実を捏造した。

　実際には、独島はSCAPIN677号で韓国が実効的に支配するようになり、対日平和条約において独島に対する韓国の実効的支配を中止する何の決定もが下されなかった。韓国警察が独島の領土主権を守護する行為は主権国家として正当な防衛だ。そして、「独島に渡航を再開しようとした」としているのは、主権国家の領土に対する侵略行為だ。

　第八に、日本は「バン・フリートトゥクミョン大使の報告書による米国の見方、在日本英国大使館が本国に送った電報による英国の見方は日本が独島問題を国際司法裁判所に提訴することを希望した。1954年9月、日本が国際司法裁判所に提訴することを提案したが、韓国がこれを拒否した。」と事実をでっち上げた。

　実際には、米国は韓国が実効的に管轄統治する独島について、日本が領有権を主張して紛争地域に見せてきたため、米国の意見を提案したもので、駐日イギリス大使館の立場は、独島をめぐる韓日間の対立状況を本国に報告したものに過ぎない。英米両国が独島を日本の領土と認めたわけではない。

　このように日本は独島の領有権について事実関係を本質のまま明らかにしようとしない。日本領土ということを前提で巧みに事実を捏造した。

　1965年の韓日協定で日本政府が独島に対する韓国の実効的支配を認めており、1981年2月7日、日本政府が「北方領土の日」を制定したが、「竹島の日」を制定しなかったのは、独島が日本領土ではないという事実を暗黙的に認めたことだ。

❙ 일본은 국제사법재판소의 독도 공판을 준비하고 있다

독도는 고대 신라의 우산국시대를 거쳐 고려, 조선시대의 한국영토로서의 역사적 권원을 바탕으로 대한제국이 1900년 칙령 41호로 '울도군'을 설치하고 관보에 게재하여 독도를 한국영토로서 관리하였다는 사실은 고문헌 기록에 나타나있다.

관보에 게재된 사실은 독도가 한국영토이라는 국제법적 큰 효력을 갖는다. 그래서 일본은 독도가 한국영토라는 것을 부정하기 위해 칙령 41호의 행정 관할구역 '울릉진도, 죽도, 석도(독도-필자 주)'에서 석도는 독도가 아니라고 주장한다.

한편 일본은 1905년 '시마네현 고시40호'로 국제법상으로 정당하게 '다케시마(독도)'를 취득하였고, 그 이후 줄곧 실효적으로 관리해왔다고 사실을 날조했다.

오늘날 한국이 독도를 관할 통치하고 있는 것은 1952년 1월18일 이승만 대통령이 '일본영토 다케시마'를 무력으로 불법 점령했다는 주장이다. 일본은 1951년 체결된 대일평화조약의 초안을 작성하는 과정에 미국무성 정치고문 시볼드를 정치적으로 이용하여 독도를 강탈하려고 했던 것처럼, 이번에는 국제사법재판소를 매개로 독도를 강탈하려고 한다.

국제사법재판소는 영토분쟁 해결에서 어느 쪽이 더 '평온한 상태에서 지속적으로 관할 통치하였는가'를 따진다. 일본은 1905년 편입이후 독도를 행정적으로 관할하여 줄곧 실효적으로 통치했다고 하는 근거를 만들어왔다.

최근 일본 내각관방부의 '영토주권 대책기획조정실'은 일본이 '다케시마에 대해 계속적으로 행정권 행사'를 해왔다는 증거물을 공개했다.

첫째, 중앙정부의 각의결정으로 "1905년 2월 22일 시마네현은 다케시마(竹島) 편입, 현내 전역에 고시하고 관유지대장(官有地台帳)에 등록(5월 17일)하여 다케시마를 정밀 조사했다." "강치잡이는 시마네현 지사의 허가어업으로 지정했다. 그 해 시마네현 지사가 죽도를 시찰하고 이듬해 1906년 시마네현 조사단이 독도에 상륙해서 조사하여 지질도 등을 작성했다. 국가도 해군수로부가 다케시마를 측량하는 등 다케시마의 관리의 기초가 굳어져갔다."라고 주장한다. 즉 사마네현은 물론이고 중앙정부가 독도를 관리했다는 것이다.

둘째, 시마네현이 1905년 4월 14일 '1905년 시마네현령 제18호' '산업 단속·인허가'로 바다사자를 현지사의 허가어업으로 지정했다고 한다. 즉 시마네현이 독도를 관리한 증거라는 것이다.

셋째, 시마네현 지리과에서 1905년 5월 17일 오키도청에 명하여 면적 (23정 3단[段] 3무보)을 조사하고 약도를 첨부해서 1905년 5월 시마네현의 관유지 대장에 '다케시마(竹島)'를 관유지로서 등록하였다고 한다. 즉 시마네현이 독도를 시마네현 소유로 등록하여 관리했다는 것이다.

넷째, 시마네현은 '농(農) 제1926호'로 1905년 6월 5일 허가를 신청한 나카이 요사부로(中井養三郎) 등에게 다케시마(竹島)의 바다사자잡이를 허가하고 감찰 1장을 교부했다고 한다. 즉 시마네현이 독도를 관리한 증거라는 것이다.

다섯째, 1905년 6월 6일 대표자 나카이 요사부로가 1905년 6월 3일자로 바다사자(海驢)의 제조판매를 위해 본점인 다케시마(竹島) 어렵합자회 사를 설립했다고 사이고구(西郷区)재판소에 상업등기를 마쳤고, 1905년 6월 15일 관보(제6586호)에 실렸다고 한다. 즉 중앙정부가 독도를 관리한 증거라는 것이다.

여섯째, 시마네현은 1906년 3월 1일 '시마네현령 제8호'로 '1901년 시마 네현령 제11호'를 일부 개정하여 "외해(外海)의 고래와 바다사자 잡이는 연간 세금을 1000분의 15를 인상하여" "새롭게 바다사자 잡이의 세고(稅高)를 추가했다"고 한다. 시마네현이 독도를 관리한 증거라는 것이다.

일곱째, 일본 해군수로부가 1908년 8월4일부터 5일간 조선 동해안에 위치한 '다케시마(오키국)의 경위도'를 실측하고 '경위도실측원부'에 기록했다고 한다. 이는 중앙정부가 독도를 관리한 증거라는 것이다.

여덟째, 일본정부는 1909년 3월29일 '칙령 54호'로 "오키도를 도청(島庁) 장소로 지정하고 동시에 다케시마를 오키도와 함께 오키도청의 관할 구역으로 지정한다"라는 내용으로 "짐은 도청을 둘 섬 지정의 건을 재가하고 이에 이를 공포한다(어명어새[御名御璽])."고 했다. 즉 천황이 직접 재가하여 중앙정부가 독도를 관리한 증거라는 것이다.

아홉째, 시마네현은 1921년 4월 1일 "1921년 시마네현령 제21호로 다케시마의 김, 미역 채취를 허가했다."고 한다. 즉 시마네현이 독도를 관리한 증거라는 것이다.

열째, 오키도청이 1925년, 1924년 4월부터 1925년 3월까지 1년분의 다케시마 도서의 사용료를 일본은행을 통해 관유물 대하료를 받았다고 한다. 즉, 오키도청이 독도를 관리한 증거라는 것이다. 그리고 나카이 요자부로(中井養三郎)는 1906년부터 5년마다 관유지 사용 허가원을 취득하고 관유지 사용료를 일본은행을 통해 국고에 납부했다고 한다. 즉 중앙정부가 독도를 관리한 증거라는 것이다.

열한 번째, 오사카 광산 감독국은 1935년 5월 제출된 '다케시마의 인광 시굴원'에 대해 1936년 6월6일 '등록번호 시마네(島根) 2,143'으로 오키국 다케시마(竹島) 및 섬의 앞 해면에서의 인광 시굴을 허가했다. 상공성(商工省)이 동년 9월19일자의 관보(제3813호)에 공표했다고 한다. 즉, 일본정부가 독도를 관리한 증거라는 것이다.

요컨대, 일본은 1905년 국제법적으로 합법하게 독도를 편입하여 시마네현과 중앙정부가 독도를 행정적으로 관리했다는 주장이다. 그러나 이미 1900년 대한제국이 칙령 41호로 독도를 한국영토로서 관리했다는 증거가 존재함에도 불구하고, 1905년 일본이 독도를 일본영토로 편입하여 관리했다는 주장, 그리고 1910년 한국을 강제병합한 이후, 독도를 행정적으로 관리했다는 주장 모두 불법 행위에 해당된다.

▎日本は国際司法裁判所で独島の公判を備えている

　独島は古代新羅の于山国時代を経て、高麗、朝鮮時代の韓国領土としての歴史的権原を基に、大韓帝国が1900年勅令41号に「欝島郡」を設置し、官報に掲載して、独島を韓国領土として管理したという事実は古文献記録に現れている。官報に掲載された事実は、独島が韓国領土であるという国際法上大きな効力を持つ。

　それで日本は、独島が韓国領土であることを否定するため、勅令41号の行政管轄区域「欝陵全島、竹島、石島(独島)」で石島は独島ではないと主張する。一方、日本は1905年「島根県告示第40号」で、国際法上正当に「竹島(独島)」を取得し、その後ずっと実効的に管理してきたと事実を捏造した。また、今日日本は、韓国が独島を管轄統治しているのは1952年1月18日、李承晩大統領が「日本領土の竹島」を武力で不法占領したという主張だ。日本は1951年に締結された対日平和条約の草案を作成する過程で米国務省政治顧問シボルドを政治的に利用して独島を強奪しようとしたように、今回は国際司法裁判所を媒介で独島を強奪しようとしている。国際司法裁判所は領土紛争の解決においてどちらが「平穏な状態で継続的に管轄統治したか」を明らかにする。

　日本は1905年に編入以降、独島を行政的に管轄して、実効的に統治したとする根拠を捏造してきた。最近、日本内閣官房部の「領土・主権対策企画調整室」は、日本が「竹島について継続的に行政権の行使」を行ってきたという証拠物を公開した。

　第一に、日本政府は「閣議決定で、1905年2月22日、島根県は竹島(竹島)への編入、県内全域に告示し、官有地台帳に登録(5月17日)して竹島を精密調査した。」「アシカ漁は、島根県知事の許可漁業に指定した。そして島根県知事が竹島を視察し、翌年1906年島根県調査団が独島に上陸して調査して地質図

などを作成した。国家も海軍水路部が竹島を測量するなど、竹島の管理の基礎が固まっていった。」と主張する。つまり島根県はもちろん、中央政府が独島を管理したということだ。

第二に、島根県が1905年4月14日、「1905年島根県令第18号」「産業取締・許認可」でアシカを県知事の許可漁業として指定したという。すなわち、島根県が独島を管理した証拠だということだ。

第三に、島根県地理課で1905年5月17日、隠岐島庁に命じ、面積(23町3段)を調査して略図を添付し、1905年5月、島根県の官有地台帳に「竹島」を官有地として登録したという。すなわち、島根県が独島を島根県所有を登録して管理したということだ。

第四に、島根県は「農第1926号」で1905年6月5日、許可を申請した中井養三郎などに竹島でのアシカ漁を許可して監察1枚を交付したという。すなわち、島根県が独島を管理した証拠だということだ。

第五に、1905年6月6日、代表者中井養三郎が1905年6月3日付でアシカ(海驢)の製造販売をため、本店である竹島漁猟合資会社を設立したと西郷区裁判所に商業登記を終え、1905年6月15日、官報(第6586号)に掲載されたという。すなわち、中央政府が独島を管理した証拠だということだ。

第六に、島根県は1906年3月1日「島根県令第8号」に「1901年島根県令第11号」を一部改正し、「外海のクジラとアシカ漁は年間税金を1000分の15引き上げ」「新たにアシカ漁の税高を追加した」という。これが、島根県が独島を管理した証拠だということだ。

第七に、日本海軍水路部が1908年8月4日から5日間、朝鮮東海岸に位置した「竹島の経緯についても」を実測し、「経緯についても実測原簿」に記録したという。これは中央政府が独島を管理した証拠だということだ。

第八に、日本政府は1909年3月29日「勅令54号」で「隠岐島庁を管轄する場

所で指定して同時に竹島も隠と一緒に隠岐島庁の管轄区域に指定する」という内容で「朕(天皇)は、島庁を置く島を指定する件を裁可し、これを公布する(御名御璽)。」とした。すなわち、天皇が直接裁可し、中央政府が独島を管理した証拠だということだ。

　第九に、島根県は1921年4月1日「1921年に島根県令第21号」で竹島ののり、ワカメ採取を許可した。」という。すなわち、島根県が独島を管理した証拠だということだ。

　第十に、隠岐島庁が1925年、1924年4月から1925年3月まで1年分の竹島の島嶼の使用料を日本銀行を通じて官有物貸下料を受けたという。すなわち隠岐島庁が独島を管理した証拠だということだ。

　そして、中井養三郎は1906年から5年ごとに官有地の使用許可願を取得し、官有地使用料を日本銀行を通じて国庫に納付したという。すなわち、中央政府が独島を管理した証拠だということだ。

　第十一に、大阪鉱山監督局は1935年5月に提出された「竹島の燐光試掘権」について1936年6月6日「登録番号島根2,143」で隠岐国の竹島及び島前の海面での燐鉱試掘権を許可した。商工省が同年9月19日付の官報(第3813号)に公表したという。すなわち、日本政府が独島を管理した証拠だということだ。

　要するに、日本は1905年、国際法上合法に独島を編入して島根県と中央政府が独島を行政的に管理して統治したという主張だ。

　しかし、すでに1900年の大韓帝国が勅令41号で独島を韓国領土として管理して統治していたという証拠が存在することにもかかわらず、1905年に日本が独島を日本領土に編入して管理したという主張、そして1910年韓国を強制的に併合して以降、独島を行政的に管理して統治したという主張は全て不法行為に当たる。

┃ 일본정부의 독도 영유권 날조방식 : "샌프란시스코 평화조약에서 독도를 일본영토로 취급"?

1945년 일본이 제2차 대전에서 패전한 후, GHQ(연합국군총사령관 총사령부)가 포츠담선언(일제의 침략한 영토에 대한 주권 박탈)을 바탕으로 1946년 1월 29일 SCAPIN 677호로 일제의 침략한 영토에서 한국영토를 분리시켰다. 독도도 일제의 침략한 영토로 분류되어 한국이 관할통치하는 상태에서 최종적으로 영토적 지위를 결정해야하는 대일평화조약 체결을 맞이하게 되었다.

독도는 종전직후의 GHQ의 결정과 대일평화조약에서의 연합국의 결정에 따라 오늘날 한국이 실효적으로 관할통치하게 되었다. 그런데 현재 일본외무성 홈페이지에는 독도가 일본영토라고 하는 증거자료를 제시하고 있다. 그러나 이들은 모두 사실을 교모하게 날조한 거짓 내용들이다. 여기에 일본의 독도 영유권 날조방식을 공개한다.

첫째, 일본정부는 '1951년 9월에 서명된 샌프란시스코 평화조약은 조선의 독립에 관한 일본의 승인을 규정함과 동시에 일본이 포기해야 하는 지역으로 "제주도, 거문도 및 울릉도를 포함한 조선'이라고 규정하였다."라고 하여 명칭이 누락되었기 때문에 독도가 일본영토로 결정되었다는 것이다.

그것은 사실을 날조한 것이다. 일본은 중요한 내용을 일부러 누락시켰다. 대일평화조약을 체결할 당시, SCAPIN 677호로 한국이 실효적으로 관할통치하고 있던 독도에 대해 일본이 영유권을 주장하여 간단히 법적 지위ㅡ 결정이 어렵게 되었다. 그래서 최종적으로 영미 중심의 연합국들은 서로가 영유권을 주장하는 분쟁지역에 대해 '유인도는 신탁통치하고, 무인도는 법적지위를 보류한다'고 하는 내부방침을 정하였다. 그래서 독도는 무인도이고 일본이 영유권을 주장하고 있었기 때문에 특별히 법적 지위의 결정 없이 한국이 실효적으로 지배하는 상태 그대로 지속되었다.

둘째, 일본정부는 '한국은 같은 해 7월 양유찬 주미한국대사를 통해 애치슨 미 국무장관에게 서한을 보내어 "우리정부는 제2조 a항의 '포기하다'라는 말을 '(일본국이) 조선 및 제주도, 거문도, 울릉도, 독도 및 파랑도를 포함하는, 일본이 조선을 병합하기 전에 조선의 일부였던 섬들에 대한 모든 권리, 권원 및 청구권을 1945년 8월 9일에 포기한 것을 확인한다'로 변경해 줄 것을 요망한다.'라고 요구했는데", "이러한 한국측의 의견서에 대해 미국은 같은 해 8월 러스크 극동담당 국무차관보를 통해 양유찬 대사의 서한에 대해, 미합중국 정부는 1945년 8월 9일 일본이 포츠담 선언을 수락한 사실이 그 선언에서 언급한 지역에 대한 일본의 정식 또는 최종적인 주권 포기를 구성하는 것이라는 이론을 샌프란시스코 평화조역이 반영해야 한다고는 생각하지 않는다. 독도 또는 다케시마 혹은 리앙쿠르 바위로 알려진 섬에 관해서 말하자면, 통상 사람이 살지 않는 이 바위섬은 우리의 정보에 의하면 조선의 일부로 취급된 적이 결코 없으며, 1905년경부터 일본의 시마네현 오키섬 지청의 관할 하에 있다. 이 섬은 일찍이 조선이 영유권 주장을 했었다고는 볼 수 없다."라고 "한국측의 주장을 명확히 부정하였다." "이상 주고받은 문서를 바탕으로 샌프란시스코 평화조약에서 다케시마가 일본의 영토임을 인정하고 있음은 명백한 사실이다."라고 하여 미국이 독도를 일본영토로 인정하였다는 것이다.

이것 또한 사실을 날조한 것이다. 여기서 가장 큰 문제는 '우리(미국)의 정보에 의하면'이라고 한 부분이다. 더글러스 맥아더(1945년부터 1946년까지 1년간 GHQ 집정관)의 뒤를 이어 친일파 집정관 시볼드가 일본정부(히로히토 쇼와천황)에 지령을 하달하여 5년간 일본을 간접통치하면서 독도가 한국의 고유영토라는 본질을 숨기고, 일방적으로 일본이 제공한 잘못된 정보만을 의존하여 미 국무성에 일본의 입장을 대변했다. 시볼드는 부인이 일본계 영국인이고, 도쿄대학에서 법학 석사와 박사학위를 취득한 인물이다. 또한 대일평화조약은 미·영·소·중이 거부권을 행사할 수 있었고, 11개국(미국, 영국, 프랑스, 소련, 중국, 인도, 호주, 뉴질랜드, 네덜란드, 필리핀, 캐나다)이 의견을 조율하여 정책을 결정했다. 그래서 영국과 미국이 대일평화조약의 합동초안을 만들었지만, 극동위원회 11개국이 의견을 조율하여 최종안을 결정하였다. GHQ의 집정관이었던 친일파 미국인 시볼드가 일본에 매수되어 일본의 입장을 대변했지만, 영연방 국가(영국, 호주, 뉴질랜드)들이 반대했다. 최종적으로 유인도는 신탁통치, 무인도는 법적 지위를 보류한다는 방침이 정해짐으로써, 일본정부는 SCAPIN 677호로 한국이 실효적으로 지배하고 있던 독도를 일본영토로 변경시키려던 의도가 좌절되었다.

또한 만일 일본의 주장처럼 미국의 입장이 최종적인 결정이었다면 1952년 4월 28일 대일평화조약이 비준되는 과정에 미국은 한국이 평화선을 선언하여 독도를 관할통치하고 있는 상황을 중단시키지 못했다. 이를 보더라도 미국의 입장이 독도의 지위를 최종적으로 결정한 것이 아님이 확인된다.

셋째, 일본정부는 "1954년에 한국을 방문한 밴플리트 대사의 귀국보고에서도 다케시마는 일본의 영토이며, 샌프란시스코 평화조약에서 포기한 섬들에는 포함되지 않는다는 것이 미국의 결론이라고 기록되어 있다."라고 하여 샌프란시스코조약에서 독도가 일본영토로 결정되었다는 증거로 제시하고 있다. '미국의 결론'은 친일파 시볼드가 독도의 본질인 한국의 영유권을 무시하고 일본의 입장을 두둔한 잘못된 정보에 의한 것에 불과했다. 대일평화조약은 극동위원회 11개국이 조율하고 일본을 제외한 48개국의 연합국이 서명하여 최종적으로 확정되었다. 미국의 입장이 대일평화조약에 그대로 반영된 것이 아니었다. 일본은 대일평화조약에서 마치 미국의 입장이 최종적인 결정인 것처럼 강조한다. 대일평화조약에서 독도가 일본영토로 결정되었다면 현재 일본이 독도를 관할통치하고 있어야 한다. 그런데 오늘날 독도를 실효적으로 관할 통치하고 있는 나라는 바로 한국인데, 그것은 그만한 충분한 이유가 있었기 때문이다.

┃日本政府の独島領有権の捏造：「サンフランシスコ平和条約で独島が日本の領土として取り扱われた」？

1945年日本が第二次大戦で敗戦した後、GHQ(連合国軍総司令官総司令部)がポツダム宣言(日帝の侵略した領土に対する主権剝奪)を基に1946年1月29日SCAPIN677号で日本の侵略した領土から韓国領土を分離した。

独島も日帝の侵略した領土に分類され、韓国が管轄統治する状態で最終的に領土的地位を決定しなければならない対日平和条約締結を迎えることになった。独島は終戦直後のGHQの決定と対日平和条約での連合国の決定により、今日の韓国が実効的に管轄統治することになった。

ところが、現在日本外務省ホームページには、独島が日本領土であるという証拠資料を提示している。しかし、これらはすべて、事実を巧みに捏造した偽りの内容だ。ここで日本の独島領有権の捏造方式を公開する。

まず、日本政府は「1951年9月に署名したサンフランシスコ平和条約は、朝鮮の独立に関する日本の承認を規定することと同時に、日本が放棄しなければならない地域に'済州島、巨文島及び欝陵島を含む朝鮮'と規定した。」とし、独島の名称が外されたため、独島が日本の領土と決定されたということだ。それは事実をでっち上げたものだ。日本は、重要な内容をわざと欠落させた。

対日平和条約を締結した当時、SCAPIN 677号で韓国が実効的に管轄統治していた独島について、日本が領有権を主張して簡単に法的地位の決定が難しくなった。

そこで最終的に英米中心の連合国は、両国が領有権を主張する紛争地域について「有人島は信託統治し、無人島は法的地位を保留する」という方針を定めた。それで独島は無人島で日本が領有権を主張していたために特別に法的地位の決定なしで韓国が実効的に支配する状態がそのまま持続された。

第二に、日本政府は韓国が同年7月、梁裕燦駐米韓国大使を通じてアチソン

米国務長官に書簡を送って、わが政府は、第2条a項「放棄する」という言葉を「(日本国が)朝鮮及び済州島、巨文島、欝陵島、独島及びパランドを含む、日本が朝鮮を併合する前に朝鮮の一部だった島々に対するすべての権利、権原及び請求権を1945年8月9日に放棄したことを確認する」に変更してくれることを願うと要求したが、「このような韓国側の意見書について、米国は同年8月ラスクの極東担当国務次官補を通じて梁裕燦大使の書簡について」、「アメリカ合衆国政府は1945年8月9日、日本がポツダム宣言を受諾した事実がその宣言で言及した地域に対する日本の正式又は最終的な主権放棄を構成するものであるという理論をサンフランシスコ平和条約に反映されるべきであるとは思わない。独島や竹島あるいはリアンクル岩として知られた島に関して言えば、通常人が住んでいないこの岩の島は、韓国の情報によると朝鮮の一部に扱われたことが決してなく、1905年ごろから、日本の島根県隠岐島支庁の管轄下にある。この島はかつて朝鮮が領有権を主張していたとは考えられない」と述べ、韓国側の主張を明確に否定した。」「以上のやり取りした文書をもとに、サンフランシスコ平和条約で、竹島が日本の領土であることを認めていることは明白な事実だ。」とし、米国が独島を日本領土と認めたことだ。これもまた事実を捏造したものだ。

　ここで最も大きな問題は「米国の情報によると」という部分である。ダグラス・マッカーサー(1945年から1946年まで1年間GHQ執政官)の後を継いで、親日派の執政官シボルドが日本政府(昭和昭和天皇)に指令を下達し、5年間、日本を間接統治し、独島が韓国固有の領土だとは本質を隠して、一方的に日本が提供した誤った情報だけを依存して、米国務省に日本の立場を代弁した。

　シーボルド夫人が日系英国人で、東京大学で法学修士と博士号を取得した人物だ。また、対日平和条約は米英中が拒否権を行使でき、11カ国(アメリカ、イギリス、フランス、ソ連、中国、インド、オーストラリア、ニュージーランド、オランダ、フィリピン、カナダ)が意見を調整して政策を決定した。そこでイギリスとア

メリカが対日平和条約の合同草案を作ったが、極東委員会11カ国が意見を調整して最終案を決定した。

GHQの執政官だった親日派米国人シボルドが日本に買収されて日本の立場を代弁したが、英連邦国家(英国、オーストラリア、ニュージーランド)たちが反対した。

最終的に「有人島は信託統治、無人島は法的な地位を保留する」という方針が決まることにより、日本政府はSCAPIN677号で韓国が実効的に支配していた独島を日本領土に変更させようとした意図が挫折した。なお仮に日本の主張のように米国の立場が最終的な決定だったなら、1952年4月28日、対日平和条約が批准される過程で、米国は韓国が平和線を宣言し、独島を管轄統治している状況を中断させることができたはずだ。

これを見ても、米国の立場が独島の地位を最終的に決定したことではないことが確認される。

第三に、日本政府は「1954年に韓国を訪問したのヴァン・フリート大使の帰国報告でも、竹島は日本の領土であり、サンフランシスコ平和条約で放棄した島々には含まれていないというのが米国の結論だと記録されている。」とし、サンフランシスコ条約で、独島が日本の領土と決定された証拠で提示している。

「米国の結論」は親日派シボルドが独島の本質である韓国の領有権を無視して、日本の立場をかばった誤った情報によるものに過ぎなかった。対日平和条約は極東委員会11ヶ国が調整し、日本を除く48ヶ国の連合国が署名して最終的に確定された。米国の立場が対日平和条約にそのまま反映されたのではなかった。

日本は対日平和条約において、まるで米国の立場が最終的な決定であるかのように強調する。対日平和条約で、独島が日本の領土と決定されたならば現在日本が独島を管轄統治していなければならない。しかし、今日の独島を実効的に管轄統治している国は、まさに韓国だが、それはそれだけの十分な理由があったからだ。

▎ 일본정부의 독도 영유권 날조 : "독도문제(영유권)를 국제사법재판소에 위탁하여 해결하자"고 제안했다?

독도는 신라 우산국시대 이래 역사적으로나 지리적으로나 국제법상으로 명백한 대한민국의 고유영토이다. 패전한 일본은 종전 후 1946년 1월 연합국이 독도를 한국영토로 결정(SCAPIN 677호)한 것에 대항하여 독도를 침탈하려고 대일평화조약(1951년 9월 8일)을 체결하는 과정에 연합국군 최고사령부 외교국장인 친일파 윌리엄 시볼드 집정대사에 접근하여 미국에 로비하여 정치적으로 일본의 입장을 대변하도록 하였으나, 영국, 호주, 뉴질랜드 등 영연방국가들의 반대로 일본의 의도는 좌절되었다. 따라서 일본이 독자적으로는 독도를 일본영토로 변경하는 것은 불가능한 일이었다. 1965년 한일협정 때 사토 에이사쿠(佐藤栄作) 총리도 그랬듯이, 역대 일본 총리들 중에 독도에 대해 잘 알지 못하는 극우주의자 현 아베 총리를 제외하고는 독도가 일본영토라고 강력히 주장한 총리는 없었다. 현 아베총리는 국제사법재판소(ICJ)를 통해 국제사회를 이용하여 독도를 분쟁지역으로 만들려고 하고 있다. 그러나 ICJ는 강제집행권이 없기 때문에 일본이 패소하더라도 계속 영유권을 주장할 것이기 때문에 실효성이 전혀 없다. 또한 여기서 중요한 것은 중국과 첨예하게 대립하고 있음에도 불구하고 일본이 관할하고 있다고 해서 센카쿠제도는 분쟁지역이 아니라고 주장하고, 한국이 실효적으로 관할통치하고 있는 독도에 대해서는 분쟁지역이라고 주장하는 것처럼, 일본이 독도를 ICJ에 위탁하여 해결하자고 하는 의도는 독도를 분쟁지역으로 만들기 위한 정치적 계산에 의한 것임을 분명히 알아야한다.

그리고 일본은 1956년 12월 유엔에 가입하고 1958년 강제관할권을 채택하였지만, 영국을 제외한 미국, 중국, 러시아, 프랑스 등 상임이사국들이 주권문제의 신중성을 고려하여 ICJ 강제관할권을 채택하지 않았다. 그러하듯이 한국도 1991년 유엔에 가입할 당시 일본이 독도문제를 악용할 소지가 있다고 하여 강제관할권 채택을 유보했다. 현재 유엔 가입국 193개국 중 67개국만이 채택하고 있다. 강제관할권은 분쟁 당사국의 한쪽이 ICJ에 제소할 경우 상대편 국가가 의무적으로 참가해야하는 것이다. 일본은 이런 사실을 잘 알고 있으면서도 한국에 대해 ICJ에 독도를 위탁하여 해결하자고 주장하는 것은 독도의 분쟁지역화를 위한 정치적인 제스처에 불과하다. 분쟁지역은 당사자가간의 합의가 있어야 만이 성립된다. 한쪽이 일방적으로 분쟁지역이라고 주장한다고 해서 분쟁지역이 되는 것이 아니다. ICJ는 당사자가 분쟁지역이라고 합의한 것에 한해 중재재판을 한다. 독도는 일본이 일방적으로 영유권을 주장하는 것이라서 분쟁지역이 아니기 때문에 ICJ는 독도를 중재재판하지 않는다. 그럼에도 불구하고 일본정부가 독도를 ICJ에서 해결하자고 제안하는 것은 독도의 영유권을 날조하는 행위이다.

첫째, 일본정부는 "일본국은 한국의 '이승만라인' 설정 이후 한국측이 행하는 다케시마(竹島) 영유권 주장, 어업 종사, 순시선에 대한 사격, 구축물 설치 등에 대해 그때마다 엄중히 항의해 왔다."라고 주장한다.

한국은 1952년 1월 대한민국의 주권선언으로써 평화선을 선언하여 정당하게 일본선박의 침입을 막았다. 그런데 일본은 1951년 9월 대일평화조약에서 독도가 일본영토로 결정되었다고 사실을 날조하고, 한국이 독도를 불법 점령하고 있다고 지속적으로 항의해왔기 때문에 분쟁지역이라는 주장이다. 일본은 평화선을 불법 경계선이라는 의미로 '이승만라인'이라고 부르며 그 가치를 폄훼하고 있다.

둘째, 일본정부는 "일본국은 다케시마 문제를 평화적 수단으로 해결하기 위해 1954년 9월 외교상의 구상서(note verbale)를 보내 다케시마 영유권에 관한 분쟁을 ICJ에 회부할 것을 한국에 제안했지만, 같은 해 10월 한국은 이 제안을 거부했다. 1962년 3월 일한 외무장관 회담 때도 고사카 젠타로 외무대신(당시)이 최덕신 한국 외무부 장관(당시)에게 본 건을 ICJ에 회부하기를 제안했지만 한국은 이를 받아들이지 않았다." "2012년 8월 일본국은 이명박 대통령(당시)이 역대 대통령으로서는 처음으로 다케시마에 상륙함에 따라 다시 구상서를 보내 다케시마 영유권에 관한 분쟁을 ICJ에 회부하자고 한국에 제안했지만, 같은 달 한국은 일본국의 제안을 거부했다"라고 주장한다.

위에서도 언급했듯이 독도가 ICJ 중재 대상이 아니라는 사실을 일본이 더 잘 알고 있음에도 불구하고 1954년과 1962년, 2012년 3차례에 걸쳐 한국에 제안한 것은 독도를 분쟁지역으로 만들기 위한 정치적 제스처에 불과하다. 1954년은 한국이 처음으로 독도에 경찰을 주둔시킨 것에 대한 항의이고, 1962년은 한일협정에서 독도를 의제에서 제외시킨 것에 대한 일본의 항의였다.

일본은 다급할 때마다 항상 그랬듯이 1954년에 한국을 방문한 밴플리트 대사의 귀국 보고에서 "미국은 다케시마가 일본영토라고 생각하고 있지만, 본 건을 ICJ에 회부하는 것이 적당하다는 입장이었다."라고 미국을 이용하고 있지만, 미국의 입장은 독도 영유권의 본질과는 상관없이 대일평화조약 체결 당시 연합국 최고사령부 외교국장이었던 윌리엄 시볼드 집정대사의 정치적 견해에 불과하다.

일본정부는 1958년 일본이 강제관할권을 채택한 것을 가지고 "일본국은 국제사회에서의 '법의 지배'를 존중하는 차원에서 1958년 이후 합의 없이 상대국이 일방적으로 일본국을 제소해 온 경우에도 ICJ의 강제적인 관할권을 원칙적으로 받아들이고 있다."라고 하여 일본은 법과 정의를 따르는 나라, 한국은 법과 정의를 부정하는 나라로 부각시키고 있다. 그러나 독도의 영토주권은 주권국가 스스로가 지켜야할 문제이기 때문에 강제관할권을 채택하지 않는다고 해서 위법국가가 아니다. 영국을 제외한 유엔 상임이사국들도 가입하지 않았다. 이처럼 일본의 주장이 독도의 영유권을 날조하는 행위임을 간과해서는 안 된다.

▎日本政府の独島領有権の捏造：「独島問題(領有権)を国際司法裁判所に委託して解決しよう」と提案した?

独島は、新羅の于山国時代以来、歴史的にも地理的にも国際法上も明白な大韓民国の固有領土である。

敗戦した日本は、終戦後、1946年1月連合国が独島を韓国の領土であると決定(SCAPIN677号)したことに対抗して、独島を侵奪しようと対日平和条約(1951年9月8日)を締結する過程で連合軍の最高司令部外交局長の親日派ウィリアム・シボルド執政大使に接近した。米国へのロビー活動を行って政治的に日本の立場を代弁するようにしたが、英国、オーストラリア、ニュージーランドなど英連邦諸国の反対で日本の意図は挫折された。したがって、日本が独自的には独島を日本領土に変更することは不可能なことだった。

1965年の日韓協定で佐藤栄作首相もそうだし、このように日本の歴代首相らのうちに、独島についてよく知らない極右主義者、安倍晋三首相を除いては、独島が日本領土だと強く主張した首相はなかった。

安倍首相は国際司法裁判所(ICJ)を通じて国際社会を利用して、独島を紛争地域にしようとしている。

しかし、ICJは強制執行権がないため、日本が敗訴しても領有権を主張し続けるため、実効性が全くない。

また、ここで重要なのは、中国と鋭く対立していることにもかかわらず、日本が管轄しているとし、尖閣諸島は紛争地域ではないと主張して、韓国が実効的に管轄統治している独島については、紛争地域だと主張するように、日本が独島をICJに委託して解決しようとする意図は、独島を紛争地域化するための政治的計算によるものであることをしっかり認識しなければならない。そして、日本は1956年12月に国連に加入し、1958年に強制管轄権を採択したが、イギリスを除

くアメリカ、中国、ロシア、フランスなどの常任理事国が主権問題の慎重性を考慮し、ICJの強制管轄権を採択しなかった。

　そうするように韓国も1991年に国連に加盟した当時、日本が独島問題を悪用する素地があるとして強制管轄権の採択を留保した。現在、193の国連加盟国のうち67ヵ国だけが採択している。

　強制管轄権は、紛争当事国の一方がICJに提訴する場合、相手国が義務的に参加しなければならないものである。日本はこのような事実をよく知っていながらも韓国についてICJに独島を委託して解決しようと主張するのは、独島の紛争地域化に向けた政治的なジェスチャーに過ぎない。

　紛争地域は当事者間の合意がなければ成立しない。一方が一方的に紛争地域だと主張したからといって紛争地域になるわけではない。ICJは、当事者が紛争地域と合意したものに限り、仲裁裁判を行う。

　独島は日本が一方的に領有権を主張するとしても紛争地域にはならないためにICJは、独島を仲裁裁判しない。それにもかかわらず、日本政府が独島をICJで解決しようと提案するのは、独島の領有権を捏造する行為である。

　まず、日本政府は「日本国は韓国の李承晩ラインの設定以後、韓国側が行う竹島の領有権主張、漁業従事、巡視船に対する射撃、構築物の設置などについてその度に厳重に抗議してきた。」と主張する。韓国は1952年1月、大韓民国の主権宣言として平和船を宣言し、正当に日本船舶の侵入を防いだ。

　しかし、日本は1951年9月対日平和条約で、独島が日本の領土と決定されたと事実を捏造して、韓国が独島を不法占領していると持続的に抗議してきたため、紛争地域だという主張だ。日本は平和線を不法境界線という意味で「李承晩ライン」と呼び、その価値を貶めている。

　第二に、日本政府は「日本国は竹島問題を平和的手段で解決するため、1954年9月外交上の口上書(note verbale)を送って竹島の領有権に関する紛争をICJに

付託することを韓国に提案したが、同年10月韓国は、この提案を拒否した。

　1962年3月の日韓外相会談の際も、小坂善太郎外務大臣(当時)が崔徳新韓国外務長官(当時)に本件をICJに付託することを提案したが、韓国はこれを受け入れなかった」。

　「2012年8月日本国は、李明博大統領(当時)が歴代大統領として初めて竹島に上陸したとき、口上書を送って竹島の領有権に関する紛争をICJに付託することを韓国に提案したが、同月韓国は日本国の提案を拒否した」と主張する。上にも言及したように、独島がICJ仲裁の対象ではないという事実を日本がもっとよく知っているにもかかわらず、1954年と1962年、2012年3回にわたって韓国に提案したのは、独島を紛争地域化するための政治的ジェスチャーに過ぎない。

　日本のICJ仲裁の提案は、1954年、韓国が初めて独島に警察を駐留させたことに対する抗議であり、1962年は韓日協定で独島を議題から除外させたことに対しての抗議だった。日本は緊急時ごとにいつもICJの仲裁を提案したように、「1954年韓国を訪問したヴァン・フリート大使の帰国報告で、「米国は竹島が日本領土だと思っているが、本件をICJに付託することが適当だという立場だった」と米国を利用しているが、米国の立場は、独島領有権の本質とは関係なく対日平和条約の締結当時、連合国軍最高司令部外交局長だったウィリアム・シボルド執政大使の政治的見解に過ぎない。日本政府は、「1958年に日本が強制管轄権を採択したことを受け、日本国は国際社会における法の支配を尊重する次元で、1958年以降合意なしで相手国が一方的に日本国を提訴してきた場合でも、ICJの強制的な管轄権を原則として受け入れている。」とし、日本は法と正義に従う国、韓国は法と正義を否定する国として浮上させている。

　しかし、独島の領土主権は主権国家自ら守らなければならない問題であるため、強制管轄権を採択しないといって違法国家ではない。英国を除く国連常任理事国は皆加盟していない。このように日本の主張が、独島の領有権を捏造する行為であることを見過ごしてはならない。

| '러스크 서한'은 미국무성의 비밀문건에 불과

과거 독도는 사람이 거주할 수 없는 바위섬이었지만, 36년간의 일제강점기를 제외하고 한국과 일본의 고문헌에 의하면, 고대 신라, 고려, 조선, 대한제국을 거쳐 오늘날 우리가 관할 통치하는 한국의 고유영토이다.

그런데 현재 일본은 독도의 영유권을 주장하고 있다. 일본이 주장하는 근거는 단 2가지이다. 하나는 1905년 일본이 국제법상 합법적으로 주인이 없는 섬을 일본영토에 편입했다고 하는 '시마네현고시 40호'이고, 다른 하나는 미국이 독도를 일본영토로 인정하여 1951년 대일평화조약에서 독도가 일본영토로 결정되었다고 하는 '러스크 서한'이다.

그럼에도 불구하고 실제로 오늘날 한국이 독도를 관할 통치하고 있다는 것은 일본이 주장하는 시마네현 고시40호와 딘 러스크 서한 모두가 사실이 아님을 말해준다.

지금부터 러스크 서한에 대해 알아보겠다. 1951년 9월 8일 패전국 일본을 상대로 48개국의 연합국이 대일평화조약을 체결하여 정식으로 과거 일제의 영토에서 분리되어 한국을 독립시켰다. 한국영토는 '제주도, 거문도, 울릉도'를 일제의 영토에서 분리한다고 규정되었다. 이 규정에는 독도 명칭이 없다. 그래서 일본은 독도가 일본영토로서 처리되었다고 주장하고 있다. 당시 대일평화조약은 미국과 영국이 중심이 되어 초안을 작성하고 그 다음에 극동위원회(미국, 영국, 프랑스, 소련, 중국, 인도, 호주, 뉴질랜드, 네덜란드, 필리핀, 캐나다) 11개국의 의견으로 조정했다.

당시 미 국무성 내에는 독도의 한국영토론자와 일본영토론자로 나눠졌다. 대표적인 일본영토론자는 일본인 부인을 두고 있던 친일파인 미국무성 소속 주일정치고문 시볼드(William Joseph Sebald)였다. 시볼드는 1949년 11월 미국무성에 독도가 일본영토라는 의견을 제안하여 미국 1차~

5차 초안에서 한국영토였던 독도가 갑자기 '6차초안'에서 일본영토로 변경되었다.

1951년4월 23일 대일평화조약 전권대사 존 포스터덜레스(John Foster Dulles)가 일본을 방문하여 요시다 총리에게 독도가 한국영토로 표기된 '영국 3차초안' 지도를 확인시켰다. 이때도 시볼드는 독도가 일본영토임을 주장했다.

이처럼 미국과 영국이 서로 의견이 달라 합동초안을 만들었다. 1951년 5월 제1차 영미합동초안을 만들어 한국에는 알리지 않았지만, 기존의 일본영토 조항을 없애고 "제주도, 거문도, 울릉도를 포함하는 한국에 대한 모든 권리, 권원, 청구권을 포기한다"라고 하여 독도 명칭을 제외시켰다. 독도가 제외된 경위를 보면, 연합국 실무자회의에서 뉴질랜드가 독도가 한국영토임에도 불구하고 미국의 일방적인 초안에 의해 후일에 일본이 분쟁을 일으킬 여지를 남기는 것이라고 경고하여 일본이 영유권 주장을 하지 못하도록 독도가 한국영토임을 명확히 해야 한다고 했다.

미국은 영연방국가의 입장을 전적으로 무시할 수 없었다. 그래서 양측은 '분쟁지역으로 보이는 무인도는 소속 결정을 유보하고 유인도는 신탁통치한다'라는 방침을 정하였다. 결과적으로 실질적으로 그 외에 아무런 조치가 내려지지 않았기 때문에 한국이 해방과 더불어 SCAPIN677호(1946.1)에 의해 독도를 실효적으로 관할 통치해오던 상태를 그대로 유지하게 되었던 것이다.

6월 14일 '영미합동(제1차) 개정초안'을 작성하여 한국영토 조항과 일본영토조항을 통합하여 '제2장 영토부분' '제2조 a항'에 '일본은 한국의 독립을 인정하고, 제주도, 거문도, 울릉도를 포함한 한국에 대한 모든 권리, 권원, 청구권을 포기한다'라고 하고, 제2차 영미합동초안(1951.7.3)에서 독도의 명칭을 제외하여 1951년 7월 9일 일본과 한국을 포함한 관련국 13

개국에 송부했다. 당일 덜레스는 주미대사 양유찬에게 제2차 영미합동초안을 전달하면서 협상(서명, 참가)국의 지위를 부정했다.

이때 1951년 7월 한국영토론자 보그스(미국무부 정보조사국)는 피어리(미국무부 동북아시아담당)에게 독도를 한국영토로 명시할 것을 제안했다. 양유찬 주미대사도 1951년 7월 19일 덜레스와 면담했는데, 덜레스는 "독도가 병합 전에 한국의 영토였다면 독도를 한국 영토로 하는데 문제가 없다"라고 했다. 희망을 갖은 양유찬 주미대사는 8월2일 정식으로 미국무성에 "한국 및 제주도, 거문도, 울릉도, 독도 및 파랑도"의 영유권을 요청했다. 그런데, 1951년 8월 9일 딘 러스크(Dean Rusk)는 양유찬 주미대사에게 "독도, 또는 타케시마, 리앙쿠르 바위로 알려진 섬에 대해, 통상 무인도인 이 섬은, 우리의 정보에 의하면, 한국의 일부로서 취급되었던 적이 전혀 없고, 1905년경부터 일본의 시마네현 오키 지청의 관할 하에 있었다. 이 섬은, 일찍 한국에 의한 영토 주장이 있었다고 보여지지 않는다."라고 하여 잘못된 정보를 가지고 한국의 독도 영유권을 부정했다. 딘 러스크가 한국의 영유권을 부정했지만 이미 2차 영미합동초안에서 한국이 독도를 실효적으로 지배하고 있는 상태를 인정하고 있었다.

훗날 1954년 8월 밴 플리트(Van Fleet)대사가 귀국보고서에서 러스크 서한에 대해 "미국은 일본영토라는 입장이지만, 두 나라의 논쟁을 방해할 우려가 있어 비밀로 하고 있다"라고 하는 것처럼, 주한미대사관은 물론이고 주일미대사관이나 일본정부에도 알리지 않았던 비밀문건이었다. 사실 대일평화조약 체결 이후, 주한미대사관과 주일미대사관은 독도를 한국영토로 그려진 '일본영역참고도'(1951.8)처럼 한국영토로서 다루었다.

┃「ラスク書簡」は米国務省の秘密文書に過ぎない

これまで、独島は人が居住できない岩の島だったが、36年間の日本植民地の支配期を除き韓国と日本の古文献によると、古代新羅、高麗、朝鮮、大韓帝国を経て、今日、韓国が管轄統治する韓国の固有領土である。

ところが、現在日本は独島の領有権を主張している。日本が主張している根拠はたった2つである。

一つは1905年日本が国際法上合法的に持ち主がいない島を日本領土に編入したとする「島根県告示40号」であり、もう一つは、米国が独島を日本領土と認めて1951年対日平和条約で、独島が日本の領土と決定されたという「ラスク書簡」だ。

それにもかかわらず、実際、今日韓国が独島を管轄統治しているというのは、日本が主張する島根県告示第40号とディーン・ラスク書簡すべてが事実ではないことを物語っている。今からラスク書簡について調べる。

1951年9月8日、敗戦国日本を相手に48カ国の連合国が対日平和条約を締結し、正式に日本の領土から分離して韓国を独立させた。韓国領土については、済州島、巨文島、欝陵島を日帝の領土から分離すると規定された。この規定には、独島の名称はない。それで日本は独島が日本領土として処理されたと主張している。

当時、対日平和条約はアメリカとイギリスが中心となって草案を作成し、次いで極東委員会(アメリカ、イギリス、フランス、ソ連、中国、インド、オーストラリア、ニュージーランド、オランダ、フィリピン、カナダ)11カ国の意見で調整した。

当時、米国務省内には独島が韓国領土であるという者と日本領土であるいうものに分けられていた。

代表的な日本領土論者は、日本人を妻としていた親日派の米国務省所属の駐日政治顧問シボルド(William Joseph Sebald)だった。シボルドは1949年11

月、米国務省に独島が日本領土だという意見を提案して米国の1次-5次草案まで独島が韓国領土だという立場だったが、急に「6次草案」で独島が日本領土だと変更した。

1951年4月23日、対日平和条約全権大使ジョン・フォスター・ダレス(John Foster Dulles)が来日し、吉田氏が日本を訪問した。首相に、独島が韓国領土と表記された「英国3次草案」の地図を確認させた。この時もシボルドは、独島が日本領土であることを主張した。このように米国と英国の意見が異なり、合同草案を作成した。

1951年5月第1次米英合同の草案を作って韓国には知らせていなかったが、既存の日本領土条項を削除し、「済州島、巨文島、欝陵島を含む韓国に対するすべての権利、権原、請求権を放棄する」とし、独島の名称を除外した。

独島が除外された経緯を見ると、連合国の実務者会議で、ニュージーランドは、独島が韓国領土であることにもかかわらず、米国の一方的な草案によって後日に日本が紛争を起こす余地を残すだろうと警告し、日本が領有権の主張をしないように、独島が韓国領土であることを明確にしなければならないとした。

アメリカは英連邦諸国の立場を完全に無視することはできなかった．そこで両者は「紛争地域と見られる無人島は所属決定を留保し、有人島は信託統治する」という方針を定めた。

結果的かつ実質的にその他に何の措置が下されなかったために韓国が解放するとともに、SCAPIN677号(1946.1)によって、独島を実効的に管轄統治してきた状態をそのまま維持することになったのだ。

6月14日「英米合同(第1次)改正草案」を作成して韓国の領土条項と日本の領土条項を統合して「第2章の領土部分」「第2条a項」に「日本は韓国の独立を認め、済州島、巨文島、欝陵島を含む韓国に対するすべての権利、権原、請求権を放棄する」とし、第2次米英合同の草案(1951.7.3)で独島の名称を除いて

1951年7月9日、日本と韓国を含む関係国13カ国に送付した。

　当日、ダラスは駐米大使のヤン・ユチャンに第2次英米合同草案を伝え、交渉(署名、参加)国の地位を否定した。

　この時1951年7月韓国領土論者ボーグス(米国務省情報調査局)はピアリー(米国務省北東アジア担当)に独島を韓国領土として明示することを提案した。

　梁裕燦駐米韓国大使も1951年7月19日、ダラスと面談したが、、ダラスは「独島が併合前に韓国の領土だったなら、独島を韓国領土とすることは問題がない」とした。

　希望を持つ梁裕燦駐米大使は8月2日正式に米国務省に「韓国及び済州島、巨文島、欝陵島、独島及びパラン島」の領有権を要請した。

　ところで、1951年8月9日、ラスク(Dean Rusk)は梁裕燦駐米大使に「独島、または竹島、リアンクル岩として知られた島に対し、通常無人島であるこの島は、私たちの情報によると、韓国の一部として扱われたことがまったくなく、1905年ごろから、日本の島根県隠岐支庁の管轄下にあった。この島は、早く韓国による領土主張がいたとみられない。」とし、誤った情報を持って韓国の独島領有権を否定した。

　ディーン・ラスクが韓国の領有権を否定したが、すでに2次米英合同の草案で韓国が独島を実効的に支配している状態を認めていた。

　後日、1954年8月のヴァン・フリート(VanFleet)大使が帰国報告書でラスク書簡について、「米国は日本領土という立場だが、両国の論争を妨げる恐れがあるため秘密にしている」というように、在韓米大使館はもとより在日米大使館や日本政府にも知らせなかった秘密文書だった。

　事実上、対日平和条約締結後、在韓米大使館と駐日米大使館は、独島を韓国領土として描かれた「日本領域参考図」(1951.8)のように韓国領土として扱った。

▌ "독도는 일본 영토"라는 일본의 논리를 들여다 보니…

일본 정부는 독도가 일본의 고유영토라고 주장한다. 일본의 고유영토가 되려면, 고대시대 일본국가가 처음 만들어질 때부터 영토로서 타국에게 지배당한 적이 없어야 한다. 다시 말하면 독도가 17세기까지 주인이 없는 섬이어서 일본이 처음으로 영토주권을 확립했고, 1905년 각료회의에서 영토편입을 결정하여 시마네현고시 40호로 고시하여 국제법상 일본영토로서 재확인한 이후 일본영토가 됐고, 1945년 패전 이후 1951년 대일평화조약에서도 독도가 일본영토로 결정되었지만 1952년 한국의 이승만 대통령이 일방적으로 무력으로 점령하여 오늘날까지 불법 점령하고 있다는 논리가 성립되어야 한다. 일본의 주장을 더 구체적으로 살펴보면 이렇다.

첫째, 일본은 17세기에 독도의 영토주권을 확립했다고 주장한다. 즉, 1620년대부터 1693년까지 일본의 오야와 무라카와 두 가문이 매년 격년제로 독도를 이정표 삼아 울릉도에 도항하여 수개월 동안 울릉도에서 어로 활동을 했다는 것. 그때에 독도에서도 강치 잡이를 하는 등 실효적 지배를 하였다는 것이다. 그 증거로 당시에 독도를 거쳐 울릉도로 건너갈 때 그린 상세한 독도 그림 지도가 남아있고, 또한 1836년 하치에몽이라는 자가 도항을 금지한 울릉도에 몰래 도항했다가 발각되어 처형되었는데, 이때에 그가 '일본령인 독도'에 갈 목적이었으나 울릉도에 표류했다고 주장했다. 또한 한국 측에서는 17세기 전후해서 독도의 형상이나 지리에 대해 알지 못했다고 말한다. 이런 일본의 주장은 한국의 자료를 부정하고 일본 측의 자료를 왜곡하는 방식으로 독도영유권을 날조한 것에 불과하다.

일본이 독도에서 강치 잡이를 해서 실효적으로 지배했다는 증거자료는 없다. 반면 독도는 울릉도에서 바라보이는 섬이다. 고대시대 울릉도에 있었던 우산국이 512년 신라에 복속된 이후, 려사지리지, 『세종실록』(지리지)를 시작으로 칙령41호 등 수많은 고문헌에 의하면 고려, 조선시대를 거치면서 동해의 2섬 울릉도와 독도가 영토로서 인식했다는 기록이 있다.

둘째, 일본은 1905년 독도가 주인이 없는 섬이어서 국제법적으로 편입 조치하여 일본영토임을 재확인했다는 주장이다. 즉, 1905년 이전에 한국이 독도의 영유권을 확립했다는 증거가 없다는 것. 그리고 독도는 일본의 한국식민지 불법통치와 무관하고 이미 그 이전 5년 전에 합법적으로 편입 조치한 일본영토로, 침략한 영토가 아니라는 것이다.

위에서 기술했듯이 512년 울릉도를 본거지로 했던 우산국이 신라에 복속된 이후 서로 바라보이는 울릉도와 독도 2섬이 한국영토로서 존재했고, 1905년 일본의 편입조치라는 것은 러일전쟁 중에 혼란한 틈을 타서 한국영토 독도를 은밀히 도취해간 것으로 대한제국이 음흉한 독도탈취 행위를 인정하지 않았다. 당시 어느 국가도 독도를 일본 영토로 인정하지 않았고, 1910년 한국병탄과 함께 1945년까지 독도를 불법 통치했다.

셋째, 일본은 제2차대전 종전 이후 대일평화조약에서 독도가 일본영토로 결정되었는데 한국의 이승만 대통령이 불법적으로 '이승만라인'을 설정하여 무력으로 점령했다고 주장한다. 일본은 분쟁지역인 독도를 국제법에 의거해서 국제사법재판소에서 평화적으로 해결하기를 원하고, 그래서 3번에 걸쳐 독도 문제 평화적으로 해결하기 위해 국제사법재판소에서 해결하자고 제안했으나, 한국 정부는 3번 모두 거절하여 평화적 해결을 거부하고 무력적 불법점령을 계속하고 있다는 논리를 펼친다. 이런 일본의 주장은 사실을 왜곡하여 독도영유권을 날조하고 있다.

일본의 패전 이후 1946년 연합국최고사령관 각서 677호의 조치로 합법적으로 한국의 실효적 관할통치를 인정했고, 대일평화조약에서 이를 해제하는 조치를 내리지 않았고, 그후 어느 국가도 한국의 통치권을 부정하지 않았다.

일본의 주장은 한국의 고유영토인 독도의 실효적인 관할통치에 의한 영토지위를 전적으로 무시하고 일본 자신들의 왜곡된 논리만 내세워 독도 영유권을 날조한 것이다.

▎「独島は日本領土だ」という日本の論理は…

　日本政府は、独島が日本の固有領土だと主張する。日本固有の領土となるには、古代の日本国家が造られてから領土として他国に支配されたことがあってはならない。

　言い換えれば、独島が17世紀まで持ち主がいない島であり、日本が初めて領土主権を確立し、1905年、閣僚会議で、領土編入を決定して島根県告示40号で告示して国際法上、日本領土として再確認した後、日本領土になり、1945年の敗戦以降、1951年対日平和条約でも独島が日本の領土と決定されたが、1952年韓国の李承晩大統領が一方的に武力で占領し、今日まで不法占領しているという論理が成立しなければならない。日本の主張をより具体的に見れば次のようだ。

　まず、日本は17世紀に独島の領土主権を確立したと主張する。すなわち、1620年代から1693年まで日本の大谷家と村川家の漁師が毎年隔年制で独島を道印しで鬱陵島に渡航し、数ヵ月間、鬱陵島で、漁労活動をしたということ。その時に独島でも、アシカ漁をするなど実効的支配をしたということだ。その証拠で、当時独島を経て、鬱陵島に渡る時描いた詳細な独島絵地図が残っており、また、1836年八右衛門という者が渡航を禁止した鬱陵島に密かに渡航したことが発覚され、処刑されたが、この時に彼が「日本領である独島」に行く目的だったが、鬱陵島に漂流したと主張した。また、韓国側では17世紀前後に独島の形状や地理について知らなかったと話している。

　このような日本の主張は韓国の資料を否定し、日本側の資料をわい曲する方式で独島の領有権を捏造したものに過ぎない。日本が独島でアシカ漁をして実効的に支配したという証拠資料はない。

　一方、独島は鬱陵島から見える島だ。古代時代、鬱陵島にあった于山国が

512年新羅に服属された以降、「新撰八道地理誌」、「世宗実録」(地理誌)を皮切りに、「勅令41号」で「欝島郡」の設置など数多くの古文献によると、高麗、朝鮮時代を経て、東海の2つの島である欝陵島と于山島(独島)が韓国領土であると認識したという記録がある。

第二に、日本は1905年に独島が無主地であるため、国際法上に編入措置し、日本領土であることを再確認したという主張だ。すなわち、1905年以前に韓国が独島の領有権を確立したという証拠がないということだ。そして独島は日本が韓国を植民地として不法統治したことと関係なく、すでにそれ以前5年前に合法的に編入措置を取った日本領土であり、侵略した領土ではないということだ。

上で記述したように、512年、欝陵島を本拠地とした于山国が新羅に服属された。互いに見える欝陵島と独島2つの島が韓国領土として存在し、1905年、日本の編入措置というのは日露戦争中に混乱した隙を狙って韓国領土である独島を密かに盗み取ったもので、大韓帝国が陰険な日本の独島奪取行為を認めなかった。

当時、独島を日本領土と認め国はなく、1910年日本の韓国併合で1945年までは独島を不法統治した。

第三に、日本は第2次大戦の終戦以後、対日平和条約で、独島が日本の領土と決定されたが、韓国の李承晩大統領が不法に「李承晩ライン」を設定して武力で占領したと主張する。そして、日本は、紛争地域の独島を国際法に基づいて国際司法裁判所で平和的に解決することを望み、それで3度にわたって、独島問題を平和的に解決するため、国際司法裁判所で解決しようと提案したが、韓国政府は3回すべて断って平和的解決を拒否して武力で不法占領を継続している」という論理を展開する。

このような日本の主張は事実を歪曲して独島領の有権を捏造している。日本の敗戦後、1946年m連合国最高司令官の覚書677号の措置で合法的に韓国の実

効的な管轄統治を認め、対日平和条約において韓国の管轄統治を解除するど
んな措置も下さず、その後、どの国も韓国の統治権を否定しなかった。日本の
主張は、韓国固有の領土である独島の実効的な管轄統治による領土の地位を全
面的に無視して、自分たちが歪曲した論理のみを掲げ、独島の領有権を捏造し
たものだ。

| 국제사법재판소를 통해 독도 탈취하려는 일본, 구체적 전략은?

고대시대 울릉도에 우산국이 있었다. 우산국은 512년 신라에 편입되었다. 독도는 울릉도에서 바라볼 수 있는 거리에 있는 섬으로 우산국의 영토였다. 그후 고려, 조선, 대한제국 시기를 거쳐 오늘날 한국이 관할 통치하는 우리의 고유영토이다.

그런데 일본이 한일병합 5년 전인 1905년 국내외적으로 혼란했던 러일전쟁 중에 몰래 각료회의에서 독도를 무주지로 간주하여 편입조치를 취했다. 그러나 제2차 대전에서 연합국은 포츠담선언으로 일본을 항복시키고 침략한 모든 영토를 몰수했고, SCAPIN(연합군최고사령관명령) 677호로 '제주도, 울릉도와 독도'를 독립국가 한국의 관할 통치지역으로 정하여 일본에서 분리시키고 대일평화조약(1951년)을 통해 독도는 오늘날 한국이 실효적으로 지배하는 영토가 되었다. 그런데 일본은 독도가 한일병합으로 침략한 영토가 아니고 17세기에 영유권을 확립한 고유영토를 1905년 합당한 국제법적 조치로 재확인했다고 하여 현재도 영유권을 주장하고 있다.

일본은 대일평화조약을 체결하는 과정에 미국에게 로비하는 등, 전후에도 꾸준히 국제사법재판소에 제소하여 독도 탈취를 시도하고 있다. 일본은 과거 3번이나 양국의 공동제소를 시도했지만 한국의 거부로 무산되었다. 공동제소는 당사국이 강제관할권을 갖고 있어야만 가능하다.

그런데 일본은 1959년에 수용(유엔 가입국 193개국 중 67개국)했지만, 한국은 1991년 국제사법재판소(ICJ)에 가입 당시 강제관할권을 수용하지 않았다. 일본은 이런 사실을 잘 알면서도 1954년 독도에 한국이 경찰을 주둔시키고 숙소와 등대를 설치하여 실제로 독도를 점유하였을 때 이에 항의하여 국제사법재판소에서 독도영유권을 해결하자고 공동제의를 요구했다.

1962년에도 한일회담 과정에 일본이 독도를 분쟁지역으로 만들기 위해 독도문제를 의제로 삼으려고 하는 것을 한국이 반대하였을 때도 공동제소를 요구했다.

2012년 이명박 대통령이 대통령으로서 처음 독도를 방문해서 일본천황의 전쟁책임을 언급하였을 때도 공동제소를 요구했다. 일본은 향후에도 꾸준히 한국의 국내외적 정세를 틈타 배타적 경제수역과 영해의 지위를 훼손하기 위해 정치적인 조약과 협정을 요구할 것이며, 독도의 실효적 지배를 방해하기 위해 공동제소를 요구할 것이다.

또한 2012년 11월, 일본정부는 이명박 대통령의 독도방문 때에 공동제소 요구를 한국정부가 거부하자, 단독제소를 준비하고 있다. 구체적인 방법에 대해 '국제법 대로 냉정하고 평화적으로 분쟁을 해결한다는 기본적인 관점에서 다양한 검토, 준비를 추진하고 있는 중이다. 향후 각종 정세를 종합적으로 판단하여 적절히 대응할 것이다. 독도문제는 일조일석에 해결할 문제가 아니지만, 한국 측이 거부하는 것에 대해서는 거부한다는 것을 국제사회에 제대로 알려 대국적 관점에서 냉정하고 끈질기게 대응할 것'이라고 하여 숨기고 있다.

하지만, 현재 일본국회에서 논의되고 있는 방안은 국제여론을 환기하여 유엔해양법협약을 활용하는 것이다. 필리핀과 중국 사이의 영토분쟁지역에 대해 필리핀이 중국의 동의없이 유엔해양법협약에 의거하여 2013년 국제중재법원인 상설중재재판소(PCA)에 단독제소를 하여 2016년 필리핀의 승소로 판결되었다. 상설중재재판소(PCA)에 관한 일본정부의 입장은 '유엔해양법조약을 근거로 설치된 재판소는 286조(영해와 배타적경제수역)에 관한 분쟁에 대해 관할권을 갖는다. 이 조약은 영유권의 귀속에 관한 조문이 없다. 따라서 이들 재판소에는 영유권 분쟁해결은 다루지 않는다.''같은 수법을 다케시마 문제에 적용할지에 관한 구체적인 내용은 독도문제에 대한 일본의 향후 대응에 영향을 미칠 수 있기 때문에 언급하지 않겠다'는 것이다.

일본정부는 국제사법재판소에서 독도문제 해결을 위한 향후 방침으로 "우선 일본의 입장은 독도가 역사적 사실에 비추어도 국제법적으로도 분명히 일본 고유의 영토이다. 한국에 의한 독도 점거는 국제법상 아무런 근거 없이 이뤄진 불법이고, 이런 입장은 그 동안도 자주 밝혔고, 앞으로도 철저히 밝혀야 나간다. 방법은 먼저 국제사회에 알리고, 그 다음에 한국과 타협하는 것이다. 국제사회에 알리는 방법은 외무성 홈페이지 등에서 많은 연구를 하고 다양한 인쇄물을 준비하여 다양한 기회에 설명을 할 것이다. 이러한 국제사회의 이해를 배경으로 한국과의 문제 해결을 위해 진정한 노력을 한다"고 했다.

즉, 일본은 국제사회를 선동하여 일본의 입장에 동조하도록 하여 독도 영유권을 국제사법재판소를 통해 탈취한다는 것이다.

| 国際司法裁判所を通じて、独島の奪取を試みる日本の
具体策は?

古代時代、欝陵島に于山国があった。于山国は512年新羅に編入された。独島は欝陵島から眺めることができる距離にある島で、于山国の領土だった。その後、高麗、朝鮮、大韓帝国時代を経て、今日韓国が管轄統治している韓国固有の領土である。ところで日本が、韓日併合5年前の1905年国内外の混乱した日露戦争中に密かに閣僚会議で、独島を、無住地とみなし、編入の措置を取った。

しかし、第2次大戦で連合国はポツダム宣言で、日本を降伏させてから、侵略した全ての領土を没収し、SCAPIN(連合軍最高司令官命令)677号で「済州島、欝陵島と独島」を独立国家であった韓国の管轄統治地域と決めて日本から分離させて対日平和条約(1951年)を通じて、独島は今日韓国が実効的に支配する領土になった。

しかし、日本は、独島が韓日併合で侵略した領土ではなく、17世紀に領有権を確立した日本の固有の領土であるが、それを1905年編入する国際法の措置で領土を再確認したとし、独島の領有権を主張している。

日本は対日平和条約を締結する過程で米国にロビーをするなど、戦後も着実に国際司法裁判所に提訴して独島の奪取を試みている。日本は過去3度も両国の共同提訴を試みたが、韓国の拒否で実現しなかった。共同提訴は当事国の皆が強制管轄権を持ってこそ可能だ。

しかし、日本は1959年に国連加盟国193カ国のうち67カ国)を受け入れたが、韓国は1991年に国際司法裁判所(ICJ)に加盟した際、強制管轄権を受け入れなかった。

日本はこのような事実をよく知りながらも1954年、独島に韓国が警察を駐留さ

せて宿舎と灯台を設置して実際に独島を占有したとき、これに抗議して国際司法裁判所で独島領有権を解決しようと共同提案を要求した。

　1962年にも韓日会談の過程で日本が独島を紛争地域化するため、独島問題を会談の議題にしようとすることを韓国が反対した時も、共同提訴を要求した。2012年、李明博大統領が大統領として初めて独島を訪問して天皇の戦争責任を言及した時も共同提訴を要求した。

　日本は今後も都度に韓国の国内外の情勢に乗じて、排他的経済水域と領海の地位を毀損するために政治的な条約と協定を要求することが予想され、独島の実効的支配を妨害するために、共同提訴を要求するだろう。

　また、2012年11月、日本政府は、李明博大統領の独島訪問の際に共同提訴の要求を韓国政府が拒否すると、単独提訴を準備している。

　具体的な方法については、「国際法に従って冷静かつ平和的に紛争を解決するという基本的な観点から様々な検討、準備を進めている。今後の各種情勢を総合的に判断して適切に対応する。独島問題は一朝一夕に解決する問題ではないが、韓国側が拒否することについては拒否するということを国際社会にきちんと知らせて大局的観点から冷静、粘り強く対応する」とし、独島の領有権を主張している。

　しかし、現在日本の国会で論議されている案は、国際世論を喚起し、国連海洋法条約を活用することである。フィリピンと中国の間で領土紛争地域に対してフィリピンが中国の同意なしで国連海洋法条約に基づき、2013年に国際仲裁裁判所である常設仲裁裁判所(PCA)に単独提訴を行い、2016年にフィリピンの勝訴判決を下した。

　常設仲裁裁判所(PCA)に関する日本政府の立場は、「国連海洋法条約を根拠に設けられた裁判所は、286条(領海と排他的経済水域)に関する紛争について管轄権を有する。この条約は領有権の帰属に関する条文がない。したがっ

て、これら裁判所には領有権紛争の解決は扱っていない。」「同じ手口を竹島問題に適用するかどうかに関する具体的な内容は、独島問題に対する日本の今後の対応に影響を及ぼしかねないため、言及しない」といった。

　日本政府は国際司法裁判所で、独島問題の解決に向けた今後の方針はつぎのとおりである。

　「まず、日本の立場は、独島が歴史的事実に照らしても国際法的にも明確に日本固有の領土である。韓国による竹島の占拠は、国際法上何ら根拠なしで行われた不法であり、このような立場はその間もよく話しており、今後とも徹底的に糾明していく。その方法は、まず国際社会に知らせ、その次に韓国と妥協することだ。国際社会に知らせる方法は、外務省ホームページ等で多くの研究を行い、様々な印刷物を用意し、様々な機会に説明を行う。このような国際社会の理解を背景に韓国との問題解決に向けて真の努力をする」と述べた。

　つまり、日本は国際社会を扇動して日本の立場に同調するようにして独島の領有権を国際司法裁判所を通じて奪取するということだ。

┃ 독도를 "주일미공군의 폭격 훈련구역으로 지정했기 때문에 일본영토"?

오늘날 한국은 1946년 1월 29일 SCAPIN(연합국군 총사령부각서) 677 호로 잠정적으로 한국영토로서 독도의 관할 통치권을 인정받았다. 그런데 일본이 영유권을 주장함으로써 연합국이 독도를 분쟁지역으로 분류하여 1951년 9월 8일 대일평화조약에서 분쟁지역에 대해 "유인도는 신탁통치하고, 무인도는 지위결정을 유보한다"라고 하는 방침을 정함에 따라 독도를 일본영토로 변경시키려던 일본의 의도는 좌절되었다. 한국정부는 1952년 1월 18일 일본의 독도 주권 침략을 우려하여 평화선 조치를 단행하여 독도의 실효적 지배를 강화했다. 그런데 현재 일본외무성 홈페이지에는 대일평화조약에서 독도가 일본영토로 결정되었다는 증거로서, "일미행정협정으로 독도를 주일미공군의 폭격 훈련구역으로 지정하였다"는 것을 제시하고 있지만, 사실이 아니다. 일본정부는 다음과 같은 방식으로 독도의 영유권을 날조하고 있다.

첫째, 일본정부는 "일본이 아직 점령하에 있었던 1951년 7월 연합국 총사령부는 SCAPIN 제2160호에 따라 다케시마를 미군의 훈련구역으로 지정하였다"라고 하여 대일평화조약 이전에도 독도가 일본영토였다는 증거로 제시하고 있다.

① 독도는 1946년 1월 29일 SCAPIN 677호에 의해 대일평화조약이 체결될 때까지 잠정적으로 한국영토로서 관할통치권을 인정받았다. 그런데 1951년 7월 SCAPIN 제2160호로 주일미군의 훈련구역으로 지정하였다는 것은 대일평화조약이 체결되기 이전에도 독도가 일본영토였다는 증거라고 주장하는 것은 엄청난 모순이다. ② 1948년 주일미공군이 폭격연습을 하는 도중 독도에서 어선 10척 침몰, 한국어민 30여명이 희생되었다. 이때

에 한국정부의 항의로 미국은 피해를 배상했고, 주일미공군의 훈련구역 지정을 철회했다. 만일 독도가 일본영토였다면 일본영토에 침입한 한국 어민들에게 피해배상을 했을 리가 없고, 주일미공군의 훈련구역 지정을 철회할 리도 없었을 것이다. ③ 일본정부가 친일파 윌리암 시볼드(부인은 일본계[장모] 영국인, 1946년-1952년 주일 미대사관 집정대사로서 6년간 일본 히로히토 쇼와천황에게 하명하는 일본의 점령통치 최고실권자, 1949년 도쿄대학에서 법학박사 취득, 1949년 12월 29일 제6차 초안에서 독도가 일본영토로 변경되도록 했고, 1950년 10월 11일 도쿄 주재 연합군 최고사령부 미 정치고문)에게 로비하여 대일평화조약에서 독도를 일본 영토로 인정받기 위해 1951년 7월 시점에 주일미공군의 훈련구역 지정을 요청하였을 가능성이 크다.

둘째, 일본정부는 "샌프란시스코 평화조약 발효 직후인 1952년 7월 미군이 계속하여 다케시마를 훈련구역으로 사용하기를 희망하자 일미행정협정(주: 구 일미안보조약에 근거한 협정. 현재의 '일미지위협정'으로 이어짐)에 근거하여 동 협정의 실시에 관한 일미간의 협의기관으로 설립된 합동위원회는 주일미군이 사용하는 훈련구역의 하나로 다케시마를 지정함과 동시에 외무성이 그 취지를 고시했다"라고 하여 대일평화조약 이후에도 독도가 일본영토였다는 증거로 제시하고 있다.

연합국군은 1947년 9월 16일 SCAPIN 1778호로 독도를 주일미공군의 훈련구역으로 지정하였는데, 1948년 주일미공군의 독도 오폭사건으로 사상자를 내어 한국정부의 요청으로 독도가 훈련구역에서 제외되었다. 그러자 일본이 독도를 일본영토로 변경하기 위해 윌리암 시볼드에 로비하여 1950년 7월 6일 2160호로 주일미공군이 훈련구역으로 지정하였다. 그런데 독도가 다시 주일미공군의 훈련구역으로 지정된 것이 미군의 요청에 의한 것이라는 주장은 거짓이다. 연합국이 SCAPIN 677호로 한국이 독도를 관할 통치하고 있는 상태에서 샌프란시스코조약에서 독도의 지위가 유보되었기 때문에 일본정부가 독도가 일본영토로서 결정되었다는 증거로 제시하기 위해 미군에게 로비해서 다시 주일미공군의 훈련구역으로 지정되었던 것이다. 1952년 5월 23일 야마모토 도시나가(山本利壽) 야당(개진당)의원이 외무성에 영유권을 확고히 하기 위해 독도를 훈련구역으로 지정할 것을 제안한 적이 있었고 실제로 지정되었다.

셋째, 일본정부는 "다케시마 주변 해역에서 강치 포획 및 전복과 미역 채취를 원하는 지역 주민들의 강한 요청이 있었으며, 미군 역시 같은 해 겨울부터 다케시마를 폭격훈련 구역으로 사용하기를 중지했기 때문에 1953년3월 합동위원회는 이 섬을 폭격훈련 구역에서 삭제하기로 결정하였다"라고 하여 훈련구역 지정이 철회된 후에도 독도가 일본영토였다는 증거로 제시하고 있다.

① 1951년 9월 8일 대일평화조약이 체결되고 1952년 4월 28일 조약 비준을 앞두고 1952년 1월 18일 한국정부가 독도주변에 평화선을 선언하여 일본어선의 접근을 금지하였다. 독도가 일본영토였다면 조약이 비준되기 전이기 때문에 연합국이 한국의 평화선 조치를 철거시켰을 것이다. ② 독도 주변에는 1952년 1월 이후 평화선 조치로 일본어민의 접근이 불가능했기 때문에 일본주민이 조업을 위해 중지를 요청하였다는 주장은 거짓이다. ③ 1952년 9월 주한미군의 허가를 받아 한국산악회가 독도에서 주일미공군의 폭격연습 상황을 확인하고 11월 10일 한국정부가 주한 미대사에 철회를 요구함으로써 한국정부의 항의에 의해 12월 24일 미극동군사령부가 훈련구역 지정을 철회했던 것이다.

이처럼 일본정부가 "일미행정협정에 따르면 합동위원회는 '일본 국내의 시설 또는 구역을 결정하는 협의기관으로서의 임무를 수행한다'고 되어 있다. 따라서 다케시마(독도)가 합동위원회에서 협의되고, 또 주일미군이 사용할 구역으로 결정했다는 것은 바로 다케시마가 일본의 영토임을 보여주고 있다"라고 주장하지만, 실제로 '일미행정협정'과 독도 영유권과는 무관한 것으로 이들 모두 독도의 영유권을 날조한 것이다.

▌独島を「駐日米空軍の爆撃訓練区域に指定したから、日本領土」?

今日の韓国は1946年1月29日、SCAPIN(聯合国軍総司令部覚書)677号によって暫定的に韓国領土として独島の管轄統治権を認められた。

ところで日本が領有権を主張することで、連合国が独島を紛争地域に分類して1951年9月8日、対日平和条約で紛争地域に対して「有人島は信託統治して、無人島は地位の決定を留保する」という方針を決めたことによって、独島を日本領土に変更させようとした日本の意図は挫折した。韓国政府は1952年1月18日、日本の独島主権侵略を恐れて李承晩が平和線の措置を断行し、独島の実効的支配を強化した。

ところが、現在日本外務省ホームページには対日平和条約で、独島が日本の領土と決定されたという証拠として、「日米行政協定で独島を駐日米空軍の爆撃訓練区域に指定した」ことを提示しているが、事実ではない。日本政府は次のような方式で独島の領有権を捏造している。

まず、日本政府は「日本がまだ占領下にあった1951年7月連合国総司令部はSCAPIN第2160号で、竹島を米軍の訓練区域に指定した」として対日平和条約以前にも独島が日本領土だったという証拠として提示している。

①独島は1946年1月29日、SCAPIN 677号によって対日平和条約が締結されるまで暫定的に韓国領土として管轄統治権を認められた。ところが、1951年7月SCAPIN第2160号で在日米軍の訓練区域に指定したというのは、対日平和条約が締結される以前にも独島が日本領土だったという証拠だと主張することは大変な矛盾だ。

②1948年、駐日米空軍が爆撃練習をしている途中、独島で漁船10隻沈没、韓国の漁民30人あまりが犠牲になった。この時、韓国政府の抗議で米国は被害

を賠償し、在日米空軍の訓練区域の指定を撤回した。もし、独島が日本領土だったなら、日本の領土に侵入した韓国の漁民たちに被害賠償をしたはずがない、駐日米空軍の訓練区域の指定を撤回するはずもなかったはずだ。

③日本政府が親日派ウィリアム・シボルド(夫人は日系[義母]英国人、1946年-1952年、駐日米大使館執政大使として6年間日本の昭和天皇に下命する日本の占領統治は最高権力者、1949年東京大学で法学博士号取得、1949年12月29日、第6次草案で、独島が日本領土として変更されるようにし、1950年10月11日、東京駐在連合軍最高司令部、米政治顧問)にロビーして対日平和条約で、独島を日本領土と認められるため、1951年7月時点、で駐日米空軍の訓練区域の指定を要請した可能性が大きい。

第二に、日本政府は「サンフランシスコ平和条約の発効直後の1952年7月、米軍が継続して竹島を訓練区域に使用することを希望すると、日米行政協定(注:旧日米安保条約に基づく協定。現在の「日米地位協定」につながっていること)に基づき、同協定の実施に関する日米間の協議機関として設立された合同委員会は、在日米軍が使用する訓練区域の一つとして竹島を指定したことと同時に外務省がその趣旨を告示した」とし、対日平和条約後も独島は日本の領土だったという証拠として取り上げている。

連合軍は1947年9月16日、SCAPIN 1778号で独島を駐日米空軍の訓練区域に指定したが、1948年、駐日米空軍の独島誤爆事件で、死傷者を出して韓国政府の要請によって独島が訓練区域から除外された。

そうすると、日本が独島を日本領土に変更するため、ウィリアム・シボルドに働きかけて1950年7月6日、2160号で在日米空軍が訓練区域に指定した。

ところが、独島が再び駐日米空軍の訓練区域に指定されたのが米軍の要請によるものだという主張は偽である。

連合国がSCAPIN 677号で韓国が独島を管轄統治している状態でサンフランシ

スコ条約で、独島の地位が留保されたため、日本政府が独島が日本領土と決定された証拠として提示するため、米軍にロビーして再び駐日米空軍の訓練区域で指定されたことだ。

1952年5月23日、山本利寿野党(改進党)議員が外務省に領有権を確実にするため、独島を訓練区域に指定することを提案したことがあって実際に指定された。

第三に、日本政府は「竹島周辺の海域でアシカの捕獲およびアワビとのりの採取を希望する地元住民らの強い要請があったほか、米軍も同じ年の冬から竹島を爆撃訓練区域に使用することを中止したために1953年3月に合同委員会はこの島を爆撃演習区域から削除することに決定した」とし、演習区域指定が撤回された後も、独島が日本領土だったという証拠として取り上げている。

①1951年9月8日、対日平和条約が締結されて1952年4月28日、条約批准を控えて1952年1月18日、韓国政府が独島の周辺に平和線を宣言し、日本漁船の接近を禁止した。

独島が日本領土だったなら、条約が批准される前であるために連合国が韓国の平和線の措置を撤退させたはずだ。

②独島周辺には1952年1月以降平和線の措置で日本漁民の接近が不可能だったため、日本の住民が操業のために中止を要請したという主張は偽りである。

③1952年9月、在韓米軍の許可を受け、韓国山岳会が独島で駐日米空軍の爆撃練習状況を確認して、11月10日、韓国政府が在韓米大使に撤回を要求したことから、韓国政府が抗議して12月24日米極東軍司令部が演習区域の指定を撤回したのだ。

このように日本政府が「日米行政協定によると、合同委員会は日本国内の施設または区域を決定する協議機関としての任務を遂行するとなっている。したがっ

て、竹島(独島)が合同委員会で協議されて、また在日米軍が使用する区域に決定したというのは、すぐに竹島が日本の領土であることを示している」と主張するが、実際に「日米行政協定」と独島領有権とは無関係なもので、これらすべてが独島の領有権を捏造したものだ。

독도의 영유권을 날조한 일본은 "독도 강치를 한국이 멸종시켰다"고 한다(上)

지금의 독도는 괭이갈매기들이 사는 섬이 되었지만, 원래 독도는 무인도로서 강치가 서식하는 섬이었다. 독도의 강치를 보호하는 것이 독도의 생태계를 보존하는 것이었다. 러일전쟁 이후 일본은 한국의 고유영토인 독도에 몰래 들어가 독도 강치를 멸절시켜서 생태계를 파괴했다. 국제법상으로 인도네시아와 말레이시아가 양국 접경지대에 있는 시파단 섬과 리기탄 섬을 둘러싸고 영유권 분쟁이 있었는데, 국제사법재판소(ICJ)는 2002년 12월 멸종위기의 바다거북이를 복원시킨 말레이시아에게 영유권을 인정하는 판결을 내렸다. 이것은 생태계를 파괴하는 국가보다 생태계를 보존하는 국가에게 영유권을 인정해준 판례이다.

그래서 일본은 독도의 영유권을 주장하기 위해 '위키피디아(일본판)'에는 한국이 독도 강치를 멸절시켰다고 기술하고 있다.

즉, 독도는 이즈(伊豆)제도와 나란히 '일본강치'(Zalophus californianus japonicus)의 주요 번식지이다. 강치는 독도의 해식동굴에 살고 있었다. 메이지(明治) 다이쇼(大正) 연간에 대량 포획되었다. 그렇다고 하더라도 1950년대에 50~60두가 목격된 바가 있다. 제2차 세계대전 후 한국이 독도를 실효 지배하여 경비대가 상주한 후 1975년을 마지막으로 국제자연보호연합(IUCN)의 레드 리스트에 '멸종'되었다고 기록되었다. 기후 변화와 환경오염 등의 이유도 있겠지만, 한국이 다케시마(독도)를 요새화한 것도 멸절 요인이다. 1970년대 한국의 신문은 다케시마 주재의 '경비대원들이 총격으로 멸절시켰다'고 보도하였고, 세계자연보호기금(WWF)은 1977년 보고서에 한국인 연구자들조차도 "최상의 보호책은 경비대를 섬에서 철수하는 것"이라고 했고, 1976년 동아일보는 "바다사자 생식기가 한국에

서 인기 있는 정력제였기 때문에 남획으로 바다사자가 멸종 위기에 처했
다고 보도한 바 있다."라고 주장한다. 그러나 실제로 독도 강치가 멸절된
원인은 바로 위에서도 언급하였듯이 일본이 '메이지(明治) 다이쇼(大正)
연간에 대량으로 포획'했기 때문이다.

　독도는 2개의 큰 암석으로 이루어져있고 울릉도 동남쪽 87.4km 지점에
위치하고 있다. 독도는 울릉도와 더불어 고대 우산국시대부터 지금까지
불법 통치시대였던 일제 강점기를 제외하고 모두 한국의 고유영토로서
관리되어왔다. 득히 근대에 들어와서는 칙령41호로 행정 관할구역에 포
함시켜 일본이 독도를 침탈하지 못하도록 영토로서 관할 통치했다.

　그런데 일본은 러일전쟁 중의 혼란한 틈을 타고 근대 국제법의 무주지
선점이론을 악용하여 1905년 2월 독도를 '주인없는 섬'이라고 하여 일본
영토로서 편입을 도모했다. 그러나 일본은 중앙정부가 고시 등으로 외국
에 통고해야하는 의무사항을 어기고, 국제법의 영토취득의 합법성을 위
장하여 사기적으로 지방정부인 '시마네현 고시40호'로 몰래 편입 조치를
취하였다.

　그리고 일본정부가 1905년 11월 강압적으로 한국의 외교권을 강탈하
고 이를 바탕으로 1906년 2월 서울에 일제의 한국 통치기구인 통감부를
설치하였기 때문에 한국은 일본의 독도 침략사실을 열강들에게 직접 알
릴 방법이 없었다.

　1906년 3월 시마네현은 이를 악용하여 독도를 편입한 지 1년이 지난 시
점에 울릉도의 심흥택 군수를 방문하여 강압적으로 독도가 일본의 신영
토가 되었다고 주장하였다. 심흥택 군수는 이 사실을 전해 듣고 바로 이튿
날 울진현 관찰사를 통해 대한제국정부에 보고했다.

　대한제국정부는 통감부에 대해 독도가 칙령41호에 의해 한국이 관할
통치하는 영토라는 사실을 알리고 일본의 독도 침탈에 대해 항의했다. 그

럼에도 불구하고 1905년 4월 시마네현이 독도에서 강치잡이를 허가제로 하였고, 그해 6월 나카이 요사부로(中井養三郎)가 대표로 죽도어렵합자회사를 공동으로 설립하여 강치잡이를 시작했다.

이처럼 통감부는 대한제국정부로부터 독도가 칙령41호에 의해 한국이 관할통치해온 고유영토라는 사실을 확인하고서도 특별한 조치없이 묵살했다. 이는 명백한 불법적 영토 침략 행위이다.

시마네현이 죽도어렵합자회사에게 독도에서 강치잡이를 허가하였기 때문에 독도 강치가 마구잡이식으로 남획되어 멸절상태가 된 것이다. 그런데 일본정부가 국제법적으로 관련국가에 통고해야하는 의무사항을 어기고 지방정부가 은밀한 방법으로 독도를 편입한 것도 합법적인 조치라고 날조하고 있고, 또한 시마네현이 죽도어렵합자회사에 강치잡이를 허가하여 독도 강치가 멸절시킨 것조차도 독도를 영토로서 실효적으로 경영한 증거로 내세우고 있다. 일본 시마네현 총무과 문서과장 다무라 세이자부로(田村清三郎)는 1965년 『시마네현 죽도의 신 연구』(시마네현 총무부 총무과)를 저술하여 일본이 강치를 멸절시키는 전 과정을 기술하고 있다.

다무라는 일본이 독도의 강치를 멸절시킨 것이 마치 일본이 영토로서 독도를 경영한 증거라고 하여 연간 남획한 개체수를 일일이 수치로 장황하게 서술했다.

죽도어렵합자회사 대표 나카이 요사부로(中井養三郎)가 오키(隠岐)도청에 제출한 강치잡이 '상황보고서'에 따르면, 일본이 1905년 불법적으로 죽도를 편입한 직후 시마네현의 정관에 매년 강치 포획수에 대해 "수컷 500두 이내, 암컷 50두 이내, 새끼 50두 이내 총 600두 이내"를 포획한다고 규정하였다.

이처럼 규정상으로는 암컷과 새끼의 포획을 최소화하여 장기적으로 포획량을 유지함으로써, 독도에서 지속적으로 강치 포획을 예상하고 했다. 그런데 실제로는 1906년 수컷 663두, 암컷 415두, 새끼 307두 등 총 1,385 두를 포획하였다고 했지만, 회사측 기록으로는 수컷 488두, 암컷 829두, 새끼 602두로 총 1,919두를 포획하였다. 이처럼 시마네현의 규정은 형식 적인 것이었고 실제로는 암컷과 새끼를 가리지 않고 마구잡이식으로 모조리 남획했던 것이다.

결국 1907년 시마네현은 사업자의 요구를 받아들여 강치잡이를 확장 하여 수컷 700두, 암컷 500두, 새끼 300두 등 총 1,500두를 포획할 수 있도 록 허가했다. 그러나 실제로는 죽도어렵합자회사는 1907년 1,689두, 1908 년에는 1,660두를 포획했다. 그러나 1908년의 경우, 회사측의 기록으로 보면, 수컷 273두, 암컷 1,285두, 어린새끼 123두, 젖먹이 새끼 37두, 태아 새끼 173두로 총 1,891두를 포획했던 것이다.

특히 암컷 1,285두 중에는 임신한 암컷이 173두, 젖먹이새끼도 37두도 포함되어있었다. 일본이 암컷과 새끼를 마구잡이식으로 포획한 것은 독 도의 강치를 완전히 멸절시키겠다는 의도나 다름없다.

또한 '사이고마치(西郷町) 행정사무소'의 기록에 따르면, 1908년 1,680두 (종사자 27인), 1909년 1,153두(23명), 1910년 679두(18명), 1911년 796두 (23명)가 포획되었다. 그 결과, 1906년~1908년 사이에는 매년 1,600~1,900 두가 포획되었으나, 1909년~1911년 사이에는 매년 격감하여 1,200~800 두가 되었다. 죽도어렵합자회사 대표 나카이 요사부로는 매년 강치 포획 수가 줄고 이익도 줄어들어 1909년부터는 쿠릴열도에서 강치, 랏코, 오토 세이 포획으로 사업장소를 옮겼다.

한편 독도에서도 여전히 강치포획이 계속되었는데, 매년 1916년~1917년 에 200~300두, 1928년~1929년에 100두정도로 포획량이 급감하였다. 기 존에 강치가 다량으로 포획되었을 때는 그것으로 주로 가죽과 기름을 채

취했다. 그런데 1933년 8두, 1934년 19두, 1935년~1939년 30두씩, 1940년 -41년에는 각각 19두씩 포획되었다. 1933년~1941년 사이 강치의 개체수가 급격하게 줄어들어 강치를 생포하여 동물원과 서커스단에 팔았다. 1935년경에는 연간 20-50두까지 개체수가 줄어들어 키노시다(木下) 서커스단, 야노(矢野) 서커스단이 필요로 하는 수요를 충족시키지 못했다.

일본은 1937년에 중일전쟁을 일으켰고, 1941년에는 태평양전쟁을 일으켰다. 전쟁상태에서 강치포획은 더 이상 지속되지 못했지만 전쟁으로 강치의 개체수가 줄어들어 거의 멸절상태에 놓이게 되었다. 위키페디아(일본판)에 따르면, 1905년 일본이 처음 강치를 잡기 시작했을 때는 연간 어림잡아 1300~2000두를 포획할 정도로 개체수가 아주 많았다. 1904년~1911년까지 약 8년간 14,000두가 포획되었으나, 1905년~1930년 사이에 남획되어 개체수와 포획수 모두 감소되었다. 이렇게 볼 때, 독도의 강치를 멸절시킨 장본인은 바로 일본이었다.

日本は「韓国が独島アシカを絶滅させた」と独島の領有権を捏造している(上)

　現在の独島は鴎が住む島になったが、もともと独島は無人島としてアシカが生息する島だった。独島のアシカを保護することが、独島の生態系を保存することだった。日露戦争以後、日本は韓国固有の領土である独島に忍び込み、独島アシカを絶滅させて生態系を破壊した。

　国際法上、インドネシアとマレーシアが両国の国境地帯にあるシパダン島とリギタン島をめぐって領有権紛争があったが、国際司法裁判所(ICJ)は2002年12月、絶滅の危機に瀕したウミガメを復元したマレーシアに領有権を認める判決を下した。これは生態系を破壊する国より生態系を保存する国に領有権を認めた判例だ。

　それで日本は独島の領有権を主張するため、「ウィキペディア(日本版)」には韓国が独島アシカを絶滅させたと記述している。すなわち、「独島は伊豆制度と並んで「ニホンアシカ」(Zalophus californianus japonicus)の主要繁殖地だ。アシカは、独島の海食洞窟に住んでいた。明治大正年間に大量捕獲された。それにしても1950年代に50~60頭が目撃されている。第2次世界大戦後、韓国が独島を実効支配して警備隊が常駐した後、1975年を最後に国際自然保護連合(IUCN)のレッドリストに「絶滅」になったと記録された。

　気候変化と環境汚染などの理由もあるが、韓国が竹島(独島)を要塞化したのも絶滅要因だ。1970年代韓国の新聞は、竹島の主宰の「警備隊員が銃撃で絶滅させた」と報道し、世界自然保護基金(WWF)は1977年の報告書に韓国人研究者たちも、「最上の保護策は警備隊を島から撤退すること」とし、1976年、「東亜日報」はアシカ生殖器が韓国で人気の精力剤だったため、乱獲でアシカが絶滅の危機に瀕したと報道している。」と主張する。しかし、実際に独島アシカが絶滅の原因は他ならぬ上にも言及したように、日本が「明治大正年間に大量に捕

獲」したためだ。

　独島は2つの大きな岩礁で構成されていて欝陵島の東南側87.4km地点に位置している。独島は欝陵島とともに古代于山国時代から今まで不法統治時代だった日帝強占期を除きいずれも韓国の固有の領土として管理されてきた。

　特に近代に入っては、勅令41号で日本が独島を侵奪しないように領土として行政管轄区域に入れて管轄統治した。しかし、日本は日露戦争中の混乱のすきに乗じて近代国際法の無主地の先取り理論を悪用して1905年2月、独島を「主権未定」とし日本領土としての編入を図った。

　しかし、日本は、中央政府が告示する等で外国に通告しなければならない義務事項を破り、国際法の領土取得の合法性を装って詐欺的に地方政府である「島根県告示40号」に密かに編入措置を取った。そして日本政府が1905年11月、強圧的に韓国の外交権を強奪し、これを土台に1906年2月、ソウルに日帝の韓国統治機構である統監府を設置したために韓国は日本の独島侵略の歴史室を列強に直接知らせる方法がなかった。1906年3月、島根県はこれを悪用して、独島を編入してから1年が経った時点に欝陵島の沈興沢郡守を訪問して強圧的に独島が日本の新たな領土になったと主張した。沈興沢欝島郡守は、この事実を聞き、翌日、欝珍県の観察使を通じて大韓帝国政府に報告した。大韓帝国政府は統監府に対し、独島が勅令41号で韓国が管轄統治する領土である事実を知らせ、日本の独島侵奪に対して抗議した。

　それにもかかわらず、1905年4月、島根県が独島でアシカ漁を許可制にし、同年6月中井養三郎が代表で竹島漁猟合資会社を共同で設立し、アシカ漁を始めた。このように統監府は、大韓帝国政府から独島が勅令41号で韓国が管轄統治してきた固有の領土であるという事実を確認させたが、統監府は何ら特別な措置も無しで黙殺した。これは明白に不法の領土侵略の行為である。島根県が竹島漁猟合資会社に独島でアシカ漁を許可したため、独島アシカが無計画に乱獲

されて絶滅状態になったのだ。

　ところで日本政府が国際法的に関係国に通告しなければならない義務事項を違反し、地方政府が密かな方法で独島を編入したのも、合法的な措置だと捏造しており、また、島根県が竹島漁猟合資会社にアシカ漁を許可し、独島アシカが絶滅させたことさえも、独島を領土として実効的に経営した証拠で掲げている。

　日本島根県の総務課文書課であった田村清三郎は、1965年『島根県竹島の新研究』(島根県総務部総務課)を著述して日本がアシカを絶滅させる全過程を記述している。田村は、日本が独島のアシカを絶滅させたのが、あたかも日本が領土として独島を経営した証拠だとし、年間乱獲した個体数をいちいち数値で冗長に記述した。

　竹島漁猟合資会社代表であった中井養三郎が隠岐の島庁に提出したアシカ漁「状況報告書」によると、日本が1905年、違法的に竹島を編入した直後、島根県の定款に毎年アシカ捕獲数について「雄500頭以内、雌50頭以内、子50頭以内、計600頭以内」を捕獲すると規定した。このように規定上は雌と子の捕獲を最小化し、長期的に捕獲量を維持することにより、独島で持続的にアシカ捕獲を予想することにした。ところが、実際には1906年に雄663頭、雌415頭、子307頭で、計1,385頭を捕獲したと言ったが、会社側の記録では雄488頭、雌829頭、子602頭で計1,919頭を捕獲した。このように島根県の規定は形式的なもので、実際には雌と子を区別せずむやみに乱獲したのだ。結局、1907年島根県は、事業者の要求を受け入れてアシカ漁を拡張し、雄700頭、雌500頭、子300頭で、計1,500頭を捕獲できるように許可した。

　しかし、実際には竹島漁猟合資会社は、1907年1,689頭、1908年に1,660頭を捕獲した。1908年の場合、会社側の記録から見ると、雄273頭、雌1,285頭、子123頭、子37頭、子173頭で、計1,891頭を捕獲したのである。特に、雌1,285頭の中には妊娠した雌が173頭、乳飲み子も37頭も含まれていた。日本

が雌と乳飲み子を問わずに無計画で捕獲したのは、独島のアシカを完全に絶滅
させるという意図に他ならない。

　また、「西郷町行政事務所」の記録によると、1908年には1,680頭(従事者27
人)、1909年には1,153頭(23人)、1910年には679頭(18人)、1911年には796
頭(23人)が捕獲された。その結果、1906年~1908年には毎年1,600~1,900頭が
捕獲されたが、1909年~1911年には毎年激減し、1,200~800頭となった。竹島
漁猟合資会社代表中井養三郎は毎年アシカ捕獲数が減って利益も減り、1909
年からはクリル列島でアシカ、ラッコ、オートセイ捕獲に事業場所を移した。一
方、独島でも依然としてアシカの捕獲が継続されたが、毎年1916年-1917年に
200-300頭、1928年-1929年に100頭ぐらいで捕獲量が急減した。

　以前にアシカが大量に捕獲されたときは，主に皮や油を採取した。ところが
1933年8頭、1934年19頭、1935年-39年30頭ずつ、1940年-41年にはそれぞ
れ19頭ずつ捕獲された。

　1933年-1941年の間、アシカの個体数が急激に減り、アシカを捕えて動物園
やサーカス団に売った。

　1935年ごろには年間20-50頭まで個体数が減り、「木下サーカス団」、「矢野
サーカス団」が必要とする需要を満たすことができなかった。日本は1937年に日
中戦争を、1941年には太平洋戦争を起こした。戦争状態でアシカの捕獲はそれ
以上続かなかったが、戦争によってアシカの個体数が減り、ほとんど滅絶状態に
置かれた。

　ウィキペディア(日本版)によると、1905年に日本が初めてアシカ漁を始めた時
は、年間見積もって1300-2000頭を捕獲するほど個体数が多かった。1904年
-1911年までの約8年間で14,000頭が捕獲されたが、1905年-1930年の間に乱獲
され、個体数と捕獲数ともに減少した。

　こうして見ると、独島のアシカを絶滅させた張本人は、まさに日本だった。

| 독도의 영유권을 날조한 일본은 "독도 강치를 한국이 멸종시켰다"고 한다(下)

독도는 원래 사람이 살수 없는 섬이기 때문에 한국은 무인도 상태로 고유영토로 관리해왔다. 그러나 일본은 불법적으로 은밀한 방법으로 독도를 일본영토에 편입한 후, 독도의 강치를 남획하여 멸절시켰다. 현재 독도에는 독도주민, 경비대원 40여명, 독도관리사무소 공무원, 등대지기 등이 많은 한국민이 상주하고 있다.

일본이 독도의 강치를 멸절시키지 않고, 영유권을 주장하지 않고 독도 점유도 시도하지 않았더라면, 독도는 강치들이 서식하는 섬, 괭이갈매기들의 섬으로써 한국민들이 무리하게 상주할 이유가 없었다.

그런데 일본은 한국민들이 독도에 거주하고 있기 때문에 강치가 멸절된 요인이라고 주장한다. 그것을 사실이라고 말할 수 없지만, 그 원인을 제공한 것은 바로 일본이다.

일본은 한국전쟁 중에 주일미군에게 독도를 미공군의 폭격연습장으로 지정하도록 하여 미공군 폭격기가 독도에 폭탄을 투하했다. 그렇다면 과연 그곳에서 살고 있던 강치들은 폭탄을 맞고서도 그대로 살 수 있었을까?

위키페디아(일본판)에 의하면, "1958년 독도 주변에 강치가 200~500두 정도가 생존했다고 보고되었다"고 한다. 일본은 독도에 서식했던 강치를 '일본강치'라고 명명했다.

일본강치들은 "추정컨대 1950년대 후반에 레분시마(礼文島)연안, 아오모리현의 큐로쿠시마(久六島), 시마네현의 니시노시마(西ノ島), 독도, 쿠릴열도의 스테고(捨子) 코탄섬古丹島), 캄차카반도 남부에 한정되어전 서식지역에 최대 300두가 생존하고 있었다. 그중에 100두가 독도에서 서식하였다"라고 했다.

　이것은 일본이 독도 강치의 개체수를 과장하여 한국이 강치를 멸절시켰기 때문에 독도를 영토로서 관리하지 않았다고 말하고 싶은 것이다. 그런데 위키페디아(일본판)에서는 목격담 이외에 특별한 근거도 없이 "제2차 세계대전 이후 1951년에 독도에 50~60두가 확인되었다고 한다. 1951년 11월 돗토리현립 사카이고등하교 수산과가 독도에 갈 때 목격하였고, 1952년 의용수비대가 부산에서 강치를 팔아 소총을 구입하였고, 1953년 일본인이 울릉도에서 미역과 전복을 채취하러온 어부로부터 강치로 요리한 것을 대접받았다는 것이다. 조선전쟁 중(1950~1953년)에는 한국군이 사격훈련의 표적으로 사용했다는 소문이 있다."라고 기술하고 있다.

　이는 제2차 세계대전 이후 한국이 독도의 강치를 멸절시켰다는 것이다.

　그러나 사실 위키페디아(일본판)에서 강치의 분포지역에 대해 "1949년 소련의 사할린 남부 해마(海馬)도(모네론섬)에서 포획된 적이 있고, 1962년 스테코 코탄 섬에서 목격된 적이 있고, 1967년 캄차카반도에서 사체를 발견한 적이 있었다. 1974년 레이분시마 앞바다에서 같은 종으로 보이는 기각류(鰭脚類) 새끼가 포획되어 사육 중 20일 후에 죽었다고 한다. 1975년 독도에서 2두가 목격된 적이 있었는데, 그 이후 생식이 보고된바 없다. 세계자연보호기금(WWF)은 번식은 1972년이 마지막이었고, 포획된 개체는 한국의 동물원에서 새끼가 출산하였다는 기록이 남아있다고 보고했다."라고 기술하고 있다.

　이처럼 일본강치는 제2차 세계대전을 계기로 일본에 의해 거의 멸절상태가 되었음을 알 수 있다. 위키페디아(일본판)에서도 일본강치의 서식 개체수가 감소된 주된 원인에 대해 "서식 환경의 변화와 남획에 의한 것이다. 모피·박제 목적의 남획, 인간의 번식지 침입에 의한 교란, 엘리뇨 현상에 따른 먹이의 분포와 서식 수 변동에 의한 가능도 생각된다. 쇠퇴·멸종의 주된 원인은 가죽과 기름을 얻기 위해 남획되었기 때문이다. 특히 독도에 대해서는 대규모 강치 잡이에 의한 남획으로 개체 수가 감소한 것이라 한다. 1950년대에는 일본으로부터 대량의 비닐제품이나 소비에트연방의 핵잠수함과 핵폐기물 투기 등 '일본해'(동해)가 현저하게 오염되어 서식 환경이 악화된 점도 강치 멸절의 요인으로 지적된다. 한일 양국 모두가 제2차대전 이후 남아있던 몇 안 되는 개체를 정책적으로 보호하지 않았다. 일본에서 강치는 조수(鳥獸)보호법에서도 장기간 보호대상에서 제외되었다. 당초 한국에서도 독도 강치에 대한 보호정책을 펴지 않았다가 나중에 보호 대상으로 지정하였다. 한국에 의한 독도의 군사 요새화와 재일 미군의 군사 훈련 실시 등 군사 관계도 멸절의 요인으로 지적되고 있다."고 기술하고 있다. 이처럼 독도 강치를 멸절시킨 것은 일본이 제2세계대전 이전에 대량으로 남획하였고, 태평양전쟁으로 서식환경이 훼손되었기 때문이다. 한국이 독도에 경비대를 주둔시켜서 멸절되었다는 주장은 옳지 않다.

위에서도 언급했듯이 일본이 독도 점유를 시도하거나 독도 영유권을 주장하여 독도를 탈취하려고 하지 않았더라면 독도에 한국의 경비대가 주둔할 이유가 없었다. 일본이 독도 강치를 남획한 증거로서, 박제형태로 일본 전국의 여러 기관에 보관되어있다. 위키페디아(일본판)에 따르면, "교토시 동물원, 구마모토 동물원(현:구마모토시 동식물원), 고베시 스와야마(諏訪山)동물원(현: 고베시립 오지(王子) 동물원), 사카이(堺) 수족관, 덴노지(天王寺) 동물원, 히가시야마(東山) 동물원(현 히가시야마 동식물원), 하코자키(箱崎) 수족관, 한신(阪神)파크 수족관에 수용되었을 가능성이 있다. 가장 오래된 기록은 교토시 기념동물원(현: 교토시 동물원)으로 1903년 개원 당시 오키(隱岐) 출생 2마리를 수용한 기록이 있다. 덴노지 동물원에서는 량코(독도의 일본식 속칭)대왕이라 호칭된 수컷 큰놈을 포함하여 2005년 현재 6마리의 박제 표본이 현존하고 있다. 전 세계적으로는 약 10~15구가 있을 것으로 추정한다. 1886년 2월 시마네현 마쓰에(松江)시 미호노 세키마치(美保関町)에서 포획된 후 시마네 사범학교에서 시마네대학에 보내져 보관된 박제, 오사카시 덴노지 동물원의 6구의 강치 박제도 독도에서 포획된 것이다. 시마네현의 이즈모(出雲)고등학교 다이샤(大社)고등학교, 마쓰에 키타(松江北)고등학교에서도 일본강치의 박제(1905년 독도 출생)가 소장되어 있다."라고 하여 독도 강치의 박제가 현존하고 있다는 사실은 일본의 신문기록을 조사하여 확인되었다는 것이다. 그런데 위키페디아(일본판)의 기술 중에는 1970년 독도에 50여 두의 강치가 목격되었는데, 한국이 독도에 경비대를 주둔시켜 군사적으로 요새화하였기 때문이고, 또한 한국 남자들이 강치가 정력에 좋다고 식용으로 사용했기 때문에 강치가 멸절되었다고 하는 일본 주장은 설득력이 전혀 없다.

독도 강치가 멸절된 주된 요인은 제2차세계대전 이전에 일본이 대량으로 남획하였고, 또한 일본이 일으킨 태평양전쟁으로 인해 강치가 서식할 수 있는 생태환경이 변화되었기 때문이다.

┃ 日本は「韓国が独島アシカを絶滅させた」と独島の領有権を捏造している(下)

独島は元々、人が暮らすことができない島であるため、韓国は無人島状態で固有の領土と管理してきた。しかし、日本は不法で隠密な方法で独島を日本領土に編入した後、独島のアシカを乱獲して絶滅させた。

現在、独島には、独島住民、警備隊員40人余り、独島管理事務所公務員、灯台守など多くの韓国民が常駐している。日本が独島のアシカを絶滅させず、領有権を主張しない、独島占有も試みていなかったら、独島はアシカが生息する島、鴎の島で、韓国国民が無理して常駐する理由がなかった。

しかし、日本は韓国国民が独島で居住しているためにアシカが絶滅された要因だと主張している。それを事実とは言えないが、その原因を提供したのは日本である。日本は朝鮮戦争中に在日米軍に独島を米空軍の爆撃練習場と指定するようにし、米空軍爆撃機が独島に爆弾を投下した。

それでは、果たしてそこに住んでいたアシカは爆弾に打たれてもそのまま生きられたのだろうか。ウィキペディア(日本版)によると、「1958年、独島の周辺にアシカが200-500頭程度が生存したと報告された」という。日本は独島に生息してアシカを「ニホンアシカ」と命名した。ニホンアシカたちは「推定けど、1950年代後半に礼文島沿岸、青森県の久六島、島根県の西ノ島、独島、北方領土の捨子、古丹島、カムチャツカ半島南部に限定され、全生息地域に最大300頭が生存していた。その中で100頭が独島に生息している」とした。

これは日本が独島アシカの個体数を誇張して韓国がアシカを絶滅させたため、独島を領土として管理しなかったと言いたいことだ。

ところが、ウィキペディア(日本版)では目撃談のほかに、特別な根拠もなしで「第2次世界大戦後、1951年に、独島に50-60頭が確認された」という。

1951年11月、鳥取県立境高等学校水産課が独島に行く時目撃して、1952年、義勇守備隊が釜山でアシカを売って小銃を購入し、1953年、日本人が欝陵島からワカメとあわびを採取しにきた漁師からアシカで料理したもてなしを受けたということだ。

朝鮮戦争の中(1950-1953年)は、韓国軍が射撃訓練の標的に使ったという噂がある」と記されている。これは第2次世界大戦後、韓国が独島のアシカを絶滅させたということだ。しかし、実はウィキペディア(日本版)でアシカの分布地域について、「1949年にソ連のサハリン南部海馬島(モネロン島)で捕獲されたことがあり、1962年にステココタン島で目撃されたことがあり、1967年にカムチャツカ半島で遺体を発見したことがある。

1974年、礼文島沖で同種とみられる鬼脚類の子が捕獲され飼育中20日後に死んだという。

1975年に独島で2頭が目撃されたことがあるが、その後、生殖が報告されたことがない。世界自然保護基金(WWF)は、繁殖は1972年が最後で、捕獲された個体は韓国の動物園で子が出産したという記録が残っていると報告している」と記している。このように日本の植民地支配は、第2次世界大戦を契機に日本によりほぼ滅絶状態となったことが分かる。

ウィキペディア(日本版)でも「ニホンアシカの生息個体数が減少した主な原因について、生息環境の変化と乱獲による。毛皮・剥製目的の乱獲、人間の繁殖地侵入による撹乱、エルニーニョ現象による餌の分布と生息数の変動による可能も考えられる。衰退・絶滅の主な原因は皮と油を得るために乱獲されたからだ。

特に、独島においては、大規模なアシカ漁による乱獲で個体数が減少したのが主な要因だ。1950年代には日本から大量のビニール製品やソビエト連邦の核潜水艦や核廃棄物投機など「日本海」(東海)が顕著に汚染され、生息環境が悪化した点もアシカ絶滅の要因として指摘される。

韓日両国いずれも、第2次世界大戦後に残っていた数少ない個体を政策的に保護しなかった。日本でアシカは鳥獣保護法においても長期間保護の対象から除外された。当初韓国でも独島アシカに対する保護政策を展開しなかったが、後に保護対象に指定した。韓国による竹島の軍事要塞化と在日米軍の軍事訓練の実施など軍事関係も絶滅の原因と指摘されている。」と記述している。

このように独島のアシカを絶滅させたのは、日本が第2世界大戦以前に大量に乱獲し、太平洋戦争での生息環境が損なわれたためだ。

韓国が独島に警備隊を駐留させて絶滅されたという主張は正しくない。上にも言及したように、日本が独島占有を試みたり、独島領有権を主張して独島を奪取しようとしなかったら、独島に韓国の警備隊が駐留する理由がなかった。

日本が独島のアシカを乱獲した証拠として剥製の形で日本全国の諸機関に保管されている。

ウィキペディアによると、「京都市動物園、熊本動物園(現:熊本市動植物園)、神戸市諏訪山動物園(現:神戸市立王子動物園)、境水族館、天王寺動物園、東山動物園(現・東山動植物園)、箱崎水族館に収容可能性がある。

最も古い記録は京都市記念動物園(現京都市動物園)で、1903年の開園当時、隠岐出生2頭を収容した記録がある。天王寺動物園ではリャンコ(独島の日本式俗称)大王と呼称されたオスの大物を含めて2005年現在6匹の剥製標本が現存している。世界的には約10~15体あると推定される。

1886年2月、島根県松江市美保関町で捕獲された後、島根師範学校から島根大学に送られて保管された剥製、大阪市天王寺動物園の6区のアシカ剥製も独島で捕獲されたのだ。島根県の出雲高等学校、大社高等学校、松江北高校にもニホンアシカの剥製(1905年に独島生まれ)が所蔵されている。」とし、独島のアシカの剥製で現存しているという事実は、日本の新聞の記録を調査して確認されたということだ。

　ところが、ウィキペディア(日本版)の記述の中には1970年、独島で50余頭の
アシカが目撃されたが、韓国が独島に警備隊を駐留させ、軍事的に要塞化した
ためであり、また、韓国の男子はアシカが精力に良いと食用としたためにアシカ
が絶滅したとする日本の主張は説得力が全くない。独島のアシカが絶滅された主
な要因は、第2次世界大戦以前に日本が大量に乱獲し、さらに、日本が起こし
た太平洋戦争によってアシカが生息できる生態環境が変化しためだ。

▎일본이 독도 강치를 멸절시켜놓고, 그 책임은 한국에 떠넘 긴다

『위키피디아』인터넷백과 '일본판'에 독도의 강치에 관한 기술이 있다. 내용적으로 봐서 『위키피디아』의 '일본판'은 일본어를 사용하는 독자들의 견해를 반영하여 작성한 것이기 때문에 독도의 영유권에 대해서도 일본영토라는 일본의 인식이 반영되어 있다.

강치의 멸절에 대한 기술에서도 그 책임을 한국에 떠넘기고 있다. 그 이유는 영유권 분쟁 해결을 위한 국제법적 판례로 볼 때 강치를 멸절시킨 국가는 영토적 권원을 인정받기 어렵기 때문이다.

일본은 1900년 초반 연평균 1,300~2,000두를 잡았다고 할 정도로 독도는 한때 엄청난 개체가 살고 있던 강치(바다사자)의 서식지였다. 독도는 사람이 살지 않는 강치의 섬이었다. 울릉도 주민들은 가재 또는 강치라고 불렀다. 지금 독도에는 강치가 없다. 고대시대 이후 한국측 정부는 울릉도와 함께 독도를 영토로서 관리해왔다. 그런데 일본은 20세기 초반부터 독도가 한국영토임을 알면서도 강치를 잡는 섬으로 알고 있었다. 1900년 초 나카이 요사부로라는 일본어부는 한국정부에 허가를 받아서 본격적으로 강치잡이를 독점하려고 했다. 이 사실을 알게 된 일본정부는 마침 혼란스러웠던 러일전쟁을 이용하여 나카이에게 영토편입원을 제출하도록 하고, 몰래 독도를 일본영토로 편입하여 강치의 독점권을 허가해주었다. 그후 시마네현 어부들은 일제강점기 36년 동안 지속적으로 강치잡이에 몰두하여 멸절상태로 만들었다. 그런데 지금 와서는 일본은 한국이 강치를 멸절시켰다고 사실을 날조하고 있다.

즉, 한국이 광복된 이후, "1950년대 독도를 점령한 독도의용수비대가 20~30두씩 무리지어 다니는 강치를 목격했다는 증언이 있고, 1958년 독도주변에 200~500두정도 생존하고 있다는 보고도 있었다. 1950년대 후반에 일본의 전체 생식지역에 300두정도가 있었는데, 그중에 100두정도가 독도에 생존하고 있었다고 추정된다." 그런데 "제2차 세계대전 이후에는 독도에 강치가 50~60두 생존했다. 1951년 11월 돗토리현립 사카이(境)고등학교 수산과가 독도에 가는 도중에 강치를 목격했는데 1952년 독도의용수비대가 부산에서 강치를 팔아 권총과 소총을 구입했다." 또한 "1953년 6월에도 시마네현립 오키고등학교 수산과 실험선이 독도주변에서 강치를 목격했는데, 그때 독도에 도항한 한국인 3명으로부터 강치요리를 대접받았다"라고 하여 울릉도사람들이 강치를 식용으로 사용했다는 것이다. "한국전쟁(1950~1953) 때는 한국군이 독도에 서식하는 강치를 사격훈련의 표적으로 삼았다는 소문도 있었다"는 것이다.

『위키피디아』'일본판'에서는 강치를 '일본강치(일본아시카)'라고 부른다. '일본강치는 일본 연안에서 번식하는 유일한 강치과 동물이다. 바다표범, 강치(바다사자), 물개처럼 겨울에 잠시 들렸다가 돌아가는 것이 아니고, 매년 생식하러 돌아온다. 그런데 한국에서는 독도에 서식하는 일본강치를 '강치(海驢)'라고 잘못 알고 있다.' '일본강치는 일본열도와 울릉도, 독도, 역사적으로는 황해와 발해에서 동해안으로 내려오면서 넓게 분포되었다. 독도도 일본강치가 번식하는 일본의 여러 번식지 중의 한 곳'이라는 것이다.

그렇다면 과거 독도에는 엄청 많은 강치가 살고 있었는데, 그 많은 강치가 어떻게 멸절되었을까? 현재 일본은 과거 일본의 강치잡이가 독도를 경영한 증거라고 하여 독도 영유권을 주장한다. 그래서 독도에서 강치를 많이 잡았다고 자랑해왔다. 일본은 1900년 초반부터 독도에서 본격적으로 강치를 잡았는데, 연평균 1,300~2,000두를 잡았다는 것이다. 1904년~1911년 사이의 8년간은 14,000두를 포획했고, 메이지와 다이쇼시대(1868~

1926)에는 남획하여 개체수와 포획수 모두가 격감했다는 것이다.

이미 일본은 1910년 한국병합을 전후해서 독도의 강치를 멸절상태로 만들었던 것이다. 만일 그 당시 연간 1300~2000두를 잡지 않고 그대로 강치를 보호했다면 오늘날 독도에는 수만 마리의 강치가 서식하고 있을 것임에 분명하다. 그런데 일본은 한국이 강치를 멸절시켰다고 사실을 날조하고 있다.

위에서 일본이 1904년~1911년 사이 8년간 14,000두를 포획했다고 했다. 그런데 "남획이 우려되어 1905년 2월 22일 이 섬을 시마네현 소속을 결정하였다. 그해 4월에 시마네현의 규칙을 개정하여 강치잡이를 허가제로 변경하였다. 그리고 허가서를 취득한 자에게 행정적으로 지도하여 그해 6월 공동으로 강치잡이를 위해 '죽도(竹島)어렵합자회사'를 설립하도록 하여 조직적인 어업이 시작되었다"라고 사실을 교묘하게 날조하고 있다.

첫째, "남획이 우려되어 1905년 2월 22일 이 섬을 시마네현 소속을 결정하였다."라고 주장한다. 1905년 2월 한국영토인 독도를 '주인이 없는 섬'이라고 하여 일본영토로 편입 조치한 것은 한국영토를 몰래 도취한 영토침략행위이다.

둘째, "1905년 4월 시마네현의 규칙을 개정하여 강치잡이를 허가제로 변경하였다."라고 주장한다. 1903년부터 어부 나카이 요사부로가 한국영토인 독도에서 몰래 강치잡이를 할 때에는 일본영토가 아니었기 때문에 무제한으로 잡았다. 그런데 일본이 독도를 일본영토로 편입한 이후에는 시마네현이 나카이에게 강치잡이의 독점권을 허가한 것이다. 강치의 남획 방지와는 무관하다.

셋째, "허가서를 취득한 자에게 행정적으로 지도하여 그해 6월 공동으로 강치잡이를 위해 '죽도(竹島)어렵합자회사'를 설립하여 조직적인 어업이 시작되었다"라고 주장한다. 나카이가 '죽도어렵합자회사'를 설립한 것은 다른 경쟁자들의 조업을 막고 강치잡이의 독점을 위해 설립한 것이다. 강치의 남획을 막는 것과는 무관하다.

현재 시마네현에 독도 강치의 박제가 남아있다. 그 박제의 유래에 대해 "1905년 8월 당시 시마네현지사 마쓰나가 다케키치(松永武吉)와 여러 현 직원이 독도에 건너가 어민으로부터 살아있는 '일본강치' 3두를 얻어 왔다. 현청 못에서 사육하고 있다가 얼마 되지 않아 강치가 죽어 박제를 만들어 시마네현립 오키고등학교와 돗토리현립 사카이고등학교에 소장했다"라고 한다.

남획한 강치의 용도에 대해서도 "쇼와(1926~1989) 초기에는 공연용으로 사용하기 위해 흥행주(기노시타(木下)서커스, 야노(矢野)서커스 등)가 살아있는 일본강치를 많이 구매했다. 그런데 이미 남획되어 필요한 수요를 확보할 수 없는 상태로 줄었다." "1935년경에는 연간 포획 마리수가 20~50두로 줄어 포획 량이 최전성기의 40분의 1로 격감했다. 태평양전쟁의 영향으로 전시 중에는 강치잡이가 중지되었다."라고 한다.

이미 독도에 서식하고 있던 강치는 태평양전쟁을 거치면서 서서히 멸절상태로 접어들었던 것이다. 그런데 한국이 강치를 식용으로 사용하고 의용수비대가 경비를 마련하기 위해 강치를 잡아버렸기 때문에 멸절되었다고 주장하는 것은 논리적 모순이다.

┃ 日本が独島のアシカを絶滅させたが、その責任は韓国に転嫁する

『ウィキペディア』インターネット百科「日本版」に独島のアシカに関する記述がある。内容的に見て『ウィキペディア』の「日本版」は日本語を使用する読者の見解を反映して作成したものであるため、独島の領有権についても日本領土という日本の認識が反映されている。

アシカが絶滅した要因に関する記述でも、その責任を韓国に転嫁している。その理由は、領有権紛争の解決に向けた国際法的判例から見て、絶滅させた国家には領土的権原を認めがたいからだ。

日本は1900年のはじめ、年平均1,300-2,000頭を取ったと言うほど、独島は一時、莫大な個体が住んでいたアシカの生息地だった。

独島は人が住んでいないアシカの島だった。欝陵島の住民たちは「ザリガニ」または「カンチ」と呼んだ。今の独島にはアシカがない。

古代時代以降、韓国側政府は欝陵島とともに、独島を領土として管理してきた。しかし、日本は20世紀の初めから独島が韓国領土で、アシカが捕獲できる島と認識していた。

1900年初め、中井洋三郎という日本の漁師は、韓国政府に許可を受け、本格的にアシカ漁を独占しようとした。

この事実を知った日本政府はちょうど混乱した日露戦争を利用して中井に領土編入願を提出するようにして、密かに独島を日本領土に編入してアシカの独占権を許可した。

その後、島根県の漁師たちは日本による植民地時代36年間、アシカ漁に没頭し、絶滅の状態と化した。

ところが今になっては、日本は韓国がアシカを絶滅させたと事実を捏造してい

る。すなわち、韓国が解放された以降、「1950年代、独島を占領した独島義勇守備隊が20-30頭の群れをなして通っているアシカを目撃したという証言があり、1958年、独島の周辺に200-500頭程度が生存しているという報告もあった。1950年代後半に日本の全体の生息域に300頭程度があったが、その中に100頭程度が独島に生存していたと推定される。」

　ところで「第2次世界大戦後には独島でアシカが50-60頭が生存した。1951年11月鳥取県立境高等学校水産課が独島へ行く途中にアシカを目撃したが、」1952年、独島義勇守備隊が釜山でアシカを売って、拳銃や小銃を購入した。」また、「1953年6月にも島根県立隠岐高等学校水産実験船が独島の周辺でアシカを目撃したが、その時、独島に渡航した韓国人3人からアシカ料理をご馳走された」とし、欝陵島の人々がアシカを食用で使用したということだ。「韓国戦争(1950-1953)の時は、韓国軍が独島に生息するアシカを射撃訓練の標的にしたという噂もあった」ということだ。

　「ウィキペディア」(日本版)ではアシカを「日本アシカ」と呼ぶ。「日本アシカは日本沿岸で繁殖する唯一のアシカ(海驢)科の動物だ。

　アザラシ、カワウチ(アシカ)、オットセイのように冬にしばらく寄ってから帰るのではなく、毎年生息しに戻ってくる。

　でも韓国では独島に生息するニホンアシカを「アシカ(海驢)」と間違って知っている。」「ニホンアシカは日本列島と欝陵島、独島、歴史的には黄海や渤海から東海岸に泳いできて広く分布した。独島もニホンアシカが繁殖する日本の様々な繁殖地の中の一つ」ということだ。

　それなら過去の独島にはたくさんのアシカが住んでいたが、その多くのアシカがどのように絶滅しただろうか。

　現在、日本は過去日本のアシカ漁が独島を経営した証拠だとし、独島領有権を主張する。それゆえ、独島でアシカを多く取ったと自慢してきた。

　日本は1900年初めから独島で本格的にアシカ漁を行ったところ、年平均1,300-2,000頭を捕獲したということだ。1904年-1911年の8年間には14,000頭を捕獲し、明治大正時代(1868-1926)には乱獲し、個体数と捕獲数の両方が激減したという。すでに日本は1910年の韓国併合を前後して独島のアシカを絶滅状態にしたのだ。

　もしその当時、年間1300-2000頭を捕獲せずにそのままアシカを保護したら、今日の独島には数万頭のアシカが生息していることに違いない。

　ところが、日本は韓国がアシカを滅ぼしたと事実を捏造している。上で日本が1904年-1911年、8年間で14,000斗を捕獲したと述べている。

　ところが、「乱獲が憂慮され、1905年2月22日、この島を島根県に編入することを決めた。同年4月に島根県の規則を改正し、アシカを許可制に変更した。そして許可書を取得した者に行政的に指導し、同年6月共同でアシカ漁を向けて「竹島漁猟合資会社」を設立するようにして組織的な漁業が始まった」と事実を巧みに捏造している。

　第一に、「乱獲が憂慮され、1905年2月22日、この島を島根県に編入することを決定した」と主張する。1905年2月韓国領土である独島を「無主地」の島とし、日本領土として編入措置を取ったのは韓国領土を密かに盗み取った領土侵略の行為だ。

　第二に、「1905年4月、島根県の規則を改正し、川漁を許可制に変更した」と主張する。1903年から漁師中井養三郎が韓国領土の独島で密かにアシカ漁をするときは、日本の領土でないことを知っていたため、無制限で捕獲した。

　ところで日本が独島を日本領土として編入した後は、島根県が中井にアシカ漁の独占権を許可したのだ。アシカの濫獲防止とは無関係だ。

　第三に、「許可書を取得した者に行政的に指導し、同年6月共同でアシカ漁を向けて竹島漁猟合資会社を設立して組織的な漁業が始まった」と主張する。中

井が「竹島漁猟合資会社」を設立したのは他の競争者たちの操業を防ぎ、アシカ漁の独占のために設立したのだ。アシカの濫獲を防ぐのとは無関係だ。現在、島根県に独島アシカの剥製に残っている。

その剥製の由来について「1905年8月当時、島根県知事松永武吉と多くの県職員が独島に渡り、漁民から生きている「ニホンアシカ」3頭を得てきた。県庁の池で飼育していたが、間もなくアシカが死んで剥製を作り、島根県立隠岐高等学校と鳥取県立境高等学校に所蔵した」という。

乱獲したアシカの用途について、「昭和(1926-1989)初期には公演用で使用するため、興行主(木下サーカス、矢野サーカスなど)が生きている日本アシカを多く購入した。ところがすでに乱獲され、必要な需要が確保できない状態に減った」。

「1935年ごろには年間捕獲頭数が20-50頭に減り、捕獲量が最盛期の40分の1に激減した。太平洋戦争の影響で戦時中はアシカの漁が中止された」という。すでに独島に生息していたアシカは、太平洋戦争を経て、徐々に絶滅状態に入ったのだ。ところが韓国がアシカを食用で使い、義勇守備隊が経費を用意するためにアシカを捕獲したために絶滅したという日本の主張は論理的矛盾だ。

│ 일본의 독도 영유권 날조와 선동, 동시다발적으로 이루어지고 있다

독도는 고대시대 이후 오늘날에 이르기까지 영토적 권원을 바탕으로 국제법상 한국의 고유영토이다. 그런데 일본은 일제 강점기에 침략한 영토에 대해 영토적 권원을 날조하여 독도가 일본영토라고 우기고 있다.

시마네현은 지난 2월 22일 제15회 '죽도(竹島)의 날' 기념행사를 개최하여 일본 국내외를 항해 독도가 일본영토라고 선동했다. 일본 국내에는 시마네현 이외에도 여러 기관에서 web사이트를 만들어 독도의 영유권을 날조, 선동하고 있다.

우선 현재 일본에서 독도의 영유권을 날조하고 선동하는 중추기관은 바로 독도를 행정적으로 관할하고 있다는 ①<시마네현>이다. 1998년 신한일어업협정이 체결되고 한국에서 15년간 일본어강사를 한 극우성향의 시모조 마사오라는 자가 귀국하여 독도에 대해 문외한이면서 시마네현을 선동하여 급기야 2005년 '죽도의 날' 조례를 제정하도록 했고, 동시에 죽도문제연구회를 조직하여 독도가 일본영토라는 논리를 날조하기 시작했다. 연구회는 3년간의 활동을 마치고 상설연구기관으로 web죽도문제연구소를 만들어 중앙정부가 적극적으로 독도 영토화를 위한 외교정책을 펼치도록 강압했다.

그 후 중앙정부기관으로서 ②<외무성>은 '독도문제'라고 웹사이트에서 국제사회를 향해 세계 12개국 언어로 선동하고 있고, ③<내각관방 영토주권대책기획조정실>은 영토분쟁지역으로 북방영토, 센카쿠제도와 더불어 '죽도'에 대해 최신 자료를 업데이터하여 날조된 일본영토론을 선동하고 있다. 즉, 독도는 1905년 무주지를 시마네현이 일본영토로서 편입했고, 그 이전에는 17세기에 독도의 영유권을 확립했다, 종전 후에는 대일평화조약에서 독도가 일본영토로서 지위가 결정되었다. 그런데 한국 대통령이 이승만라인을 선언하여 불법적으로 독도를 점령하였고, 이 불법라인을 침범했다고 하여 일본의 어선을 나포하고 공선을 향해 총격질을 하였다. 일본은 국제사법재판소에서 해결을 위해 3번이나 제안하였지만 한국이 거부했다. 향후에도 일본은 국제법에 의거하여 평화적으로 해결하려고 노력한다고 선동하고 있다.

④ 〈시마네현의회 '죽도' 관련정보〉에서는 '죽도의 날' 조례 제정을 정당화하고 있고, ⑤ 〈일본안보전략연구소(SSRI)〉는 '도서문제'로서 북방영토, 센카쿠제도와 더불어 독도의 날조된 영유권 논리를 홍보하고 있다. 사사가와(笹川)평화재단의 ⑥ 〈해양정책연구소도서자료센터〉는 독도 관련 역사적 사실·자료.국내법, 국제법의 견지, 지리, 해양·기상, 생태계, 산업, 환경 등 다양한 측면에서 독도가 일본영토라는 논리를 펴고 있다. 더불어 2013년 7월 1일 창간호를 시작으로 학술지『도서연구저널』을 년 2회 발간하여 2019년 11월 29일 제9권 제1호로 영유권을 날조했다.

⑦ 〈일본국제문제연구소〉는 영문으로 'Japan's Territories Series (March 2017)[일본의 영토 시리즈(2017년 3월)'라는 주제로 시마네현 죽도문제연구회가 작성한『제2기 '죽도문제에 관한 조사연구' 최종보고서』에 실려 있는 「Yoshiko Yamasaki(山崎佳子), The Creation of a Basis for the Possession of Takeshima(한국정부에 의한 죽도 영유 근거의 창조), 「Seizaburo Tamura (田村淸三郎)의『시마네현 죽도의 신연구』에 수록되어있는 Fisheries administration in relation to Takeshima(죽도에 관한 어업행정)」을 실어 날조된 논리를 국제사회를 향해 선동하고 있다.

〈⑧ 시마네현립 도서관 죽도관계자료 목록〉에는 독도가 일본영토라는 자료를 수록하고 있고, 〈⑨ 오키노시마쵸 홈페이지 '죽도'〉, 〈⑩ 돗토리현

향토인물 데이터베이스〉, 〈⑪ 돗토리 현립박물관〉, 〈⑫ 요나고 시립산인 역사관〉에는 일본어부들이 조업으로 독도를 실효적으로 지배했다고 하는 증거를 제시하고 있다.

또한 독자들이 만드는 백과사전 ⑬위키피디아에 〈죽도(시마네현)〉, 〈죽도의 날〉, 〈독도(独島)〉를 소개하여 오히려 독도가 일본영토인데 한국이 영유권을 날조하여 무력으로 불법점령하고 있다고 선동하고 있다. 민간에서는 〈⑭ 다케시마문제, 다나카 쿠니다카(田中邦貴)〉에 다나카 쿠니다카가 역사적으로 독도가 일본영토라는 조작된 논리를 선동하고 있고, 〈⑮ Torontalker 죽도(독도)메모〉에는 영문사이트로서 한일 양국의 자료를 비교하는 형식으로 독도가 일본영토라고 국제사회를 향해 선동하고 있다.

〈⑯ (사) 일본청년회의소 중국지역 시마네 블록 협의회〉에는 2008년도 죽도문제 계몽운동으로동영상 '우리 죽도에 어떤 일이 일어나고 있는가?'를 만들어 한국이 무력으로 불법점령하고 있다고 선동하고 있다.

〈⑰ 날씨뉴스 (독도의 날씨)〉에는 일본지역의 날씨 소개에 독도를 포함시켜 일본영토라고 선동한다.

〈⑱ 국회회의록 검색시스템〉, 〈⑲ 시마네 현 의회 회의록 검색 시스템〉에는 키워드 '죽도'를 입력하면 독도관련 내용을 확인할 수 있도록 했다.

그리고 독도가 한국영토라는 한국측의 연구와 활동에 관해 일본 국내의 〈⑳ 반월성통신〉, 한국 국내의 공기관인 〈한국국토교통부〉 〈독도박물관〉, 민간단체의 〈독도학회〉 〈독도본부〉를 소개하여 한국의 동향을 살피고 있다.

이처럼 독도 영유권에 대한 일본의 날조와 선동 행위는 공사 막론하고 날로 확장되고 있음을 묵과해서는 안 된다.

日本の独島領有権の捏造と扇動が同時多発的に行われている

　古代時代から、今日に至るまで領土的権原に基づき、国際法上、韓国の固有領土である。しかし、日本は日本の植民地支配期に侵略した領土について、領土的権原を捏造し、独島が日本領土だと言い張っている。島根県はこの2月22日、第15回「竹島の日」記念行事を開催して日本国の内外に向け、独島が日本領土と扇動した。日本国内には島根県以外でも様々な機関でwebサイトを作って独島の領有権を捏造、扇動している。

　まず、現在日本で独島の領有権を捏造して扇動する中枢機関は正に独島を行政的に管轄している①「島根県」である。1998年新韓日漁業協定が締結された時、韓国で15年間日本語の講師をしていた極右性向の下条正男という者が帰国して、独島について門外漢でありながら、島根県を扇動した。ついに2005年「竹島の日」条例を制定するようにしたと同時に、竹島問題研究会を組織し、独島が日本領土であるという論理を捏造し始めた。研究会は3年間の活動を終えて常設研究機関としてのweb竹島問題研究所を作って中央政府が積極的に独島領土化に向けた外交政策を行うように強圧した。

　その後、中央政府機関として②「外務省」は「独島問題」をウェブサイトで国際社会に向けて世界12カ国の言語で扇動していた。③「内閣官房領土・主権対策企画調整室」は領土紛争地域で北方領土、尖閣諸島とともに、「竹島」について最新の資料をオプデイトして捏造された日本領土論をもって扇動している。

　つまり独島は1905年「無主地」であった島を島根県が日本領土として編入したが、それ以前にはすでに日本が17世紀に独島の領有権を確立した。終戦後には対日平和条約で、独島が日本領土としての地位が決定された。ところで韓国大統領が李承晩ラインを宣言して違法的に独島を占領し、この不法ラインを侵犯

したといって日本の漁船を拿捕して公船を向けて銃撃を加える。

　日本は国際司法裁判所で解決のために3度も提案したが、韓国が拒否した。今後も日本は国際法に基づき平和的に解決しようと努力すると煽動している。④「島根県議会の竹島関連情報」では「竹島の日」条例制定を正当化しており、⑤「日本の安保戦略研究所(SSRI)」は「島嶼問題」として北方領土、尖閣諸島とともに、独島の捏造された領有権論理を広報している。笹川平和財団の⑥「海洋政策研究所島嶼資料センター」は、独島関連の歴史的事実・資料、国内法、国際法、地理、海洋・気象、生態系、産業、環境など多様な側面で、独島が日本領土という論理を展開している。

　さらに、2013年7月1日の創刊号を皮切りに学術誌『島嶼研究ジャーナル』を年2回発刊し、2019年11月29日、第9巻第1号として領有権を捏造した。⑦「日本国際問題研究所」は英文で「Japan's Territories Series(March 2017)[日本の領土シリーズ(2017年3月)]」というテーマで例の島根県の竹島問題研究会が作成した「第2期」竹島問題に関する調査研究「最終報告書」に掲載されている「Yoshiko Yamasaki(山崎佳子)、The Creation of a Basis for the Possession of Takeshima by the Korean Government(韓国政府による竹島領有の根拠の創造)」、「Seizaburo Tamura(田村清三郎)の『島根県竹島の新研究』に収録されているFisheries administration in relation to Takeshima(竹島に関する漁業行政)」を載せ、捏造された論理を国際社会に向かって扇動している。⑧「島根県立図書館竹島の関係資料のリスト」には独島が日本領土という資料を収録していて、⑨「隠岐の島町のホームページ竹島」、⑩「鳥取県郷土人物のデータベース」、⑪「鳥取県立博物館」⑫「米子市立山陰歴史館」には日本の漁師が操業で独島を実効支配したという証拠を提示している。また、読者たちが作る百科事典⑬であるウィキペディアで「竹島(島根県)」「竹島の日」「独島」を紹介して、独島が日本領土だが、韓国が領有権を捏造し、武力で不法占領していると扇動

している。民間では⑭「竹島問題、田中邦貴」には、田中邦貴が歴史的に独島が日本領土だという捏造された論理を扇動していた。⑮「Torontalker竹島(独島)メモ」には英文サイトとして韓日両国の資料を比較する形式で、独島が日本領土だと国際社会に向かって扇動している。⑯「(社)日本青年会議所・中国地域島根ブロック協議会」には、2008年度竹島問題の啓蒙運動で動画「日本の竹島にどんなことが起きているのか?」を作って韓国が武力で不法占領していると扇動している。⑰「天気・ニュース(独島の天気)」には、日本地域の天気の紹介で独島を含めて日本領土と扇動する。⑱「国会会議録検索システム」、⑲「島根県議会会議録検索システム」にはキーワード「竹島」を入力すると、独島関連内容を確認できるようにした。

　そして、独島が韓国領土だという韓国側の研究と活動に関して、日本国内での⑳「半月城通信」、韓国国内の公的機関である「韓国国土交通部」「独島博物館」、民間団体の「独島学会」「独島本部」を紹介して韓国の動向を探っている。このように、独島の領有権に対する日本の捏造と扇動行為は公私問わず、日増しで拡大されていくことを黙過してはならない。

▎일본에서는 독도 영유권의 날조 논리가 교묘해지고 있다

재일 재야사학자 박병섭씨는 〈죽도(竹島)＝독도문제연구넷〉 대표라는 직함으로 일본에서 활동을 하고 있다. 2020년 3월 13일자로 〈죽도＝독도문제넷뉴스〉(44호)를 메일로 보내왔다.

박병섭씨는 역사와 국제법적 측면에서 왕성하게 독도 영유권을 연구하고, 일본 국내의 독도연구 및 독도 영유권 활동의 동향을 〈반월성(半月城)통신〉을 통해 일본 국내는 물론이고 한국 등 해외에 발신하고 있다.

〈죽도＝독도문제연구넷〉(44号)의 〈기사 일람〉에는 일본 국내에서 11편의 독도 논문 및 연구서가 발간되었고, 3개의 독도 행사와 집회가 개최되었다고 소개했다. 논문들 중에는 한국영토론을 연구하고 있는 박병섭씨가 집필한 2편의 논문을 제외하면, 9편의 논문 혹은 논설이 독도가 일본영토라는 논리를 날조한 연구였다.

독도는 한일 양국의 고지도와 고문헌 어디를 보더라도 한국의 고유영토로서 명시되어 있기 때문에 일본영토가 될 수 없다.

그런데 독도가 일본영토라는 9편의 논문이 발간되었다는 것은 일본의 독도 영유권 논리 날조가 한층 더 교묘해지고 날로 확장되고 있다는 것을 말해준다.

박병섭씨는 ① 논문 「'덴포(天保)죽도 일건'에서 송도(독도)에 대한 일본의 영유권 논쟁」에서 일본 고문헌 〈천보찬요류집(天保撰要類集)〉을 분석하여 "일본이 울릉도 도해를 금지했지만 독도 도해는 금지되지 않았고, 이미 17세기에 독도 영유권을 확립했다"고 하는 외무성의 날조 논리에 대해 울릉도와 독도는 한 번도 일본영토가 된 적이 없었다고 논증했다.

또 ② 논문 「독도영유권에 대한 역사·국제법의 학제 간 연구」에서는 관습적으로 조선시대, 대한제국시대에 울릉도와 독도가 조선의 영토였기 때문에 연합국이 대일평화조약에서 독도의 지위를 명확히 하지 않았지만, 우티 포씨디티스 원칙에 따라 독도는 한국영토가 된다고 하여 일본의 날조 행위를 비난했다.

이케우치 사토시(池内敏)는 기본적으로 독도가 일본영토라는 인식을 바탕에 깔고 자신의 전공영역인 일본근세사에 대해서는 일본영토론자들의 날조한 논리를 강하게 비난했다.

이케우치는 ①「로쥬(老中 ; 장관급)의 본의 고찰」에서 츠카모토 타카시가 "1661년부터 막부의 허락을 얻어 독도에 도항했다"고 하는 외무성의 날조행위에 동조했다고 비난했다.

또 ②「17세기 죽도어업사를 위해」에서 〈로쥬의 본의〉는 가공된 것임에도 불구하고 츠카모토 타키시(塚本孝)가 외무성이 날조한 "17세기에 독도 영유권을 확립하였다"고 하는 주장을 아무런 사료검증 없이 동조했다고 강력히 비난했다.

한편 일본영토론자로서, ③ 츠카모토 타카시는 「오가사와라(小笠原)제도의 이른바 '하야시 시헤이(林子平)은인(恩人)설'과 죽도(竹島)」에서 하야시 시헤이의 삼국통람도설에는 오가사하라제도가 일본영토로서, 독도는 한국영토로서 표기되어있다.

오가사하라제도가 일본영토가 되었기 때문에 독도는 한국영토가 되어야한다는 것은 옳지 않다고 논리를 날조했다. 4척의 흑선을 몰고 일본에 온 페리(Matthew Calbraith Perry)가 오가사하라제도의 영유권 주장을 포기한 것은 삼국통람도설 때문이라는 증거가 없다고 날조했다.

④ 오시마 사토루(大島悟)는 「죽도문제의 평화적 해결을 향한 대화에 착목한 수업 실천과 고찰」에서는 독도가 일본영토임에도 불구하고 한국이 불법적으로 점유하고 있다고 하여, 독도를 평화적으로 해결하기 위해 일본 중학생들이 한국 중학생들과의 대화에서 수준 높은 대화를 할 수 있

도록 대화기술을 습득하도록 해야한다고 주장했다.

⑤ 후지이 켄지(藤井賢二)는 「대일강화조약과 죽도」에서 영국이 영미공동초안에서 독도를 한국영토에서 제외하였고, 1951년 8월 미국은 러스크서한에서 독도를 일본영토라고 인정했기 때문에 대일평화조약에서 독도가 일본영토로 결정되었다고 날조했다.

⑥ 스기하라 류(杉原隆)는 「요시다 쇼인(吉田松陰)과 죽도」에서 태정관지령의 〈죽도 외 1도(독도)는 일본영토가 아니다〉라는 것을 부정하기위해 서양지도가 〈다줄레(프랑스 명명)=울릉도(죽도)의 위치 오인으로 울릉도 서쪽에 표기〉, 〈아르고노트(영국이 명명한 울릉도(송도))라는 이름으로 울릉도를 서로 다른 위치에 표기함으로써 막부시대의 죽도(울릉도)와 송도(독도)가 혼돈되어, 메이지시대에는 죽도, 송도라는 명칭은 모두가 울릉도를 나타낸다고 날조하고 있다.

⑦ 나카노 토오루(中野徹)는 『죽도=독도문제와 국제법』에서 국제사법재판소에서는 실효적 지배를 중시하는데, 1905년 독도에서 일본의 강치조업은 효력이 약하다. 오히려 17세기 독도의 영유권을 확립했다는 외무성의 주장이 빈약하긴 하지만 한국보다는 더욱 신빙성이 있기 때문에 역사적 권원을 보강해야한다고 날조했다.

⑧ 시모조 마사오(下条正男)는 「역사인식 문제로서의 죽도문제를 왜 해결할 수 없을까」라는 논설에서 한국은 정부 주체로 독도가 역사적으로 한국영토라는 논리를 만들고 있는 반면, 일본정부는 국제사법재판소에서 해결한다고 하여 독도의 역사를 다루지 않았기 때문에 독도문제가 해결되지 않고 있다고 날조했다.

⑨ 타카이 스스무(高井晋)는 「영토·주권을 둘러싼 내외발신에 발신에 관한 유식자간담회 제언」라는 보고서에서 독도가 일본영토라는 사실을 국내외에 적극적으로 발신해야 한다고 자문했다.

이외에도 일본 국내에서는 독도 영유권을 둘러싼 행사 및 집회가 개최되었다.

독도가 일본영토라는 집회는 '시마네(島根)현/시마네현의회/죽도·북방령토 반환요구운동 시마네현민회의'가 〈제15회 '죽도의 날' 기념식(2020년 2월 22일, 시마네현민회관)〉을 개최하여 좌담회(신도 요시타카(新藤義孝), 시모조 마사오(下条正男), 도요카 신고(豊田欣吾) 형식으로 독도 영유권을 선동했다.

한편 일본의 독도 영유권 주장을 비판하는 집회로서 〈'죽도의 날'을 다시 생각하는 모임회〉가 〈제18회 '죽도의 날'을 생각하는 모임〉(2019년10월 12일, 엘 오사카)을 개최하여 강연회와 보고회(久保井規夫)를 가졌고, 〈제19회 '죽도의 날'을 다시 생각하는 모임〉(2020년 2월 29일, 오사카 PLP 회관)이 강연회형식으로 개최되었다.

이와 같은 일본의 도발에 대해 한국이 독도를 온전하게 실효적으로 관리하기 위해서는 일본의 날조된 논리를 완벽하게 반박할 수 있는 논리적인 연구가 필요하고, 또한 일본 국내외를 향한 선동 행위를 더 이상 하지 못하도록 하는 방안을 강구해야 할 것이다.

┃ 日本では独島領有権の捏造論理が巧妙になってきた

　在日在野史学者朴炳燮氏は「竹島=独島問題研究ネット」代表という肩書きで日本で日本の捏造行為に対抗して独島が韓国領土であると活動をしている。

　2020年3月13日付で「竹島=独島問題ネッニュース」(44号)をメールで送ってきた。朴炳燮氏は、歴史学と国際法的側面から旺盛に独島領有権を研究して、日本国内の独島研究および独島領有権活動の動向を「半月城通信」を通じて日本国内はもとより、韓国など海外に発信している。「竹島=独島問題研究ネット」(44号)の「記事一覧」には日本国内で11本の独島論文および研究書が発刊され、3つの独島行事と集会が開催されたと紹介した。

　論文の中には、韓国領土論を研究している朴炳燮氏が執筆した2本の論文を除けば、9編の論文、あるいは論説が独島が日本領土だという論理を捏造したものだった。独島は韓日両国の古地図と古文献のどこを見ても、韓国の固有の領土として明示されているために日本領土にはなれない。ところが、独島が日本領土という9編の論文が発刊されたというのは、日本の独島領有権の論理の捏造が一層巧妙化して日増しに拡張されているということを物語っている。朴炳燮氏は、①論文「天保竹島一件から松島(独島)に対する日本の領有権論争」で、日本の古文献「天保撰要類集」を分析して「日本が鬱陵島渡海を禁止したが、独島渡海は禁止されておらず、すでに17世紀に独島領有権を確立した」としている外務省の捏造の論理に対して鬱陵島と独島は一度も日本領土になったことがなかったと論証した。また、②論文「独島領有権に対する歴史・国際法の学制間の研究」では、慣習的に朝鮮時代、大韓帝国時代に鬱陵島と独島が朝鮮の領土だったため、連合国が対日平和条約で、独島の地位を明確にしなかったが、ウチポシディ・カーティスの原則によって、独島は韓国領土になるとして日本の捏造行為を非難した。

　池内敏は、基本的に独島が日本領土だという認識を土台に敷き、自分の専

攻領域である日本近世史については日本領土論者らの捏造した論理を強く非難した。

池内は①「老中(長官級)の本義考察」で、塚本孝が「1661年から幕府の許諾を得て、独島に渡航した」としている外務省の捏造行為に同調したと非難した。

また、②「17世紀竹島漁業史のために」で、「老中の本義」は加工されたものであるにもかかわらず、塚本孝が外務省が捏造した「17世紀に独島領有権を確立した」という主張を何の史料検証もなく同調したと強く非難した。

一方、日本領土論者であった③塚本孝は「小笠原制度のいわゆる「林子平恩人説」と竹島」で、林子平の「三国通覧図説」には小笠原諸島が日本領土とし、独島は韓国領土として表記されている。小笠原諸島が日本領土になったため、独島は韓国領土にならなければならないというのは正しくないと論理を捏造した。

1853年黒船で日本に来航したフェリー(Matthew Calbraith Perry)が小笠原諸島の領有権の主張を放棄したのは、「三国通覧図説」のためだという証拠がないと捏造した。

④大島悟は「竹島問題の平和的解決に向けた対話に着目した授業実践と考察」では、独島が日本の領土であるにもかかわらず、韓国が不法に占領している。独島を平和的に解決するために、日本の中学生たちが韓国の中学生たちとの対話で、高い水準の対話ができるように対話技術を習得するようにしなければならないと主張した。

⑤藤井賢二は、「対日平和条約と竹島」で、英国が英米共同草案で、独島を韓国領土から除外し、1951年8月、米国はラスク書簡で、独島を日本領土と認めたため対日平和条約で、独島が日本の領土と決定されたと捏造した。

⑥杉原隆は、「吉田松陰と竹島」で、太政官指令の「竹島、外1島(独島)は日本の領土ではない」ということを否定するため、西洋地図が「すべてダジュ-レ(フランスの命名)=欝陵島(竹島)の位置誤認で、欝陵島の西側に表記」、「アルゴノート(英国が命名した欝陵島(松島)」と増えている名前で、欝陵島を異なる位置に表

記することで、幕府時代の竹島(欝陵島)と松島(独島)が混沌とし、明治時代には竹島、松島という名称は皆が欝陵島を示すと捏造している。

⑦中野徹は、『竹島=独島問題と国際法』で、国際司法裁判所では実効的支配を重視するが、1905年に独島で日本のアシカ漁は効力が弱い。むしろ17世紀、独島の領有権を確立したという外務省の主張が貧弱だけど韓国よりは、さらに信憑性があるために歴史的権原を補強しなければならないと捏造した。

⑧下条正男は、「歴史認識問題としての竹島問題をなぜ解決できないか」という論説で、韓国は政府が主体になって独島を歴史的に韓国領土という論理を作っている反面、日本政府は国際司法裁判所で解決するとしており、独島の歴史を取り扱っていなかったため、独島問題が解決されていないと捏造した。

⑨高井晋は、「領土・主権を巡る内外の発信に関する有識者懇談会の提言」という報告書で、独島が日本領土という事実を国内外に積極的に発信しなければならないと諮問した。

以外にも日本国内では、独島の領有権をめぐる行事や集会が開催された。独島が日本領土だという集会は「島根県/島根県議会/竹島・北領土返還要求運動島根県民会議」が「第15回竹島の日記念式(2020年2月22日、島根県民会館)」を開催し、座談会(新藤義孝、下条正男、豊田欣吾)形式で独島領有権を扇動した。

一方、日本の独島領有権の主張を批判する集会として、「竹島の日を再び考える会会」が「第18回竹島の日を考える会」(2019年10月12日、エル大阪)を開催して講演会や報告会(久保井規夫)を持っており、「第19回竹島の日を再び考える会」(2020年2月29日、大阪ＰＬＰ会館)が講演会形式で開催された。このような日本の挑発行為に対して、韓国政府は独島を完全に実効的に管理統治するためには日本の捏造された論理を完璧に反論できる論理的な研究が必要である。また、日本の国内外に向けた扇動行為をこれ以上できないようにする案を講じなければならないだろう。

▌'독도=일본영토' 날조의 진원지, 시마네현의 '죽도문제 연구회'

독도는 울릉도와 더불어 고대 신라시대 우산국 이래 한국의 고유영토이다. 그런데 근대에 들어와서 1905년 일본이 독도를 침탈하려고 시마네현고시 40호로 편입조치를 취한 적이 있었으나 1906년 대한제국정부도 강력히 항의했고, 국제적으로 인정받지 못하여 1945년 일본이 패전과 더불어 포츠담선언에 의해 연합국이 1946년 1월 SCAPIN 677호로 독도를 한국영토로 반환했다. 1951년 9월 대일평화조약에서 일본이 독도를 일본영토로서 인정받으려고 친일파 주일집정대사 윌리엄 시볼드에 접근하여 미국의 지지를 받아내었으나, 최종적으로 연합국은 일본영토로 인정하지 않고 '분쟁지역으로 간주되는 무인도(독도)에 대해서는 당사자 간의 해결'로 남겼다. 1952년 1월 한국정부가 독도를 일본영토라고 편드는 미국의 정치적 행위에 대항하여 '평화선'을 선언하여 한국영토로서 실효적 지배를 강화하였다. 그 후 1965년 일본정부도 한일협정을 체결하는 조건으로 독도에 대해 한국의 실효적 지배를 인정하여 오늘날까지 지속되어왔다. 그런데 갑자기 일본정부로서는 아베정권이 시마네현의 '죽도의 날' 조례 제정을 차단하지 않고 이에 동조하여 2006년부터 독도가 일본영토라고 노골적으로 독도의 영유권을 날조했다. 이처럼 오늘날 독도의 영유권을 날조하는 진원지는 극우주의 어용학자인 시모조 마사오(下条正男, 다쿠쇼쿠대학 국제학부 교수)가 좌장으로서 이끌고 있는 시마네현의 죽도문제연구회라고 스스로 자화자찬으로 밝히고 있다. 일본의 독도 영유권 날조행위는 과거 일본제국주의의 영토침략 행위를 반성하지 못하고 타국의 영토를 자국의 영토라고 주장하는 영토내셔널리즘에 의한 것이다.

첫째, 죽도문제연구회는 '연구회 설치목적'에 대해 "죽도(竹島)문제에 대한 국민 여론 계발에 활용하기 위해 '죽도문제연구회'를 설치하고 죽도 문제에 관한 역사를 객관적으로 연구와 고찰, 문제점을 정리한다".라고 하였다. 독도는 역사적으로나 국제법적으로 한국의 고유영토이다. 독도는 객관적으로 일본영토가 될 수 없다. 그런데 객관적으로 일본영토임을 연구하여 일본국민들의 여론을 확산시킨다고 하는 것은 독도 영유권을 날조하겠다는 것을 의미한다.

둘째, 시모조는 '죽도문제에 관한 객관적인 역사적 사실을 규명한 성과'로서 "제1기 최종보고서는 외무성이 2008년 2월에 편찬한 소책자 '죽도문제를 이해하는 10포인트'(2008년 2월)를 간행하게 되었고, 또 시마네현의 죽도문제연구회는 2014년 3월, 그 동안의 연구성과를 집대성하여 '죽도문제 100문 100답'을 출판했다. '죽도문제 100문 100답'에 대해서는 3개월 후인 6월 경상북도의 '독도사료연구회'가 '죽도문제 100문 100답'에 대한 비판'을 출간하는 등 한국 측에서도 반향이 있었다."라고 했다. 독도가 일본영토라는 증거가 없음에도 불구하고 일본외무성과 시마네현이 독도가 일본영토라는 두 책자를 발간하였다고 하는 것은 독도의 영유권을 날조한 책자들이다. 그래서 경상북도가 일본이 날조한 논리를 조목조목 비판한 것인데, 그것을 가지고 한국측에서 반향을 불러일으켰다고 자화자찬하는 것 또한 독도 영유권을 날조하는 행위이다.

셋째, 시모조는 한국의 "독도사료연구회가 '죽도문제 100문 100답'에 대한 비판'을 한 것에 대해 '죽도문제 100문 100답'의 전문을 한국어 번역하고 그 일문일답 후에 독도사료연구회의 반론을 실었다. 이를 읽어보면 독도문제에 대한 한일의 견해 차이를 확인할 수 있기 때문에 경상북도는 전문을 홈페이지에 게재했다. 하지만 현재 그 "죽도문제 100문 100답'에 대한 비판'은 인터넷에서 삭제돼 흔적조차 없다. 한국 내에 한국어 번역된 시마네현 죽도문제연구회의 '죽도문제 100문 100답'이 확산되는 것을 꺼

렸던 것일까"라고 했다. 아무런 논거도 없이 마치 경상북도의 사료연구회가 죽도문제연구회의 논리에 논리적 반박을 하지 못하여 반론을 포기한 것처럼 자화자찬하는 것 또한 독도 영유권을 날조하는 행위이다.

넷째, 시모조는 시마네현 죽도문제연구회의 향후 활동 방향에 대해, "설치목적을 따라, 순차적으로 한국 측의 독도 연구를 검증하고 반증해왔다. 이렇게 하여 한국 측의 주장을 확인하는 것은 장래 한국 측과의 독도논쟁이 본격화되었을 때 '카드'로 사용하기 위해서이다. 그 중에서도 경상북도 독도사료연구회 "죽도문제 100문 100답'에 대한 비판'은 전문이 한국어로 번역되어 반론도 기술하고 있다. 향후, 일본 측이 그것을 공개하도록 요구하고 한국이 공개하게 되면, 시마네현 죽도문제연구회의 견해와 그 반론의 실상이 한국 내에 확산될 것이고, 만일 공개를 거부하면 그 이유를 추궁할 것이다"라고 자화자찬했다. 독도는 한국영토라는 증거만 존재하고 일본영토라는 증거는 없다. 따라서 절대로 일본영토가 될 수 없다. 그런데 시모조는 자신의 업적을 과장하기 위해 독도사료연구회가 마치 한국영토로서의 영유권 논리가 빈약하여 대응을 기피하는 것처럼 말하는 것 또한 독도 영유권을 날조하는 행위이다.

다섯째, 시모조는 '일본정부의 우려되는 죽도대책'이라고 하여 "시마네현의 죽도문제연구회의 활동도 올해로 15주년을 맞이했지만, 요즘 일본정부의 영토문제에 대한 대응에는 일말의 불안을 금할 수 없다. 시마네현의회가 '죽도의 날' 조례를 제정하려고 했을 때, 외무부 장관과 외무부 고위관계자가 저지하려고 했다. 그것은 오랜 세월에 걸쳐 일본정부가 죽도문제를 방치했고, 죽도문제를 해결하려는 의식이 없었다는 증거이다"라고 했다. 과거 일본정부는 1965년 한일협정 이후 한국에 대해 독도의 실효적 지배를 일정 부분 인정해왔기 때문에 일본정부의 독도 영유권 주장은 소극적일 수밖에 없었다. 그런데 죽도문제연구회는 독도가 일본영토라는 것을 전제로 논리를 날조하고 선동하는 시모조를 비롯한 죽도문제연구회의 입장에서 본다면 일본정부가 독도 영유권을 포기한 것처럼 보일 수밖에 없다. 이처럼 시모조는 죽도문제연구회가 일본에서 독도의 영유권을 날조하는 발원지임을 스스로 인정하고 있다.

여섯째, 시모조는 시마네현 의회가 '죽도의 날' 조례를 제정한 이유에 대해 "1998년 12월 죽도문제를 보류하고 맺은 '한일어업협정'이 있다. 독도문제의 해결을 기피한 일본정부는 일본해에 '잠정수역'(한일공동관리수역)을 설정했다. 그것도 일본어선은 죽도에서 12해리(22.2㎞) 내에 접근하지 못하고 '잠정수역'에는 일본해의 좋은 어장인 대화퇴가 포함됐다. 게다가 잠정수역에서는 기국주의가 채택돼 일본 측이 불법 어로를 하는 한국어선을 단속할 수 없었다. 일본어민은 심대한 어업 피해를 받게 되고 일본해는 '남획의 바다'가 되었다"라고 했다. 독도는 역사적으로나 국제법적으로 한국의 고유영토이기 때문에 한국이 독도주변의 12해리 영해, 24해리 접속수역, 200해리 배타적 경제수역에 대한 국제법적 지위를 인정받아야 마땅하다. 그런데 일본은 오히려 독도가 일본영토라는 것을 전제로 독도기점의 12해리 영해, 24해리 접속수역, 200해리 배타적 경제수역의 지위가 신 한일어업협정을 체결하여 공동관리수역이 됨으로써 상실하고 일본의 어장이 남획되었다고 주장하는 것은 독도 영유권을 날조하는 행위이다.

일곱째, 시모조는 "당초 일본 외무성이 시마네현의 '죽도의 날' 조례 제정에 반대했다가, '죽도의 날' 조례가 성립되니까, 갑자기 독도정책을 변경하여 '죽도는 일본 고유영토', '한국이 불법으로 점거하고 있다'라고 홈페이지를 변경했다. 특히 문부과학성은 2006년도 출판의 '지리'와 '공민' 교과서 검정에서는 '독도는 일본 고유영토', '한국이 불법으로 점거하고 있다'라고 수정했다"라고 일본정부의 소극성을 비판하면서 시모조 자신의 성과를 자화자찬했다. 그런데 사실은 역대 일본정부들은 독도에 대한 한국의 실효적 지배를 인정해온 부분이 있었기 때문에 외교상 한국정부의 항의를 무시할 수 없었기 때문에 당초에는 '죽도의 날' 조례제정을 반대했던 것이다. 조례제정 이후, 영유권을 날조하는 죽도문제연구회의 강요와 선동 때문에 일본정부도 국민여론을 의식하여 부득이 독도가 일본영토라고 정책을 변경했던 것이다. 이렇게 볼 때, 죽도문제연구회가 독도 영유권을 날조하는 진원지임을 확인할 수 있다.

여덟째, 시모조는 중국의 센카쿠제도 영유권 주장에 대해 "한국 측이 독도를 일본영토라고 표기한 '역사왜곡교과서'를 비판함으로써, 그것이 중국에 영향을 미쳐 중국 각지에서 반일 폭동을 일으켰다. 그 5년 후 중국 내에 '센카쿠제도'를 탈취하려는 조류가 생겼다. 그때 참고가 된 것이 독도를 침탈한 한국의 역사이다"라고 주장한다. 일본영토인 독도를 한국이 침탈한 역사를 배워 중국이 센카쿠열도를 탈환하려고 한다고 독도의 영유권을 날조했다.

아홉째, 시모조는 자민당의 '영토에 관한 특명 위원회' 소속 신도 의원 등이 울릉도의 '독도박물관' 시찰을 계획한 것에 대해 "일본정부에는 '종합해양정책본부'가 있고, '해양에 관한 시책을 집중적이고 종합적으로 추진한다'고 하였으나, 존재감이 보이지 않는다. 2010년 11월 1날, 드미트리 메드베데프 러시아 대통령이 대통령으로서 처음으로 쿠릴열도를 방문했고, 더불어 한국의 '독도수호대책위원회' 강창일 의원 등이 이듬해 5월 쿠릴열도에 상륙해서 일본을 도발했기 때문이다", "신도 의원 등이 울릉도를 방문한 것은 그 해의 '죽도의 날' 심포지엄에 참석한 것이 계기가 됐다"라고 했다. 즉 일본정부는 아무런 활동을 하지 않아 존재감이 없다. 그러나 죽도문제연구회는 적극적으로 활동하여 신도의원 등이 울릉도의 독도박물관 방문을 추진하는 성과를 올렸다고 자신의 업적을 자화자찬했다.

결국 죽도문제연구회(좌장 시모조)가 자민당 국회의원들을 자극해서 울릉도 방문을 부추긴 것이다. 이처럼 근래 아베정부에서 정책적으로 독도 영유권을 날조한 것은 시모조가 주동한 죽도문제연구회의 선동에 의한 것임을 알 수 있다.

▎「独島=日本領土」捏造の震源地、島根県の「竹島問題研究会」

独島は鬱陵島とともに、古代新羅時代、于山国以来、韓国の固有領土である。しかし近代に入って1905年日本が独島を侵奪しようと島根県告示40号で編入措置を取ったことがあったが、1906年、大韓帝国政府も強く抗議し、国際的に認められない、1945年日本の敗戦とともに、ポツダム宣言により、連合国が1946年1月SCAPIN677号で独島を韓国領土に返還した。

1951年9月、対日平和条約で、日本が独島を日本領土だと認められるように親日派駐日執政大使ウィリアム・シボルドに接近して米国の支持を取り付けたが、最終的に連合国は日本領土と認めず、「紛争地域と見なされている無人島（独島）については、当事者間の解決」に残している。

1952年1月韓国政府が独島を日本領土と肩を持つ米国の政治的行為に対抗して「李承晩ライン」を宣言して韓国領土として実効的支配を強化した。

その後1965年、日本政府も、韓日協定を締結する条件で独島について、韓国の実効的支配を認め、今日まで持続されてきた。

ところが、急に日本政府としては、安倍政権が島根県の「竹島の日」条例制定を遮断せず、これに同調して2006年から独島が日本領土だと露骨的に独島の領有権を捏造した。

このように、今日独島の領有権を捏造する震源地は、極右主義の御用学者の下条正男(拓殖大学国際学部教授)が座長として率いている島根県の竹島問題研究会であることが明らかにしている。

日本の独島領有権の捏造行為は、過去の日本帝国主義の領土侵略行為を反省できずに他国の領土を自国の領土だと主張する領土ナショナリズムによるものだ。

　第一に、竹島問題研究会は「研究会の設置目的」について「竹島問題に対する国民世論の啓発に活用するため、竹島問題研究会を設置して竹島問題に関する歴史を客観的に研究と考察し、問題点を整理する」とした。

　独島は歴史的にも国際法的に韓国固有の領土である。独島は客観的に日本領土にはなれない。ところで客観的に日本領土であることを研究して日本の国民の世論を拡散させるというのは、独島の領有権を捏造するということを意味する。

　第二に、下条は「竹島問題に関する客観的な歴史的事実を究明した成果」として「第1期最終報告書」は、外務省が2008年編纂した小冊子「竹島問題を理解する10ポイント」(2008年2月)を刊行するようになり、また、島根県の竹島問題研究会は2014年3月、それまでの研究成果を集大成して「竹島問題100問100答」を出版した。

　「竹島問題100問100答え」については、3ヵ月後の6月慶尚北道の「独島史料研究会」が「竹島問題100問100答に対する批判」を出版するなど、韓国側でも反響があった」とした。

　独島が日本領土という証拠がないことにもかかわらず、日本の外務省と島根県は、独島が日本領土だという二つの冊子を発刊したというのは独島の領有権を捏造した冊子である。

　それで慶尚北道は、日本が捏造した論理を逐一批判したものだが、それを持って韓国側で反響を呼び起こしたと自画自賛していることも、独島領有権を捏造する行為である。

　第三に、下条は韓国の独島史料研究会が「竹島問題100問100答に対する批判」に対して「竹島問100問100答」の全文を韓国語翻訳し、その一問一答後に韓国の独島史料研究会の反論を掲載した。

　これを読んでみると、独島問題に対する韓日の見解の食い違いを確認できるために慶尚北道は全文をホームページに掲載した。

しかし、現在その「竹島問題100問100答」に対する批判はインターネットで削除されて跡形もない。

韓国内で韓国語が翻訳された例の島根県の竹島問題研究会の「竹島問題100問100答」が広がるのを嫌っていたのだろうか」とした。

何の論拠もなしでまるで慶尚北道の史料研究会が竹島問題研究会の論理に論理的反駁ができなくなって反論を放棄したように自画自賛していることも、独島の領有権を捏造する行為である。

第四に、下条は例の島根県の竹島問題研究会の今後の活動方向について、「設置目的に沿って、順次的に韓国側の独島研究を検証して反証してきた。こうして韓国側の主張を確認することは、将来韓国側との独島論争が本格化された時「カード」で使用するためである。その中でも慶尚北道独島史料研究会の「竹島問題100問100答に対する批判」は全文が韓国語で翻訳されて反論も記述している。

今後、日本側がそれを公開するよう要求して韓国が公開するようになると、例の島根県の竹島問題研究会の見解とその反論の実態が韓国内に拡散するだろうし、もし、公開を拒否すれば、その理由を追及することだ」と自画自賛した。

独島は韓国領土である証拠が存在して日本領土である証拠はない。したがって、絶対に日本領土にはなれない。ところで下条は自分の業績を誇張するため、独島史料研究会があたかも独島が韓国領土としての領有権論理が貧弱だから、対応を忌避するように述べていることも、独島領有権を捏造する行為である。

第五に、下条は「日本政府が憂慮する竹島対策」として「島根県の竹島問題研究会の活動も今年で15周年を迎えたが、最近日本政府の領土問題に対する対応には一抹の不安を禁じ得ない。

島根県議会が「竹島の日」条例を制定しようとした際、外務大臣と外務省高官

が阻止しようとした。

　それは長年にわたって日本政府が竹島問題を放置しており、竹島問題を解決しようとする意識がなかったという証拠だ」とした。

　過去日本政府は1965年の韓日協定以降、韓国に対し、独島の実効的支配を一定部分認めてきたために、日本政府の独島領有権の主張は消極的なものでしかない。

　ところで竹島問題研究会は、独島が日本領土であることを前提で論理をねつ造して扇動する下条をはじめとする竹島問題研究会の立場から見ると、日本政府が独島の領有権を放棄したように思われるしかない。

　このように下条は竹島問題研究会が日本で独島の領有権を捏造する発源地であることを自ら認めている。

　第六に、下条は、島根県議会が「竹島の日」条例を制定した理由について「1998年12月、竹島問題を保留して結んだ「韓日漁業協定」がある。

　独島問題の解決を忌避した日本政府は日本海に「暫定水域」(韓日共同管理水域)を設定した。

　それも日本の漁船は竹島から12海里(22.2キロ)内に接近できず「暫定水域」には日本海の良い漁場である大和堆が含まれた。

　さらに、暫定水域では旗国主義が採択され、日本側が不法漁労をする韓国漁船を取り締まることができなかった。

　日本漁民は甚大な漁業被害を受けることになって日本海は乱獲の海になった」とした。

　独島は歴史的にも国際法的に韓国固有の領土なので、韓国が独島周辺の12カイリ領海、24海里の接続水域、200海里の排他的経済水域に対する国際法的地位を認められなければならない。

　しかし、日本はむしろ独島が日本領土であることを前提に独島の起点の12カイ

リ領海、24海里の接続水域、200海里の排他的経済水域の地位が新しい韓日漁業協定の締結で共同管理水域になることで喪失して日本の漁場が乱獲されたと主張するのは、独島の領有権を捏造する行為である。

第七に、下条は「当初、日本外務省が島根県の竹島の日条例の制定に反対していたが、竹島の日条例が成立できるので、急に独島政策を変更して「竹島は日本固有の領土」、「韓国が不法に占拠している」とホームページを変更した。特に文部科学省は2006年度出版の「地理」と「公民」教科書検定では「独島は日本固有の領土」、「韓国が不法に占拠している」と修正した」と日本政府の消極性を批判し、下条自分の成果を自画自賛した。

ところが、事実は歴代日本政府は独島に対する韓国の実効的支配を認めてきた部分があった。それゆえ、外交上韓国政府の抗議を無視することができなかったために当初は「竹島の日」条例制定に反対したのだ。

条例制定後、領有権を捏造する竹島問題研究会の強要と扇動のために日本政府も国民世論を意識してやむを得ず独島が日本領土だと政策を変更したのだ。

こう見るとき、竹島問題研究会が独島領有権を捏造する震源地であることを確認することができる。

第八に、下条は中国の尖閣諸島の領有権主張に対して、「韓国側が独島を日本領土と表記した「歴史歪曲教科書」を批判することにより、それが中国に影響を及ぼし、中国各地で反日暴動を起こした。その5年後の中国内で「尖閣諸島」を奪取しようとする潮流ができた。そのとき参考になったのが独島を侵奪した韓国の歴史だ」と主張する。

日本の領土である独島を韓国が侵奪した歴史を学んで中国が尖閣諸島を奪還しようと思うと独島の領有権を捏造した。

第九に、下条は自民党の「領土に関する特命委員会」所属の新藤議員らが欝

陵島の「独島博物館」視察を計画したことについて「日本政府には「総合海洋政策本部」があり、「海洋に関する施策を集中的かつ総合的に推進する」としたが、存在感が見えない。

2010年11月1日、ロシアのメドベージェフ大統領が大統領として初めて北方領土を訪問した。ともに、韓国の「独島守護対策委員会」の姜昌一議員などが翌年5月、北方領土に上陸して日本を挑発したため、新藤議員らが、欝陵島を訪問したのは、その年の竹島の日シンポジウムに参加したのがきっかけになった」とした。

つまり日本政府は何の活動もしていないため存在感がない。しかし、竹島問題研究会は積極的に活動して新藤議員らが欝陵島の独島博物館への訪問を推進する成果を上げたと自分の業績を自画自賛した。結局、竹島問題研究会(座長下条)が自民党国会議員たちを刺激して欝陵島訪問をそそのかしたのだ。このように安倍政府で政策的に独島領有権を捏造したのは下組が主導した竹島問題研究会の扇動によるものであることを知ることができる。

┃일본정부는 국제법으로 독도가 일본영토라고 사실을 날조하다

일본은 독도가 국제법적으로 일본영토라고 주장한다. 위키피디아 인터넷사전 '일본판'에 독도가 일본의 고유영토이기 때문에 한국에 '국제법상 주권 이전(移轉)'이 불가능하다고 하여 말도 안 되는 논리로 영유권을 날조하고 있다.

첫째, 일본은 "국제법상 일시적인 점령은 주권 이전을 의미하는 것이 아니다"라고 말한다. 여기서 일본이 말하는 '일시적 점령'은 세계 2차대전에서 일본이 패전 직후 1946년 1월 연합국군이 SCAPIN 677호로 '울릉도, 리앙쿠르암(독도), 제주도 등', '약간의 주변지역을 정치상 행정상 일본으로부터 분리한다' '최종적인 영토결정은 아니다'라고 하여 독도를 포함하는 영토범위를 정하여 한국을 독립시킨 것을 말한다. 독도를 한국영토로 인정한 SCAPIN 677호는 최종적인 영토결정이 이루어지는 대일평화조약이 체결될 때까지 우선적으로 독도를 한국영토로 인정한 것이다. 그런데 일본은 한국이 '일시적으로 독도를 점령했다'고 사실을 날조했다.

둘째, 일본은 "설령 점령 등에 의해 주권이 현저하게 훼손되었다고 하더라도 원래 보유국의 동의가 없으면 주권 이전은 발생하지 않는다"고 주장한다. 여기서 '점령에 의해 주권이 현저하게 훼손되었다'라고 하는 것은 연합국군이 SCAPIN 677호로 독도를 한국영토로 인정한 이후 오늘날까지 한국이 실효적 지배를 강화해온 것을 말한다. 현재 독도에 대한 한국의 주권행사는 지극히 적법이다. 또한 "원래 보유국의 동의가 없으면 주권 이전은 발생하지 않는다"라고 하는 것은 일본이 1905년 러일전쟁 중에 한국의 고유영토인 독도에 대해 '주인이 없는 섬'이라고 하여 국제법의 '무주지 선점'이론으로 편입하여 일본영토가 되었다는 것이다. 일본이 패전하여 무조건적으로 수용한 포츠담선언에서 "청일전쟁 이후 침략한 모든 영토를 몰수하여 원래의 국가에 반환한다"고 하는 연합국의 요구를 이행한 것이다. 따라서 일본의 독도 편입조치는 침략행위이기 때문에 독도는 한국에 반환되었다.

셋째, "주권 이전(移転)이 되려면 무엇보다 중요한 것은 전후 처리과정에 연합국이 일본에 대해 '다케시마(독도)'의 포기를 요구했어야 했다"라고 하여 연합국이 일본에게 독도의 포기를 요구하지 않았다고 주장한다. 연합국은 3번에 걸쳐 일본에게 독도를 포기하도록 했다. 1차적으로는 연합국군이 1946년 1월 SCAPIN 677호로 독도를 침략한 영토로 간주하여 한국영토로 인정한 것이다. 2차적으로는 대일평화조약에서 최종적으로 독도의 영토조치를 단행했는데, SCAPIN 677호로 한국이 실효적으로 관할통치하고 있는 독도의 주권을 박탈하지 않았다는 것이다. 3차적으로는 대일평화조약 체결 이후 SCAPIN 677호로 한국이 독도를 실효적으로 관할통치하고 있는 상황에서 1952년 1월 한국정부가 평화선을 선언하여 독도의 영토주권을 명확히 했을 때 대일평화조약을 체결한 연합국이 공식적으로 특별한 이의제기 없이 그해 4월 대일평화조약을 비준하여 효력을 발생시킨 것이다. 이를 보더라도 오늘날 한국이 독도를 실효적으로 관할통치하고 있는 것은 아주 적법하다.

넷째, "마지막으로 중요한 것은 일본이 다케시마(독도)의 권원(権原)이나 주권 포기에 동의해야 하는데 동의하지 않았다"라고 주장한다. 그러나 사실은 1차적으로 제2차 세계대전의 패전국으로 포츠담선언을 수용함으로써 일본이 침략한 영토를 포기하였을 때 독도가 포함되었다. 2차적으로는 SCAPIN 677호로 연합국군이 독도를 한국영토에 포함시켰을 때도 일본은 독도를 포기하였다. 3차적으로는 1951년 9월 대일평화조약이 체결되고 1952년 1월 한국정부가 평화선을 선언하여 독도를 한국영토임을 분명히 하였을 때, 연합국이 한국의 평화선 조치에 대해 아무런 공식적인 이의제기 없이 1952년 4월 대일평화조약을 비준하였다는 것은 일본이 독도 영유권을 포기한 것이다.

이처럼 독도가 합법적으로 명백한 한국의 고유영토임에도 불구하고 일본의 영유권 논리 날조는 날로 교묘해지고 있다. 일본은 1952년 11월 5일 미국이 "SCAPIN은 일본의 시정을 정지한 것, 영구적으로 일본의 주권행사를 배제한 것이 아니다"라고 했고, 1954년 벤 플리트 특명보고서는 샌프란시스코 평화조약에서 독도를 일본영토로 결정하였기 때문에 국제사법재판소에서 해결되어야 한다고 했다고 주장한다. 위에서 살펴본 것처럼 대일평화조약에서 독도가 일본영토로 결정되지 않았다. 그런데 대일평화조약 비준 이후 독도를 일본영토라고 했다는 미국의 입장은 냉전체제의 국제정세 속에서 단지 제3국으로서 일본의 요청에 동조한 것에 불과하다. 아무런 법적인 효력이 없다. 오히려 1952년 10월 주한 미국대사관은 그해 4월 발효된 평화조약을 바탕으로 독도가 한국영토라고 성명서를 발표했고, 1952년 11월 27일 주한 미국대사관은 "미국이 독도를 일본영토라고 했다고 하는 러스크서한은 비밀문서로서 처음 접했다"라고 말했다. 그 이후 미국정부는 타국의 정치문제에 개입하지 않기 위해 중립적인 입장을 취하여 독도에 대한 언급을 피하고 있다.

┃日本政府は独島が国際法上日本の領土だと事実を捏造する

　日本は独島が国際法的に日本領土と主張する。『ウィキペディア(Wikipedia)』(日本版)に独島が日本の固有領土であるので、韓国に「国際法上の主権の移転が不可能だ」とし、とんでもない論理で領有権を捏造している。

　第一に、日本は「国際法上、一時的な占領は主権移転を意味するものではない」と言う。

　ここで日本がいっている「一時的占領」は世界2次世界大戦で日本が敗戦直後1946年1月連合軍がSCAPIN677号で「欝陵島、リアンクール岩礁(独島)、済州島など」「若干の周辺地域を政治上行政上日本から分離する」「最終的な領土の決定はない」とし、独島を含む韓国の領土範囲を定め、韓国を独立させたことをいう。

　独島を韓国領土に認めていたSCAPIN 677号は、最終的な領土の決定が行われる対日平和条約が締結されるまで優先的に独島を韓国領土と認めたのだ。しかし、日本は韓国が「一時的に独島を占領した」と事実を捏造した。

　第二に、日本は「たとえ占領などにより主権が著しく損なわれたとしても、そもそも保有国の同意がなければ主権移転は発生しない」と主張する。

　ここで「占領によって主権が著しく毀損された」というのは、連合軍がSCAPIN677号で独島を韓国領土と認めていた以後、今日まで韓国が実効的支配を強化してきたものをいう。現在、独島に対する韓国の主権行使は極めて適法だ。

　また、「もともと保有国の同意がなければ主権の移転は発生しない」というのは、日本が1905年日露戦争中に韓国の固有領土である独島に対して、「無主地」として国際法の「無主地先取り」理論で編入して、日本領土になったということ

だ。

　日本が敗戦して無条件に受け入れたポツダム宣言において「日清戦争後侵略したすべての領土を没収し、元の国家に返還する」という連合国の要求を履行したのである。したがって、日本の独島編入の措置は侵略行為であるため、独島は韓国に返還された、

　第三に、「主権の移転がなるには、何より重要なのは戦後処理過程で連合国が日本に対して「竹島(独島)」の放棄を要求するべきだった」とし、連合国が日本に独島の放棄を要求していないと主張する。

　連合国は3度にわたって日本に独島を放棄するようにした。

　1次は、連合軍が1946年1月SCAPIN677号で独島を侵略した領土とみなし、韓国の領土で認めたのだ。

　2次は、対日平和条約で最終的に、独島の領土措置を断行したが、SCAPIN677号で韓国が実効的に管轄統治している独島の主権を剥奪しなかったということだ。

　3次は、対日平和条約の締結以降、SCAPIN677号で韓国が独島を実効的に管轄統治している状況で1952年1月に韓国政府が平和線(日本では「李承晩ライン」)を宣言し、独島の領土主権を明確にした時、対日平和条約を締結した連合国が公式的に特別な異議を提起せず同年4月の対日平和条約を批准して効力を発生させたことだ。

　これを見ても、今日韓国が独島を実効的に管轄統治しているのはとても適法だ。

　第四に、「最後に重要なのは、日本が竹島(独島)の権原や主権の放棄に同意しなければならないが、同意しなかった」と主張する。

　しかし、事実は、1次的に、第2次世界大戦の敗戦国でポツダム宣言を受け入れたことで、日本が侵略した領土を放棄した際、独島が含まれていた。

　2次的には、SCAPIN677号で連合軍が独島を韓国領土に含ませた時も、日本は独島を放棄した。

　3次的には、1951年9月対日平和条約が締結されて1952年1月に韓国政府が平和線を宣言し、独島が韓国領土であることを明確にした時、連合国が韓国の平和線措置について何の公式的な異議の提起もなく1952年4月の対日平和条約を批准したというのは、日本が独島領有権を放棄したものだ。

　このように、独島が合法的で明白な韓国の固有領土であるにもかかわらず、日本の領有権論理の捏造は日増しに巧妙になっている。

　日本は、1952年11月5日、米国が「SCAPINは日本の是正を停止したこと、永久的に日本の主権行使を排除したことではない」とし、1954年ベン・フリート特命報告書はサンフランシスコ平和条約で、独島を日本の領土と決定したため、国際司法裁判所で解決されなければならないとしたと主張する。

　上で概観したように対日平和条約で、独島が日本の領土で決定されなかった。ところで対日平和条約の批准後、独島を日本領土としたという米国の立場は、冷戦体制の国際情勢の中で第3国として、日本の要請に答えて政治的にただ段に同調したものに過ぎない。政治的発言に過ぎないものだから何の法的効力もない。

　むしろ1952年10月、駐韓米国大使館は、同年4月に発効された対日平和条約を基に、独島が韓国領土だと声明書を発表し、1952年11月27日、駐韓米国大使館で「米国が独島を日本領土としたというラスク書簡は秘密文書として初めて接した」と話した。その後、米国政府は他国の政治問題に介入しないために、中立的な立場を取って独島に対する言及を避けている。

| 일본의 독도 영유권 주장의 강도가 달라진 이유

독도는 분명히 한국의 고유영토이다. 그런데 일본의 국익을 책임지고 있는 일본정부의 생각은 또 다르다. 한일간에 독도의 쟁점이 발생하는 이유는 한국은 본질적인 것을 말하고, 일본은 자신의 이익을 위해 정치적 주장을 말한다.

일본정부는 독도가 '죽도'라는 이름을 갖고 있는 자신의 영토라고 하여 한국에게 무력으로 불법 점령당하고 있다는 입장을 취하고 있다. 이런 생각은 1945년 패전 이후 대일평화조약을 체결하는 과정에서 일본제국주의가 이웃나라로부터 침탈한 영토를 최대한 넓게 확보하기 위해 당시 일본정부가 날조한 것이다.

종전 후 일본정부는 꾸준히 국민들에게 독도 교육을 실시하여 많은 일본인들이 일본영토라고 생각하게 되었다. 일본의 독도 교육은 국익차원에서 행해진 것이기 때문에 독도문제의 본질에 대해서는 관심이 없다.

최근 8월31일 'NHK로부터 국민을 지키는 당' 마루야마 호다카(35·丸山穗高) 중의원 의원이 한국 국회의원단이 독도에 상륙한 것에 관해 "전쟁으로 되찾아올 수밖에 없다"라고 말했다. 지금까지 일본이 영유권을 주장한 것 중에 가장 수위가 높다.

이에 대해 9월 3일 "하토야마 유키오(鳩山由起夫, 72) 민주당 출신의 일본 전 수상은 '일본의 전쟁포기는 헌법에 명시되어있다. 만일 죽도(竹島)의 영유권을 주장하려면 왜 미국 지도에 죽도가 한국영토라고 표기되었을 때 일본정부는 반대하지 못했는가. 포츠담선언에서 변방 섬의 주권은 연합국이 결정한 것이다"이라고 하여 독도의 본질을 정확하게 지적했다.

이처럼 균형 감각을 가진 일본인들은 독도가 한국영토라는 사실을 잘 알고 있다. 그런데 2005년 극우성향의 인사 타쿠쇼쿠대학 교수 시모조 마사오가 주동하여 시마네 현이 '죽도의 날' 조례를 제정하여 선동함으로써 급기야 극우성향의 아베정권과 국회의원들이 도발적인 발언을 하고 있다.

하지만 실제로 과거의 일본정부가 스스로 극단적인 행동을 하지 못했던 이유가 바로 하토야마의 지적처럼 독도 문제의 본질을 잘 알고 있었기 때문이다. 그렇다면 일본정부의 독도문제에 대한 인식은 어떻게 변해 왔을까?

제2차 세계대전 이후 한일간에 독도 문제가 처음으로 표면화된 것은 이승만 대통령이 평화선을 선언하였을 때 일본이 독도 영유권을 주장하면서 시작되었다. 그후 일본은 줄곧 한국의 실효적 지배를 인정할 수 없다고 말해왔다. 사실상 대일평화조약에서 영국과 미국 중심의 연합국이 인정한 SCAPIN 667호로 한국의 독도 관할 통치권을 부여하여 한국의 실효적 지배를 인정했다. 그러면서도 자유주의국가 편입을 위해 조약 체결 당사국으로서 독도 영유권을 주장하는 일본을 의식하여 '독도'라는 명칭은 누락시켰다. 일본은 조약상에 일본영토에서 제외되는 지역에 '독도'라는 명칭이 없다고 하여 국민을 상대로 독도가 일본영토로서 결정되었다고 줄곧 사실을 날조했다.

1965년 한일협정에서 일본은 여러 현안들과 함께 독도 영유권문제도 해결하자고 주장했다. 한국정부는 독도문제는 존재하지 않는다는 입장을 견지했다. 그러자 일본 외무성이 조속한 한일협정 체결에 걸림돌이 되는 작은 암초에 불과한 독도를 폭파하자고 제의했다. 결국 한국은 비밀협상으로 한국의 실효적 지배상태를 인정받는 대신에 일본의 영유권 주장을 묵인하기로 합의했다. 한일협정 원안에서는 "양국의 현안은 제3자의 조정으로 해결한다"고 하는 문구를 삽입하였다. 일본의 입장은 독도문제를 제3자의 조정으로 해결한다고 생각하였겠지만, 한국은 독도문제는 존재하지 않고 명백한 한국의 고유영토라는 입장이었다. 그후 1997년 김영삼 대통령이 독도에 새로운 접안시설을 건설하면서 양국이 합의한 현상유지 정책을 파기하자, 일본의 독도 도발은 격화되었다.

한국은 1997년 외환위기 상황을 맞이하게 되었다. 일본은 한국의 경제적 어려운 상황을 호기로 삼아 구 어업협정을 파기하고 일방적으로 일본에 유리한 새로운 어업협정안을 한국에 강요했다. 1998년 김대중 정부가 한일관계의 개선으로 외환위기 상황을 타결하기 위해 일본의 요구를 수용했다.

일본은 '잠정합의수역'이라는 이름으로 공동관리 수역의 의미로 좌표 표시 없이 독도를 그 수역에 포함시켰다. 극우성향의 일본국민들은 이를 확대 해석하여 독도를 공동으로 관리하기로 합의했다고 사실을 날조하여 선동했다. 그 결과 시마네현은 2005년 '죽도의 날' 조례를 제정하여 일본 정부를 압박하여 정부주도의 독도 영토화 정책을 적극적으로 추진하도록 요구했다.

아베 정권은 이에 적극적으로 편승하여 교과서를 개정하는 등 초·중·고등학교에서 독도 영토교육을 의무화했다. 이런 상황을 전후하여 2012년 이명박 대통령이 독도를 방문함으로써 일본국민들의 독도에 대한 영토의식이 확장되었다. 그 결과 오늘날 독도를 전쟁으로 찾아와야 한다는 발언이 나오기에 이르렀다.

독도는 명백한 대한민국의 고유영토이고 현재 실효적 지배상태에 있다. 사소한 것으로 일본을 자극해서 분쟁지역으로 보여지도록 하지 말고, 영토주권을 강화하는데 꼭 필요한 조치는 일본을 의식하지 말고 강력하게 추진해야 한다. 일본은 반발하겠지만 시간이 지나면 실효적 지배상태는 더욱 확고해진다.

∣ 日本の独島領有権の主張の強度が変わった理由

　独島は明確に韓国の固有領土である。しかし、日本の国益の責任を負う日本政府の考えはまた違う。韓日間に独島の争点が発生する理由は、韓国は本質的なことを言って、日本は自分の利益のために政治的主張をいってからである。

　日本政府は、独島が「竹島」という名前を持っている自分の領土だとして韓国によって武力で不法占領されているという立場を取っている。

　このような考えは、1945年の敗戦後、対日平和条約を締結する過程で、日本帝国主義が隣国から侵奪した領土を最大限広く確保するため、当時の日本政府が捏造したものだ。

　終戦後、日本政府は着実に国民たちに、独島教育を実施して、多くの日本人たちが、日本領土と考えるようになった。

　日本の独島教育は、国益レベルで行われたものであるため、独島問題の本質については関心がない。

　最近、8月31日「ＮＨＫから国民を守る党」丸山穂高(35)衆議院議員が韓国の国会議員団が独島に上陸したことに関して、「戦争で取り戻してくるしかない」と話した。これまで日本が領有権を主張した中で最も水位が高い。

　これに対し9月3日、鳩山由紀夫民主党出身の日本元首相は「日本の戦争放棄は憲法に明示されている。もし、竹島の領有権を主張するなら、どうして米国の地図に竹島が韓国領土と表記された時は日本政府は反対しなかったのか。ポツダム宣言でも辺境の島の主権は連合国が決定したのだ」とし、独島の本質を正確に指摘した。

　このようにバランス感覚を持った日本人たちは、独島が韓国領土だという事実をよく知っている。

　ところが2005年、極右性向の拓殖大学教授下条正男が主導して島根県が「竹

島の日」条例を制定して扇動することで、ついに極右主義者の安倍政権と国会議員らが挑発的な発言をしている。

　しかし、実際に過去の日本政府が自ら極端的な行動をしなかった理由は、まさに鳩山首相の指摘のように、独島問題の本質をよく知っていたためだ。

　それなら、日本政府の独島問題に対する認識はどう変わって来たんか。

　第2次世界大戦後、韓日間に独島問題が初めて表面化されたのは、李承晩大統領が「平和線」を宣言した時、日本が独島の領有権を主張しながら始まった。

　その後、日本はずっと「韓国の実効支配を認めることはできない」と言ってきた。

　事実上、対日平和条約で、英国と米国中心の連合国が認めたSCAPIN 667号で韓国に独島の管轄統治権を付与して韓国の実効的支配を認めた。

　その一方で、対日平和条約で、自由主義国家への編入を向けて条約締結の当事国として独島の領有権を主張する日本を意識して「独島」という名称は欠落させただけである。日本政府もその事実をよく知っていた。1952年対日平和条約の批准国会で条約担当者が「日本領域参考図」を議員たちに配布したからである。

　日本は、条約上に日本の領土から除外される地域に「独島」という名称がないとし、国民を相手に独島が日本領土と決定されたと、事実を捏造した。

　1965年の韓日協定で日本は色々な懸案とともに独島領有権問題も解決しようと主張した。

　韓国政府は日本と韓国の間に独島問題は存在しないというその立場を明確にした。そうすると、日本外務省が早急な韓日協定締結に障害になった小さな岩礁に過ぎない独島を爆破しようと提案した。

　結局、韓国は秘密交渉で韓国の実効支配を認められる代わりに、日本の領有権主張を黙認することで合意した。

　韓日協定の原案では「両国の懸案は第三者の調停で解決する」という文言を挿入した。

　日本の立場は、独島問題を第3者の調整で解決したと考えるだろうが、韓国は独島問題は存在せず、明白な韓国固有の領土という立場だった。

　その後1997年、金泳三大統領が独島に新たな接岸施設を建設し、両国が合意した現状維持政策を破棄すると、日本は独島問題を沸き立てて領有権を主張する挑発が激化した。

　韓国は1997年の通貨危機に見舞われた。日本は、韓国の経済的困難な状況を好機で1965年の旧漁業協定を破棄し、一方的に日本に有利な新たな漁業協定案を韓国に強要した。

　1998年、金大中政府が韓日関係の改善で、通貨危機の状況を妥結するため、日本の要求を受け入れた。

　日本は共同管理水域を意味する「暫定合意水域」という名前で独島座標の表示もなしで独島をその水域に含ませた。

　この条約は漁業協定に過ぎないものであるにもかかわらず、極右性向の日本国民はこれを拡大解釈して、独島を共同で管理することで合意したと事実を捏造して扇動した。

　その結果、島根県は2005年「竹島の日」条例を制定して日本政府を圧迫して政府主導の独島領土化政策を積極的に推進するよう要求した。安倍政権はこれに積極的に便乗して教科書を改正するなど、小・中・高等学校で、独島の領土教育を義務化した。

　このような状況を前後して2012年、李明博大統領が独島を訪問することにより、日本国民の独島に対する領土意識が拡張された。

　その結果、今日の独島を戦争で取り戻せなければならないという発言が出るに至った。

　独島は明白な大韓民国の固有の領土であり、現在韓国が実効的に支配している状態にある。

　些細なことで日本を刺激して紛争地域と見せつけるのではなく、領土主権を強化するのに必要な措置は、日本を意識せず強力に推進しなければならない。

　日本は反発するだろうが、時間が経てば実効支配の状態はさらに確固たるものになる。

| 위키페디아(일본어판) 인터넷 사전에서 독도 영유권 날조

위키페디아 사전은 전 세계 사람들 누구나 자유롭게 쓸 수 있고 함께 만들어 가는 웹을 기반으로 한 백과사전이다. 누구나가 올바른 내용으로 자유롭게 편집할 수 있도록 되어 있다.그런데, 일본어판 위키페디아 사전에 '다케시마'(竹島-독도의 일본명칭) 항목을 보고 매우 놀랐다.

내용인즉, 일본영토인 다케시마에 대해 한국이 영유권을 주장하고 있다는 식으로 날조된 내용들로 구성되어 있었다. 일본어판 위키페디아 사전은 주로 일본인들이 이용하기 때문에 일본의 입장이 반영된 것이다. 그런데 그것을 그대로 방치하게 된다면 미래세대의 일본국민들이 독도를 일본영토로서 인식하게 되어 한일간에 심각한 영토분쟁이 발생하게 된다.

첫째, "다케시마는 일본해의 남서부에 위치한 도서 군으로 일본, 한국 및 북한이 각각 영유권을 주장하고 있다. 1952년 이후 한국이 실효적 지배를 계속하고 있다. '다케시마'는 일본 호칭이고, 한국·북한에서는 '독도(Dokdo)', 제3국에서는 중립적 입장에서 '리앙쿠르 록스(Liancourt Rocks)'로 불린다."라고 한다. 이것은 "독도는 동해상의 울릉도 동남쪽 87km지점에 위치한 한국의 고유영토이다"라고 수정되어야 마땅하다. 둘째, 다케시마는 원래 무인도로서 사람이 살기 어려운 환경이었다.

최초로 실효적으로 지배한 나라는 일본이다. 1946년 연합국군총사령부가 SCAPIN(연합국 최고사령관 지령) 제677호로 독도를 일본의 시정구역에서 제외했지만 1951년 9월 조인된 샌프란시스코조약(발효는 1952년 4월)에서 일본이 포기한 지역에 독도가 포함되지 않았다.

1948년 8월 13일 대한민국의 독립선언으로 미국 군정에서 독립한 한국은 1952년 1월 이승만라인을 설정하고 다케시마를 한국 측 수역에 포함한 다음, 1953년 4월부터 독도의용수비대를 자처하는 민병대를 상주시키고 실효적 지배를 시작했다. 일본은 이에 대해 '불법점거'라고 계속 항의하고 있다.

그러나 한국측은 '독도는 역사적, 지리적, 국제법적으로 한국의 고유영 토'라고 주장하고, '독도'는 다른 나라와 영토문제가 존재하지 않는다는 입장을 취하고 있다.) 라고 한다. 이것은 '독도는 한국의 고유영토로서 제2차 세계대전, 일본의 패전으로 1946년 1월 SCAPIN 677호로 한국이 관할 통치하는 영토가 되었고, 1951년 9월 대일평화조약에서 한국의 관할 통치가 중단되지 않았고, 그해 4월 맥아더라인이 폐지되기 직전, 1월에 그것이 평화선으로 대체되었다'라고 수정되어야한다.

셋째, "독도는 여자섬(동도), 남자섬(서도)으로 불리는 2개의 섬으로 이루어졌고, 도쿄돔 경기장 5개 정도의 크기이다. 일본 국토지리원이 2007년 12월 발행한 다케시마 지형도에 두 섬을 '동도'와 '서도'로 표기되었다. 그래서 오키노시마쵸(隱岐の島町)는 2섬을 '여자섬'(동도)과 '남자섬'(서도)으로 수정하고, 동시에 암초와 만(灣)의 명칭을 일본식으로 정하여 2013년 6월 일본 국토지리원에 신청했다"라고 한다.

일본은 독도를 일본의 고유영토 혹은 선점한 새로운 영토라고 하여 동도를 '여자섬', 서도를 '남자섬'이라고 하고, 한국식 암초들의 명칭도 일본식 명칭으로 변경을 시도하고 있다.

넷째, "다케시마는 이즈(伊豆)제도와 함께 일본강치의 주요 번식지 중하나였다. 메이지(明治) 다이쇼(大正) 연간에 대량으로 포획되었다. 그래도 1950년대 50~60마리가 목격되었으나, 전후 한국이 독도를 실효적으로 지배하고 경비대가 상주하게 된 뒤 1975년 마지막으로 목격되었다는 말이 있다. 국제자연보호연합(IUCN)의 레드 리스트에 일본강치의 '멸종'이 기록되어있다. 멸종이유는 기후 변화와 환경오염 이외에도 한국이 다케시마를 요새화했기 때문이다. 구체적으로는 1970년대 한국의 신문에 다케시마 주재 경비대원들이 총격으로 멸종시켰다고 보도되어졌다. 세계자연보호기금(WWF)의 1977년도 보고서에서 한국인 연구자들조차 "최상의 보호책은 경비대가 섬에서 철수하는 것"이라고 주장했다. 1976년 동아일보는 바다사자의 생식기가 한국에서 인기 있는 정력제의 재료이기 때문에 남획되어 바다사자가 멸종 위기에 처했다고 사실을 보도한 바 있다."라고 한다. 독도 바다사자는 일본이 1905년 독도를 불법으로 편입 조치한 후부터 일제강점기에 걸쳐 매년 수천-수만 두씩 대량으로 포획하여 멸종시킨 것이다. 포획한 바다사자는 비료나 가죽으로 이용되거나 동물원, 서커스단에 고가로 팔리기도 했다. 전후에 50-60두가 남았는데, 한국이 멸종시켰다고 우기는 것은 넌센스다.

다섯째, "일본인은 옛날부터 다케시마를 알고 있었고, 1667년 마스에번사 사이토 호센이 편찬한 『은주시청합기』에는 현재의 독도가 '마스시마(松島)', 울릉도가 '다케시마(竹島)'라고 불린 것으로 명확하게 기록되었다. 에도시대의 다케시마는 막부의 공인 아래 울릉도에 건너갈 때 항해 목표 또는 정박지로 이용되었고, 1665년 이후에는 막부의 허가를 얻어 전복 등의 좋은 어장으로 활용했다."라고 한다.

『은주시청합기』에는 '울릉도와 독도는 조선의 영토'라고 기록되어있고, 독도의 도해면허는 처음부터 없었다. 고문헌에 '다케시마' '마쓰시마'라는 일본식 명칭이 기록되어있다고 해서 일본영토라고 주장하는 것은 넌센스다.

여섯째, "일본이 다케시마를 실효적으로 지배한 것은 1903년, 오키도 사이고쵸 출신의 나카이 요사부로가 다케시마에 고기잡이 막사를 지고 이주해서 인부들을 고용하여, 강치와 전복, 해삼, 미역 채취를 시작한 것이 그 단서가 되었다. 1904년 9월 29일, 바다사자의 멸종을 걱정한 나카이는 신청서 '양코도 영토 편입 및 대여원'을 일본정부에 제출했으며, 일본해의 고도(孤島) 다케시마의 영토 편입과 대여를 내무성 외무성 농상무성의 3성에 제출했다. 1905년 1월 28일 일본정부가 독도를 시마네현 오키도청에 편입하는 각의 결정을 한 뒤, 내무장관 요시카와 아키마사(芳川顕正)에 의한 '내무대신훈령'으로 고시되었다. 이렇게 해서 다케시마는 정식으로 일본영토가 되어 일본이 실효적 지배를 시작했다. 나카이 요우자부로는 섬을 조사하여 그 특징을 설명하고, 또 자신의 조사에 의하면 어느 누구도 소유한 적이 없는 섬이기 때문에 향후에 크게 활용하고 싶다는 취지를 신청서에 기록했다."라고 한다. 이것은 모두 날조된 것이다. 사실 당시 나카이는 독도를 한국영토라고 생각했고, 한국정부에 독점권을 획득하려고 일본정부에 문의한 것이었는데, 일본정부가 러일전쟁 중이라는 혼란스런 한국의 국내외 사정 속에서 국제법의 '무주지' 선점에 의한 영토취득 방법을 악용하여 독도를 불법 도취하려고 했던 것이다.

일곱째, "시마네현 지사 마쓰나가 다케요시는 1905년 2월 22일 '시마네현 서(庶) 11호'를 발령하여 다케시마를 시마네현에 편입했다. 이후 다케시마에서의 어렵은 시마네현의 허가제가 되었다. 오늘날 시마네현이 제정한 '다케시마의 날'은 이 '시마네현 서11호'에 따른 것이다. 이에 대해 시마네현 고시만으로 국가가 국제사회에 통보하는 절차가 될 수 없다는 것이 문제시되기도 한다. 그러나 고시 내용을 외국에 반드시 통보해야하는 것이 영토취득의 절대요건이 아니다. 그리고 그후 40년간 어느 나라도 일본이 실효적 지배를 계속한 것에 대해 항의한 적이 없었고, 1945년까지 다른 나라에서 어떠한 의사표시 없이 일본이 지속적으로 지배한 사실이 중요하다."라고 한다.

이런 주장은 모두 날조된 것들이다. 새로운 영토를 편입하려면 타국의 영유 유무를 확인하기 위해서라도 국제사회의 통보는 필수요건이고, 1905년 시마네현의 편입조치에 대해 1906년 대한제국이 심흥택군수의 보고를 통해 확인하고 통감부에 강력하게 항의했고, 일제 강점기 36년간의 통치행위는 포츠담선언에 의거해 불법통치가 되었기 때문에 한국의 독립과 동시에 독도도 한국영토의 일부로서 귀속되었다.

여덟째, "한국 측이 영유의 근거로 내세우는 것은 고문헌이나 고지도에 등장하는 '우산도'이며, 1952년 이전에 한국이 다케시마를 실효적으로 지배했다는 증거는 없다. 그런데 현재의 타케시마는 한국이 실효적 지배를 하고 있다고 한다. '실효적 지배'는 '주권이 행사되어진 상태'를 말하는데, 그 점에서 보면 확실히 한국이 다케시마를 실효적으로 지배하고 있지만, 국제법상 '그 영역에서 계속적이고 평온하게 주권행사를 해야한다'고 하는 의미에서 일본이 항상 즉각적으로 항의하고 있기 때문에 '사실상의 점거' '사실상의 지배'에 해당된다."라고 한다. 독도는 영토문제가 존재하지 않는 한국의 고유영토이다. 그런데 일본은 독도를 분쟁지역으로 만들기 위해 매년마다 몇 번씩이나 항의하여 한국의 관할통치를 방해하고 있다.

마지막으로 "현재 다케시마의 현황은 한국이 계속적으로 실효적 지배를 하고 있고, 한국정부가 다케시마를 해양경찰청 산하의 대한민국 해양수산부의 관리 하에 두고, 군대에 준하는 전투장비를 가진 한국 국가경찰 경북경찰청 독도경비대의 무장경찰관 40명, 등대관리를 위한 해양수산부 직원 3명을 상주시키고 군사적 요새화를 진행하고 있다. 또 한국 해군과 해양경찰청이 영해 해역을 상시 무장 감시하면서 일본 측의 접근을 삼엄하게 경계하고 있다. 그래서 일본 해상보안청 선박이나 어선들은 이 섬의 영해 내에 들어가지 못하는 상태가 지속되고 있다. 일본정부의 거듭되는 항의에도 불구하고, 등대, 헬기장, 레이더, 선박의 접안시설, 경비대 숙소 등을 설치하고 있다. 서도에는 다케시마의 한국영유를 주장하는 어민들이 숙소를 건설하여 주거하고 있다."라고 한다. 한국정부는 일본의 도발에 강력히 대응하면서 한국의 고유영토인 독도를 철저히 관할 통치하고 있다. 이처럼 독도가 한국의 고유영토라는 사실이 너무나 명백함에도 불구하고, 거짓으로 날조하여 영유권을 주장하는 것으로 보아 독도에 대한 일본의 영토적 야심은 결코 중단되지 않을 것이다.

ウィキペディア(日本語版)のインターネット辞書で独島領有権の捏造

ウィキペディア辞典は、世界中の人々が誰もが自由に書くことができ、一緒に作っていくウェブを基盤とした百科事典だ。正しい内容で自由に編集できるようになっている。

ところで、日本語版ウィキペディア辞典に「竹島」(独島の日本名)項目を見て非常に驚いた。その内容は、日本領土である竹島に対して韓国が領有権を主張しているというように捏造された内容で構成されていた。

日本語版ウィキペディア辞典は、主に日本人が利用するため、日本の立場が反映されたものだ。

ところがそれをそのまま放置するなら、未来の世代の日本国民が独島を日本領土と認識するようになって韓日間に深刻な領土紛争が発生することになる。

第一に、「竹島は日本海の南西部に位置した島嶼群に日本、韓国と北朝鮮がそれぞれ領有権を主張している。1952年以降、韓国は実効支配を続けている。竹島は日本の呼称であり、韓国・北朝鮮では「独島(Dokdo)」、第3国は中立的立場で「リアンクル・ロックス(Liancourt Rocks)」と呼ばれる。」という。

これは「独島は東海上の欝陵島の東南側87km地点に位置した韓国の固有領土である」と修正されなければならない。

第二に、「竹島はもともと無人島で人が住みにくい環境だった。最初に実効支配した国は日本だ。1946年連合国軍総司令部がSCAPIN(連合国軍最高司令官指令)第677号で独島を日本の施政区域から除外したが、1951年9月に調印されたサンフランシスコ条約(発効は1952年4月)で、日本が放棄した地域に独島が含まれなかった。1948年8月13日、大韓民国の独立宣言で、アメリカ軍政から独立した韓国は1952年1月、李承晩ラインを設定し、竹島を韓国側水域に含む以

下、1953年4月から独島義勇守備隊を自任する民兵隊を常駐させて実効的支配を開始した。

日本はこれに対し、不法占拠」と抗議し続けている。しかし、韓国側は、独島は歴史的、地理的、国際法的に韓国固有の領土だと主張して、独島は他国と領土問題が存在しないという立場を取っている。」という。

これは「独島は韓国の固有の領土として第2次世界大戦、日本の敗戦で1946年1月SCAPIN677号で韓国が管轄統治する領土になり、1951年9月対日平和条約で韓国の管轄統治が中止されておらず、同年4月、マッカーサーラインが廃止される直前、1月にそれが平和線に代替された」と修正されなければならない。

第三に、「独島は女島(東島)、男島(西島)と呼ばれる2つの島からなる、東京ドーム競技場5個程度の大きさだ。日本の国土地理院が2007年12月発行した竹島地形図に二つの島を「東島」と「西島」と表記されていた。このため隠岐の島町は、2つの島を「女島」(東島)と「南島」(西島)に修正し、同時に岩礁と湾の名称を日本式に定め、2013年6月に日本国土地理院に申請した」という。

日本は独島を日本の固有領土、あるいは国際法上、先取りによる新領土とし、東島を「女島」、西島を「男島」とし、韓国式の暗礁の名称も日本式名称の変更を試みている。

第四に、「竹島は伊豆制度とともにニホンアシカの主要繁殖地の一つだった。明治大正年間に大量に捕獲された。それでも1950年代50~60匹が目撃されたが、前後の韓国が独島を実効支配して警備隊が駐留するようになった後、1975年を最後に目撃されたという言葉がある。

国際自然保護連合(IUCN)のレッドリストに日本アシカの「絶滅」が記録されている。絶滅の理由は、気候の変動と環境汚染以外にも韓国が竹島を要塞化したためだ。

具体的には1970年代韓国の新聞に竹島の警備隊員が銃撃で絶滅させたと報

道された。

　世界自然保護基金(WWF)の1977年度報告書で韓国人研究者たちさえ「最上の保護策は警備隊が島から撤収すること」と主張した。1976年、東亜日報はアシカの生殖器が韓国で人気のある精力剤の材料であるため乱獲され、アシカが絶滅の危機に瀕していると報道したことがある」という。

　独島アシカは、日本が1905年、独島を不法で編入措置した後から日帝による強制占領期にかけて毎年数千-数万頭ずつ大量に捕獲し、絶滅させたのだ。

　捕獲したアシカは肥料や皮に利用されたり、動物園、サーカス団に高価で売られたりした。

　戦後50-60斗が残っているが、韓国が絶滅させたと言い張るのはナンセンスだ。

　第五に、「日本人は昔から竹島を知っていて、1667年、松江藩斉藤豊仙が編纂した「隠州視聴合紀」には、現在の独島が「松島」、欝陵島が「竹島」と呼ばれたものと明確に記録された。

　江戸時代の竹島は幕府の公認の下、欝陵島に渡る時航海目標または停泊地で利用されるが、1665年以降は幕府の許可を得てあわびなどの良い漁場として活用した。」という。

　「隠州視聴合紀」には「欝陵島と独島は朝鮮の領土だ」と記録されていて、独島の渡海免許は最初からなかった。

　古文献に「竹島」「松島」という日本式名が記録されていることから日本領土と主張するのは、ナンセンスなことだ。

　第六に、「日本が竹島を実効的に支配したのは1903年、隠岐島西郷町出身の中井養三郎が竹島に漁のためのバラックを作って移住して人夫たちを雇用して、アシカとアワビ、ナマコ、わかめ収穫を開始したのがその端緒となった。1904年9月29日、アシカの絶滅を心配した中井は申請書「ヤンコドの領土編入や貸与願」を日本政府に提出しており、日本海の孤島竹島の領土編入と貸与を内

務省、外務省、農商務省の3省に提出した。

　1905年1月28日、日本政府が独島を島根県隠岐島庁に編入する閣議決定をした後、内務長官芳川顕正による「内務大臣訓令」と告示された。

　こうして竹島は正式に日本領土になって日本が実効的支配を開始した。中井養三郎は島を調査してその特徴を説明し、また、自身の調査によると、誰も所有したことのない島であるため、今後大いに活用したい旨を申請書に記した。」という。これはすべて捏造されたものだ。

　事実当時、中井は、独島を韓国領土だと思ったし、韓国政府に独占権を獲得しようと日本政府に問い合わせたことだったが、日本政府が日露戦争中という混乱な韓国の国内外の事情の中で、国際法の「無主地」先取りによる領土取得方法を悪用し、独島を不法盗み取りをしようとしたのだ。

　第七に、「島根県知事松永家吉田は1905年2月22日「島根県庶11号」を発令して、竹島を島根県に編入した以降、竹島での困難な島根県の許可制となった。今日、島根県が制定した「竹島の日」はこの「島根県徐11号」によるものだ。

　これに対して島根県の告示だけでは国家が国際社会に通報する手続きにならないというのが問題視されたりもする。しかし、告示内容を外国に必ず通知しなければならないことは領土取得の絶対要件ではない。

　そして、その後40年間、どの国も日本が実効支配を続けたことについて抗議したことがなく、1945年まで他国からいかなる意思表示もなく、日本が継続的に支配したことが重要である」としている。

　これらの申し立ては全てでっち上げだ。新たな領土を編入するためには、他国の領有の有無を確認するためにも、国際社会の通報は、必須条件である。1905年島根県の編入の措置について1906年、大韓帝国が沈興沢郡守の報告を通じて確認して統監府に強力に抗議した。日帝強占期36年間の統治行為はポツダム宣言に基づいて不法統治になった。それゆえ、韓国の独立と同時に独島も

韓国領土の一部として帰属された。

　第八に、「韓国側が領有の根拠としているのは古文献や古地図に登場する「于山島」であり、1952年以前に韓国が竹島を実効的に支配したという証拠はない。

　ところが、現在の竹島は韓国が実効的支配をしているという。「実効的支配」は「主権が行使された状態」をいうが、その点から見ると確かに韓国が竹島を実効的に支配しているが、国際法上「その領域で継続的かつ平穏に主権行使をしなければならない」という意味で、日本が常に即座に抗議しているために「事実上の占拠」「事実上の支配」に該当される。」という。

　独島は領土問題が存在しない韓国の固有領土である。しかし、日本は独島を紛争地域化するために毎年何度も抗議して韓国の管轄統治を妨害している。

　最後に「現在、竹島の現況は韓国が継続的に実効的支配をしていて、韓国政府が竹島を海洋警察庁傘下の大韓民国海洋水産部の管理下に置いて、軍隊に準ずる戦闘装備を持った韓国の国家警察、慶尚北道警察庁、独島警備隊の武装警察官40人、灯台管理のための海洋水産部の職員3人を常駐させ、軍事的要塞化を進めている。

　また、韓国海軍と海洋警察庁が領海海域を常時武装監視し、日本側の接近を厳重に警戒している。それで日本海上保安庁船舶や漁船はこの島の領海内に入れない状態が続いている。

　日本政府の度重なる抗議にもかかわらず、灯台、ヘリポート、レーダー、船舶の接岸施設、警備隊宿舎などを設置している。西島には竹島の韓国領有を主張する漁民らが宿舎を建設し、住居している。」という。

　韓国政府は日本の挑発に断固対応し、韓国の固有領土である独島を徹底的に管轄統治している。このように、独島が韓国の固有領土という事実があまりにも明白さにもかかわらず、嘘と捏造で領有権を主張する。これからも、独島に対する日本の領土的野心は、決して中断されないだろう。

제5장
향후 한국정부의 대응과
과제
第5章
今後韓国政府の対応と
課題

일본의 침략적 독도 도발, 절대 멈추지 않을 것

오늘날 일본정부는 독도를 고유영토이라고 하기도 하고, 때로는 1905년 독도가 무주지(無主地)였기 때문에 일본영토로서 편입할 것을 각의(閣議)에서 결정하여 시마네현고시 40호로 일본의 고유영토임을 재확인하였다고 주장한다. 이처럼 '주인이 없는 섬을 편입했다'고 하면서 '고유영토임을 재확인했다'라고 모순적인 논리를 펴고 있다. 그리고 일본정부는 1951년 9월 체결된 대일평화조약에서 '제주도, 거문도, 울릉도'는 일본영토에서 제외하여 한국영토가 되었으나, 독도는 일본영토가 되었다고 주장한다. 정말 그것이 사실일까? 또한 일본은 1952년 1월 한국 대통령이 '이승만라인'을 선언하여 독도를 무력으로 불법 점령하였다고 주장한다. 일본은 1905년 실효적 지배를 시작했지만, 한국은 1953년 독도의용수비대라는 민병대가 처음으로 실효적 지배를 시작하였다고 하여 일본이 한국보다 먼저 독도를 실효적 지배를 했다고 주장한다. 이 같은 일본의 주장과 논리는 모두 사실과 다른 날조된 것이다. 한국의 고유영토인 독도에 대한 일본의 침략적 영유권 훼손과 날조 논리에 대해 진단해본다.

첫째, 독도는 울릉도에서 바라다 보이는 무인도로서 512년 고대 신라가 울릉도에 위치한 우산국을 편입한 이래 고려, 조선 조정이 관리한 한국의 고유영토였다. 특히 조선 조정은 1403년부터 백성을 보호하고 섬을 관리하기 위해 쇄환정책으로 울릉도를 비워서 관리하였다. 때마침 일본어부들이 막부의 허가 아래 독도를 정박지로 삼아 비워진 울릉도에 들어가 해산물과 임산물을 수탈해갔다. 부산어부 안용복 일행이 몰래 울릉도에 들어가 이런 사실을 발견하고 2번이나 일본에 건너가 항의하여 최종적으로 막부가 울릉도와 독도를 조선영토로 인정하여 한일 간의 영유권 문제는 해결되었다. 막부는 임진왜란 때 울릉도가 조선영토임을 알고 있으면서도 돗토리번의 요구에 따라 어부들의 도해를 허가했다. 하지만, 이들 섬이 조선영토임을 알고 있었기 때문에 어부 안용복의 항의를 받고 곧바로 일본인들의 도해를 금지시켰다. 오늘날 일본정부는 막부가 울릉도와 독도에 어부들의 도해를 허가했기 때문에 울릉도와 독도가 일본영토였다고 사실을 날조하고 있다. 지리적으로 볼 때 일본의 오키섬에서 울릉도에 도해할 때 독도를 기항지로 삼았기 때문에 막부가 단지 기항지였던 무인도인 독도까지 도해허가를 할 필요가 없었다. 따라서 독도의 도해면허는 애당초부터 존재하지 않았다. 한국의 고문헌과 고지도에는 동해상에 울릉도와 독도가 서로 육안으로 바라다볼 수 있는 거리에 위치하고 있었기 때문에 조선영토로서 항상 한 쌍으로 취급되었다. 조선조정이 오랫동안 쇄환정책으로 사람이 거주하던 울릉도를 비웠기 때문에 당시 무인도인 독도는 섬의 위치나 크기와 형태 등 한동안 베일에 싸여있었다.

둘째, 메이지(1868-1912년)정부도 막부의 인식에 따라 1877년의 태정관지령과 기죽도약도 등에서 울릉도와 독도를 조선영토로 인정하였다. 그런데 1876년 문호개방 이후 많은 일본인들이 독도를 거쳐 잠입하여 울릉도의 경제를 수탈해갔다. 대한제국은 일본인들의 울릉도와 독도에 침입한 사실을 알고 동해상의 영토를 관리하는 차원에서 칙령41호를 발령하여 '울릉전도, 죽도, 석도'를 관할하는 '울도군'을 설치하였다. 오늘날 일본정부는 한국의 독도 영유권을 부정하기 위해 석도는 독도가 아니고 '관음도'고 주장하지만, 석도는 100% 현재의 독도가 맞다. 실제 울릉도 주변에 수풀이 우거진 섬은 위치순으로 나열하면 '울릉본섬, 관음도, 죽도, 독도'뿐이다. 칙령의 '울릉전도(全島)'라는 말은 '복수의 섬'을 의미한다. 따라서 울릉본섬과 '죽도' 사이에는 '관음도'만이 존재하기 때문에 울릉전도는 바로 울릉본섬과 관음도를 말한다. 따라서 석도는 현재의 독도임에 분명하다.

셋째, 일본정부가 최초로 독도에 영토적 야욕을 갖고 도발한 것은 1905년 2월 22일 시마네현고시 40호의 영토편입 조치이었다. 그러나 1904년 일본 군함 니이타카호가 울릉도와 독도를 조사하여 군함일지에 '일본에서 량코도라고 불리는 섬은 한국에서는 독도(独島)라고 표기한다'라고 하여 독도가 한국영토임을 알고 있었다. 이처럼 일본정부는 독도가 한국영토임을 알고 있었음에도 불구하고, 러일 전쟁 중의 혼란한 틈을 악용하여 1905년 1월 각료회의에서 독도편입을 결정하고, 열강들의 비난을 피하기 위해 몰래 시마네현의 지방고시로 편입조치를 단행하였다. 하지만 각의 결정은 몇몇 각료들이 밀실에서 타국의 영토침략을 은밀히 모의한 불법적인 것이고, 중앙정부가 아닌 지방정부의 고시는 영토취득 요건에 부합되지 않기 때문에 모두 불법적 영토 침략행위이다. 일본은 독도를 편입한 후 그 사실을 한국에 알리기 위해 1906년 시마네현 관리들이 울릉도에 내방하였다. 심흥택 울도군수는 일본의 독도침략 사실을 전해 듣고 바로 이튿날 긴급보고로 대한제국정부에 알렸고, 곧바로 통감부에 대해 일본의 독도 편입조치가 침략행위임을 항의했다. 일본은 이런 식으로 독도를 포함한 한국영토를 침략하여 36년간 식민지 통치를 했으나 제2차 세계대전에서 패한 일본은 전승국 연합국의 요구를 무조건적으로 수용하여 1945년의 포츠담선언에 의해 일본이 침략한 독도를 포함한 모든 영토는 한국에 반환 조치되었다.

넷째, 일본이 패전한 후 일본을 점령통치한 연합국군 최고사령관 맥아더는 1946년 독도에 대해 칙령41호를 바탕으로 SCAPIN 677호 조치를 내려 대일평화조약이 체결될 때까지 한국의 관할통치권을 인정하였다. 일본은 맥아더의 후임이었던 친일파 윌리엄 시볼드를 매수하여 1949년 12월 29일 미국의 제6차 초안에서 맥아더 사령관이 결정한 SCAPIN 677호를 변경하여 독도를 일본영토라고 처리하였다.

다섯째, 연합국군 최고사령관 맥아더가 SCAPIN 677호로 독도의 통치권과 관할권(행정권)이 한국에 있다고 인정하여 대일평화조약에서 최종적으로 독도의 영유권 조치를 기다리고 있었다. 그런데 일본이 맥아더의 후임인 친일파 윌리엄 시볼드를 통해 독도를 일본영토로 변경하도록 시도했다. 결국 미국은 일본 편을 들게 되었지만, 영국을 비롯한 영연방국가들이 반대하여 최종적으로 분쟁지역으로 보이는 무인도는 당사지간의 해결에 위임하고, 유인도는 신탁통치를 실시한다는 방침을 세웠다. 이로 인해 대일평화조약에서는 법적으로 독도의 영유권 조치를 않고 당사자 간에 해결하도록 위임되었다.

여섯째, 대일평화조약에서 독도의 영유권은 한국영토로서 최종적 결정을 기다리고 있었는데 친일파 시볼드의 정치행위로 당사자 간에 해결하도록 하는 분쟁소지를 남겼다. 이승만 대통령은 미국의 정치행위에 같은 수법으로 응수하여 평화선을 선언하고 독도의 영토주권을 확보했다. 평화선조치 이후 한일협정이 체결될 때까지 한국은 평화선을 넘는 일본어선을 나포하여 독도의 실효적 지배를 강화했다. 이에 대해 일본은 평화선을 부정하고 불법적인 '이승만라인'이라고 하여 한일회담에서 독도의 영유권을 주장하였지만, 최종적으로 한일협정에서는 양국이 현상유지를 밀약하고 한국의 실효적 지배를 인정하였다.

이처럼 독도는 본질적으로 한국의 고유영토였음에도 불구하고, 일본이 독도를 침탈하기 위해 1905년 러일전쟁 중 국제법의 영토취득 이론인 '무주지 선점' 이론을 악용하여 정치(외교)문제로 변질시켰다. 제2차 세계대전에서 일본이 패전하여 독도가 한국영토로 반환 조치되어야 했음에도 불구하고 미국이 개입하여 독도를 분쟁지역으로 변질시켰다. 이승만정부는 강력한 리더십을 발휘하여 평화선을 선언하여 독도의 실효적 지배를 단행했다. 한일협정에서 박정희정부도 리더십을 발휘하여 일본을 상대로 현상유지 조건으로 한국의 실효적 지배를 인정받았다. 향후에도 일본의 독도 영유권 주장은 멈추지 않을 것이다.

┃ 日本の侵略的な独島挑発、絶対止めないだろう

　今日の日本政府は独島を固有の領土だと言ったりして、時には1905年に独島が、無主地だったので日本領土として編入することを閣議で決定して島根県告示40号で日本の固有領土であることを再確認したと主張する。

　このように「無主地を編入した」とし、「固有領土であることを再確認した」と矛盾した論理を説いている。

　そして日本政府は1951年9月に締結された対日平和条約で「済州島、巨文島、欝陵島」は日本の領土から除外されて韓国領土になったが、独島は日本の領土となったと主張する。それが事実だろうか。

　また、日本においては1952年1月韓国大統領が「李承晩ライン」を宣言して独島を武力で不法占領したと主張する。

　日本は1905年、実効的支配を始めたが、韓国は1953年、独島義勇守備隊という民兵隊が初めて実効的支配を開始したとし、日本が韓国より先に独島を実効的支配をしたと主張する。

　このような日本の主張と論理は、いずれも事実と異なる捏造だ。韓国の固有領土である独島に対する日本の侵略的な領有権の捏造論理について診断する。

　第一に、独島は欝陵島から見える無人島として512年に古代新羅が欝陵島に位置した于山国を編入して以来、高麗、朝鮮の朝廷が管理してきた韓国の固有領土だった。

　とくに、朝鮮の朝廷は1403年から民を保護し、島を管理するために刷還政策を行い、欝陵島を空けて管理した。

　ちょうど日本に漁師が幕府の許可の下、独島を停泊地として利用して欝陵島に入って、海産物と林産物を収奪していった。

　釜山の漁夫安竜福一行が密かに欝陵島に入ってこのような事実を発見して2度

も日本に渡って抗議して最終的に幕府が欝陵島と独島が朝鮮領土だと認め、韓日間の領有権問題は解決された。

幕府は壬辰倭乱の時、欝陵島が朝鮮の領土であることを知っていたにもかかわらず、鳥取藩の要求に従って漁師たちの渡海を許可した。

しかし、これらの島が朝鮮の領土であることが分かっていたため、漁師安竜福の抗議を受け、直ちに日本人の渡海を禁止させた。

今日の日本政府は幕府が漁師たちに欝陵島と独島の渡海を許可したことから欝陵島と独島が日本領土だったと主張するが、それは事実の捏造である。

地理的に見ると、日本の隠岐島から欝陵島に渡海する際、独島を寄港地にしていたため、幕府がただ寄港地だった無人島である独島まで渡海許可をする必要がなかった。したがって、独島の渡海免許は初めから存在しなかった。

韓国の古文献と古地図には、東海上に欝陵島と独島がお互いに肉眼で眺められる距離に位置していたために、朝鮮領土として常に一対に扱われた。

朝鮮の朝廷が長期間の連れ帰り政策で人が居住していた欝陵島を空けたため、当時の無人島である独島は島の位置や大きさと形など、しばらくはベールに包まれていた。

第二に、明治(1868-1912年)政府も、幕府の認識に従って、1877年の太政官指令と磯竹島略図などで、欝陵島と独島を朝鮮領土だと認めた。

ところが、1876年の朝鮮の門戸を開放した後、多くの日本人たちが独島を経て欝陵島に潜入し経済を収奪していった。

大韓帝国は、日本人らの欝陵島と独島に侵入した事実を知って東海上の領土を管理する次元が勅令41号を発令して、「欝陵全島、竹島、石島」を管轄する「欝島郡」を設置した。

今日の日本政府は韓国の独島領有権を否定するため、石島は、独島ではなく「観音島」だと主張するが、石島は100%現在の独島に間違いない。

実際、欝陵島周辺に草木が生い茂った島は位置の順に羅列すれば「欝陵本島、観音島、竹島、独島」だけだ。勅令の「欝陵全島」という言葉は「複数の島」を意味する。したがって、欝陵本島と「竹島」の間にある「観音島」が存在する。それゆえ、欝陵全島は、間違いなく「欝陵本島と観音島」である。したがって、石島は現在の独島に間違いない。

第三に、日本政府が最初に独島に領土的野心を持って挑発したのは1905年2月22日、島根「県告示40号」の領土編入措置だった。

しかし、1904年日本の軍艦「新高号」が欝陵島と独島を調査して軍艦日誌に「日本ではリャンコドと呼ばれる島は韓国では独島と表記する」とし、当時の独島が韓国領土であることを知っていた。

このように日本政府は、独島が韓国領土であることを知っていたにもかかわらず、日露戦争中の混乱した隙を悪用して1905年1月閣僚会議で、独島の編入を決定して、列強らの非難を避けるために密かに島根県という地方政府の告示で編入の措置を断行した。

しかし閣議決定は、何人かの閣僚が密室で他国の領土侵略を密かに企てた不法なものであり、中央政府でない地方政府の告示は、領土取得の要件に合わないため、すべて不法な領土侵略行為だ。

日本は独島を編入した後、1年後、その事実を韓国に知らせるため、1906年島根県の官吏たちが欝陵島に来訪した。

沈興沢欝島郡守は、日本の独島侵略の事実を伝言で聞いて、翌日に緊急報告で中央政府に知らせて、大韓帝国政府がすぐに統監府に対して、日本の独島編入の措置が侵略行為であることを抗議した。

日本は、このようなやり方で独島を含む韓国領を侵略して36年間、植民地統治をしたが、第2次世界大戦で敗れて、戦勝国の連合国の要求を無条件的に受け入れた。その結果、1945年のポツダム宣言により、日本が侵略した独島を含

めた全ての朝鮮領土じや韓国に返還させられた。

第四に、日本が敗戦した後、日本を占領統治した連合軍の最高司令官マッカーサーは1946年、独島に対して、勅令41号を土台でSCAPIN677号の措置を下し、対日平和条約が締結されるまでの韓国の管轄統治権を認めた。

日本はマッカーサーの後任だった親日派ウィリアム・シボルドを買収して1949年12月29日、米国の第6次草案でマッカーサー司令官が決定したSCAPIN 677号を変更し、独島を日本領土と処理しようとした。

第五に、連合軍の最高司令官マッカーサーがSCAPIN677号で独島の統治権と管轄権(行政権)が韓国にあると認め、韓国は対日平和条約で最終的に独島の領有権が韓国にあるという措置を待っていた。

ところで、日本がマッカーサーの後任である親日派ウィリアム・シボルドを通じて、独島を日本領土に変更しようと試みた。

結局、アメリカは日本の肩を持つことになったが、イギリスをはじめ、オーストラリア、ニュージーランドなどの英連邦諸国の反対で、最終的に「紛争地域と見られる無人島は当事国間の解決に委ね、有人島は信託統治を行う」という方針を立てたのである。

これによって対日平和条約では法的に独島領有権の措置をせずに当事者の間に解決するよう委任された。

第六、対日平和条約で、独島の領有権は韓国領土として最終的決定されることを待っていたが、親日派シボルドの政治行為、当事者の間で解決するようにする紛争の余地を残した。

李承晩大統領は米国の政治行為に対して同じ手口で応酬して平和線を宣言して、独島の領土主権を確保した。

平和線の措置後、韓日協定が締結されるまでの韓国は平和線を侵入する日本の漁船を拿捕し、独島の実効的支配を強化した。

　これに対して日本は平和線を否定して違法的な「李承晩ライン」とし、韓日会談で独島の領有権を主張していたが、最終的に韓日協定では、両国が現状維持を密約して韓国の実効的支配を認めた。

　このように独島は本質的に韓国固有の領土だったことにもかかわらず、日本が独島を侵奪するため、1905年日露戦争中の国際法上の領土取得方法である「無主地の先取り」理論を悪用して政治(外交)問題に変質させた。

　第2次世界大戦で日本が敗戦し、独島が韓国の領土として返還措置されるべきだったにもかかわらず、米国が介入し、独島を紛争地域に変質させた。

　李承晩政府は強力なリーダーシップを発揮して平和線を宣言し、独島の実効的支配を断行した。

　韓日協定において朴正煕政権もリーダーシップを発揮し、日本を相手に現状維持の条件で韓国の実効支配を認めさせた。今後も日本の独島領有権主張は止まらないだろう。

| 국회의원 6명, 왜 일본에 화풀이하러 독도에 가는가? 독도가 일본 땅인가?

다양한 언론매체에서 2019년 8월 31일 이용주, 설훈, 우원식, 이용득, 박찬대, 손금주 의원이 독립유공자 후손모임 지광회 이석문 회장, 광복회 김원웅 회장을 대동하여 독도에 들어갔다고 대서특필했다. 이 분들이 독도를 찾은 이유가 수출규제 조치 철회, 강제동원 등 과거사 문제 해결을 위한 반성과 사과, 2020년 도쿄올림픽 우리땅 독도 표기, 한일 갈등을 해소하고 미래지향적 관계 정립을 위한 대화 등을 촉구하기 위해였다고 한다.

일본 국내에서는 한국 국회의원단이 자신의 영토인 '다케시마(竹島)'에 무단으로 들어갔다고 하여 한 젊은 의원은 "전쟁으로라도 독도를 찾아와야 한다"고 전쟁을 선동했다. 하마터면 6명의 한국 국회의원이 독도에 들어감으로써 일본과 전쟁을 일으키는 불씨가 될 뻔했다. 필자가 하고 싶은 말은, 한국의 국회의원은 왜 평온한 독도에 풍파를 일으키는가이다. 고요한 호수에 돌을 던진 격이다.

일본이 정말 화가 나고 뭐라고 말하고 싶으면 대마도에 가서 소리질러면 된다. 그때도 일본이 전쟁하자고 하지는 않을 것이다. 일본에게 항의하고 싶으면 일본에 가서 하지 않고 왜 우리 땅 독도에 들어가서 항의하는가 말이다, 독도가 일본 땅인가?

말이 나온 김에 한일 간에 무슨 일이 생길 때마다 독도에 가서 일본을 향해 항의를 한다면 이번처럼 또 전쟁하자고 하는 자가 나타날 것이다. 그러면 독도는 세계에서 가장 격렬한 영토분쟁지역으로 명성이 날 것이다. 사실 독도는 분쟁지역이 아니다. 과거 한국의 어떤 정부도 지금까지 독도를 분쟁지역으로 다룬 적이 없다. 독도는 명명백백한 대한민국의 고유영토라는 입장을 취해왔다. 일본의 전략은 독도를 분쟁지역으로 만들기 위해 틈만 나면 영유권을 주장한다. 절대로 일본의 이런 논리에 말려들어서는 안 된다. 역사적으로 보면 독도는 울릉도와 더불어 여러 차례 일본으로부터 영토적 도발을 받아왔다. 그때마다 어부 안용복도 그랬듯이 우리 선조들은 독도를 잘 관리하여 오늘날 우리들에게 물려주었다. 우리도 후손들에게 독도를 잘 물려주어야한다. 독도를 잘 관리하는 방법은 지금처럼 우리국민들이 자유롭게 독도에 왕래하고 평온하게 독도에 살 수 있도록 하면 된다. 만일 일본이 먼저 우리 영토인 독도의 영토주권에 도전한다면 그때는 강력하게 대응조치를 취해야한다. 그러나 이번에 국회의원 6명이 독도에 들어간 것은 오히려 독도를 분쟁지역으로 몰고 가려고 하는 일본에게 크게 일조하는 셈이다.

과거에서 현재에 이르기까지 우리 정부는 일본이 독도에 도발을 해올 때마다 '조용한 외교'와 '적극적인 외교'를 통해 번갈아 대처해왔다. 1951년 대일평화조약이 체결되었을 때, 미국이 일본 땅으로 인정했다고 하면서 일본은 대일평화조약에서 독도가 일본영토로 결정되었다고 사실을 왜곡하여 미국의 성조기를 달고 독도 상륙을 시도했다.

이때에 이승만 대통령은 평화선을 선언하여 이를 침범한 일본 선박들을 부산앞바다에 억류시키고 선원들은 감옥에 투옥시켰다, 1965년 한일협정 때 일본이 영유권을 주장하여 독도를 국제사법재판소에서 해결하자고 제안했을 때, 우리 정부는 일본의 주장을 단호히 거절하면서 일본과의 국교회복을 거부했다. 그러자 결국은 미국의 주선으로 한일협정을 체결하여 '현상을 유지한다'라는 명목으로 일본으로부터 오늘날처럼 독도의 실효적 지배를 인정받았다. 1997년 김영삼 대통령은 일본의 강력한 항의에도 불구하고 독도에 선착장을 만들었다.

오늘날 만일 그 선착장이 없었더라면 우리국민들은 우리의 영토인 독도에 들어갈 수 없었을 것이다. 2012년 이명박 대통령이 독도에 들어갔을 때, 일본정부는 서울주재 일본대사를 본국으로 소치해가면서까지 외교적으로 강력하게 항의해왔다. 해방이후부터 일본의 항의로 인해 우리 영토인 독도에 우리의 대통령 어느 누구도 들어가지 못했다. 우리의 대통령, 우리 국민이 들어갈 수 없는 땅을 어찌 우리의 영토라고 할 수 있겠는가. 이제 독도는 우리 국민 누구나가 자유롭게 들어갈 수 있고, 우리 국민이 아니면 우리 국가의 승인을 받아야만 들어갈 수 있는 섬 독도는 명실상부한 대한민국의 영토이다.

이처럼 독도는 우리의 주권이 미치는 우리의 고유영토이다. 독도는 일본과 흥정의 대상이 아니다. 우리의 고유영토인 독도는 평온한 섬으로 잘 관리해야한다. 만일 일본이 우리의 영토주권에 도전을 한다면 그때는 두 번 다시 도발하지 못하도록 강력하게 대처해야할 것이다.

▎国会議員6人、なぜ日本を叱るために、独島へ行くのか? 独島が日本の土地なのか?

様々なマスコミで2019年8月31日李勇周、薛勲、禹元植、李竜得、朴賛大、孫今柱議員が独立有功者の子孫の会・智光会李碩文会長、光復会の金元雄会長を同行して独島に入ったと特筆大書した。

この方たちが独島を訪れた理由が「輸出規制措置の撤回、強制動員など歴史問題解決に向けた反省と謝罪、2020年東京オリンピック我が領土独島表記、韓日葛藤を解消し、未来志向的関係の確立に向けた対話などを要求する」ためだったという。

日本国内では韓国の国会議員団が日本の領土である「竹島」に無断で入ったとし、若い議員は「戦争でも独島を奪還しなければならない」と戦争を扇動した。

危うく6人の韓国国会議員が独島に入ることにより、日本と戦争を起こす火種になるところだった。

筆者が言いたいことは、韓国の国会議員は、どうして平穏な独島に波風を起こしているか。静かな湖に石を投げたようなものだ。日本に本当に頭に来て何か言いたかったら対馬に行って大声で叫べばいい。その時も、日本が戦争しようとは言わないだろう。

日本に抗議したければ日本に行ってしないでどうして独島に入って抗議するかだ。独島が日本の土地なのか? 韓日間に何が起こるたびに、独島に行って日本に向かって抗議をするとすれば、今回のようにまた、戦争しようとする者が現れるのだ。そうなると、独島は世界で最も激しい領土紛争地域として名声が出るものだ。

事実、独島は紛争地域ではない。過去、韓国のどの政府も、今までは独島を紛争地域で扱ったことがない。独島は明白な大韓民国の固有領土であるという

立場を取ってきた。

　日本の戦略は、独島を紛争地域にするため、隙間さえあれば、領有権を主張する。絶対に日本のこのような論理に巻き込まれてはならない。

　歴史的に見れば、独島は欝陵島とともに数回にわたって日本から領土的挑発を受けてきた。その度に漁師、安竜福もそうであるように、我が先祖らは、独島をうまく管理して、今日、私たちに譲った。

　子孫は、その領土である独島をよく管理しなければならない。

　独島をよく管理する方法は、今のように韓国国民が自由に独島に往来できる平穏な島になるようにすればいい。

　もし日本が先に我々の領土である独島の領土主権に挑戦するなら、その時は強力に対応措置を取らなければならない。

　しかし、今回国会議員6人が独島に入ったのはむしろ、独島を紛争地域に追い込むとする日本に大きく貢献するわけだ。

　過去から現在に至るまで韓国政府は、日本が独島に挑発をしかけてくるたびに「静かな外交」と「積極的な外交」を通じて交互に対処してきた。

　1951年対日平和条約が締結された時、米国が日本領土と認めていたといい、日本政府は、対日平和条約で、独島が日本の領土と決定されたと事実を歪曲して米国の星条旗を立てて独島上陸を試みた。この時に李承晩大統領は☞平和線を宣言し、これを侵犯した日本船舶を釜山の沖に抑留させ、船員たちは監獄に投獄させた、1965年の日韓協定で日本が領有権を主張し、独島を国際司法裁判所で解決しようと提案したとき、韓国政府は日本の主張を拒絶して、日本との国交回復を拒否した。

　そうすると、結局は米国の仲介で、韓日協定を締結して「現状のまま維持する」という秘密で政治的に合意して日本から今日、独島の実効的支配を認められた。

　1997年、金泳三大統領は、日本の強力な抗議にもかかわらず、独島に船着場を作った。今日、もしその船着場がなかったら、私たち国民は韓国の領土である独島に入ることはできなかったのだ。

　2012年、李明博大統領が独島に入ったとき、日本政府は、ソウル駐在の日本大使を本国に招致してまで外交的に強力に抗議してきた。解放以後から日本の抗議で韓国の領土であるにもかかわらず、韓国の大統領誰も入ることができなかった。

　韓国の大統領も韓国の国民である。韓国の国民が入れない土地に対して韓国の領土だと言えるだろうか。もう独島は国民の誰もが自由に入ることができ、韓国国民でなければ、韓国の国家承認を受けて入れる。国家承認を受けない人は、入ることができない島が名実ともに大韓民国の領土である。

　このように独島は我が国の主権が及ぶ韓国固有の領土である。独島は日本と駆け引きの対象ではない。韓国固有の領土である独島は平穏な島でうまく管理しなければならない。もし日本が韓国の領土主権に挑戦するなら、2度と挑発できないよう強力に対処しなければならない。

| 일본이 날조한 독도 영유권을 훼손하는 잘못된 용어들

독도는 한국의 고유영토이다. 그런데 일본은 이를 부정하기 위해 독도 영유권을 훼손하는 다양한 용어들을 생산하여 독도가 일본영토라는 논리를 날조하고 있다. 독도 영유권을 훼손하는 용어는 절대로 사용되어서는 안 된다.

〈다케시마(竹島)〉: 일본의 에도시대에는 울릉도를 '다케시마(竹島)', 독도를 '마쓰시마(松島)'라고 호칭되었지만, 중앙정부에 해당하는 막부는 죽도와 송도를 한국영토로 인정하였다.

이때에 울릉도를 가리키는 '죽도', 독도의 '송도'는 영유권을 훼손하는 용어가 아니었다. 그런데 1905년 일본정부는 러일전쟁 중 한국의 국내외적 혼란한 틈을 타서 국제법의 영토취득의 형식을 빌려 '다케시마(竹島)'라는 이름으로 독도를 침탈하려했다. 따라서 '다케시마(竹島)'라는 명칭은 불법 침략의 의미를 갖는 것이므로 절대로 사용되어서는 안 된다.

〈리앙쿠르암(Liancourt Rocks)〉; 1849년 프랑스 포경선 Liancourt호가 조선 동해의 독도를 발견하고 선박의 이름을 따서 명명한 것이다.

이 명칭은 한국영토로서의 '독도', 일본영토로서의 '다케시마'에 대응해서 유럽지도에 사용되어왔다. 최근에는 분쟁지역이라는 의미로 사용되는 명칭이다. 따라서 유일한 명칭은 '독도(独島)'뿐이기 때문에 그 이외의 명칭은 사용되어서는 안 된다.

〈다케시마(竹島)의 날〉: 2005년 일본 지방자치단체인 시마네현이 1905년 '죽도(竹島)' 편입 조치를 정당화하고 기념하기 위해 제정했다. 일본정부가 공식적으로 정한 기념일이 아니다.

과거 일본정부는 '돗토리번 답변서'(1695), 태정관지령(1877), 한일협정(1965), 대일평화조약(1951) 등에서 여러 차례 독도가 일본영토가 아님을 확인했거나 스스로 인정한 적이 있었다. 따라서 일본정부가 주도해서 제정한 러일 간의 영토분쟁지역인 쿠릴열도 최남단 4개 섬에 대한 '북방 영토의 날(1981)'과는 달리, 독도에 대해서는 일본정부가 스스로 기념일 제정이 모순임을 잘 알고 있다.

〈실효지배(effective control)〉: '유효지배'라고도 하는데, :특정한 정권 이 일정한 영역을 점거하여 실제로 통치하고 있다고 주장하는 것"을 말한 다. 독도는 한국이 일방적으로 점거하고 있는 것이 아니기 때문에 '실효지 배'가 아니다.

독도는 제2차 세계대전이 종결되었을 때 연합국군 최고사령부가 한국 의 고유영토로서 'SCAPIN 677호'로 일제가 침략한 영토로 분류하여 우선 적으로 한국의 관할통치를 인정하였다.

대일평화조약에서 한국의 관할통치를 중단하는 아무런 결정도 내려지 지 않았기 때문에 오늘날 한국이 '관할통치'를 행하고 있다. 따라서 한국이 독도를 '실효적 지배'를 하고 있다고 하는 것은 잘못된 표현이다.

〈이승만라인〉: 일본의 패전으로 1946년 1월 연합국군 최고사령관 맥 아더가 SCAPIN 1033호로 당초 독도기점 12해리까지 한국의 해양영역으 로 인정했다. 일본의 집요한 요구에 의해 1949년 SCAPIN 2046호로 독도 기점 3해리까지 한국의 해양영역이 축소되었다. 1951년 9월 대일평화조 약이 체결되어 연합국의 점령통치가 끝나게 됨으로써 맥아더라인은 없어 지고 한일 양국 당사지간에 해양경계 설정이 요구되었다.

1952년 1월 한국정부는 독도를 관할 통치하고 있었기 때문에 2차례에 걸친 맥아더라인에 의한 한국의 해양영역 축소를 감안하여 12해리와 3해 리의 중간지점인 8해리지점을 지나는 평화선을 선언하였다. 그후 1952년 4월 대일평화조약이 비준되었지만, 연합국은 한국의 평화선 조치를 부정 하지 않았다. 그럼에도 불구하고 일본정부는 평화선을 부정하기 위해 '이승만라인'이라고 하여 이승만 대통령의 불법조치라고 주장한다.

〈독도 영토분쟁, 독도문제〉: 독도는 일제 36년간의 한국 침략을 제외하고 고대로부터 오늘날까지 영유권을 포기한 적이 없는 한국의 고유영토이다. 그런데 일본이 1905년 러일전쟁 중에 함부로 '무주지(無主地) 선점'이라는 국제법상의 영토취득 형식으로 빌려 독도탈취를 시도한 적이 있었다. 한국정부가 통감부에 강력히 항의하여 일본의 조치를 부정했다. 해방이후 대일평화조약이 체결되고 평화선 선언을 하였을 때, 1965년 한일협정 때에도 일본의 독도 영유권 주장에 대해 독도가 한국영토임을 명확히 했다. 따라서 독도는 영토문제나 영토분쟁 지역이 아니다.

〈공동관리수역〉, 〈중간수역〉: 1998년 11월 한일 양국 간에 새롭게 체결된 어업협정의 정식명칭은 〈잠정합의수역〉이다. 이 점정합의수역 안에 한국이 관할 통치하고 있는 독도의 좌표가 포함되어있다.

그래서 일본은 독도의 영토주권을 훼손하기 위해 이 수역을 '공동관리수역' '중간수역'이라는 용어를 사용한다. 마치 독도의 영유권을 50:50으로 양국이 합의한 것처럼 이미지를 날조하기 위한 것이다.

〈국제사법재판소〉: 국제사법재판소는 영토의 분쟁지역을 중재하여 판결하는 곳이다. 분쟁지역은 당사자 간의 합의가 반드시 전제되어있다. 따라서 한국이 독도를 분쟁지역으로 인정한 적이 없기 때문에 국제사법재판소와 무관하다, 일본은 1958년에 유엔의 강제관할권에 가입하였으나, 한국은 강제관할권에 가입하지 않았다. 한국은 강제관할의 대상국가도 아니다. 따라서 독도는 국제사법재판소와 무관하다.

이상과 같이 일본은 독도를 분쟁지역임을 전제로 독도의 영유권을 훼손하는 다양한 용어를 날조하여 사용하고 있다. 자칫하면 이런 용어들을 무심코 사용하게 되어 일본을 돕는 결과를 초래하게 된다.

｜ 日本が捏造した独島の領有権を毀損する誤った用語

独島は韓国の固有領土である。しかし、日本はこれを否定するため、独島の領有権を毀損する様々な用語を生産して独島が日本領土という論理をねつ造している。

独島の領有権を毀損する用語は絶対に使用されてはならない。

「竹島」：日本の江戸時代には欝陵島を「竹島」、独島を「松島」と呼称されたが、中央政府に該当する幕府は竹島と松島を韓国領土と認めていた。この時に欝陵島を指す「竹島」、独島の「松島」は領有権を毀損する用語ではなかった。

ところが1905年、日本政府は、日露戦争の中で、韓国の国内外的混乱のすきに乗じて国際法の領土取得の形式を借りて「竹島」という名前で独島を侵奪しようとした。したがって、「竹島」という名称は、不法侵略の意味を持つものなので絶対に使用されてはならない。

「リアンクール岩礁(Liancourt Rocks)」：1849年フランスの捕鯨船Liancourt号が朝鮮東海の独島を発見して船舶の名前を取って命名したのだ。この名称は韓国領土としての「独島」、日本領土としての「竹島」に対応してヨーロッパの地図で使われてきた。

最近では紛争地域という意味で使われている。したがって、唯一の名称は「独島」だけであるため、それ以外の名称は使用されてはならない。

「竹島の日」：2005年日本の地方自治体の島根県が1905年「竹島」編入の措置を正当化して記念するために制定した。

日本政府が公式的に決めた記念日ではない。過去日本政府は「鳥取藩の答弁書」(1695)、太政官指令(1877)、韓日協定(1965)、対日平和条約(1951)などで数回にわたって独島が日本の領土ではないことを確認したり、自ら認めたことがあった。

したがって、日本政府が主導して制定した日露間の領土紛争地域の千島列島最南端4つの島に対する「北方領土の日」(1981)とは異なり、独島については、日本政府が自ら記念日制定が矛盾であることをよく知っている。

「実効支配(effective control)」：「有効支配」ともいい、「特定の政権が一定の領域を占拠して実際に統治していると主張すること」をいう。

独島は韓国が一方的に占拠していることではないために「実効支配」ではない。独島は第2次世界大戦が終結した時、連合軍の最高司令部が韓国の固有の領土として「SCAPIN677号」で、日帝が侵略した領土から分類して優先的に韓国の管轄統治を認めた。対日平和条約においては、韓国の管轄統治を中断する決定が何もなされていないため、今日韓国が「管轄統治」を行っている。したがって、韓国が独島を「実効的支配」をしているというのは誤った表現だ。

「李承晩ライン」：日本の敗戦で1946年1月連合軍の最高司令官マッカーサーがSCAPIN1033号で当初、独島問題の起点12海里まで韓国の海洋領域と認めた。

日本の執拗な要求によって1949年SCAPIN 2046号で独島の起点3海里まで韓国の海洋領域が縮小された。

1951年9月対日平和条約が締結され、連合国の占領統治が終わったことでマッカーサーラインもなくなり、韓日両国の当事者の間で海洋境界の設定が要求された。1952年1月韓国政府は独島を管轄統治していたために2回にわたってマッカーサーラインで韓国の海洋領域が縮小されたことを考慮し、12海里と3海里の中間地点である「8海里」地点を通過する平和線を宣言した。

その後1952年4月対日平和条約が批准されたが、連合国は韓国の平和線措置を否定する何の対応もなかったことは平和線は合法的なものである。

にもかかわらず、日本政府は「平和線」を否定するために「李承晩ライン」とし、李承晩大統領の不法措置だと主張する。

「独島領土紛争、独島問題」：独島は日本帝国主義による36年間の韓国侵略を除いて、古代から今日まで領有権を放棄したことがない韓国の固有領土である。

ところで日本が1905年日露戦争中にむやみに「無主地の先取り」という国際法上の領土取得の形で借りて独島の奪取を試みたことがあった。

当時韓国政府(大韓帝国)が統監府に強く抗議し、日本の措置を否定した。解放後、対日平和条約が締結されて平和線を宣言した時、1965年の韓日協定も日本の独島領有権の主張に対して、独島が韓国領土であることを明確にした。したがって、独島は領土問題や領土紛争地域ではない。

「共同管理水域」「中間水域」：1998年11月に日韓両国の間で新たに締結された漁業協定の正式名称は「暫定合意水域」である。

この「暫定合意」の水域の中に韓国が管轄統治している座標上の独島が含まれている。それで日本は独島の領土主権を毀損するため、この水域を「共同管理水域」「中間水域」という用語を使用する。

まるで、独島の領有権を50:50で両国が合意したようにイメージを作って事実を捏造するためのものだ。

「国際司法裁判所」：国際司法裁判所は領土の紛争地域を仲裁して判決する機関である。紛争地域は当事者間の合意が必ず前提になっている。したがって、韓国が独島を紛争地域に認めたことがないため、国際司法裁判所と無関係である、

日本は1958年に国連の強制管轄権に加入したが、韓国は強制管轄権に加入しなかった。韓国は強制管轄の対象国家でもない。したがって、独島は国際司法裁判所と無関係である。

以上のように、日本は独島を紛争地域であることを前提で独島の領有権を毀損する多様な用語を捏造して使用している。ややもすると、このような用語を思わず使ってしまい、日本を助ける結果を招くことになる。

▎독도가 우리의 고유영토라고 해서 영원한 것이 아니고, 일본의 정치적 도발을 묵과한다면 언젠가 일본영토로 변경될 수도

독도는 한 번도 합법적으로 타국의 영토가 된 적이 없는 한국의 고유영 토이지만, 그렇다고 해서 당연하다고 생각해서는 안 된다. 역사적으로 보 면 독도의 영유권은 여러 차례 위기를 겪어왔다.

과거 일본은 기회가 있을 때마다 교묘한 방법으로 양국 사이 바다의 중 간쯤에 위치한 한국의 고유영토인 독도를 침탈하려고 시도했다. 그때마 다 과거 한국은 유효하게 정치적으로 잘 대응하여 독도의 영유권을 수호 해왔다. 만일 한국이 적절하게 대응을 하지 못했다면 이미 독도는 일본에 침탈당했을 것이다. 이렇게 볼 때, 독도는 한국의 고유영토이지만 영유권 이 영원히 한국에 있다고 확신할 수 없다.

일본의 도발에 정치적 역량이 부족하여 잘 대응하지 못한다면 결국은 일본영토로 변경될 수도 있다는 것을 체득했다. 향후에도 일본이 영유권 을 포기하는 일은 거의 없을 것이고, 한국이 독도 영유권을 지켜내기 위해 서는 지속적으로 정치적 역량을 강화해야한다. 그렇다면 과거 한국이 일 본의 독도 도발에 정치적으로 어떻게 역량을 발휘하여 독도의 영유권을 지켜왔는지 살펴본다.

첫째, 전근대 17세기 일본 막부가 16세기말 임진왜란을 통해 울릉도와 독도가 한국영토인지를 잘 알고 있으면서도 일본 어부들의 요구를 받아 들여 몰래 울릉도 도해를 허가하여 70여 년간 어부들이 독도를 거처 울릉 도에 내왕하여 울릉도의 경제를 수탈해갔다. 이러한 사실은 부산출신 어 부 안용복에 의해 확인됐고, 이로 인해 양국의 어부들은 울릉도와 독도가 자신들의 영토라고 영유권 다툼을 했고, 그것은 급기야 국가간의 영유권 분쟁으로 확대됐다.

최종적으로 안용복이 올린 성과로 일본 막부가 울릉도와 독도가 한국 영토임을 숙지하게 되어 일본어부들에게 도해를 금지했다. 이렇게 해서 17세기 한일간의 울릉도 독도 영유권분쟁은 일본이 한국영토로 인정하여 마무리 됐고, 조선조정은 울릉도와 독도를 무인도상태로 영토로서 관리 했다.

둘째, 근대에 들어와서 일제가 대륙영토팽창을 확대해가는 시기였던 1905년 러일전쟁 중에 은밀한 방법으로 '시마네현고시 40호'로 영토 편입 조치를 취했고, 그 1년 후 1906년 시마네현 관리들이 울릉도를 방문하여 울도군수 심흥택에게 독도 침탈 사실을 전달했다.

심흥택 군수는 이튿날 긴급으로 중앙정부에 보고했고, 대한제국 정부 는 일본이 침탈한 섬이 '칙령41호(1900년)'의 '석도(石島)'로서 한국이 관 할통치하는 '독도(独島)'임을 통감부에 강력히 항의했다. 만일 대한제국 정부가 1905년 일본의 편입조치에 대해 항의하지 않았더라면 이미 그때 에 독도는 일본영토가 됐을 것이다. 그 당시 한국은 1905년 일제에게 외교 권을 강탈당했고, 1910년부터 36년간 일제로부터 불법적으로 식민지 지 배를 당했지만, 당시 일제의 독도 편입 조치는 일방적인 침략적인 행위로 서 합법적으로 일본영토가 된 것이 아니었다.

셋째, 제2차 세계대전 종전 후 연합국이 SCAPIN 677호로 일제로부터 독립된 한국영토의 범위를 정하여 한국이 독도기점 12해리 해양영토와 독도를 직접 한국영토로서 관할통치하게 됐다.

이에 대해 일본이 맥아더사령관을 설득하여 독도기점 12해리의 해양경 계를 3해리로 축소했고, 도쿄대학에서 법학박사학위를 취득한 친일파 주 일집정대사 윌리엄 시볼드에게 로비하여 대일평화조약 초안 작성과정에 기존의 5차초안까지 독도를 한국영토로 취급해왔던 것을 제6차초안에서 일본영토로 변경했다. 이에 대해 한국정부가 미국과 연합국에 강력히 항의했다. 결국 미국은 독도를 일본영토라고 취급하려고 했지만, 영국, 호주, 뉴질랜드 등 영연방국가가 한국영토로 인정함으로써, 결국 대일평화조약에서 "분쟁지역으로 간주되는 유인도는 신탁통치하고, 무인도는 영유권을 결정하지 않는다"고 하는 방침을 정했다.

그 결과 1946년의 SCAPIN 677호에서 독도는 한국영토로 분류됐지만, 대일평화조약에서는 무인도로서의 분쟁지역으로 취급되어 최종적으로 독도는 한국영토라고 명시되지 못했다. 그러나 독도는 미국이 일본의 입장을 두둔했지만 일본의 요망대로 일본영토로 인정받지 못하고, 여전히 한국이 관할 통치하는 섬으로 남게 됐다. 그런데 일본은 대일평화조약에서 독도가 일본영토로서 결정됐다고 사실을 날조하여 계속적으로 영유권을 주장하고 있다.

넷째, 한국이 SCAPIN 677호로 독도를 실효적으로 점유하여 관할통치하고 있음에도 불구하고 대일평화조약에서 연합국이 독도의 지위를 명확히 하지 않은 상태로 남겨두었다. 이에 대해 1952년 1월 이승만 대통령은 향후 한일 간의 해양영토와 독도의 영유권 분쟁을 우려하고 평화선을 선언하여 실효적 조치를 강화했다. 일본은 대일평화조약에서 독도가 자국의 영토로 결정됐다고 하여 불법적인 '이승만라인'이라고 평화선 철폐를 요구했다.

한국은 SCAPIN 677호에서도 독도가 한국의 고유영토로 인정됐음에도 불구하고 미국이 정치적으로 일본의 입장을 두둔한 것에 대해 항의하는 차원에서 평화선 선언으로 강력한 조치로 대응했다. 그 결과, 한국은 독도의 관할통치를 강화하고, 평화선을 침범하는 일본선박들을 무력으로 강력하게 단속했다.

다섯째, 1952년 이후 일본정부는 평화선에 의해 일본선박의 독도 접근이 차단되자, 1948년부터 시작된 한일회담에서 평화선 철폐와 동시에 독도의 영유권을 주장했다. 결국 한일협정에서 한일양국은 협정 체결의 조건으로 비밀회담에서 독도 영유권에 대해 현상유지를 약속하여 일본은 영유권 주장을 계속했지만, 독도에 대한 한국의 실효적 지배 상황을 인정하여 한국이 계속적으로 독도를 관할 통치하게 됐다.

여섯째, 1974년 1월 한국정부는 미국의 석유개발회사에 의뢰하여 동해상에서 석유개발을 시작했고, 일본이 여기에 후발로 공동 참여 조건으로 한국이 독도를 실효적 관할통치하고 있던 현상유지를 인정한 한일협정 체제로서 대륙붕협정을 체결했다. 이렇게 해서 한국이 계속적으로 독도를 실효적으로 관할통치하게 됐다.

일곱째, 1982년 12월에 12해리 영해와 24해리 접속수역, 200해리 배타적경제수역을 채택한 유엔해양법협약이 1994년 12월 정식으로 발효됐다. 1997년 일본은 1965년 체결한 기존의 한일어업협정을 일방적으로 파기하고 1년이라는 유효기간을 한정하여 강압적으로 한국에 대해 새로운 어업협정 체결을 요구했다.

한국은 때마침 외환위기 상황을 맞이하고 있었기 때문에 이를 극복하기 위해 새롭게 정권을 수립된 김대중정부가 일본의 요구를 대체로 그대로 수용하여 신한일어업협정을 체결했다. 새로운 어업협정은 독도의 영유권과 무관한 협정으로 하고, 어업에 한해서 독도 주변의 일정한 수역에서 공동으로 어업자원을 규제하고 관리하도록 했다. 이로 인해 독도 영토가 갖는 200해리의 배타적 경제수역의 법적 지위가 많이 훼손됐지만, 한국이 계속적으로 독도를 관할 통치하게 됐다.

여덟째, 2005년 일본 시마네현이 일본정부로 하여금 독도 영토화 정책을 적극적으로 추진하도록 압박하기 위해 일방적으로 '죽도의 날' 조례를 제정했다.

　한국정부는 이를 방조한 일본정부에 대해 시마네현의 '독도의 날' 조례 제정을 취소하도록 강력하게 항의했다. 일본정부는 지방정부가 한 일에 중앙정부가 관여할 수 없다는 명목을 내세워 독도 영유권을 둘러싼 한국 정부와의 직접적인 충돌을 회피했다. 그 결과 한국이 계속적으로 독도를 실효적으로 관할 통치하는 데 큰 변동은 생기지 않았다. 그러나 일본정부가 정부차원에서 '죽도의 날'을 법으로 제정하지는 않았지만, 아베정부는 시마네현이 주최하는 행사에 매년처럼 7년 연속 차관급 정무관을 파견하여 간접적으로 동조해왔다. 이처럼 한국의 고유영토인 독도에 대해 일본 정부는 기회가 있을 때마다 독도 영유권을 훼손하기 위해 도발을 감행해왔다. 그때마다 한국정부는 독도가 한국의 고유영토라는 사실을 바탕으로 정치적 역량을 발휘하여 일본정부로부터 직접적으로 실효적 지배 상태를 인정받아왔다. 그래서 일본정부가 '북방영토의 날'을 제정하여 러시아를 압박하여 쿠릴열도 남방4도에 대한 영유권을 주장하고 있지만, 독도에 대해서는 일본의 과거 정권들은 직접적으로 침략적 도발을 하지 못했다. 그런데, 지난 극우성향의 아베정권은 중앙정부 차원에서도 다양한 방법으로 독도 도발을 적극적으로 자행했다.

　향후 한국정부가 정치적 역량이 결핍되어 독도 영유권에 대한 일본의 정치적 도발을 묵과하게 된다면 아무리 독도가 한국의 고유영토라고 하더라도 그 영유권이 절대로 일본에 넘어가지 않는다고 장담할 수 없다.

588 일본의 독도 영유권 날조의 본질

┃ 日本の政治的挑発を黙過したら、韓国固有の領土である 独島が永遠な韓国領土になれない可能性も

独島は一度も合法的に他国の領土になったことがない韓国の固有領土だが、だからといって当然と考えてはならない。

歴史的に見れば、独島の領有権は数度の危機を経験してきた。過去日本は機会あるごとに巧妙な方法で両国の間の海の中間くらいに位置した韓国固有の領土である独島を侵奪しようと試みた。その時ごとに過去韓国は有効に政治的によく対応して、独島の領有権を守護してきた。もし韓国が適切に対応をしないならば、すでに独島は日本に侵奪されたものだ。

こうして見ると、独島は韓国の固有領土だが、領有権が永遠に韓国にあると確信できない。日本の挑発に政治的力量が不足し、うまく対応できなければ、結局日本領土に変更される可能性もあることを体得した。

今後も日本が領有権主張を放棄することはほとんどなく、韓国が独島領有権を守るためには持続的に政治的力量を強化しなければならない。それなら過去の韓国が日本の独島挑発に政治的にどのように力量を発揮して独島の領有権を守ってきたのか調べて見る。

第一に、前近代17世紀日本の幕府は16世紀末の文禄・慶長の役を通じ、欝陵島と独島が韓国領土かをよく知っていながらも日本の漁師たちの要求を受け入れ、密かに、欝陵島渡海を許可して70年間、漁師たちが独島を経由して欝陵島に来往し、欝陵島の経済を収奪していった。このような事実は、釜山出身の漁師安竜福によって確認され、これで、両国の漁師たちの間に欝陵島と独島が自国の領土だとする領有権争いを起った。それはついに国家間の領有権紛争に拡大された。最終的に、安竜福の役割で日本の幕府は欝陵島と独島が韓国領土であることを認め、日本の漁師に欝陵島と独島への渡海を禁止した。

　こうして17世紀、韓日間の欝陵島・独島の領有権の紛争は、日本が韓国領土と認めて終わった。朝鮮王朝は、欝陵島と独島を無人島状態で領土として管理した。

　第二に、近代に入って、日帝が大陸への領土膨張を拡大していく時期だった1905年日露戦争中に密かな方法で「島根県告示40号」で領土編入措置を取り、その1年後、1906年島根県官吏が欝陵島を訪問して欝島郡守沈興沢に独島略奪の事実を伝えた。沈興沢郡守は、翌日の緊急で、中央政府に報告し、大韓帝国政府は日本が侵奪した島が「勅令41号」(1900年)の「石島(石島)」で韓国が管轄統治する「独島」であることを統監府に強く抗議した。もし、大韓帝国政府が1905年、日本の編入措置について抗議しなかったなら、その時すでに、独島は日本の領土になったのだ。その当時、韓国は1905年、日本に外交権を強奪され、さらに1910年から36年間、不法に植民地支配を受けたが、当時、日本の独島編入の措置は一方的なもので侵略的行為であったので合法的な領土取得措置ではなかった。

　第三に、第2次世界大戦の終戦後、連合国がSCAPIN677号で独島を直接韓国領土として植民地から独立した韓国領土の範囲を定め、また独島を起点にして12海里までを海洋領土と認め、韓国が管轄統治することになった。これに対して、終戦直後、日本がマッカーサー司令官を説得し、独島起点から12海里の海洋境界を3海里まで縮小したことはあった。対日平和条約を締結する過程で、日本が東京大学で法学博士の学位を取得した親日派の在日執政大使、ウィリアム・シボルドにロビーして対日平和条約の草案の作成する過程で既存の5次草案までは独島を韓国領土として取り扱ってきたことを第6次草案で日本領土に変更した。

　これに対して韓国政府は、米国と連合国に強く抗議した。米国は独島を日本領土と扱いしようとしたが、イギリス、オーストラリア、ニュージーランドなど英連邦

国家が韓国の領土と認めることによって、結局、対日平和条約で「紛争地域と見なされる有人島は信託統治して、無人島は領有権を決定しない」という方針を決めた。その結果、1946年のSCAPIN677号みよって独島が韓国領土に分類されたが、対日平和条約では無人島としての紛争地域とされ、最終的に独島は韓国の領土だと明示されなかった。しかし、独島は米国が日本の立場を擁護したが、日本の要望通り日本領土と認められず、依然として韓国が管轄統治する島として残ることになった。

しかし、日本は対日平和条約で、独島が日本領土と決定されたと事実を捏造して継続的に領有権を主張している。

第四に、韓国がSCAPIN677号で独島を実効的に占有して管轄統治しているにもかかわらず、対日平和条約で連合国が独島の地位を明確にしない状態で残した。これに対して1952年1月、李承晩大統領は、今後の韓日間の海洋領土と独島の領有権紛争を憂慮して平和線を宣言し、実効的措置を強化した。

日本は対日平和条約で、独島が自国の領土と決定されたとし、不法的な「李承晩ライン」の撤廃を要求した。韓国政府は、SCAPIN 677号でも独島が韓国の固有の領土と認められているにもかかわらず、米国が政治的に日本の立場をかばったのに対して、抗議する意味で平和線の宣言で強力な措置を取った。その結果、韓国は独島の管轄統治を強化して、平和線を侵犯する日本船舶を武力で強力に取り締まった。

第五に、1952年以後、日本政府は平和線によって日本の船舶の独島への接近が遮断されると、1948年から始まった韓日会談で平和線の撤廃と同時に独島の領有権を主張した。

結局、韓日協定で、韓日両国は協定締結の条件で、秘密会談で独島領有権について現状維持を約束して、日本は領有権を主張し続けた。その結果、独島に対する韓国の実効的支配状況を認められて韓国が継続的に独島を管轄統治

することになった。

第六に、1974年1月韓国政府は米国の石油開発会社に依頼して東海上での石油開発を始めた。日本がここに後発で共同参加する条件として韓国が独島を実効的管轄統治していた現状維持を認めた韓日協定体制で大陸棚協定を締結した。こうして韓国が継続的に独島を実効的に管轄統治することになった。

第七に、1982年12月に12海里領海と24海里接続水域、200海里排他的経済水域を採択した国連海洋法協約が1994年12月に正式に発効した。

1997年に日本は、1965年締結した既存の韓日漁業協定を一方的に破棄し、1年という有効期間を限定して強圧的に韓国に対して新たな漁業協定の締結を求めた。韓国は、通貨危機状況を迎えて、これを克服するため新たに政権を樹立した金大中政府が日本の要求を概ねそのまま受け入れ、新韓日漁業協定を締結した。新たな漁業協定は独島の領有権と無関係な協定で、漁業に限って独島周辺の一定の水域に限って共同で漁業資源を規制して管理するようにした。これによって独島領土が持つ200海里の排他的経済水域の法的地位が多く毀損されたが、韓国が継続的に独島を管轄統治することになった。

第八に、2005年日本島根県が日本政府にして独島領土化政策を積極的に推進するように圧迫するために一方的に「竹島の日」条例を制定した。韓国政府はこれを幇助した日本政府に対して島根県の「独島の日」条例制定を抛棄するよう強力に抗議した。

日本政府は、地方政府がやっていることに中央政府が関与できないという名目を掲げて、独島の領有権をめぐる韓国政府との直接的な衝突を回避した。その結果韓国が継続的に独島を実効的に管轄統治することに大きな変動はなかった。しかし、日本政府が政府レベルで「竹島の日」を法で制定しなかったが、安倍政府は、島根県が主催する「竹島の日」行事に毎年のように連続的に次官級の政務官を派遣して間接的に同調してきた。

このように韓国固有の領土である独島について、日本政府は機会あるごとに独島領有権を毀損するために挑発を強行してきた。その度に韓国政府は、独島が韓国の固有領土である事実を土台で、政治的力量を発揮し、日本政府から直接的に実効的支配状態を認められてきた。

それで日本政府が「北方領土の日」を制定してロシアを圧迫し、クリル諸島南方4島に対する領有権を主張しているが、独島に対しては、日本の過去の政権らは直接的に侵略的挑発をしなかった。

ところで、極右派の安倍政権は中央政府レベルでも様々な方法で独島挑発を積極的にほしいままにした。今後韓国政府が政治的力量が欠乏して、独島の領有権に対する日本の政治的挑発を放置するようになったら国際法上いくら独島が韓国固有の領土であっても、その領有権が絶対的なもので絶対日本に奪われないと断言できない。

┃ 일본의 독도 영유권 날조, 날로 교묘해진다

일본은 독도가 일본영토라는 논리를 날조, 국제사회를 동원해서 "한국이 무력으로 불법적으로 점령하고 있다"고 분쟁지역화 하여 독도를 국제사법재판소로 갖고 가려는 의도를 가지고 있다. 한국이 독도가 한국영토라는 영토적 권원을 제대로 알고 있지 못하면, 일본의 날조된 논리에 대한 반박이 불가능하다. 일본 중앙정부의 '내각관방 영토주권대책 기획조정실'은 독도를 '다케시마(竹島)'라고 하여 영토분쟁지역(북방영토, 죽도, 센카쿠제도)으로 분류해서 최신 연구를 반영하여 다음과 같이 독도가 일본영토라는 논리를 날조하고 있다.

첫째, 제2차 세계대전 이전에는 막부가 울릉도·독도에 도해를 허가했고, 그 후 울릉도 도해는 금지되었지만, '다케시마(독도)'에 대한 도해는 금지되지 않았다. 메이지시대에는 1905년 1월 28일 각의 결정으로 〈다케시마〉를 시마네현에 편입하였다. 그후 1905년 5월 관유지 대장에 등록 이후 1936년 6월 6일 인광석 시굴권을 허가 하여 독도에 대한 계속적인 행정권을 행사했다. 그러나 한국이 주장하는 ① 조선 고문헌 ② 안용복의 일본행 ③ 1900년 칙령 제41호는 인정할 수 없다는 것이다.

둘째, 해방 이후 1945년 8월 포츠담선언 수락, 1946년 1월 독도에 대한 행정권이 일시 정지되었으나(SCAPIN 677호), 1952년 4월 대일평화조약이 발효되어 취소되었다. 1946년 6월 독도에 대한 접근이 금지되었으나(SCAPIN 1033호), 1952년 4월 해제되었다. 평화조약 체결을 위한 협상은 미국이 1947년경부터 시안 작성을 시작했고 예비적인 협의를 하면서 초안을 마련했다. 영국도 독자적으로 초안을 작성하였다. 미국은 영국과 협의하여 1951년 미국 초안을 마련하였다. 1951년 4월 25일 미영 양국이 협의하여 '다케시마'가 일본영토라는 인식 아래 미영 공동초안을 마련하였다. 1951년 5월 3일 미영 공동초안에 대해 한국이 수정을 요청하였으나, 미국은 한국이 독도를 영유한 적이 없고, 일본영토라고 응답했다.

셋째, 1951년 9월 8일 샌프란시스코 평화조약이 서명되었다, 한국이 조문 수정을 요청하였으나 인정되지 않고 독도가 일본영토임이 확인되었다. 한국은 요청이 달성되지 않자 강경수단으로 1952년 1월 18일 대통령이 '해양 주권 선언'이라는 이승만라인을 선언했다. 1952년 2월 11일 해양 주권 선언에 대해 미국이 항의했다. 1952년 4월 28일 샌프란시스코 평화조약이 발효되있고, 미국과 영국은 샌프린시스코 평화조약에서 독도가 일본영토라는 견해를 나타내었다. 그런데 한국은 해양 경찰대를 파견하여 '다케시마'를 불법 점거했다.

넷째, 일본정부는 1953년 6월에 '다케시마'로 도항이 재개되었으나 한국 측이 방해했고, 1953년 7월 일본 해상보안청 순시선에 대해 총격을 가하는 사건이 발생했다. 밴 플리트 특명대사 보고서에 의한 미국의 시각, 재일본 영국대사관이 본국으로 보낸 전보에 의한 영국의 시각은 일본이 독도문제를 국제사법재판소에 제소할 것을 희망했다. 1954년 9월 일본이 국제사법재판소에 제소할 것을 제안했으나 한국이 이를 거부했다.

이상의 내용은 독도가 일본영토라고 하는 일본의 날조한 논리이다. 일본은 교묘한 방법으로 한국영토라는 증거는 숨기고 사실이 아닌 것을 확대 해석하여 일본영토로서 증거를 날조하는 방식으로 독도 영유권을 주장하고 있다. 이러한 일본의 도발로부터 독도를 수호하기 위해서는 '지피지기'해야 '백전백승'할 수 있는 법이다.

첫째에서 주장하는 것처럼, 일본이 정말 17세기에 독도의 영유권을 확립하였고, 1905년 영토편입을 통해 독도가 일본영토임을 재확인하였는지에 대해 제대로 반박할 수 있는 지식을 가져야 한다.

둘째에서 일본이 주장하는 것처럼, 대일평화조약의 초안을 마련하는 과정에 영미 양국이 독도가 일본영토라는 초안을 만들었는지, 한국이 수정요구를 하였으나 미국이 독도를 일본영토라고 하였는지에 대해서도 명쾌하게 반박할 수 있어야 한다.

셋째에서 일본이 주장하는 것처럼, 대일평화조약에서 미국과 영국의 인식과 함께 독도가 일본영토라고 결정되었기 때문에 한국정부가 강경수단으로 이승만라인을 선언하여 독도를 불법적으로 점거했고, 또한 미국이 이에 대해 항의했다고 하는데, 이것이 사실인지에 대해서도 명쾌하게 반박할 수 있어야 한다.

넷째에서 일본이 주장하는 것처럼, 한국이 독도를 불법적으로 점거하여 일본 순시선에 총격을 가하는 등 일본의 독도 도항을 방해했고, 이에 대해 미국과 영국은 독도문제를 국제사법재판소에서 해결할 것을 제안하여 일본이 제안하였으나 한국정부가 거부했다고 한다. 이에 대해서도 사실관계를 바탕으로 제대로 반박할 수 있어야 한다.

위 4가지 일본의 주장은 전혀 사실이 아니다. 일본은 교묘한 방법으로 세부적인 사항을 왜곡하여 독도가 한국영토라는 본질을 날조하고 있다. 그래서 독도의 역사적 권원, 대일평화조약 체결 이전 연합국의 독도 조치, 대일평화조약에서 독도처리, 대일평화조약 이후의 독도 지위, 독도문제를 국제사법재판소에서 해결하자고 하는 일본의 진의 등 독도 영유권의 본질에 대해 제대로 이해하여 일본의 날조된 논리의 모순성을 반박하는 것이 무엇보다도 중요하다. 만일 한국이 그렇게 하지 못한다면 독도를 둘러싼 한일 갈등은 날로 증폭되어 일본의 의도대로 독도 영유권을 국제사법재판소에 상정해야 할 날이 올 것이다. 국제사법재판소는 강제권이 없기 때문에 일본은 손해 볼 일이 없고, 한국은 일본의 로비에 의한 정치적 재판이 될 수도 있어 독도의 영유권을 잃을 수도 있을 것이다.

┃日本の独島領有権のねつ造が日増しに巧妙になってきた

日本は独島が日本領土である論理を捏造、国際社会を動員して「韓国が武力で不法に占領している」と紛争地域化して独島を国際司法裁判所に持って行こうとする意図を持っている。

韓国が独島が韓国領土である領土的権原をまともに知っていないと、捏造された日本の論理に対する反論が不可能だ。

日本の中央政府の「内閣官房領土・主権対策企画調整室」は、独島を「竹島」といって領土紛争地域(北方領土、竹島、尖閣諸島)で分類して最新の研究を反映し、次のように独島が日本領土である論理をねつ造している。

第一に、第2次世界大戦以前には幕府は欝陵島・独島に渡海を許可し、その後、欝陵島の渡海は禁止されたが、「竹島(独島)」に対する渡海は禁止されなかった。明治時代には1905年1月28日閣議決定で「竹島」を島根県に編入した。その後1905年5月、官有地台帳に登録後、1936年6月6日にリン鉱石の試掘権を許可して独島に対する継続的な行政権を行使した。しかし、韓国が主張している①朝鮮古文献②安竜福の日本訪問③1900年勅令第41号は認められないものだ。

第二に、解放後、1945年8月のポツダム宣言受諾、1946年1月、独島に対する行政権が一時停止されたが(SCAPIN 677号)、1952年4月の対日平和条約が発効して停止が終わった。1946年6月、独島に対する接近が禁止されたが(SCAPIN1033号)、1952年4月解除された。

平和条約締結のための交渉は、米国が1947年頃から試案作成を始め、予備的な協議を行い、草案を作成した。英国も独自に草案を作成した。米国は1951年に英国と協議し，米国の草案を作った．1951年4月25日、米英両国が協議して「竹島」が日本領土である認識の下、米英共同草案を作成した。1951年5月3

日、米英共同草案について、韓国が修正を要請したが、米国は韓国が独島を領有したことはなく、日本領土と回答した。

第三に、1951年9月8日、サンフランシスコ平和条約が署名された。韓国が条文の修正を要請したが、認められなく、独島が日本領土であることが確認された。韓国は要請が達成されなかったため、強硬手段として1952年1月18日に大統領が「海洋主権宣言」という李承晩ラインを宣言した。

1952年2月11日の海洋主権宣言について米国が抗議した。1952年4月28日、サンフランシスコ平和条約が発効され、米国と英国はサンフランシスコ平和条約で、独島が日本領土である見解を示した。ところで韓国は海洋警察隊を派遣して「竹島」を不法占拠した。

第四に、日本政府は1953年6月「竹島」への渡航が再開されたが、韓国側が妨害し、1953年7月、日本海上保安庁の巡視船に対して銃撃を加える事件が発生した。

ヴァン・フリート (Van Fleet)特命大使の報告書による米国の見方、在日本英国大使館が本国に送った電報による英国の見方は日本が独島問題を国際司法裁判所に提訴することを希望した。

1954年9月、日本が国際司法裁判所に提訴することを提案したが、韓国がこれを拒否した。

以上の内容は、独島が日本領土とする日本の捏造した論理だ。

日本は巧妙な方法で韓国領土である証拠は隠して事実でないことを拡大解釈し、日本領土として証拠を捏造する方式で独島の領有権を主張している。

こうした日本の挑発から独島を守護するためには「知彼知己」すれば、「百戦百勝」し得るのである、

「第一」に対して、日本が本当に17世紀に独島の領有権を確立し、1905年の領土編入を通じ、独島が日本領土であることを再確認したかどうかについてきち

んと反論できる知識を持たなければならない。

「第二」に対して、対日平和条約の草案を作成する過程で英米両国が独島を日本領土とする草案を作ったのか、韓国が修正要求をしたが、米国が独島を日本領土としたかについても明快に反論できなければならない。

「第三」に対して、対日平和条約で米国と英国の認識とともに、独島が日本領土と決定されたために韓国政府が強硬手段である平和線を宣言し、独島を不法で占拠し、さらに、米国がこれに対して抗議したのか、これが真実かについても明快に反論できなければならない。

「第四」に対して、韓国が独島を不法に占拠し、日本の巡視船に銃撃を加えるなど、日本の独島渡航を妨害した。これについて、米国と英国は、独島問題を国際司法裁判所で解決することを提案して日本が提案したが、韓国政府が拒否したという。これに対しても事実の本できちんと反論しなければならない。
上記4つの日本の主張は全く事実ではない。日本は巧妙な方法で細部的な事項を歪曲し、独島が韓国領土である本質を捏造している。

それで独島の歴史的権原、対日平和条約締結前後の連合国の独島措置、対日平和条約での独島処理、対日平和条約後の独島の地位、独島問題を国際司法裁判所で解決しようとする日本の真意など、独島領有権の本質についてきちんと理解して、捏造した日本の論理の矛盾性が事実と認められないように監視することが重要だ。

もし韓国がそうしなければ、独島をめぐる韓日葛藤はますます増幅され、日本の意図どおり独島の領有権を国際司法裁判所に上程しなければならない日が来るだろう。

国際司法裁判所は強制権がないため、日本が裁判で負けても損することがない。しかし韓国は、本質的に独島が韓国領土にもかかわらず、日本のロビーで政治的裁判になりかねないため、独島の領有権を失うこともできるだろう。

| 일본, 어업협정 등으로 독도 분쟁지역화 노린다

현재 독도는 섬으로써 국제법이 인정하는 12해리 영해, 24해리 전관수역, 200해리 배타적 경제수역을 가질 수 있는 지위에 있다, 그런데 과거 일본으로부터 정치적으로 어업협정 등을 강요당하여, 현재 한국은 국제법이 정하는 해양영역을 전적으로 확보하지 못하고 있다.

첫째, 제2차 세계대전 종전 직후 한국의 독립으로 인한 한일 해양경계에 대해, 최초로 1946년 1월 SCAPIN(연합국군 최고사령관 총사령부각서) 677호로 '최종적인 결정은 아니다'라는 단서와 함께 '제주도, 울릉도, 독도'를 경계로 '한국의 관할권과 통치권'을 인정한다고 하여 당시 국제법이 정한 3해리 영해를 확보했다. 그해 6월 SCAPIN 1033호(맥아더라인)로 독도 기점 12해리까지 일본어선의 접근을 금지함으로써, 독도기점 12해리까지 어업을 위한 해양영역을 확보했다. 그런데 그 후 일본이 지속적으로 해양영역 확장을 시도하여 1949년 SCAPIN 제2046호(맥아더라인)로 독도 기점 3해리까지 어업을 위한 한국의 해양영역이 축소되었다.

둘째, 1951년의 대일평화조약에 의한 한일 해양경계에 대해, 대일평화조약이 독도의 지위를 명시하지 않았기 때문에 기존의 1946년 SCAPIN 677호에 의한 한국영토 인정이 부정되거나, SCAPIN 제2046호에 의한 독도기점 3해리 해양영역이 축소되지 않았다. 따라서 당시 국제법이 정한 독도기점의 '3해리'의 영해와 기존의 맥아더라인에 의한 3해리의 해양영역에 대한 권리가 그대로 유지되었다.

셋째, 1952년의 평화선(인접해양의 주권에 관한 대통령 선언)에 의한 한일 해양경계에 대해, 대일평화조약이 비준됨에 따라 1952년 4월 맥아더라인이 철폐되는 상황이라서 이를 대신할 만한 한일 해양경계가 필요했다. 한국은 기존의 해양경계가 사라짐으로써 한일간에 생길 마찰로 인한 주권침해를 막기 위해 평화선을 선언했다. 평화선은 기존의 맥아더라인이 인정한 독도기점 3해리를 넘어 대략 독도기점의 8해리 지점을 지나가는 경계선으로 맥아더라인을 넘는 해양영역을 확장하였다.

넷째, 1965년의 한일 어업협정에 의한 한일 해양경계에 대해, 일본은 대일평화조약을 왜곡 해석하여 독도가 일본영토라고 주장해왔기 때문에 독도기점 8해리의 해양주권을 선언한 평화선을 불법조치라고 하여 철폐를 요구했다. 한일협정에서 일본은 독도 영유권을 주장하면서 양국의 독도밀약으로 한국이 독도를 실효적으로 점유하고 있던 '현상유지'를 인정하여 마치 큰 양보한 것처럼 해서 그토록 갈구했던 평화선을 철폐했다. 그 대신에 한국의 해양영역으로는 영해 3해리와 독도주변 12해리의 접속수역을 인정하고 그 이외 지역을 공동규제수역으로 정했다. 이로 인해 기존 독도기점 8해리 내측으로 이루어진 평화선에 의한 해양영역이 상당 부분 공동규제수역으로 변경되어 한국의 해양영역을 축소시켰다. 그리고 1974년 한일 대륙붕조약에 의한 해양경계에 대해서는 대륙붕조약이 한일어업협정에 준하는 경계선으로 체결되었기 때문에 해양영역이나 독도 영유권에 미치는 영향은 없었다.

여섯째, 1998년의 신한일 어업협정에 의한 해양경계에 대해, 신한일 어업협정은 일본이 독도 영유권을 주장하고, 구 어업협정을 일방적으로 폐기한 상황에서 한국이 독도를 한국의 해양경계선 내에 포함시키기 위해 울릉도 기점과 일본의 오키섬 기점의 경계를 주장했다. 최종적으로 두 지점을 직선기선으로 해서 양국의 주장이 합치되지 않는 부분의 배타적 경제수역에서는 공동관리에 해당하는 중간수역(수역 내에 독도가 위치함)으로 결정했다. 그러나 실질적으로 한국이 독도 영토와 12해리 영해 주권만을 확보하고 있지만, 국제해양법협약은 1958년 접속수역 12해리, 1973년 12해리 영해와 24해리 접속수역으로 개정했고, 한국은 1978년 기존 3

해리에서 12해리 영해로 변경했다. 또한 1982년 200해리 배타적 경제수역이 채택되었는데, 한국은 1996년 이를 수용하였다.

이런 측면에서 본다면, 오늘날 한국이 독도를 섬으로서의 영토주권을 확립하고 있기 때문에 하루라도 빨리 현재 잠정조치에 불과한 신한일어업협정을 파기하여 일본의 정치적 요구에 의해 축소된 국제해양법상 인정하는 독도 주변의 해양영역을 회복하는 일이 너무나도 시급하다.

┃日本は、漁業協定などで、独島の紛争地域化を狙う

　現在、独島は島で、国際法が認める12カイリ領海、24海里専管水域、200海里の排他的経済水域を持つことができる地位にある、しかし、過去日本から政治的に漁業協定などを強要され、現在韓国は国際法が定める海洋領域を全面的に確保していない。

　第一に、第2次世界大戦の終戦直後、韓国の独立による韓日海洋境界について、最初に1946年1月SCAPIN(連合軍の最高司令官総司令部覚書)677号で「最終的な決定ではない」という手がかりとともに「済州島、欝陵島、独島」を境に「韓国の管轄権と統治権」を認めて当時の国際法が定めた3海里の領海を確保した。

　同年6月SCAPIN　1033号(マッカーサーライン)で独島の起点12海里まで日本漁船の接近を禁止することにより、独島の起点12海里まで漁業のための海洋領域を確保した。

　ところが、その後、日本が持続的に海洋領域拡張を試みて1949年SCAPIN第2046号(マッカーサーライン)によって独島の起点3海里まで韓国の海洋領域が縮小された。

　第二に、1951年の対日平和条約による日韓海洋境界について、対日平和条約が独島の地位を明示しなかったことで、既存の1946年SCAPIN 677号によって認められた韓国領土が否定されたり、SCAPIN第2046号による竹島の起点3海里の海洋領域がなくなったわけではない。したがって、当時の国際法が定めた独島基点の「3海里」の領海と既存のマッカーサーラインによって認められた3海里の海洋領域の権利は、がそのまま維持されたのだ。

　第三に、1952年の平和線(隣接海洋の主権に関する大統領宣言)による韓日海洋境界について、対日平和条約が批准されたことにより1952年4月マッカー

サーラインが撤廃される状況であり、これに代わる韓日海洋境界が必要であった。

韓国は、既存の海洋境界がなくなることで、韓日間に生じる摩擦による主権侵害を防ぐために「平和線」を宣言した。

平和線は既存のマッカーサーラインが認めた独島起点の3海里を超えて、独島起点の8海里地点を通行する境界線でマッカーサーラインを越える海洋領域を拡張した。

第四に、1965年の韓日漁業協定による日韓海洋境界について、日本は、対日平和条約を歪曲解釈し、独島が日本領土だと主張してきたため、独島起点の8海里の海洋主権を宣言した平和線を不法措置として撤廃を要求した。

韓日協定で、日本は、独島領有権を主張しながら両国の独島密約で韓国が独島を実効的に占有していた「現状維持」を認め、まるで大きな譲歩をしたようにして、あれほど求めた「李承晩ライン」という平和線の撤廃させた。

その代わりに韓国は海洋領域で領海の3海里と独島周辺の12海里の接続水域を認めさせて、その以外の地域は共同規制水域と決めた。

これによって独島起点の8海里内側で行われた平和線による海洋領域が相当部分が共同規制水域に変更させられ、韓国の海洋領域を縮小された。

そして1974年韓日大陸棚条約での海洋境界については、大陸棚条約が韓日漁業協定に準する境界線で締結されたために海洋領域や独島領有権に及ぼす影響はなかった。

第五に、1998年の新韓日漁業協定による海洋境界について、新韓日漁業協定は、日本が独島領有権を主張して、旧漁業協定を一方的に廃棄した状況で韓国が独島を韓国の海洋境界線内に含ませるために欝陵島の基点と日本の隠岐島の起点の中間線を境界にするきとを主張した。

最終的に二地点を直線基線にして、両国の主張が合致できない部分の排他

的経済水域では、共同管理に相当する中間水域(水域内に独島が位置する)に
することを決定した。

　しかし、実質的に韓国が独島領土と12海里の領海主権を確保しているが、国
際海洋法協約では、1958年の接続水域12海里、1973年の12海里の領海と24
海里の接続水域に改正し、韓国は1978年、従来の3海里から12海里の領海に
変更した。また、1982年、200海里の排他的経済水域が採択されたが、韓国
は1996年にこれを受け入れた。

　このような側面で見れば、今日韓国が独島を島としての領土主権を確立してい
るために、韓国は、1日でも早く暫定措置に過ぎない新韓日漁業協定を破棄し
て、日本の政治的要求によって縮小された国際海洋法上の主権を要求し、独島
周辺の海洋領域を回復することが至急の重要な課題である。

▎독도방어훈련 취소, 신한일어업협정 체결... 영토주권 을 포기하는 행위다

한국은 1991년 독도방어훈련을 계획하여 1996년 '동방훈련'이라는 이름으로 처음 실시했고, 1997년 9회, 1998년 7회, 2002년 5회로 매년 5-9회 한미 합동 훈련과 병행해서 실시되었다.

2003년부터는 매년 전반기 6월경과 후반기 12월경에 실시되어왔는데, 일본의 중단 요구로 훈련이 중단되는 등 일본의 의도에 끌려들까 우려된다. 2004년은 기상악화 이유로 상반기 훈련이 취소되었고, 2008년은 고유가 이유로 상반기 훈련이 취소됐다. 2019년도 1차 훈련은 강제징용 배상 문제로 인한 한일관계 악화와 G20 정상회의(6월28일)를 이유로 종래 6월 개최가 연기됐다가, 지소미야(한일군사정보보호협정) 문제로 양국이 대립되는 상황이 극에 달했을 때 기존 '동방훈련'을 '동해영토수호훈련'으로 명칭을 확대 변경하여 역대 최대 규모의 독도방어훈련을 실시했다.

그런데 2차 훈련은 양국 관계 개선을 염두에 두고 일본을 자극하지 않으려고 일정도 밝히지 않고 실제 기동 훈련 없이 12월 27일 컴퓨터 시뮬레이션에 의한 지휘소 연습(CPX) 방식의 가상훈련 형태로 행해졌다. 이처럼 일본을 의식하여 독도 방어훈련을 취소나 축소 혹은 연기하는 것은 독도의 영토주권을 정치적 행위로 훼손하는 것이다.

독도가 대한민국 영토로서 완벽하게 존재하려면 국제해양법상 독도 영토가 갖는 12해리 영해, 24해리 접속수역, 200해리 배타적 경제수역이 확립되어야 한다. 독도가 유인도로 취급되느냐, 무인도(암초)로 취급되느냐에 따라 해양 영역이 달라지기도 하지만, 사실상 국제법은 강제성이 없기 때문에 무인도라 하더라도 유인도와 동일하게 확보할 수 있다.

한일 양국의 배타적 경제수역의 경계는 한국영토인 독도와 일본영토

오키섬 사이가 각각 200해리, 즉 합쳐 400해리가 되지 않기 때문에 양 섬의 중간 점을 지나는 선으로 확립되어야 한다.

국제해양법상 18세기 말에 영해 3해리, 1958년에 영해 3해리와 접속수역 12해리, 1973년에 12해리 영해(한국은 1978년 공포)와 24해리 접속수역, 1994년에 12해리 영해와 24해리 접속수역과 200해리 배타적 경제수역(한국은 1996년 공포)이 채택되었다.

현재 양국의 해양 경계는 일본의 정치적 요구에 의해 1998년 신한일어업협정으로 결정되었다. 이 협정으로 양국은 녹도 수변 수역을 제외하고는 배타적 경계수역을 확립했다. 독도와 독도 주변수역에 관한 현황을 보면, 독도는 한국이 관할 통치하고 있고 독도기점 12해리 영해를 확보하고 있지만, 24해리 접속수역과 200해리 배타적 경제수역은 축소되고 양국이 공동으로 관리하는 중간수역이 설정되어 그 내부에 독도가 포함되어 있다.

여기서 큰 문제는 일본이 한국의 독도 관할통치와 12리 영해 주권을 인정하지 않고 오히려 영유권을 주장하고 있다는 점이다.

독도는 영토취득 이론의 무주지 선점이론으로 보더라도 그렇지만, 국제법상 한국의 고유영토임에 분명하다, 그런데 일본이 독도 영유권을 주장하여 정치적 협상으로 한국의 12해리 영해와 24해리 접속수역, 200해리 배타적 경제수역을 훼손하여 독도를 분쟁지역으로 만들려고 한다. 해방 이후 여러 협정에서도 한국은 일본의 논리에 끌려가 독도의 영토주권을 훼손해왔다.

해방 이후 1946년 1월 SCAPIN 677호로 연합국이 독도의 관할통치권을 인정하여 한국영토임을 확인했기 때문에 오늘날 국제해양법상 12해리 영해와 24해리 접속수역, 200해리 배타적 경제수역이 확립될 수 있어야 한다.

그런데 1946년 연합국군 최고사령관 맥아더가 SCAPIN 1033호로 독도 기점 12해리까지 일본어선의 접근을 금지했다가, 일본의 집요한 요구로 1949년 SCAPIN 2046호로 독도기점 3해리까지 일본어선의 접근을 허용했다. 이것은 당시 국제해양법상 3해리 영해를 확립하는데 그쳤다.

1951년 9월 대일평화조약에 체결되고 1952년 1월 한국정부가 일본선박의 출입을 금하는 평화선을 선언하여 육지의 해안선으로부터 60마일(독도기점 8해리)을 해양 경계로 삼았다. 이로 인해 3해리 영해는 확보되었지만, 12해리 접속수역(국가통제권)의 일부를 확보하는데 그쳤다.

1965년 한일어업협정에서는 독도 주변의 12해리를 전관수역으로 인정받아 당시 국제해양법상의 3해리 영해와 12해리 접속수역을 확립했다. 하지만 배타적 경제수역에 해당되는 그 이외의 영역은 공동규제수역으로 지정되었기 때문에 독도기점과 일본의 오키섬 기점의 중간점을 경계로 하는 오늘날의 200해리 배타적 경제수역을 훼손하였다.

1998년 한국정부는 일본의 정치적 요구로 신한일어업협정을 체결하여 독도 영토가 갖는 국제법상 해양영토의 지위를 확립하기는커녕, 오히려 독도 영유권과 독도 기점 12해리 영해조치도 인정받지 못한 상태에서 독도 주변 해역을 중간수역으로 설정하여 공동으로 어업자원을 관리하도록 함으로써, 점차로 독도를 분쟁지역으로 몰아넣고 있음을 우려하지 않을 수 없다.

▎ 独島の防衛訓練の取り消し、新韓日漁業協定の締結…領土主権を放棄する行為だ

韓国は1991年、独島防衛訓練を計画して1996年「東方訓練」という名で初めて実施し、1997年9回、1998年7回、2002年5回で、毎年5-9回韓米合同訓練と並行して実施された。

2003年からは毎年前半の6月頃と後半の12月頃に実施されてきたが、日本の中断要求で演習が中止になるなど、日本の意図に引きずられるのではないかと憂慮する。

2004年は気象悪化の理由で上半期の訓練が中止され、2008年は原油高の理由で上半期の訓練が中止された。

2019年度1次訓練は強制徴用賠償問題による韓日関係の悪化とG20首脳会議(6月28日)を理由で従来6月の開催が延期されていたが、ジソミヤ(GSOMIA・군사정보보호협정)問題で両国が対立する状況がピークに達した時に既存の「東方訓練」を「東海領土守護訓練」で名称を拡大変更して歴代最大規模の独島防衛訓練を実施した。

ところが、2次演習は両国関係の改善を念頭にし、日本を刺激しないように日程も明らかにせず、実際の起動演習なしで12月27日、コンピューター・シミュレーションによる指揮所演習(CPX)方式の仮想演習の形で行われた。

このように日本を意識して独島防衛訓練を中止や縮小または演技するのは、独島の領土主権を政治的行為で毀損することだ。

独島が大韓民国の領土として完璧に存在するためには、国際海洋法上、独島領土が持つ12海里の領海、24海里の接続水域、200海里の排他的経済水域が確立されなければならない。

独島が有人島の扱いをされるか、無人島(岩礁)で扱われるかによって、海洋

領域が変わったりするが、事実上、国際法は強制力がないため、無人島であっても有人島と同様に確保することができる。

韓日両国の排他的経済水域の境界は韓国領土である独島と日本領土隠岐島の間がそれぞれ200海里、合わせて400海里にならないため、両島の中間点を通る線で確立されなければならない。

国際海洋法上18世紀末に領海の3海里、1958年に領海の3海里と接続水域の12海里、1973年に12海里の領海(韓国は1978年公布)と24海里の接続水域、1994年に12海里の領海と24海里の接続水域と200海里の排他的経済水域(韓国は1996年公布)が採択された。

現在、両国の海洋境界は、日本の政治的要求により1998年の新韓日漁業協定によって決定された。

この協定で両国は独島周辺の水域を除いては排他的境界水域を確立した。

独島と独島周辺の水域に関する現状を見ると、独島は韓国が管轄統治していて、独島起点の12海里の領海を確保しているが、24海里の接続水域と200海里の排他的経済水域は縮小された。両国が共同で管理する形の中間水域が設定されたが、その内部に独島が含まれている。

ここで大きな問題はm日本が韓国の独島管轄統治と12里の領海主権を認めず、むしろ領有権を主張しているという点だ。

独島は領土取得の方式である「無主地の先取り」理論からみても、国際法上、韓国の固有領土であるに違いない、ところで、日本が独島領有権を主張して政治的交渉で12海里領海と24海里の接続水域、200海里の排他的経済水域における韓国の主権を毀損して独島を紛争地域に作ろうとする。

解放後、いくつかの協定でも韓国は日本の論理に連れられ、独島の領土主権を侵害してきた。1946年1月、SCAPIN677号で連合国が独島の管轄統治権を認めて韓国領土であることを確認したために、今日の国際海洋法上、12海里

の領海と24海里の接続水域、200海里の排他的経済水域が確立されなければならない。

　ところが、1946年連合軍の最高司令官マッカーサーがSCAPIN 1033号で独島起点の12海里まで日本漁船の接近を禁止したが、日本の執拗な要求で1949年SCAPIN2046号によって独島起点の3海里まで縮小され、日本漁船の接近を許容した。これは当時、国際海洋法上、3海里の領海の確立にとどまった。

　1951年9月対日平和条約が締結されて1952年1月に韓国政府が日本船舶の出入りを禁じる平和線を宣言して陸地の海岸線から60マイル(独島の起点8海里)を海洋境界にした。

　これにより3海里の領海は確保されたが、12海里の接続水域(国家統制権)の一部を確保するに止まった。

　1965年の韓日漁業協定では独島周辺の12海里を専管水域と認められ、当時、国際海洋法上の3海里の領海と12海里の接続水域を確立した。

　しかし、排他的経済水域に該当するそれ以外の領域は、共同規制水域に指定されたため、独島の基点と日本の隠岐島の起点の中間点を境界とすあべき昨今の200海里の排他的経済水域を毀損した。

　1998年韓国政府は、日本の政治的な要求で新韓日漁業協定を締結し、独島領土が持つ国際法上、海洋領土の地位を確立するどころか、むしろ日本が独島の領有権と独島起点の12海里の領海措置も認められていない状態で、独島周辺海域を中間水域に設定し、共同で漁業資源を管理するようにした。これは将来日本が次第に独島を紛争地域に追いこんでくることを懸念せざる得ない。

에필로그

필자는 1992년 일본 주오(中央)대학 대학원(법학연구과)의 석사학위 (정치학전공) 과정에서 독도 영유권을 주제로 석사학위를 취득했다. 동 대학원 박사과정에서는 근대 일본의 영토침략에 대해 독도 영유권 연구를 바탕으로 '근대 일본의 영토정책'이라는 넓은 카테고리에서 한국영토로서 권원을 갖고 있는 간도지역을 일제가 간도에서의 이권을 확보하는 대신에 간도의 영유권을 중국영토로 인정한 경위에 관해 고증하였다.

필자는 일본학 연구자로서 때로는 정치학 연구자로서 일본에서 9년간 유학생으로서 일본학과 일본정치학 연구에 매진하였다. 독도에 관해서도 일본학적 측면에서 정치학적 측면에서 독도의 영유권에 관해 연구하였다.

필자의 독도연구는 1992년 대학원 석사과정에서 시작하여 금년 2021년까지 30년 가까이 독도 영유권 연구에 전념해왔다. 2019년과 2020년은 〈한국일보〉(월 1회)와 〈일간 경북신문〉(주 1회)로부터 독도 컬럼 코너를 마련해주어 그간의 독도 연구의 성과를 일반 독자들이 읽을 수 있도록 한국 고유영토인 독도 영유권의 대중화를 위해 게을리하지 않고 매일처럼 원고를 구상하고 쓰내려갔다. 2가지방향으로 글을 썼다. 첫째는 독도가 한국의 고유영토라는 것을 고증하였고, 둘째는 일본이 한국의 고유영토인 독도의 영유권을 부정하기 위해 독도가 일본영토라는 논리를 날조하였다는 것이다.

본서는 필자가 30여 년간 연구해온 독도연구를 바탕으로 2019년과 2020년 한국일보와 일간 경북신문의 독도컬럼 코너에 게재한 것을 모아 단행본으로 출간하게 되었다.

본서의 초출일람은 다음과 같다.

〈제1장 독도 영유권의 진실〉

ㅣ『신찬팔도지리지』는 독도가 한국의 고유영토 증명하는 최초의 관찬
　　문헌이다, 〈일간 경북신문〉, 2020.11.09

ㅣ 안용복의 1차 도일은 막부로부터 울릉도, 독도의 영유권을 확인 2차
　　도일로 대마도의 영유권 주장 포기를 받아냈다 (상), 〈일간 경북신
　　문〉, 2020.06.08

ㅣ 안용복의 1차 도일은 막부로부터 울릉도, 독도의 영유권을 확인 2차
　　도일로 대마도의 영유권 주장 포기를 받아냈다 (하), 〈일간 경북신
　　문〉, 2020.06.15

ㅣ 한일간의 독도 영유권 논쟁 마지막 과제, 완벽히 확증됐다(上) -칙령
　　41호 '석도=독도' 대일평화조약 '독도' 명칭 누락' 진위?-, 〈일간 경북
　　신문〉, 2020.11.23

ㅣ 한일간 독도 영유권 논쟁 마지막 과제, 이제 완벽히 확증됐다(下) -칙
　　령 41호 '석도=독도', 대일평화조약 '독도' 명칭 누락' 진위?-, 〈일간 경
　　북신문〉, 2020.11.30

ㅣ 독도는 한국의 고유영토, '칙령41호'가 그 증거다, 〈한국일보〉, 2019.
　　05.04

| 대한제국 1900년 '석도(石島)', 일본제국 1909년 '죽도(竹島)'에 대한 행정조치, 〈일간 경북신문〉, 2020.06.03

| 대일본제국의 불법 지방 행정조치 '시마네현 고시40호'는 대한제국의 중앙 행정조치인 '칙령41호'를 이길 수 없다, 〈일간경북신문〉, 2020. 06.29

| 러일전쟁 중, 국제법 악용한 일본정부의 은밀한 독도 도취 시도 결국은 대한제국 정부에 발각되어 실패로 끝나다, 〈일간 경북신문〉, 2020. 12.07

| 독도에 사람이 살게 된 이유, 〈한국일보〉, 2019.09.18

| 독도문제 야기한 주일 미대사관 집정대사 '친일파' 윌리엄 시볼드, 〈일간 경북신문〉, 2020.05.18

| 전후 日의 정령(政令) 성령(省令) 고시(告示)에 의하면 일본에는 독도의 영유권도 행정권도 없었다, 〈일간 경북신문〉, 2020.08.10

| 일본의 고문헌들, 한 목소리로 '독도는 한국 땅', 〈한국일보〉, 2019. 03.03

| 일본정부는 '1877년 태정관 지령'으로 독도가 한국영토임을 명확히 했다, 〈일간 경북신문〉, 2020.04.06

| '독도'영유권 명확히 위해 '칙령41호'로 '울도군'설치, 〈일간 경북신문〉, 2020.04.13

| 인문학적으로 보는 한국영토 독도의 영유권, 〈한국일보〉, 2019.08.13

〈제2장 전근대 일본의 독도 영유권의 날조〉
| '역사적으로 일본의 다케시마는 오래되었고, 한국의 독도는 없었다'?, 〈한국일보〉, 2020.07.05

| '독도는 한국 고유 영토' 근거가 없다고?, 〈한국일보〉, 2020.12.07

ㅣ 일본정부의 독도 영유권 날조 : '세종실록(지리지)'의 '우산도'(독도) 를 부정하다, 〈일간 경북신문〉, 2020.10.19

ㅣ 일본정부의 독도 영유권 날조 : '신증 동국여지승람"의 '우산도'(독도) 를 부정한다, 〈일간경북신문〉, 2020.10.26

ㅣ 일본정부의 독도 영유권 날조 : '동국문헌비고'의 「우산도」가 독도라 는 사실을 부정한다, 〈일간경북신문〉, 2020.11.03

ㅣ 일본정부의 독도 영유권 날조 : '안용복의 진술에는 의문투성이"?, 〈일간 경북신문〉, 2020.09.07

ㅣ 日정부의 독도 영유권 날조 : 안용복의 업적 부정, 〈일간 경북신문〉, 2020.09.15

ㅣ 일본정부의 독도 영유권 날조 : '조선 시대의 '우산도'는 지금의 독도 가 아니다"?, 〈한국일보〉, 2019.07.06

ㅣ 일본정부의 독도 영유권 날조 : '한국의 고문헌에는 울릉도는 있어도 독도는 없었다"?, 〈한국일보〉, 2020.09.10

ㅣ 일본, 다양한 방법으로 독도의 영유권을 날조, 〈일간 경북신문〉, 2019.12.09

ㅣ 일본정부의 독도 영유권 날조 : '일본이 한국보다 먼저 다케시마(독 도)를 인지했다"?, 〈일간 경북신문〉, 2020.08.19

ㅣ 일본정부의 독도 영유권 날조 : '일본이 다케시마(독도)를 영유했 다"?, 〈일간 경북신문〉, 2020.08.24

ㅣ 일본정부의 독도 영유권 날조 방식 '죽도(竹島 ; 울릉도)의 도항금지 는 독도의 도항 금지가 아니다"?, 〈일간 경북신문〉, 2020.09.03

ㅣ 일본은 고지도 상에서도 독도의 영유권을 날조하고 있다, 〈일간 경 북신문〉, 2020.03.31

ㅣ 독도가 韓영토 라고 표기한 첫 日측 고문헌 '은주시청합기'죽도문제

연구회(시모조 마사오)가 날조하다, 〈일간 경북신문〉, 2020.12.28

ㅣ 18세기 독도, 일본영토 증거 '개정일본여지노정전도'라고 죽도문제연구회(시모조 마사오)가 날조하다(上), 〈일간 경북신문〉, 2021.01.04

ㅣ 18세기 독도, 일본영토 증거 '개정일본여지노정전도'라고 죽도문제연구회(시모조 마사오)가 날조하다(下), 〈일간 경북신문〉, 2021.01.12

〈제3장 근대 일본의 독도 영유권의 날조〉

ㅣ '태정관지령' '울릉도는 있고, 독도는 없다'해괴망측한 日의 사료해석 날조, 그대로 방치해서는 안 된다 (상), 〈일간 경북신문〉, 2020.07.06

ㅣ '태정관지령' '울릉도는 있고, 독도는 없다'해괴망측한 日의 사료해석 날조, 그대로 방치해서는 안 된다 (하), 〈일간 경북신문〉, 2020.07.13

ㅣ 일본정부의 독도 영유권 날조 방식 '국제법상 어떤 섬이 자국 영토와 거리적으로 가깝다는 점이 그 섬의 영유권과 관계가 있습니까?", 〈일간 경북신문〉, 2020.09.21

ㅣ 한국의 고유영토인 독도에 대해, 1905년 '주인없는 섬"을 국제법으로 편입했다는 일본주장은 침략행위이다, 〈일간 경북신문〉, 2020.06.01

ㅣ 일본정부의 독도 영유권 날조 방식 '다케시마를 시마네현에 편입했다'? (상), 〈일간 경북신문〉, 2020.09.28

ㅣ 일본정부의 독도 영유권 날조 방식 '다케시마를 시마네현에 편입했다'? (하), 〈일간 경북신문〉, 2020.10.05

ㅣ 국제법적으로 독도가 일본영토라는 일본의 주장은 날조의 극치다, 〈일간 경북신문〉, 2020.06.23

ㅣ 日극우주의자들 '독도는 일본땅'한국민 현혹, 〈일간 경북신문〉, 2020.02.25

ㅣ 독도는 신라 이래 한국땅 '주인 없는 섬' 일본 주장은 억지, 〈일간 경

간 경북신문〉, 2020.05.06
| 일본의 독도 영유권 날조·선동 동시다발적으로 이루어지고 있다, 〈일간 경북신문〉, 2020.03.09
| 일본에서는 독도 영유권 날조 논리가 교묘해지고 있다, 〈일간 경북신문〉, 2020.03.17
| '독도=일본영토' 날조의 진원지, 시마네현의 '죽도문제연구회', 〈한국일보〉, 2020.11.08
| 일본정부는 국제법으로 사실 날조, 〈한국일보〉, 2020.05.05
| 독도 영유권 주장의 강도가 달라진 이유, 〈한국일보〉, 2019.11.08
| 위키페디아(일본어판) 인터넷 사전에서 독도 영유권 날조, 〈일간 경북신문〉, 2020.11.16

〈제5장 향후 한국정부의 대응과 과제〉
| 일본의 침략적 독도 도발, 절대 멈추지 않을 것, 〈한국일보〉, 2020.10.09
| 국회의원 6명, 왜 일본에 화풀이하러 독도에 가는가? 독도가 일본 땅인가?, 〈일간 경북신문〉, 2020.03.03
| 일본이 날조한 독도 영유권을 훼손하는 잘못된 용어들, 〈일간 경북신문〉, 2020.04.20
| 독도가 우리의 고유영토라고 해서 영원한 것이 아니고 日 정치적 도발 묵과한다면 언젠가는 日영토 변경될 수도, 〈일간 경북신문〉, 2020.10.12
| 일본의 독도 영유권 날조 날로 교묘해진다, 〈한국일보〉, 2020.04.09
| 일본, 어업협정 등으로 독도 분쟁지역화 노린다, 〈일간 경북신문〉, 2020.01.10
| 독도방어훈련 취소, 신한일어업협정… 영토주권을 포기 행위, 〈한국

일보〉, 2020.02.07

    이상에서 필자는 독도 영유권에 대한 일본의 동향을 실시간으로 모니터링 하여 일본이 날조한 독도 영유권의 오류를 비판한 것이다. 필자의 연구영역은 일본학과 정치학적 관점이다. 독도연구에 있어서 이런 관점의 연구는 기존의 역사학과 국제법 관점의 연구에서 볼 때는 독도연구의 새로운 영역을 확장하였다고도 말할 수 있을 것이다. 필자는 향후에도 독도연구에 대한 일본의 동향을 지속적으로 노니터링 하여 독도 영유권의 본질과 일본이 날조하는 '다케시마' 영유권 논리의 오류를 대내외적으로 알리는데 노력을 게을리 하지 않을 것이다.

プロローグ

　筆者は1992年、日本の中央大学大学院(法学研究科)の修士過程(政治学専攻)で、独島領有権をテーマで修士号を取得した。同大学院博士課程では近代日本の領土侵略に対し、独島の領有権研究を基にし、「近代日本の領土政策」という広いカテゴリーで韓国領土である権原を持っている間島地域において日本が間島での利権を確保する代わりに、間島の領有権を中国領土と認めた経緯について考証した。

　筆者は日本学の研究者として、時には政治学の研究者として、日本で9年間、留学生として日本学と日本政治学を研究した。独島に関しても日本学的側面と政治学的側面から独島の領有権に関して研究した。

　筆者の独島研究は1992年、大学院修士課程で始めて今年2021年まで30年近く、独島領有権の研究に専念してきた。2019年と2020年は「韓国日報」(月1回)と「日刊慶北新聞」(週1回)に独島コラムコーナーを設けて、これまでの独島研究の成果を一般読者が読むことができるように韓国固有の領土である独島領有権の大衆化に向けて怠らず毎日のように原稿を構想して書き下がった。2つの方向に文を書いた。

　第一は、独島が韓国の固有領土であることを考証し、第二は、日本が韓国固有の領土である独島の領有権を否定するため、独島が日本領土であると論理を捏造した矛盾性を正すことだ。

　本書は筆者が30年間、研究してきた独島研究をもとにし、2019年と2020年の間に「韓国日報」と「日刊慶北新聞」に掲載したものを集めて、単行本で出版したものである。

　書の初出一覧は次のとおりである。

〈第1章　独島領有権の真実〉

| 『新撰八道地誌』は、独島が韓国の固有領土であることを証明する最初の官撰文献だ、〈日刊慶北新聞〉、2020.11.09

| 安竜福の1次目の渡日は幕府から欝陵島、独島の領有権を確認させ、2次目の渡日は対馬から領有権主張の放棄を取り受けた(上),〈日刊慶北新聞〉、2020.06.08

| 安竜福の1次目の渡日は幕府から欝陵島、独島の領有権を確認させ、2次目の渡日は対馬から領有権主張の放棄を取り受けた(下)、〈日刊慶北新聞〉、2020.06.15

| 韓日間の独島領有権論争の最後の課題、完璧に立証された(上)-勅令41号「石島=独島」、対日平和条約での「独島」の名称漏れの真偽-、〈日刊慶北新聞〉、2020.11.23

| 韓日間の独島領有権論争の最後の課題、完璧に立証された(下)-勅令41号「石島=独島」、対日平和条約での「独島」の名称漏れの真偽-、〈日刊慶北新聞〉、2020.11.30

| 独島は韓国の固有領土、「勅令41号」がその証拠だ、〈韓国日報〉、2019.05.04

否定する、〈日刊慶北新聞〉、2020.10.19

| 日本政府の独島領有権の捏造：「新証東国興地勝覧」の「于山島」(独島) を否定する、〈日刊慶北新聞〉、2020.10.26

| 日本政府の独島領有権の捏造：「東国文献備考」の「于山島」が独島である 事実を否定する、〈日刊慶北新聞〉、2020.11.03

| 日本政府の独島領有権の捏造：「安竜福の供述には疑問だらけ」?、〈日刊 慶北新聞〉、2020.09.07

| 日本政府の独島領有権の捏造：安竜福の業績の否定、〈日刊慶北新聞〉、 2020.09.15

| 日本政府の独島領有権の捏造：「朝鮮時代の「于山島」は現在の独島ではな い」?、〈韓国日報〉、2019.07.06

| 日本政府の独島領有権の捏造：「韓国の古文献では、欝陵島はあっても、 独島はなかった」?、〈韓国日報〉、2020.09.10

| 日本、さまざまな方法で独島の領有権を捏造する、〈日刊慶北新聞〉、 2019.12.09

| 日本政府の独島領有権の捏造：「日本が韓国より先に竹島(独島)を認知し た」?〈日刊慶北新聞〉、2020.08.19

| 日本政府の独島領有権の捏造：「日本が竹島(独島)を領有した」?〈日刊慶 北新聞〉、2020.08.24

| 日本政府の独島領有権の捏造：「竹島(=欝陵島)の渡航禁止は、独島の 渡航禁止ではない」?〈日刊慶北新聞〉、2020.09.03

| 日本は古地図上でも独島の領有権を捏造している、〈日刊慶北新聞〉、 2020.03.31

| 独島が韓国領土だと表記した初の日本側の古文献『隠州視聴合紀』を竹島 問題研究会(下条正男)が捏造する、〈日刊慶北新聞〉、2020.12.28

刊慶北新聞〉、2020.02.25
｜ 独島は新羅以来、韓国領土であるが、「主権未定」の地という日本の主張
　はこじつけ、〈日刊慶北新聞〉、2019.06.12

〈第4章　現代日本の独島領有権の捏造〉
｜ 日本政府の独島領有権の捏造：「韓国が平和線を設定し、独島を不法占
　拠した」?〈日刊慶北新聞〉、2020.07.27
｜ サンフランシスコ平和条約で独島が日本の領土と決定されたと国際社会を扇
　動した、〈日刊慶北新聞〉、2020.03.24
｜ 日本は国際司法裁判所の独島公判を準備する、〈日刊慶北新聞〉、
　2020.05.26
｜ 日本政府の独島領有権の捏造：「サンフランシスコ平和条約、独島を日本
　領土と取り扱った」?〈日刊慶北新聞〉、2020.07.21
｜ 日本政府は「独島問題(領有権)を国際司法裁判所に委託して解決しようと提
　案した」?〈日刊慶北新聞〉、2020.08.03
｜「ラスク書簡」は、米国務省の秘密文書に過ぎず、〈韓国日報〉、
　2020.03.12
｜「独島は日本領土だ」という日本の論理を覗いてみると….〈韓国日報〉、
　2019.02.07
｜ 国際司法裁判所を通じて、独島を奪取しようとする日本、具体的な戦略
　は?、〈韓国日報〉、2019.04.14
｜ 独島を駐日米空軍の爆撃訓練区域に指定した。だから日本領土?、〈韓国
　日報〉、2020.08.06
｜ 日本の独島領有権の捏造：「独島アシカを韓国が絶滅させた」？ (上)、
　〈日刊慶北新聞〉、2020.12.14

| 日本の独島領有権の捏造：「独島アシカを韓国が絶滅させた」？（下）、〈日刊慶北新聞〉、2020.12.21

| 日本が独島アシカを絶滅させておいて、その責任は韓国に転嫁する、〈日刊慶北新聞〉、2020.05.06

| 日本は独島領有権の捏造と扇動を同時多発的に行っている、〈日刊慶北新聞〉、2020.03.09

| 日本の独島領有権の捏造論理が巧妙になっている、〈日刊慶北新聞〉、2020.03.17

| 「独島=日本領土」という捏造の震源地、島根県の「竹島問題研究会」、〈韓国日報〉、2020.11.08

| 日本政府は国際法の事実を捏造する、〈韓国日報〉、2020.05.05

| 日本の独島領有権の主張の強度が変わった理由、〈韓国日報〉、2019.11.08

| ウィキペディア（日本語版）インターネット辞書で独島の領有権の捏造、〈日刊慶北新聞〉、2020.11.16

〈第5章 今後韓国政府の対応と課題〉

| 日本の侵略的な独島への挑発、絶対止めないはずだ、〈韓国日報〉、2020.10.09

| 国会議員6人、なぜ日本を叱るため、独島へ行くのか？ 独島が日本の領土なのか?〈日刊慶北新聞〉、2020.03.03

| 日本が捏造した独島の領有権を毀損する誤った用語、〈日刊慶北新聞〉、2020.04.20

| 独島が韓国固有の領土であることは永遠のものではなく、日本の政治的挑発を黙過したらいつかは日本領土と変更になることも、〈日刊慶北新聞〉、

2020.10.12

ㅣ 日本の独島領有権のねつ造が日増しに巧妙になる、〈韓国日報〉、
2020.04.09

ㅣ 日本、漁業協定などで独島の紛争地域化を狙う、〈日刊慶北新聞〉、
2020.01.10

ㅣ 独島防衛訓練の取り消しと新韓日漁業協定は、領土主権を放棄する行為
だ、「韓国日報」、2020.02.07

　以上は、筆者が独島の領有権に対する日本の動向をリアルタイムでモニタリン
グして日本が捏造した独島領有権の過ちを批判したものだ。筆者の研究領域は
日本学と政治学的観点である。独島研究においてこのような観点の研究は、既
存の歴史学と国際法の観点から見ると、独島研究において新しい領域への拡張
とも言える。筆者は今後も独島研究における日本の動向を継続的にモニタリング
して、独島の領有権の本質と日本がねつ造する「竹島」の領有権論理の誤りを内
外に知らせる努力を怠らない。

찾아보기

■ **저자약력** ■

최장근(崔長根)

· 독도연구진흥상 독도수호상(학술분야) 수상, 동북아역사재단, 2009
· 제7회 독도평화대상(서도상) 수상, 독도평화재단, 2019

1962년 경북 경산 출생
대구대학교 일본어일본학과 졸업
일본 大東文化大學 국제관계학과 수학
일본 東京外國語大學 연구생과정 수료
일본 中央大學 법학연구과 정치학전공 석사과정졸업(법학석사)
일본 中央大學 법학연구과 정치학전공 박사과정졸업(법학박사)
서울대학교 국제대학원 연수연구원 역임
서울대학교 국제대학원 책임연구원 역임
동명대학교 교양학부 교수 역임
일본 中央大學 사회과학연구소 객원연구원
미국 머레이주립대학 방문교수
경상북도 독도연구기관통합협의체 의장 역임
한국일본문화학회 회장 역임
대구대학교 학생처장 역임
현재 대구대학교 일본어일본학과 교수
현재 대구대학교 독도영토학연구소 소장

주요학회활동

· 간도학회   · 독도학회   · (사)한국영토학회
· 한국일어일문학회   · 한국일본문화학회   · 대한일어일문학회
· 동아시아일본학회   · 한일민족문제학회   · 동북아시아문화학회
· 일본지역연구회   · 조선사연구회

주요저서

· 『한중국경문제연구』 백산자료원, 1998
· 『왜곡의 역사와 한일관계』 학사원, 2001
· 『일본의 영토분쟁』 백산자료원, 2005
· 『간도 영토의 운명』 백산자료원, 2005
· 『독도의 영토학』 대구대학교출판부, 2008
· 『독도문제의 본질과 일본의 영토분쟁 정치학』 제이앤씨, 2009
· 『일본문화와 정치』(개정판) 학사원, 2010
· 『일본의 독도·간도침략 구상』 백산자료원, 2010
· 『동아시아 영토분쟁의 패러다임』 제이앤씨, 2011
· 『일본의 독도 영유권 조작의 계보』 제이앤씨, 2011
· 『일본 의회 의사록이 인정하는 「다케시마」가 아닌 한국영토 독도』 제이앤씨, 2014
· 『한국영토 독도의 「고유영토론」』 제이앤씨, 2014
· 『일본의 침략적 독도도발에 대한 합리적 대응방안』 제이앤씨, 2014
· 『근대 일본지식인들이 인정한 한국의 고유영토 독도와 울릉도』 제이앤씨, 2016
· 『한국영토 독도, 일본의 영유권 조작 방식』 제이앤씨, 2017
· 『일본(시마네현)의 독도 영유권 날조』 제이앤씨, 2018
· 『한국의 고유영토 독도의 영유권』 제이앤씨, 2019
· 『일본의 독도 영토내셔널리즘 연구』 제이앤씨, 2020
    그 외 다수의 공저와 연구논문이 있음.

대구대학교 독도영토학연구소총서 ⑭

일본의 독도 영유권 날조의 본질
한국영토 독도의 진실

日本の独島領有権の捏造の本質
韓国領土独島の真実

초판인쇄 2021년 7월 12일
초판발행 2021년 7월 21일

저   자 최장근
발 행 인 윤석현
발 행 처 제이앤씨
책임편집 최인노
등록번호 제7-220호

주소 서울시 도봉구 우이천로 353
전화 (02)992-3253(대)
전송 (02)991-1285
전자우편 jncbook@hanmail.net
홈페이지 http://www.jncbms.co.kr

ⓒ 최장근 2021 Printed in KOREA.

ISBN 979-11-5917-179-6   (93340)   정가 49,000원